Karl Schlögel

Promenade in Jalta
und andere Städtebilder

Carl Hanser Verlag

1   2   3   4   5   05   04   03   02   01

ISBN 3-446-20005-3
Satz: Reinhard Amann, Aichstetten
Druck und Bindung: Kösel, Kempten
Printed in Germany

Inhalt

Vorbemerkung

Manchmal geschieht in einem Jahr, wozu man sonst ein Jahrzehnt oder ein ganzes Leben lang braucht. Seit Mitte der 8oer Jahre begann die Zeit zu laufen. Ein Jahrhundert ging im Zeitraffer zu Ende. Nirgends war die Beschleunigung der Zeit und die Auflösung des alten Zustandes so genau zu spüren wie im mittleren und östlichen Europa. Was als Ende des sowjetischen Imperiums begonnen hatte, war eingemündet in ein wahres fin de siècle – unser fin de siècle.

Die Berichte und Essays des vorliegenden Bandes handeln von diesem Abenteuer der Zeit im östlichen Gelände. Der bevorzugte Ort für die hier vorliegenden Erkundungen im neuen Europa sind Städte. Die Beobachtungen drehen sich weniger um die »historischen Augenblicke« und die »Haupt- und Staatsaktionen« als vielmehr um die molekularen Vorgänge, die nicht weniger entscheidend und dramatisch sind. Europa wird neu vermessen. Städte sind in unseren Horizont, aus dem sie herausgefallen waren, zurückgekehrt. Alte Nachbarschaften werden wieder hergestellt oder neue gestiftet. Das westliche Europa nimmt wieder Kontakt auf mit einer Hemisphäre, die ihm fremd geworden war, und mit der es oft mehr zu tun haben wollte.

Der Band beginnt mit einer Vergewisserung der räumlichen Koordination des neuen Europa und einer Reflexion über die Bedeutung der räumlichen Dimension für das geschichtliche Leben generell. Eine zweite Gruppe umfaßt Texte zu Städten, die ich noch in der Spätzeit des Sowjetimperiums besucht habe, als schon Dinge sichtbar wurden, die erst nach Wende offen zu Tage traten. Dazu gehören die Porträts von Wilna, Czernowitz, Lemberg, Leningrad und Nishnij Nowgorod, die seit langem vergriffen waren. Die dritte und umfangreichste Gruppe der Texte sucht ganz verschiedene Orte im östlichen und mittleren Europa auf. Das Interesse, das den Blick gelenkt hat, ist unschwer zu erkennen. es ist die Frage, ob sich die Kräfte finden werden, die das östliche Europa aus der schweren Krise herausführen und eine Erneuerung tragen können. Man mag diese Frage für von vornherein harmonistisch halten, aber manchmal kostet es mehr Anstrengung, dem

Neuen, das im Verborgenen wächst, auf die Spur zu kommen, als die Katastrophen, die selbst Blinde sehen, zu beschreiben. Ob wir es wollen oder nicht: alle Reisen nach Mittel- und Osteuropa sind Begegnungen mit der deutschen Geschichte: im guten wie im schlimmen Sinne. Es wäre unendlich zu leugnen, daß darin ein besonderer Beweggrund, eine besondere Rührung liegt. Ich bin tief überzeugt, daß die Geschichte dieser Region und des deutschen Anteils daran noch einmal neu erzählt werden wird – jetzt, wo endlich alle Schlachten geschlagen sind, jenseits allen Revisionismus und jenseits aller Verdächtigungen. Wir können nicht einmal Europäer werden, ja nicht einmal die Geschichte richtig erzählen ohne einen neuen »Blick ins Feuer«. Am Ende des Bandes stehen Texte über den Krieg, die neuen Vertreibungen sowie die vom physischen und moralischen Verschleiß der Hinterlassenschaft der sowjetischen Zivilisation ausgelösten Katastrophen. Der Leser hat sicher bemerkt, daß hier kein Kapitel über den »Städtetod« enthalten ist, dessen Zeugen wir in diesem Jahrzehnt – wenigstens als Fernsehzuschauer – auch geworden sind: Vukovar, Sarajewo und Grosny. Das ist nicht, weil ich die Augen verschließe, sondern weil ich die Gabe nicht oder nur ungenügend besitze, der Härte und den Bildern des Todes gerecht zu werden. Ich kann nur um Verständnis darum bitten, daß man auch als Beobachter und Schriftsteller seine Grenzen hat – Krieg und andere Greuel zu beschreiben, überlasse ich Talenten, über die andere verfügen, nicht ich. Etwas anderes ist es, daß diese neue Erfahrung des menschenmöglich Bösen den historischen Sinn und überhaupt die von langen Friedenszeiten verwöhnten Sinne neu geschärft hat. Ich bin sicher, daß das Vertreibungsgeschehen in Europa, das wie ein dunkler Block unter unseren Füßen liegt, uns noch beschäftigen wird. Die Entsetzlichkeiten in Jugoslawien und im Kaukasus haben indes nichts an meiner Überzeugung geändert, daß die Gesellschaften des mittleren und östlichen Europa im letzten Jahrzehnt sich als stark genug erwiesen haben, nicht in Panik und Hysterie abzugleiten und in unendlicher Mühsal ihre Leben neu einzurichten. Es ist sehr die Frage, ob das westliche Europa mit ähnlicher Gelassenheit und Selbstsicherheit hinter sich bringen wird, was ihm noch bevorsteht: die Abwicklung des alten, nicht mehr haltbaren Zustands, der Beginn dessen, was nach dem fin de siècle kommt.

Kiosk Eurasia, Berlin

Über Karl Scheffler kommt man nicht hinaus. In seinem Buch »Berlin – ein Stadtschicksal« hat er alles gesagt, was über Berlin zu sagen war. Berlin – die Kolonialstadt. Berlin – die Hauptstadt Ostelbiens. Berlin, dazu verdammt, »immerfort zu werden und niemals zu sein«. Als Nachgeborener hat man da nichts zu melden. Es ist mit Schefflers Buch zum Genius Berlins so wie mit allen anderen Klassikern. Man mag noch so viele Wege weg von der Hauptstraße gehen, sich im Dickicht verirren, irgendwann mündet auch die angestrengteste Suche nach etwas anderem und Neuem wieder in die Hauptstraße ein. Alle Bücher zu Amerika kehren irgendwann zu Alexis de Tocquevilles »De la Démocratie en Amerique« zurück. Alle noch so klugen und scharfsinnigen Beobachtungen zu Rußland werden letztlich eingeholt von dem, was Marquis Astolphe de Custine schon in »La Russie en 1839« aufgeschrieben hat. Das stilistische Genie trifft sich in diesen Büchern mit dem Genius loci. Hier geht es nicht um ein weniger oder mehr, um ein besser oder schlechter, sondern um Verfehlung oder vollkommene Übereinstimmung. Die Formulierung ist so hart wie Diamant. Sie überdauert alle historischen Brüche und Katastrophen. Sie hat etwas Unentrinnbares, fast Teleologisches an sich. Sie gibt sich zu erkennen als: ich war, ich bin, ich werde sein. Daher ist der frischeste Satz, der über das Berlin nach dem Fall der Mauer geschrieben werden konnte, der düster-grandiose Schlußsatz aus Karl Schefflers Buch von 1910.

Kiosk Eurasia

Lange stand auf dem Platz vor dem Bahnhof Berlin-Lichtenberg eine Würstchenbude. An ihr war nichts Besonderes außer einer eigenhändig gemalten Aufschrift: »Eurasia«. An jedem anderen Punkt in der Stadt oder im Land wäre der Kiosk mit diesem Namen nicht aufgefallen und bloß ein Exotikum gewesen. Man hätte sich über die Geschäftstüchtigkeit des Vietnamesen oder Türken gefreut, der gleich nach dem Mauerfall seine Chance wahrnahm. Man hätte sich vielleicht sogar über seinen Mut gewundert, ausgerechnet hier, in einer Fremden feindlich gesonnenen Gegend, einen Laden aufzumachen. Am erstaunlichsten aber ist die Treffsicherheit, die in der Wahl des Namens liegt. Berlin-Lichtenberg ist der Berliner Osten schlechthin und, solange das Berliner Bahnnetz erneuert wird, Berlins Tor für den Eisenbahnverkehr nach Osten. In Berlin-Lichtenberg kommen die Züge aus Eurasien an: aus Akmola in Kasachstan oder aus Nowosibirsk am Ob. »Asien beginnt am Schlesischen Bahnhof«, hieß es vor dem Zweiten Weltkrieg unter Diplomaten, die ihre Dienstreise nach Warschau oder Moskau antraten. In Berlin konnte man vor dem Krieg einen Fahrschein für die Strecke Berlin–Tokio lösen. Die kürzeste und schnellste Verbindung ans andere Ende der Welt und für viele die rettende Reise ins Exil begann hier. Der Würstchenbudenbesitzer und Verkäufer von Reiseproviant weiß von der alten Transkontinentalstrecke und ihrer Geschichte nichts, aber er weiß den Namen für den Ort, den andere vergessen haben. Nun haben seit einigen Monaten die Bauarbeiten am Bahnhof Lichtenberg begonnen. Die Modernisierung schreitet unaufhaltsam voran. Der Kiosk Eurasia ist verschwunden.

Ostbahnhof/Westbahnhof

Die Tilgung der Schäbigkeit im großen Stil ist im Gange. Nach der Generalsanierung der Bahnhöfe Zoologischer Garten, Friedrichstraße, Alexanderplatz und Schlesischer Bahnhof ist nun Berlin-Lichtenberg an der Reihe. Alles wird perfekt sein. Der Glanz der Mall, der Bahnhof als Erlebnisraum. Eine neue Zeit, ein neues Design, ein neues Tempo. Aber noch herrscht in Berlin-Lichtenberg eine andere Zeit. In Berlin-Zoo gehen die Hochgeschwindigkeitszüge nach Westen ab, die es mit der Geschwindigkeit von Flugzeugen aufgenommen haben, aus Lichtenberg fahren die Züge nach Osten, die noch ganz dem Vor-ICE-Zeitalter angehören. Im Westen gibt es Anschluß an den TGV nach Brüssel und Paris, im Osten verlangsamt sich die Fahrt. Am Zoo haben die Reisenden wenig Gepäck, so als machten sie nur einen Kurztrip, am Ostbahnhof haben die Leute immer viel Gepäck, so als führten sie einen ganzen Hausstand mit sich. Aktentasche gegen Bündel, Koffer gegen Rucksack. Auf den Bahnsteigen von Berlin-Zoo wird kaum noch geraucht, über den Bahnsteigen von Lichtenberg liegt der scharfe

Geruch von Papirossy Marke »Belomor-Kanal«. Im Westen tritt man Kurzvisiten an und ist vielleicht schon am Abend von einer Konferenz zurück. Von Berlin-Zoo aus ist der ganze Westen eine Art von regionalem Verkehrsverbund, von Lichtenberg aus ist kein Ende abzusehen. Die Leute, die hier die Reise antreten, tragen keine Anzüge, sondern sind in Trainingsanzügen unterwegs. Im Westen glänzen die Züge metallisch, im Osten sind die Züge grün, braun, blau wie eh und je. Die Kurswagen ins östliche Europa tragen sogar, je nach Destination, nationale Farben: die Russen rotweißblau, die Polen blau oder rotweiß, die Litauer grünweiß, die Ukrainer gelbblau. Die Züge, die in den Westen gehen, sind Flugkörpern nachempfunden, im Osten sind sie noch ganz die Vehikel des Eisernen Zeitalters. Die einen zerschellen wie Flugzeuge, wenn sie entgleisen, die anderen gehorchen dem Gesetz der Trägheit und bleiben einfach stehen. Berlin-Zoo und Berlin-Lichtenberg – das sind vorerst immer noch zwei verschiedene Zeitmaße und Zeitalter.

Kursbuch, Fahrplanwechsel

Berlin ist da, wo die Verbindungen zusammenlaufen oder wo sie ihren Ausgang nehmen. Die Kursbücher, in denen das verzeichnet ist, sind Dokumente von historischem Rang. Sie sind wie Choreographien und genaue Chroniken von Veränderungen, ausgedrückt in Beschleunigung und Verlangsamung. Mit jedem Fahrplanwechsel läßt sich messen, ob Entfernungen verkürzt werden oder Nachbarstädte auseinanderrücken. Innerhalb von zehn Jahren hat sich fast alles geändert. Berlin hat sich wieder eingeklinkt ins Netzwerk der europäischen Städte. Es ist nicht länger Endstation, sondern wieder Scharnier. Berlins Bahnhöfe machen die Stadt zum Transitbahnhof in alle Richtungen. Demnächst wird er auch baulich seine Gestalt gefunden haben: in dem Glaspalast, der dort entsteht, wo man heute noch in die Baugrube am Lehrter Bahnhof blickt. Man muß nur den Bewegungen folgen, um zu sehen, daß es weitergeht. Man baut keine Schnellbahnstrecken, die nicht weitergehen, und man baut keine Tangenten, die ins Aus gehen. Und auch für den Berliner Ring gilt: Er arbeitet wieder als die große Zentrifuge, die die Bewegungen verteilt – nach Skandinavien, ins Baltikum, nach Südeuropa, an den Atlantik. Jeder Fahrplanwechsel beweist, daß das Netz, das gerissen war, neu geknüpft wird. Berlin ist durch die neuen Trassen in die Hochgeschwindigkeitszone des Westens hineingerissen worden und bleibt doch zugleich angebunden an die Zone der Langsamkeit im Osten. Daher sind es meist Schlafwagenzüge, daher besteht Reservierungspflicht. In Berlin hält Mitteleuropa über große Entfernungen hin Kontakt mit Eurasien. Die Welt scheint unberechenbar, denn im Prospekt steht: »Zum Teil keine Preisauskunft möglich«. Der Zug Berlin–Saratow geht von Samstag bis Montag, die Fahrt dauert 49 Stunden 37 Minuten. Der Zug Berlin–Rostow-Hauptbahnhof geht um 15.09 Uhr am Samstag und kommt nach 58 Stunden und 19 Minuten in Rostow-Hauptbahnhof an. Drei Grenzorte passiert er: Frankfurt an der Oder, Brest und Osinowka. Der Zug Berlin– Nowosibirsk geht von Samstag 15.09 Uhr bis Donnerstag um 2.37 Uhr, er ist 107 Stunden und 28 Minuten unterwegs. Im Kurswagen kann man bis Akmola (in sowjetischen Zeiten Zelinograd) fahren, wo man nach 102 Stunden und 51 Minuten ankommt – eine Reise über die Wolga hinweg und am nördlichen Ufer des Kaspischen Meeres entlang bis in die kasachische Steppe. Etwas umständlich erscheint die Verbindung Berlin–Lemberg, die von Samstag 21.42 Uhr bis Montag 5.23 Uhr also 31 Stunden und 41 Minuten dauert; man fährt nicht den direkten Weg über Krakau, sondern überquert die polnisch-ukrainische Grenze weiter östlich bei Jagodin und fährt dann wieder gen Westen. Auch Traumzüge sind im Programm: nach Simferopol auf der Krim. Der Zug geht am Mittwoch um 21.42 Uhr und kommt am Samstag um 6.29 Uhr in Simferopol auf der Krim an, die Fahrt dauert genau 56 Stunden und 47 Minuten. Oder der Zug Berlin–Odessa: er geht am Montag um 21.42 Uhr und kommt am Mittwoch um 13.48 Uhr nach einer Fahrt von insgesamt 40 Stunden und 6 Minuten an. Aber auch die alten eingespielten Routen sollte man nicht vergessen: nach Moskau, wohin der Zug um 18.12 Uhr abgeht und am nächsten Tag um 23.39 Uhr ankommt, oder die Nachtverbindung nach Gdańsk/Danzig mit Kurswagen nach Kaliningrad/Königsberg.

Die Dichte dieses Netzes ist ein Erbe der Zeit, da Ostberlin westlichster Vorposten der sozialistischen Hemisphäre war. Damals fuhren Militärs in den Zügen Wünsdorf–Saratow; damals gab es Abschiede mit Militärkapellen auf den Bahnsteigen und einer luxuriösen Bedienung für die verwöhnten Offiziersgattinnen. Eine Erbschaft gibt es auch auf den Flughäfen: Berlin hat bis heute keine Direktverbindung nach New York, aber immerhin nach Pjöngjang, nach Aleppo und Algier, nach Kischinjow/Chisinau, Damaskus und Havanna, Minsk, Ostrava, Palanga/Polangen, Sofia, Vilnius, Kaschau und Burgas. Per Schiff ist man in zwei Tagen in Stettin/Szczecin.

Pendelbewegungen, Kriechströme

Wer fährt auf den eurasischen Routen? Kein vernünftiger Mensch. Zeit ist das kostbarste Gut geworden. Vernünftige Menschen haben keine Zeit. Heute ist die Eisenbahn zum Vehikel derer geworden, die Zeit haben, die aus der Zeit herausgefallen sind, denen es auf die Zeit nicht ankommt. Ältere Leute, Pensionäre, Kinder im Vorschulalter, Leute ohne Arbeit. Es finden sich einige wenige Verrückte, die solche Fahrten für ethnographische Beobachtungen und Studien nutzen. Es fährt nur, wer sich den Luxus der verlorenen Zeit leisten kann oder aus der Zeit herausgefallen ist. Das sind vorwiegend Rußlanddeutsche, emigrierte Juden auf dem Weg in ihre alte Heimat, Studenten mit wenig Geld, Leute mit Flugangst. Für viele ist der Zug das ideale Medium der allmählichen Akklimatisierung. Man sieht es den Rußlanddeutschen an, wie glücklich sie sind, wenn sie wieder in ihrer alten Heimat sind, endlich die Sprache, die sie besser können als die ihrer »Vorväter«, wieder hervorholen und auf die Bahnsteige hinausgehen, um russische Erde unter ihren Füßen zu spüren. Zwei Tage im Zug Berlin–Saratow, das ist eine große heilsame Kur heraus aus einem Land, in das die Kinder gezogen sind, in dem man in Wahrheit aber heimatlos ist. Das eint Deutsche und Juden, die ansonsten wenig miteinander zu tun haben: denn die einen kommen meist aus Kolchosen und vom flachen Land, die anderen sind Bewohner der Städte. Es ist ein erstaunlicher Betrieb an den Zügen nach Saratow oder Odessa. Hier werden Großfamilien an den Zug gebracht und von ihren Clans mit den besten Wünschen und Bergen von Proviant verabschiedet. Leute, die Zimmerpflanzen mitnehmen, fahren nicht in ein fremdes Land, sondern nach Hause. Leute, die ihre Katzen und Hunde in Behältern mit sich führen, fahren nicht in die Fremde. Hier fahren Leute, die zu Hause nachsehen, wie es um die Kartoffeln bestellt ist oder ob es der alte Kühlschrank noch tut. Das Personal des Intercity-Night, der auf dem gegenüberliegenden Bahnsteig steht, blickt mit Erstaunen und Verwunderung auf das bunte Völkchen am Kiewer Zug. Aber hier ist nichts Exotisches, sondern eine zur Routine gewordene Pendelbewegung zwischen Berlin und Odessa, zwischen Berlin und Saratow. Dieses Publikum unterscheidet sich schon deutlich von den Passagieren, die den Eurocity Varsovia besteigen und sich zielstrebig zu Arbeitsbesprechungen ins Zugrestaurant begeben. Es ist anders als die Pendler, die am Freitagabend im überfüllten Zug ins Wochenende heim nach Posen oder Schlesien und am Sonntagabend zurück auf die Baustellen nach Berlin fahren. Jede

Richtung hat ihren eigenen Rhythmus. Die Polonia Germanica, die zum Ferienbeginn ihre Kinder zur Oma aufs Land in Zentralpolen bringt, bewegt sich anders als die Frauen und Männer, die mit dem Bus aus Riga und Kaunas am Funkturm ankommen und ohne deren Dienstleistung Berlin schon längst nicht mehr funktionieren würde.

Kommunizierende Röhren, der Automarkt von Marjampole

Marjampole liegt an der Grenze zwischen Litauen und dem Kaliningrader Gebiet, also dem ehemaligen nördlichen Ostpreußen. Es ist einer der größten Automärkte im baltischen Raum. Aus dem Inneren Rußlands kommt die Kundschaft. Litauer, die für Schengen-Europa kein Visum brauchen, versorgen praktisch den ganzen russischen Gebrauchtwagenmarkt. In Litauens Hainen und Fluren reiht sich ein Automarkt an den anderen. 20 Prozent des Nationaleinkommens werden auf diese Weise erzielt. Ganze Belegschaften von stillgelegten Fabriken sind zu Spediteuren geworden. Litauen ist der ideale Gesamtspediteur des nordosteuropäischen Raums geworden. Auf dem Berliner Ring sieht man die Autokonvois mit litauischen und roten Transfer-Autokennzeichen. Orte wie Marjampole sind mit Tausenden von Fäden mit Berlin verbunden. In Marjampole kennt man jede Tankstelle entlang des Berliner Rings, die Rastplätze und die Stellen, die man am besten meidet. Wenn es Berlin nicht gutgeht, geht es in Marjampole auch nicht gut. Wenn es in Rußland nicht gutgeht, merkt man das an den Tankstellen und bei den Gebrauchtwagenhändlern in Berlin und Brandenburg. Alles sieht aus wie improvisiert. In Wahrheit hat sich ein Korridor herausgebildet mit allem, was dazugehört: bewachten Parkplätzen, Werkstätten, einem Frühwarn- und Nachrichtensystem, Frauen, Wegegeld und Erpressung. Berlin ist eine Relaisstation auf der Strecke Ruhrgebiet–Marjampole.

Eurocity, Central Europe

Alle zwei Stunden geht ein Zug von Berlin-Zoo nach Stettin. Wenn man um 4.39 Uhr abfährt, ist man um 6.55 Uhr in Stettin. Fünf Stunden braucht der EC immerhin noch nach Prag, sechs Stunden nach Warschau oder Breslau, zehn Stunden nach Wien oder Budapest. Der EC kursiert jetzt in einem Raum, der einmal Mitteleuropa hieß. Aber

Mitteleuropa verschwindet und kommt unter neuem, zeitgemäßem Namen wieder zum Vorschein. Was einmal Mitteleuropa hieß, heißt heute Central Europe. Das mittlere und östliche Europa spricht heute Englisch mit amerikanischem Akzent. Es kreist nicht anders als das westliche Europa um New York und Hollywood. Es hat sich dem Universum angeschlossen, das markiert ist durch die Markenartikel der transatlantischen Kultur – »New York Times Book Review«, Coca-Cola, Fast-food, Creditcard – und die Reichweite der neuen Lingua Franca. Central Europe ist *downtown* Warschau, das man schon von ferne aus dem Urstromtal aufragen und glitzern sieht; Central Europe ist The Prague Post, der Konferenzbetrieb der internationalen Stiftungen, die Verwandlung des Café Slavia in einen Treffpunkt von High-School-Kids, die Börsenkurse und Frank Gehrys Bauten in Prag. Central Europe will in die EU und will von Mitteleuropa nichts mehr wissen. Es hat wie alle Welt Handys, E-Mail und Internet, auch wenn es in vielen Orten noch Störche auf den Schornsteinen von stillgelegten Brauereien oder frei durchs Dorf laufende Gänse gibt. Mitteleuropa will sich auf seinen Mythen und dem Charme seiner verwitterten Fassaden nicht ausruhen. Es nennt sich Central Europe, weil es sich gegenwartstüchtig machen und den Anschluß nicht verpassen will. Irgendwann wird es sich auch wieder dafür interessieren, was davor war: Musil, Julius Meinl, Kafka, »Berliner Tagblatt«, Karlsbad, Theresienstadt, Mitropa.

Mitropa

Mitropa gibt es immer noch. Die »Mitteleuropäische Schlafwagen- und Speisewagen AG«, die 1917, im Jahr der Russischen Revolution und des Eintritts Amerikas in den Weltkrieg, von den deutschen, ungarischen und österreichischen Staatsbahnen gegründet wurde, überlebte nach dem Krieg in der DDR. Wir erinnern uns deutlich an den Schriftzug auf den Speisewagen und auf dem Geschirr der Interzonenzüge. Wahrscheinlich wird die nächste Generation von Mitropa sowenig wissen wie von Mitteleuropa. Das alte Mitteleuropa wird Geschichte: die Landschaften des Leidens und des Krieges. Löschung der Vergangenheit. Worin Generationen vorher einmal gelebt hatten, wird eine Sache von Geschichtsbüchern, literarischer Kennerschaft und bloß individuellem Interesse werden. Die Musealisierung schreitet unaufhaltsam voran. Es gibt kein deutsches Mitteleuropa mehr, sondern nur noch Bildbände davon. Es gibt kein jüdisches Mitteleuropa mehr, sondern nur noch die Inszenierung davon im alten Judenviertel von Kazimierz. Mitteleuropa wird zu einem unerschöpflichen Fundus für Forscher, Drehbuchschreiber, Dokumentarfilmer, Spurensucher, Soap-opera-Librettisten – wenn überhaupt. Wenn die Ausschlachtung und Verkitschung begonnen haben, ist eine Vergangenheit wirklich Geschichte geworden. Die Arbeit der Vergegenwärtigung beginnt aufs neue, mit geschärftem Blick und wachem Verstand.

KaDeWe

Vielleicht ist das KaDeWe das Beste, das Berlin zu bieten hat. Ein Kaufhaus, in dem es alles gibt, in dem die Bedienung sachkundig und zuvorkommend wie nirgends sonst ist. Jedenfalls hat sich der Ruhm des KaDeWe über den ganzen Kontinent bis weit nach Eurasien hinein verbreitet. Es ist ein literarischer Topos, der mit Majakowski in die russisch-sowjetische Literatur Eingang gefunden hat. Aber auch die neuen Russen, die von Majakowski gar nichts wissen, kommen ins KaDeWe. Sie stellen dort, urteilt man an manchen Vormittagen, da das Berliner Publikum spärlicher ist, das Hauptkontingent der Käufer. Besonders in der Vorweihnachtszeit. Dann sind die Flüge nach Moskau und Petersburg ausgebucht. Die Stadt, in deren Zentrum das KaDeWe steht, ist der Inbegriff der angenehmen Stadt. Es gibt eine lebendige Anschauung davon, wie ein Leben aussieht, wenn alles fraglos, reibungslos funktioniert. Im östlichen Europa, in dem das Schlangestehen für so ziemlich alle Waren und die Feindseligkeit der Verkäuferin gegen den Käufer zum Normalzustand gehörte, ist das KaDeWe ein Nonplusultra an Effizienz und Komfort. Eine Metropole, die zugleich Kurort ist. Zvilisationsnormalität nicht als Utopie, sondern als Realität.

Interregio an die russische Grenze, Ostelbien, deutscher Orientalismus

Berlin kommt von Ostelbien nicht los. Es ist eine Stadt in Ostelbien, das sich von der Elbe bis weit ins Baltikum erstreckt. Der Interregio »Mare Balticum«, der um 8.01 Uhr abgeht, ist um 15.19 Uhr in Zopot und am Abend in Elk/Lyck. Zum Service des Interregio gehört, daß man sein Fahrrad oder sein Faltboot mitnehmen kann. Aus Berlin direkt an die Seen in Masuren und in Ostpreußen. Nach Tczew geht es um 14.07 Uhr, und man ist um 22.04 Uhr da. Das ging vor dem Krieg, als die Ostbahn noch intakt war, schon einmal beträchtlich schneller. Tczew ist Dirschau mit der legendären Weichselbrücke, einem Meisterwerk preußischer Brückenbau- und Ingenieurskunst. Noch viele andere Orte ließen sich nennen: die alten Kurorte im Riesengebirge, in der Tatra, in Böhmen. Berlin ist eingesponnen in das Netz der Buslinien, die die Stadt mit den alten Badeorten an der Ostsee verbinden: Zingst, Usedom, Ahlbeck, Misdroy, Swinemünde. Sogar Rauschen und Cranz im Samland. Es ist immer noch nicht so einfach, über diesen nahen Osten zu sprechen wie über den Osten, der uns näher und vertrauter ist: Istanbul, Ankara, Antalya. Aber es ist ganz unvermeidlich, wenn wir nicht blind sein wollen, daß wir zur Kenntnis nehmen, daß es einen deutschen Osten gab. Einen Osten, der nicht in Indien und nicht im Tschad lag, sondern im mittleren und östlichen Europa. Dazu gehören die alte Weichselbrücke, Ordensburgen, die Jahrhunderthalle in Breslau. Zu diesem Orient gehören Bahnhöfe, die schon einmal Verschiebebahnhöfe der Wehrmacht waren, Orte, die uns durch die Massenmorde der Einsatzkommandos im Gedächtnis sind, aber auch jenes untergegangene Atlantis der Herrenhäuser mit ihren Vorwerken und Parks. Was einmal der deutsche Osten war, kommt wieder, frei von jeder Revanche und auf der Höhe der Zeit als – German Orientalism.

Stadt in der Stadt

Abseits von Instant City am Potsdamer Platz wächst in Berlin eine andere Stadt, die wir noch nicht kennen. Irgendwann wird sie sich zu erkennen geben. Vorerst hängt in der Luft nur das fremde Idiom – Polnisch, Russisch, Lettisch, ein afrikanischer Dialekt. Sie gewinnt Konturen im Inseratenteil von Zeitungen. Ihre neuen Konzentrationspunkte findet man heraus, wenn man durch Supermärkte oder über Kinderspielplätze wandert. Daß sie wächst, merken wir daran, daß zur Weihnachtszeit die Flüge aus Moskau und Sankt Petersburg ausgebucht sind und daß die Zahl der Autos mit litauisch-lettisch-estnischen Kennzeichen zunimmt. Längst wissen wir, daß es im Freundeskreis fast niemanden mehr gibt, der nicht eine polnische Aufwartefrau beschäftigte oder schon einmal einen polnischen Handwerker gerufen hätte. Im Haus der russischen Kultur in der Friedrichstraße gibt es durchgehend russisches Programm. In der Stadt erscheinen zwei russische

Wochenzeitungen, und es ist nur eine Frage der Zeit, wann es ein russisches Theater und Konservatorium geben wird. Die jüdische Gemeinde bringt eines ihrer Journale auch in Russisch heraus. Niemand übersieht noch die Zahl der Gäste aus dem neuen nahen Osten, und niemand weiß, wer zu den Gästen auf Zeit und den Gästen für immer gehört. Es gibt eine Logik des Seßhaftwerdens. Aus den Touristen werden regelmäßig wiederkehrende Besucher, aus den regelmäßig wiederkehrenden Besuchern permanente Bewohner, aus Dableibern Mitbürger. Neue Communities bilden sich inmitten der schon alteingesessenen. Im Schatten des alten Establishments wächst ein neues heran, begabt mit jener wachen Intelligenz, über die gewöhnlich die verfügen, die noch alles vor sich haben.

Metropolitan Corridor

Alle kennen das Berlin-Warschauer Urstromtal, nicht aber den Metropolitan Corridor, in dem Berlin auch liegt. Äußerlich gesehen verläuft er in West-Ost-Richtung und zieht sich über mehr als 2000 Kilometer hin. Seine wichtigsten Stationen sind Berlin – Posen – Warschau – Brest – Minsk – Smolensk – Moskau. Es gibt eine Abzweigung nach Norden, die exakt der alten Reichsstraße 1 von Aachen nach Königsberg/Kaliningrad folgt und weiter nach Memel/Klajpeda, Riga, Tallinn, Sankt Petersburg. Es gibt Abzweigungen nach Süden – über Breslau/Wrocław ins Oberschlesische Industrierevier, nach Krakau, Lemberg/Lwiw, Bratislava und Wien. Es ist ein Raum verdichteter Bewegung, mit Staus und Knotenpunkten. Es ist ein beeindruckender Transitraum mit Kontakthöfen und Relaisstationen. Am besten erkennt man ihn, wenn man das östliche Europa bei Nacht überfliegt: er glitzert in einer Ebene, die ansonsten im Dunkel liegt. Die Städte, die im Metropolitan Corridor liegen, haben mehr miteinander zu tun als mit den Provinzen, die sie umgeben. Die zivilisatorische Differenz, die man beim Verlassen des Korridors durchmißt, scheint größer als die Distanz zwischen den Städten. Im Korridor herrscht Hochbetrieb. Unterwegs sind Exploratoren, Prospektoren, Fachleute für Tourismus, Verkehr, Energie, Dienstleistungen, Sanierungsspezialisten, Rohstoffaquisiteure, Abenteurer und Missionare. Im Korridor herrscht CNN-Zeit. Sie ist in Moskau nicht anders als in Warschau oder Berlin. Dort ist man jederzeit erreichbar. Hier funktionieren Handy, E-mail und Fax. Wer den Korridor verläßt, fällt aus der

CNN-Zeit heraus. Er ist nicht mehr erreichbar, oft nicht einmal durch die Briefpost, auf die kein Verlaß mehr ist. Hier gibt es keine Highways. Hier gibt es vielleicht schöne Wälder, aber keine Hoffnung und keine Arbeit mit Perspektive. Während im Korridor die zivile Armada der Trucks rollt, leuchtet in der Dunkelheit, die jenseits des Korridors herrscht, der Mond. Tau fällt. Irritiert schauen die Störche aus ihren Nestern auf den Telegraphenmasten auf den Lärm. Die Tankstellen des Korridors werden zum Treffpunkt der Dorfjugend mit der weiten Welt. Am Rand des Korridors blüht die Sehnsucht und brütet der Haß. Am Ende des 20. Jahrhunderts kehrt der Haß der Provinz auf die Stadt in die Tiefebene des östlichen Europa zurück. In den Korridoren wächst das urbane Europa zusammen, aber an seinen Rändern staut sich der Neid und die Wut der Zurückbleibenden und Zukurzgekommenen. Diese Ungleichzeitigkeit der Zeit ist bedrohlicher als der »Clash of Civilizations«.

Breitspur/Schmalspur

Europa ist kleinmütig geworden. Die einzigen, die der Devise »Think big« noch nicht entsagt haben, sind die Militärs. Sie führen Krieg in Europa, nach 50 Jahren Friedenszeit. Der Zusammenschluß der Militärs geht problemloser als die freie Assoziation der Zivilgesellschaft. Während das zivile Europa ziemlich ratlos und schüchtern über die Zukunft spricht, sich Visionen nicht mehr zutraut, feiern die Militärs die Verlängerung der NATO über ihre Zeit hinaus als einen Schritt ins neue Jahrtausend. Europa verschwendet seine Intelligenz bedauerlicherweise an Modelle, die reif für die Abwicklung sind, und diskutiert über die militärischen Allianzen von gestern, weil es über die Perspektiven des zivilen Europa kaum etwas zu sagen hat. Dabei gibt es viel zu tun. Der Kontinent ist noch lange nicht in Ordnung gebracht. Das 20. Jahrhundert hat mitten in Europa seine Wüstungen hinterlassen. Auf dem Grund der Ostsee lagern Giftgasmengen vom letzten Krieg, die alles Leben in der Ostsee auslöschen werden, wenn Salz und Rost sie zerfressen haben werden. Auf Tschernobyl I kann jederzeit Tschernobyl II oder III folgen. Aber es gibt nicht einmal Task Forces für den Fall, der nicht ausgeschlossen ist. Die Einigung des Kontinents ist etwas anderes als die Verlängerung der NATO oder die »Erweiterung der EU«. Die Herstellung gemeinsamer Spurbreiten ist das Schwierigere. Unterschiedliche Spurbreiten − das ist nicht bloß eine technische Frage, sondern eine der Identität. Ein Rußland, das sich auf die Spurbreite Europas einließe, könnte nicht mehr zurück in die Isolation. Ein Kontinent lebt nicht ungestraft auf längere Dauer in zwei verschiedenen Zeitaltern, Zeitgefälle können gefährlich werden. Dazu müßte man sich jedoch die Freiheit nehmen, Phantasien zu haben und große Pläne zu machen. Aber in Deutschland darf man keine großen Pläne mehr denken, weil alles Große durch das Größenwahnsinnige diskreditiert ist. Der Autobahnbau nach Osten, der so dringend wäre, ist durch die »Rollbahnen« Hitlers erledigt. Der Ausbau der Bahntrassen auf die Krim oder in den Kaukasus ist diskreditiert durch die Breitspur-Planungen der Organisation Todt, durch die Wehrmacht, die Deportationen, Flucht und Vertreibung. Das 20. Jahrhundert ist kleinmütig und griesgrämig geworden. Die Integration Eurasiens, Wege nach Persien, Indien, Japan – das klingt nach Imperialismus und Bagdadbahn. Wer die neuen Möglichkeiten durchspielt, gilt als Freak. Dabei ist es einfach eine Frage des ökonomischen Kalküls, wie die erfolgreiche Demonstrationsfahrt des Containerschnellzugs auf der Strecke Nachodka–Moskau–Brest gezeigt hat. Für die 10 500 Kilometer zwischen Europa und dem Pazifik brauchte er nur 9 Tage, 15 Tage weniger als auf dem Seeweg. Das heißt, die Phantasie ist aus der Literatur in die Entwicklungsstäbe der Eisenbahngesellschaften ausgewandert. Die weltweit operierenden Banken haben das Erbe des Kosmopolitismus und Internationalismus angetreten.

Die Baugrube am Lehrter Bahnhof

Auf halber Strecke zwischen Zoo und Ostbahnhof liegt die Station Lehrter Bahnhof, die demnächst dem neuen Zentralbahnhof weichen wird. Berlins neue Central Station. Etwas, was es in Berlin nie vorher gegeben hatte: die Zusammenführung aller Himmelsrichtungen in einem einzigen Bahnhof. Berlin sammelt die membra disiecta und ordnet sie neu. Nirgendwo spürt man die Verwandlung von innerstädtischer Peripherie in ein neues Stadtzentrum so stark und so unmittelbar wie im Zug, der auf der Trasse hoch über der Baugrube des neuen Zentralbahnhofs rollt. Wir blicken in die Baugrube. Erst wuchs sie in die Tiefe. Jetzt wächst die Baustelle schon zielstrebig auf den High-Tech-Kristallpalast zu. Zwischen dem Kristallpalast nördlich der Spree und der gläsernen Kuppel des Reichstags besteht Sichtkontakt. Von der Kuppel herab läßt sich mit bloßem Auge beobachten, wie die gerissenen Stränge neu geknüpft werden. Europa kommt in Fahrt.

Zeitschleuse, Neue MEZ

Berlins peripherische Existenz, von der Karl Scheffler schon gesprochen hatte, kommt nun erneut ins Spiel. Das neue Europa hat seine Städte, so wie das geteilte Europa einst die seinen hatte. Vorerst sieht es so aus, als träumte Berlin den alten Traum nur weiter. Seinen Kristall- und Glaspalästen ist der Ernst der neuen Lage nicht anzusehen. Sie sind fast wie Freizeitarchitektur und gebaut für eine Ära des ewigen Friedens. Nach den Bombardements von Belgrad und Novi Sad vermag man sich schon auszumalen, was geschieht, wenn hier nur eine Bombe fällt. Tonnen von Glas werden zur Erde stürzen, und nichts wird von den Domen bleiben als stählerne Skelette. Aber wahrscheinlich wird der wahre Ernstfall der Friede sein. Europa, das nicht einfach das erweiterte Europa von Maastricht ist. Europa, das seine neue Einheit nur findet, wenn es die alte Einheit des westlichen ebenso wie des östlichen Blocks preisgibt und sich neu sortiert und arrangiert. Berlin kommt darin ebenso wie auch anderen einst peripherischen Städten wie Wien, Prag, Budapest, Petersburg, Istanbul eine neue Rolle zu. Ihre bloße Existenz besagt: Hier ist nichts zu Ende, hier geht etwas weiter, hier fängt etwas an. Berlins Existenz ist ein Veto gegen die Selbstbeschränkung Westeuropas, vielleicht sogar Pfahl in seinem Fleisch. Die peripherische Existenz ist nun Berlins Vorteil. Das neue Berlin braucht das neue Mittel- und Osteuropa. Man baut keine Zentralbahnhöfe für Städte am Rande der Welt. Man baut keine internationalen Flughäfen, wenn man keine Zukunft hat. Die sich beschleunigende Zirkulation auf dem Berliner Ring sagt, daß der Motor Berlin zu arbeiten begonnen hat. So ist das Kostbarste, was man derzeit in Berlin erleben kann, mitzubekommen, wie wir aus der alten mitteleuropäischen Zeit in die neue hinübergehen und aus dem alten ins veränderte Europa. Ich bin sicher, irgendwann wird die Bude mit der Aufschrift »Eurasia« wieder dasein.

(1999)

Die Karawanserei am Frankfurter Tor

Alle reden vom »molekularen Bürgerkrieg«, der Europa bedroht, und niemand von der molekularen Bewegung, die Europa zusammenführt. Sie geschieht unmerklich und unspektakulär Tag für Tag, Woche für Woche, jahraus, jahrein. Sie ist keine Nachricht wert, sondern nur eine Meldung im Verkehrsfunk, die inzwischen jeder kennt: »Die Wartezeiten bei der Ausreise nach Polen betragen zur Zeit dreißig Stunden.« Vor Ostern waren es am »Frankfurter Tor« sogar fünfzig Stunden. Dort verläuft an der Grenze zwischen Polen und Deutschland auch die Grenze, die Europa in »EU« und »Nicht-EU« teilt. Rund 560 000 Lkws haben im Jahre 1995 den deutsch-polnischen Autobahn-Grenzübergang an der A 12 bei Frankfurt/Oder passiert. 1993 waren es noch etwa 327 000 in beiden Richtungen. Ende März dieses Jahres hatte das Frankfurter Zollamt schon 80 000 Fahrzeuge mehr als im Vergleichszeitraum des vergangenen Jahres registriert. Der Verkehr an den östlichen Grenzen nimmt weiterhin zu, und mit ihm der Stau – trotz Inbetriebnahme der gemeinsamen deutsch-polnischen Zollabfertigungsanlage Swiecko II im Juli des letzten Jahres. Allenthalben wird geklagt und geschimpft: von Einheimischen, die die Autobahn nicht mehr benutzen können, von Investoren, die ihre Termine verpassen, von Ministern, die im Stau steckenbleiben, und von den Spediteuren selbst, die Zeit und damit Geld verlieren. Der Stau an der Grenze beschäftigt Staatskanzleien und Ministerien in Bonn, Warschau und Brüssel. Die Klagen steigern sich zu Hilferufen, wenn es zum Chaos auf der Autobahn kommt, wenn auch die linke Spur von Lückenspringern blockiert wird, wie dies vor Ostern geschehen ist. Das Gerücht, die polnische Regierung wolle ab Frühsommer die Steuern für importierte Gebrauchtwagen erhöhen, hatte zu zu einem Massenimport von Schrottfahrzeugen geführt und die Autobahn mit Tausenden von Lafettenfahrzeugen und Anhängern verstopft.

Megastau

Keine Statistik gibt den überwältigenden Anblick wieder, den die unendliche Schlange von Lkws bietet. Wer von einer der Autobahnbrücken auf die Rücken an Rücken stehenden Laster hinabblickt, meint eher einen nicht enden wollenden Güterzug zu sehen. Wer auf dem Randstreifen an ihnen entlang geht, kommt sich so verschwindend klein vor wie bei einem Truppenaufmarsch. In periodischen Abständen rückt die Kolonne ein Stück weit nach vorne, bis sie den Terminal erreicht hat, eine weite asphaltierte Fläche inmitten der Äcker neben der Trasse. Dort nehmen die Lkws Aufstellung auf den schräg schraffierten Parkflächen, wo die Wagen so eng stehen, daß man gerade noch zwischen den Fahrzeugen hindurchgehen kann. Jetzt ist etwas Zeit, um das Wichtigste vor der Zollkontrolle zu erledigen. Im »Magazin« kann man sich für die Fahrt mit Säften, Bier, Schokolade oder billiger Elektronik eindecken, ins Sexkino gehen oder im Kiosk, in dem es sogar in drei Sprachen angekündigtes »Cordon bleu« gibt, etwas zu sich nehmen. Die Duschen sind außer Betrieb, die Wasserleitungen sind vom Frost geplatzt, in den Klos steht Wasser. Auch hier fällt einem – besonders nachts – ein Bild aus der Welt des Militärs ein: Wagenburg, bivouaque. Keine Scheinwerfer, keine Lichterketten, wie wir sie von den amerikanischen truck stops kennen. Hier sind in der Mehrheit Leute unterwegs, die sich aus Kostengründen ihre Mahlzeiten selber zubereiten und die sich, wenns hoch hergeht, den Luxus einer Dose Heineken leisten. Trucker sind ein schweigsames Volk, vor allem gegen nicht dazugehörige. Manchmal sitzen Landsleute zusammen – aus Stettin oder Samara –, und dann hallt ein Lachen über den Platz. Sie stehen zwischen den Kolossen und vertreten sich die Beine und warten darauf, daß es weiter geht. Dann gibt es das Zeichen zur Weiterfahrt. Ein Mann vom Bundesgrenzschutz fährt hupend an den Kolonnen entlang, die nun an der Reihe sind. Die Motoren dröhnen auf, alle Unterhaltung ist zu Ende, man versteht sein eigenes Wort nicht mehr. Und hier ist das einzige Moment, wo Nervosität aufkommt. Die tonnenschweren Ungetüme, einer archaischen Bisonherde gleich, rollen auf die Autobahn hinaus und rücken über die Oderbrücke zur Zollabfertigung in Swiecko II auf der polnischen Seite vor. Nach wiederum einigen Stunden ist der Weg frei. Tage später wiederholt sich dieselbe Prozedur – diesmal vielleicht an der litauischen, weißrussischen, ukrainischen, lettischen oder iranischen Grenze.

Das Fernfahrermagazin »Trucker« nennt das, was sich Tag für Tag und Woche für Woche vor dem Terminal an der Grenze abspielt, »Megastau« oder »Hölle an der Ostgrenze«. Aber der Stau ist nicht das Resultat mangelnder Disziplin oder einer Störung, sondern eines neuen Verkehrsaufkommens, dem die Grenzen des alten Europa nicht gewachsen sind. Was fast wie ein militärischer Aufmarsch aussieht, ist in Wahrheit eine zivile Invasion – nach beiden Seiten. Dies hier ist keine Armee, sondern eine Handelsflotte. Es gibt kein Hauptquartier, sondern nur die *headquarters* internationaler Speditionen und die Logistik des zivilen Austausches.

Karawanserei

Eine halbe Million Fernfahrer passieren den Frankfurter truck stop jährlich. Das ergibt eine imaginäre Stadt, die sich Tag für Tag neu bildet und Tag für Tag wieder verschwindet. Ihre ausschließlich männliche Population wechselt mit jeder auf den Terminal rollenden Kolonne. Die Zeit des Verbleibens ist zu kurz, als daß sich etwas zur Form verfestigen könnte. Kommende Archäologen würden nichts entdecken als den Sand unter der Asphaltfläche und ein paar Überbleibsel von in Schnellbauweise errichteten Kiosken. Diese Stadt lebt von der nicht abreißenden Bewegung der Kommenden, die morgen schon wieder in den Weiten des Berlin-Warschauer Urstromtals verschwunden sein werden. Ihre Kommunikation ist bestimmt von den Zufällen der Begegnung, sie bricht ab, wenn das Signal zur Weiterfahrt gegeben wird. Die Erfahrungen, die hier für einen Moment aufeinander treffen, stammen aus dem Einzugsbereich, der größer und vielfältiger kaum denkbar ist. Am Frankfurter Tor macht die ostwestliche Karawane halt. *Truck stop* ist nur der zeitgenössische Name für die Uralt-Einrichtung der Karawanserei. Das ihr eigene System von Zeichen und Symbolen macht kenntlich, woher einer kommt und wohin einer will. Litauer, Esten, Letten, Ukrainer, Russen, Usbeken haben nun ihre eigenen Autokennzeichen. Zu den schon bekannten Großen des europäischen Speditionswesens wie *Danzas, Globetrotter, Hungarocamion, Sovtransavto*, sind neue Namen dazugekommen: *Transbalt, Russofracht, Kamatransservis*. Die Holländer, die bekanntlich den Verlust ihrer Seemachtstellung durch ihre Hegemonie im kontinentalen Speditionswesen wettgemacht haben, sind nun auch im östlichen Europa präsent. Die in großen Lettern auf die Planen aufgemalten Routen reaktivieren alte Beziehungen, zum Beispiel: Roma–Sankt Petersburg. Der ost-westliche Fuhrpark ist erneuert,

24

Scania und Mercedes haben die Kamas-Transporter verdrängt. Und zwischen den Großen fahren die Kleinen, Selfmademen wie der Rußlanddeutsche aus Neu-Ulm, der aus Duschanbe in Tadschikistan stammt und nun Schmieröle dorthin liefert und den Transporter, in dem er sie dorthin schafft, gleich mitverkaufen wird. Er hat eine lange Route vor sich: bis Moskau 2500 Kilometer, bis Samara an der Wolga 1200 und von da noch einmal 2900 Kilometer. Er macht dies nicht zum ersten Mal. Oder der Ingenieur aus Kaunas, der für seine Renault-Filiale in Litauen eigenhändig einen Lkw in Genf abgeholt hat, oder jener Weißrusse aus Gomel, der am Zoll für seinen in Stuttgart gekauften Sierra 270 DM Konvoi-Gebühren bezahlen soll, die er nicht mehr hat. Neben den Veteranen von Marienborn, die die Grenzen noch aus der Zeit des Kalten Krieges kennen, taucht ein neuer Typus auf: Einzelkämpfer, die auf eigene Rechnung drei- bis viermal im Monat die Route Riga – Berlin zurücklegen, ehemalige Beamte des Innenministeriums und Offiziere, die vom Panzer auf den Laster umgestiegen sind, viele junge, wild aussehende Leute.

Wer Handel treibt, schießt nicht

Auf diesem trostlosen Flecken Asphalt inmitten der märkischen Äcker begegnet sich Europa in seiner ganzen Erstreckung: von Klajpeda bis Burgas, von Brest bis Bristol, von Riga bis Bukarest, von Samara an der Wolga bis Barcelona, von Lublin bis Stuttgart, von Petersburg bis Rotterdam, von Nowosibirsk bis Dortmund. Hier trifft man Leute mit »Mehrfach-Identitäten«: einen Aserbaidschaner, der noch einen alten Sowjetpaß hat, aber für eine britische Spedition die Strecke Moskau–London befährt. Die erstaunlichste Tour an jenem Nachmittag war die eines Konvois von sechs strahlend weißen Trucks mit iranischen Kennzeichen. Die Mannschaft mit dem Ziel Teheran hat einen langen Weg vor sich: aus Bremerhaven kommend über Frankfurt nach Brest, von dort über Woronesch und Rostow zum russischen Schwarzmeerhafen Noworossijsk, um von dort ins türkische Samsun überzusetzen. Ihre Fracht: Kartoffeln.

Es geht hier um keine großen europäischen Projekte, sondern um Konsumartikel, Tulpen aus Holland, Joghurt aus Frankreich, Stahl aus Dortmund und Büromöbel aus Villingen. Es geht oft nur um das billigere Benzin auf der anderen Seite oder Export-Import-Aktionen, die den Vorteil der geringeren Kosten jenseits der Grenze nutzen. Aber darin steckt oft mehr gesunder Menschenverstand als in den Proklamationen vom einigen Europa. Truckfahrer kennen sich in Ost- und Westeuropa oft besser aus als die Berufseuropäer, denn sie sind von Berufs wegen Tag für Tag dort unterwegs, wovon die Profis nur vom Hörensagen wissen. Sie kennen das neue Europa und die verschlungenen Wege, die dorthin führen. Sie suchen keine Pfade nach Utopia, sondern Wege auf die andere Seite. Die Topographie in ihrem Kopf ist nicht mehr die von Ost und West; ihre Frage ist vielmehr, wie gut die Straßen sind, wo die Parkplätze bewacht und wo die Mädchen am freundlichsten sind. Sie kennen Straßen, die nur im Winter passierbar sind, und wissen die beste Umgehung von Riga oder Moskau. Sie wissen alles über die Grenzübergänge: mit welchen Stauzeiten man in Brest, Mamonowo oder Grodno rechnen muß, welches Bakschisch die Milizionäre an der russisch-estnischen Grenze für die Weiterfahrt verlangen und wo es Ausweichmöglichkeiten gibt. Sie können ein Lied singen vom Zickzackkurs russischer Zollbestimmungen. Sie haben nie Marketing studiert, aber wie die »Bedürfnisstruktur« aussieht, die sich auf den Basaren des östlichen Europa ausbreitet, das wissen sie genau. Beim Transport von Gebrauchtwagen nach Riga kalkulieren sie genau den Vorteil des Landwegs gegenüber dem Seeweg. Sie kennen die Krisengebiete und Kriegszonen nicht aus dem Fernsehen, sondern als Betroffene: Jelzins Krieg im Kaukasus hat die Routen nach Baku und Jerewan verlegt, der Krieg im alten Jugoslawien hat die alte Balkanroute unterbrochen. Sie machen von ihrer Weitgereistheit kein Aufhebens, denn Grenzüberschreitung ist ihr tägliches Brot. Sie messen den Fortschritt an der Beschleunigung der Grenzabfertigung. Ihr Index für Stabilität ist, ob man die Route auch außerhalb eines Sicherheitskonvois befahren kann. Sie sind die Pragmatiker der Transformation, denn an ihrem Fortgang hängt ihr Beruf und ihr Gehalt. Sie sind auf Verkehrserschließung spezialisiert, auch in Regionen, für die es noch keine neuen Karten gibt. Für sie gibt es keine »Verostung« oder »Verwestung«, sondern nur Abstufungen in einem Kontinuum, das sie regelmäßig und in beiden Richtungen zu bewältigen haben. Sie sind die Konterbandisten des Ausgleichs, ihr Schmuggel ist der Export von Normalität. Sie brauchen für ihre Kommunikation keine Konferenzdolmetscher. Sie sind eine Avantgarde, der dann der Troß folgen wird – wenn alles eingerichtet ist. Sie sind die Abenteurer der Transformationsperiode, die sich durch Territorien schlagen, in denen Maut erhoben wird, in denen es besser ist, eine Waffe zu haben und wo man eine schnelle Reaktion haben muß. Sie sind nicht interessant für die Ethnologen, denn diese interessieren sich für das Fernliegende, nicht für den Exotismus, den die neue Zeit in den alten Zuständen darstellt. Sie liegen außerhalb des Gesichtskreises der großen Politik, denn sie machen die Kleinarbeit des Transfers, ohne den es keine neue Ware, keine neue Büroausrüstung, kein neues Design in Moskauer Büros und keine neuen Lifte in Petersburger Hotels gibt. Sie reden wenig von Europa, dafür um so mehr von der Beschleunigung des Verkehrs, der dieses erst möglich macht. Europa ist hier keine Berufung, sondern ein Job. Ihre Traum von Europa ist ein Jahresvisum, das ihnen Zutritt zum »Schengener Europa« verschafft. Sie stehen nicht in einem Stau, der in den Urlaub, sondern in die Mühen der Ebene führt. Sie schimpfen auf die »Spekulanten«, deren Waren sie transportieren, von deren Gewinnen sie aber nichts zu sehen bekommen. Auf den Fernsehmonitoren in ihren Kabinen haben sie alle Fernsehprogramme zwischen Rotterdam und Moskau mitbekommen, und ihr Schluß ist, daß sie sich immer weniger unterscheiden. Sie haben von Berufs wegen einen langen Atem, aber die Zeitrechnung, der sie jetzt zum Durchbruch verhelfen, läuft nach der Devise »time is money«. Sie durchqueren mehrere Zeitzonen, aber sie arbeiten zielstrebig und jeder für sich an der Herstellung der europäischen Einheitszeit. Man weiß hier nichts vom »clash of civilizations«, vom Graben zwischen Byzanz und Rom, von Mittel- und Osteuropa, dafür um so mehr von den Brücken, die darüber hinwegführen und die repariert werden müssen. Sie kennen mehr die vielen Europas, aus denen Europa besteht, und nicht nur EU-Europa, das sich für das ganze hält. Sie fahren von einer Peripherie zur anderen und schaffen so neue Zonen des Kontakts. Sie rechnen mit der longue durée, in der Infrastrukturen geschaffen werden, nicht mit Konferenzterminen. Da sie allein auf weiter Flur sind, wissen sie, daß nur sie selbst sich helfen können, wenn etwas passiert. Sie betreiben nicht »Kulturvergleich«, aber erkennen an der »Kultur des Fahrens«, am System von Verkehrszeichen und Schildern einerseits und der schieren Wegelosigkeit andererseits, daß es ein »Kulturgefälle« gibt. Europa ist für sie ein Raum, in dem Ortsveränderung möglichst ohne Gefahr für Gut und Leben vor sich geht. Hier sprechen die Profis des Verkehrs, das heißt der Raumbewältigung. Ihre Sorge ist eine »Sicherheitspartnerschaft«, die den modernen Wegelagerern das Handwerk legt. Jeder von ihnen hat etwas erlebt, weil sie durch Landstriche fahren, in denen mit Handys ausgestattete warlords sich Bandenkriege um die einträglichsten Routen liefern. Fast alle berichten von irgendeinem Inzident und zeigen auf die Spuren von aufgeschnittenen Planen, die von den

Überfällen der »tschetschenischen Mafia« in der Gegend um Smolensk oder von den »Albanern« auf der Strecke Frankfurt–Berlin stammen. Man weiß hier, daß der Herbst eine Zeit höherer Gefährdung ist: es ist die Zeit, in der die Bandenchefs vom Urlaub an der Cote d'Azur zurückkommen und wieder ins Geschäft einsteigen. Ihr Beitrag zur Stabilisierung liegt in der Einhaltung von Lieferfristen in einer Ökonomie, die aus den Fugen ist. »Europe on the road« arbeitet an der Wiederherstellung einer Lebensroutine, ohne die auf Dauer auch krisenfähige Gesellschaften im Chaos versinken. Der Stau an der Grenze besagt nur, daß Europa, das in den Konferenzsälen auf der Stelle tritt, wenigstens auf den Straßen in Fahrt gekommen ist.

(1996)

Die Wiederkehr des Raumes

In Zeiten, da fast nur noch von der Beschleunigung der Zeit und vom »Verschwinden des Raumes« die Rede ist, von der Bedeutung des Raumes in der Geschichte zu sprechen, ist vielleicht nicht ganz zeitgemäß. Besonders in Deutschland. Es ist nach dem, was in Deutschland geschehen ist, nicht schwer zu verstehen, warum das so ist. Raum ist belastet. Raum hat zu tun mit Großraum, Ostraum, »Volk ohne Raum« und mit »Generalplan Ost«. Von »Lebensraum« zu sprechen ist ganz unmöglich geworden. Das ganze Wortfeld scheint für immer kontaminiert. Wenn wir uns mit der »Lebenswelt« als Ersatz nicht zufriedengeben, weichen wir in andere Sprachen aus: in den klaren, fast naturwissenschaftlichen Begriff des Biotops, in dem jede Beziehung zu den grausigen Praktiken des 20. Jahrhunderts getilgt ist. Wir flüchten in l'espace social der Franzosen. Vielleicht finden wir in Amerika das, was uns am geeignetsten erscheint: Dort gibt es Räume im Überfluß – spaces of desire, spaces of memory, spaces of sex, counterspaces, landscapes und alles im postmodernen mapping. Ein Wort, ein Begriff, und sei er sprachlich noch so schön wie das deutsche Wort »Lebensraum«, scheint für immer erledigt zu sein durch die Geschichte.

Aber es geht nicht nur um die zerstörte Aura eines Wortes, sondern um eine Disziplin und eine ganze Dimension, die in Mitleidenschaft gezogen wurden. Die Geographie hat für ihre Wege und Irrwege in diesem Jahrhundert schwer bezahlt, fast mit einem Absturz in die Bedeutungslosigkeit und damit, daß sie unter Generalverdacht gestellt wurde – nicht anders als die Demographie, die fürderhin mit der Bevölkerungspolitik der Nazis in einem Atemzug genannt wurde, oder die Militärgeschichte. Was mit dem Raum und der Geographie zu tun hatte, war nach dem Krieg für lange Zeit »out«. Die harmlose, aber zutreffende Beobachtung, daß Deutschland »mitten in Europa« lag, stand unter Ideologieverdacht: Sollte damit nicht abgelenkt werden von anderen, triftigeren Gründen des Unglücks, das Deutschland über Europa gebracht hatte? In Zeiten des grenzenlosen Glaubens an die Macht der Aufklärung und an die Machbarkeit von allem gab es keinen

Platz für die Fatalität der Lage und dafür, daß »Mitte« auch eine räumlich-geographische Bedeutung hat, die durchaus von Belang ist. Erdkunde galt als altmodisch, als ein Rückfall in ahistorisches Denken. Die Rede vom Raum war reaktionär. Wahrscheinlich ist der Eindruck, den Michel Foucault seinerzeit gewonnen hatte, auch für die Diskussionslage in Deutschland zutreffend. Er meinte: »Der Raum wurde behandelt als das Tote, das Feste, das Undialektische, das Immobile. Zeit war im Gegensatz dazu Reichtum, Fruchtbarkeit, Leben, Dialektik ... Die Verwendung von räumlichen Termini scheint den Geruch des Antigeschichtlichen zu haben. Wenn jemand in Begriffen des Raums anfing zu sprechen, dann bedeutete das, daß er in Opposition zur Zeit stand. Es bedeutete, ›die Geschichte zu negieren‹, wie Dummköpfe sagen ... Sie verstanden nicht, daß diese räumlichen Konfigurationen gerade auf Prozesse abhoben – auf historische, auf Prozesse der Macht, selbstverständlich.«

Neue Topographien

Wer auf sich hielt, wußte genau, daß die Rede von »natürlichen Grenzen« nur politische oder ideologische Interessen verschleierte. Die aufgeklärte Welt hatte nur noch ein müdes Lächeln übrig für Redensarten wie etwa die, daß die Geographie Polens Schicksal sei. Überall witterte man die Wiederkehr von etwas, was es eigentlich nicht mehr gab. Ein Gespenst ging um: das Gespenst der Geopolitik. Es nützte wenig, daß jemand wie Henry Kissinger, ganz unverdächtig irgendwelcher Verbindungen zu Karl Haushofer, wie selbstverständlich von *geopolitics* oder jemand wie Immanuel Wallerstein sogar von *geoculture* sprach. In Deutschland standen Befürchtungen im Raume, ganz anders als im angelsächsischen Bereich, für den John A. Agnew den Diskussionsstand Ende der achtziger Jahre mit kühlem Understatement so zusammenfaßte: »Geography still matters.«

Ich muß gestehen, daß mich die Auffassung vom Verschwinden des Raumes immer ziemlich kaltgelassen hat. Vielleicht hängt es damit zusammen, daß ich aus einer Welt der Langsamkeit, aus einem schwäbischen Dorf komme. Vielleicht hängt es damit zusammen, daß ich viel unterwegs war im anderen Europa, im Europa östlich der Mauer und ohne Hochgeschwindigkeitszüge.

An der großen Grenze erfuhr man räumlich, daß Europa nicht nur aus EG-Europa bestand, sondern daß dort, wo die bekannte Welt endete, eine andere, die wir nicht kannten, erst begann. Hier stieg man um, fast in einem buchstäblichen Sinn: aus der homogenen Zeit der transatlantischen Welt mit ihren Airports, Transiträumen, *facilities*, die überall die gleichen waren, in eine Welt, in der es diese nicht gab. Verschwinden des Raums! Das soll jemand sagen, wenn man im Zug achtundvierzig Stunden oder drei Tage und Nächte durch Rußland rollt und sich überlegt, wie man die Zeit bis zur Ankunft methodisch kleinarbeitet. Hier konnte man die Gewißheit gewinnen, daß, wer diese Zeit und diesen Raum mißachtet, scheitern wird. Diese Raum- und Zeiterfahrung ist grundlegend, und ohne sie läßt sich gar nichts verstehen: nichts von der Ohnmacht auch des totalen Staates, nichts von den Enklaven der Kultur, die Wunder bewirken können und doch keine Chance haben gegen die Weite des Raumes, nichts von Reformprozessen, die nicht stattfinden können, solange es kein Subjekt gibt, das solche Räume überwinden könnte. Dies ist die Erfahrung der »Übermacht des Raumes«, dem man sich fatalistisch fügt, dem man aber verfallen kann – ob auf der Transsib, ob auf dem Highway 66.

Gegen das angebliche Verschwinden des Raums stand die Raumrevolution, die mit der europäischen Wende von 1989 einherging. Das Raumgefüge der Nachkriegszeit war eingestürzt, eine veränderte Staatenwelt ging aus der Auflösung des politischen Blocks hervor. Die alte große Grenze war verschwunden, statt dessen gab es überall neue Grenzen. Städte, die bisher außerhalb des Gesichtskreises gelegen hatten, waren mit einem Mal Nachbarstädte. Wege, die Menschenalter gesperrt waren, waren mit einem Mal Transitrouten geworden. Zum ersten Mal seit Menschengedenken bekamen wir wieder Orte und Örter zu sehen, von denen wir meist nur wußten, daß es sie gibt oder einmal gegeben hatte. Die alten Zentren Europas, die zur Bühne dieses atemberaubenden Wandels geworden waren – Prag, Warschau, Danzig, Wilna, Moskau, Bukarest, Dresden, Budapest –, waren ins Bewußtsein ganz Europas zurückgekehrt. Das Relief eines neuen Europa war ans Tageslicht getreten. Ort und Örter, nicht mehr »System«, prägten die neue Topographie. Die vielen »unsichtbaren Städte«, von denen Italo Calvino gesprochen hatte, waren plötzlich zurück. Wenn wir eine Vorstellung vom neuen Europa gewinnen wollten, dann mußten wir uns dort umsehen. Über eine von ihnen heißt es bei ihm: »Aber die Stadt sagt nicht ihre Vergangenheit, sie enthält sie wie die Linien einer Hand, geschrieben in die Straßenränder, die Fenstergitter, die Brüstungen der Treppengeländer, die Blitzableiter, die Fahnenmasten, jedes Segment seinerseits schraffiert von Kratzern, Sägspuren, Einkerbungen, Einschlägen.« So durchwandern wir die alten Städte und Landschaften. Wir steigen ausgetretene Treppen hinauf, die seit 1917 nicht repariert worden sind. Wir besichtigen Turnhallen, die einmal Synagogen waren. Wir machen mühsam das Haus ausfindig, in dem Celan zur Welt kam. Wir finden die Baustelle in Riga, an der aus dem Nichts das Schwarzhäupterhaus wiedersteht. Der Ring in Krakau und Breslau – wo gibt es in Mitteleuropa sonst noch so festliche wie intime Plätze? Wir besichtigen die Massive der gewaltigen Neubausiedlungen, die sich wie ein Gürtel um die alten Metropolen gelegt haben, die sichtbarste Hinterlassenschaft dessen, was »nachholende Modernisierung« genannt wurde. Wir umkreisen ruinierte Herrenhäuser, verwilderte Parks, umfunktionierte Kirchen – die Relaisstationen für die Zwiesprache der Generationen. Erstarrt liegen die Landschaften aus Eisen, die Monumente einer heroischen Moderne, die nun niemand mehr braucht. Wir wandern durch die Städte, in denen nur noch die gußeisernen Deckel der Kanalisation daran erinnern, daß hier einmal eine Stadt unter anderem Namen war, und wir sehen uns um in Städten, in denen alles noch so ist, wie es war – die Fabriken des Louis Geyer, die Werkswohnungen und das Palais Poznanskis –, nur daß es die Menschen nicht mehr gibt, die sie einst bewohnt hatten. Unser Zug rollt durch die Wüstungen, die die Weltkriegsepoche in Europa bis auf den heutigen Tag hinterlassen hat. So vergegenwärtigen wir uns den Raum, in dem unsere Geschichte spielt. Oder in dem wunderbaren Satz des alten Friedrich Ratzel: »Wir lesen im Raum die Zeit.«

Aber alles ist noch im Fluß: Die Abwicklung der Nachkriegszeit ist noch nicht zu Ende. Immer neue Orte, von denen wir bis dahin nicht wußten, tauchen auf: Erst war es Vukovar, dann Sarajevo, heute Prishtina und Novi Sad und morgen noch andere. Wir machen uns mit der Topographie des Amselfeldes vertraut, wir wissen, wie viele Donaubrücken Novi Sad hat und wo die Privatresidenz von Milošević in Belgrad liegt. Jetzt, wo es zu spät ist, fangen wir an, Karten zu lesen: das Geländerelief, noch passierbare Paßstraßen, unzugängliche Täler, strategische Punkte, Brücken und Eisenbahnlinien. Wir lernen in Crashkursen, daß es neben politischen Grenzen auch kulturelle gibt, die sich nicht unbedingt mit jenen decken müssen, und daß es ethnische Landkarten gibt, auf denen eingeschrieben ist, wer bleiben darf und wer wegmuß. Wir sind dabei, wie Geschichte verfertigt und die Karte Europas neu gezeichnet wird – am lebendigen Objekt. Kosovo ist von nun an ein Ort auf der Karte in den Köpfen unserer und der nächsten Generation, ein Name auf der Liste, die wir von den Schultagen her mit uns herumgetragen haben. Sie wird mit jeder Generation auf den neuesten Stand gebracht: Salamis, Issos, Cannae, Katalaunische Felder, Mohács, Stalingrad. Mit Ortsangaben beginnt alle Geschichtsschreibung. In klassischer Form in »De bello Gallico«, in High-Tech und live in der Kriegsberichterstattung von CNN.

Geographie und Geschichte

Die wesentliche Frage für mich ist, wie es kam, daß die lange und spannende Verbindung von Geschichte und Raum in Vergessenheit geraten ist und daß es einer Anstrengung bedarf, sich diese zu vergegenwärtigen. Wir müssen dazu nicht bis zu den Urvätern Herodot und Thukydides, für die Geschichtsschreibung ohne Landesbeschreibung gar nicht denkbar war, zurückgehen; oder zu Montesquieu, der sich Gedanken über die Auswirkungen von Erdbeschaffenheit und Klima auf den Geist der Gesetze, also die Gesellschaftsverfassung, gemacht hat. Es reicht, glaube ich, wenn wir da einsetzen, wo das moderne Raumdenken beginnt, also im 19. Jahrhundert. Wahrscheinlich ist es kein Zufall, daß es zusammenfällt mit jener Zeit, in der die Welt unter den europäischen Kolonialmächten aufgeteilt, neu vermessen und gedacht werden mußte. Karl-Georg Faber hat schon vor vielen Jahren in einem Beitrag zur vergleichenden Wissenschaftsgeschichte auf die frappierende Gleichzeitigkeit hingewiesen, in der um die Jahrhundertwende in Deutschland, Frankreich, Großbritannien und in den Vereinigten Staaten – man könnte hier auch noch Rußland hinzufügen – das Verhältnis von Geographie und Geschichte thematisiert wurde – mit allem, was üblicherweise zu einem Paradigmenwechsel gehört. Offensichtlich war die Zeit reif.

In Deutschland hatte Friedrich Ratzel, der Vater des Terminus »Lebensraum«, in den achtziger Jahren seine »Anthropogeographie« und dann 1897 seine »Politische Geographie« vorgelegt, von der ganz entscheidende Impulse für die Entstehung der Leipziger kulturgeschichtlichen Schule und insbesondere für die moderne Landesgeschichte Karl Lamprechts ausgingen. Friedrich Ratzel, von Hause aus Biologe und Zoologe, war es, anders als seinem Vorgänger Carl Ritter, um eine streng naturwissenschaftliche Fassung des Raums gegangen, also nicht um konkrete Landschaften, sondern um eine Theorie des »reinen Raums« mit Kategorien der Distanz, der Nähe, der Bewegung, der Raumüberwindung. In Frankreich arbeitete zur gleichen Zeit Paul

Vidal de la Blache, der Begründer der *géographie humaine*. Er nahm im Grunde schon 1902 die Unterscheidung von *histoire événementielle, structurale, géographisante* vorweg, mit der Fernand Braudel später berühmt wurde, und leistete mit dem »Tableau de la géographie de la France« einen wichtigen Beitrag zur Historisierung eines zunächst rein geographisch verstandenen Raumbegriffs. In Großbritannien hatte Halford J. Mackinder 1904 seinen aufsehenerregenden Vortrag »The Geographical Pivot of History« vor der Royal Academy gehalten. Darin waren Zentralasien und Südsibirien als der »Drehzapfen«, als *heartland*, beschrieben, dessen Besitz über die Weltherrschaft entscheiden werde. In Amerika hatte Frederick Jackson Turner schon 1894 seinen berühmten Essay »The Significance of The Frontier in American History« verfaßt. Die Verbindungslinien und Parallelen zwischen Ratzel, Lamprecht, de la Blache, Turner, Mackinder (man könnte wahrscheinlich noch den russischen Geographen Tjan-Schanskij hinzufügen) sind schlagend: eine programmatische Interdisziplinarität – Geographie, Statistik, Völkerkunde, Soziologie, Historie, Psychologie, Biologie –, eine Grundhaltung des positivistischen Evolutionismus, ein kräftiger Schuß Sozialdarwinismus und Vitalismus und zumeist auch politisches Engagement für einen »gesunden« nationalen Imperialismus. Die glückliche Konstellation, aus der heraus in Frankreich die Schule der *Annales* und das Werk Braudels und anderer geboren wurde, gab es in Deutschland nicht. Statt dessen geriet in Deutschland die Anthropogeographie ganz und gar in den Schatten der nachfolgenden Entwicklung, namentlich der Geopolitik Karl Haushofers und all dessen, was damit zusammenhing. In Frankreich lieferte Fernand Braudel vor allem mit seinem Mittelmeerbuch eine exemplarische, schulbildende Studie über einen geographisch-kulturell-politischen Großraum und bewies die Fruchtbarkeit eines Geschichtsdenkens, das den Raum nicht nur pflichtbewußt im Vorwort abhandelt – nicht als »nutzlose geographische Einführung«. In Deutschland geriet eine ganze, außerordentlich fruchtbare Tradition in den Schatten des Nationalsozialismus. Ratzel war wie viele seiner Zeit ein Alldeutscher, ein klassischer Imperialist, ein Evolutionist, ein Mann, der die Welt mit den Augen eines Biologen und Naturwissenschaftlers ansah, aber er war kein Rassist, sondern eher jemand, der auf die Etablierung einer Weltregierung setzte und vom produktiven Zusammenleben der unterschiedlichen Rassen in der einen Weltkultur träumte. Daß die Nazis den Ratzelschen Terminus des Lebensraums okkupiert haben, das geht nicht auf das Konto Ratzels. Ihm erging es nicht anders als Friedrich Nietzsche oder auch wie einem gewissen Karl Marx, der, obwohl 1818 in Trier geboren und 1883 in London gestorben, postum für den GULag Stalins haftbar gemacht wurde. Etwas anders steht die Frage schon bei Karl Haushofer, dem wohl prominentesten Kopf der deutschen politischen Geographie und Geopolitik, für die Alliierten »the man behind Hitler«. Karl Haushofer, der väterliche Freund von Rudolf Hess, war trotz seiner halbjüdischen Frau, trotz des Widerstands seines Sohnes und dessen Inhaftierung in Moabit ein Nazi, ohne Zweifel. Aber das ändert nichts daran, daß sein Denken des Raums letztlich in scharfem Gegensatz zum Rassismus der Nazis stand. Sein Großraumdenken zielte auf den Zusammenschluß Großdeutschlands, der eurasischen Sowjetunion und Japans – ganz im Sinne von Mackinders *heartland*-Theorie. Aber Haushofer, der bayerische Grandseigneur und General a. D., war kein Rassist. »Space contra race« – auf diese Formel brachte es sein amerikanischer Kollege Walsh, der ihn kurz nach dem Krieg und kurz vor seinem Selbstmord verhört hatte. Vieles, was der Geopolitik angelastet wurde, ging in Wahrheit auf das Konto einer Politik, die man mit viel größerem Recht als Biopolitik bezeichnen könnte. Haushofer hatte damit nichts zu tun.

Wie konnte es zur extremen Politisierung der Geographie und zum Aufstieg der Geopolitik in der Zwischenkriegszeit kommen? Der Schlüssel liegt, wie auch in anderen Feldern, im unglücklichen Ausgang des Ersten Weltkrieges und in den schlechten Pariser Friedensschlüssen. Geopolitik – das war die Antwort auf den unglücklichen Frieden von Versailles mit seinen neuen, instabilen und unsicheren Grenzen. Geopolitik – das war die theoretische Waffe für die Revision der Grenzen. Daß sie in ein volkhaftes und völkisches Fahrwasser geriet, war fast unvermeidlich in Anbetracht der Tatsache, daß Millionen von Deutschen jenseits der Reichsgrenzen in Mittel- und Osteuropa lebten. Was Haushofer umtrieb, war die Frage, was mit »dem Deutschtum« passieren würde. Das Skandalöse ist also weniger der Raum selbst, sondern dessen Ethnisierung.

Die Zeiterfahrung des Global Village

Haushofer war kein PG im engen Sinne. Auch er gehörte – wie Ratzel, de la Blache, Turner, Mackinder zuvor – einer Art von geographischer Internationale an. Er hielt Kontakt nach Sowjetrußland, er bewunderte den Marxisten Karl August Wittfogel und dessen umfangreiche und gelehrte Kritik der Geopolitik, die in der Zeitschrift »Unter dem Banner des Marxismus« erschienen war, und er publizierte ihn in seiner eigenen Zeitschrift. Auch der Ungar Sándor Radó, der kommende Mann der Roten Kapelle in der Schweiz, ein genialer Geograph und Kartograph, von dem ein Atlas des Imperialismus und der Arbeiterbewegung stammt, zu dem John Heartfield das Design entworfen hatte, wurde von Haushofer hoch geachtet.

Eine Definition von Geopolitik aus dem Gründungstext der Zeitschrift »Elemente der Geopolitik« besagt, daß Geopolitik das »geographische Gewissen« der Politik sei, oder mit anderen Worten, daß politisches Handeln sich der geographischen, also räumlichen Bedingungen vergewissern muß. Man könnte Geopolitik bezeichnen als Klärung der Raumbezogenheit politischer Prozesse, als geographische Selbstaufklärung der Politik, als Zivilisationspolitik, die ihre räumlichen Bedingungen mitdenkt.

Mit dem Hinweis auf die nazistische Kontamination der Geographie, der politischen Geographie und der Geopolitik und auf die Angst vor dem »nazistischen Diskurs«, wie es Yves Lacoste in seiner Schrift zur Rehabilitierung der Geopolitik genannt hat, ist es freilich nicht getan. Wenn es zu einer »Enträumlichung« und Entortung des Denkens, zu einer »devaluation of space and place«, gekommen ist, wie dies aufmerksame Beobachter für die Nachkriegszeit konstatiert haben, und wenn es heute zu einem Revival des Raumdenkens und der Geopolitik kommt – wenn dies alles zutrifft, dann hat es nicht nur mit der immanenten Logik der Forschung und einzelner Disziplinen zu tun, sondern mit dem Leben selbst. Ich glaube, daß das angebliche Verschwinden des Raumes in engem Zusammenhang steht mit dem »Goldenen Zeitalter«, wie Hobsbawm die Nachkriegszeit genannt hat. So wie es im Goldenen Zeitalter üblich geworden war, die Nation für eine abgestorbene und obsolete Sache zu halten, der allenfalls noch Ewiggestrige anhängen konnten, so war es auch üblich geworden, den Raum für etwas von gestern zu halten.

Die kühnen Theoretiker der Beschleunigung, die vom »Verschwinden des Raumes« und von der »Entortung« sprachen, hatten zweifellos eine gänzlich neue Erfahrung aufgenommen und sie in dramatische, manchmal auch hysterische Worte gekleidet. Die Erfahrungen, um die es sich dabei handelt, sind unbestreitbar.»Interkontinentalflüge und weltumspannende Kommunikationsmedien haben in gerade einem Halbjahrhundert die Erde schrumpfen, die Entfernungen schwinden lassen; Erdschrumpfung und Entfernungsschwund haben das Ungleichzeitige gleichzeitig werden lassen ... Die wohl allgemeinste Bewegung der Epoche, an der ausnahmslos alle in der einen oder anderen Weise teilhaben, ist der Wechsel von der Raum- zur Zeitgenossenschaft: Die neue Zeit kennt nur noch Zeitgenossen.« So heißt es bei Bernd Guggenberger. Bei Paul Virilio lesen wir, daß die weltweite Ausbreitung der Echtzeit den Realraum zum Verschwinden gebracht habe.»Die aus der unaufhörlichen Datenflut zwischen Amerika und Europa bestehende Immaterialität der ›Telekontinente‹ bringt unseren Alten Kontinent zum Verschwinden.«

Die These vom Verschwinden des Raums spricht jedoch nur die Wahrheit des Global Village oder der okzidentalen Welt aus und ist jene Selbsttäuschung, die überall da entsteht, wo der Teil sich für das Ganze hält. Sie ist das letzte Wort des Westens im Zenit seiner Entwicklung, also kurz vor 1989. Wir sehen noch einmal das westliche Universum, das im Goldenen Zeitalter nach 1945 zu einem einheitlichen Stil, zu einem eigenen Rhythmus gefunden hatte. Es gab einen homogenen Raum, in dem die Uhren gleich gingen und es keine Rolle spielte, ob man seine Coca-Cola auf den Militärbasen an der sowjetisch-türkischen Grenze, in Taiwan, Ramstein oder Guam trank. Es gab eine Zeit, in der West-Berlin mehr mit East Coast zu tun zu haben schien als mit Ost-Berlin, das auf einem anderen Kontinent lag.

Die These vom »Verschwinden des Raumes« gehört demselben Denkraum an, aus dem heraus auch das »Ende der Geschichte« proklamiert worden war. Wahrscheinlich gehören beide sogar zusammen. Vielleicht sind sie die Äußerungsform des zur vollen Reife gelangten Westens in dem Augenblick, da die Teilung der Welt zu Ende kam und mit dem Verschwinden des Ostens auch der Westen aufhörte zu sein, was er war. Wir können uns nicht mehr unter die Fittiche des Systems flüchten. Osten, Westen – das ist von da an nur noch Geographie. Die Selbstverständlichkeiten, die in der Welt der Pax Americana galten, haben aufgehört, selbstverständlich zu sein. Die Lage ist seither unübersichtlich. Wir beherrschen vielleicht noch den Himmel, aber die Entscheidungen fallen letztlich immer noch auf dem Boden.

Die Entdeckung des Lokalen, die Erforschung der Region, der

Boom an Orts- und Stadtgeschichte, der Geschichtsschreibung vor Ort und der Fokussierung von Groß- und Weltgeschichte auf Orte und Räume – all das sind Indizien dafür, daß Fernand Braudels Ansatz so etwas wie Gemeingut geworden ist. Wo man hinblickt und hinhört, von überall her schallt es von Räumen: Kulturraum, politischer Raum, Wirtschaftsraum, imaginärer Raum, Kommunikationsraum, Stadtraum, sozialer Raum, Erlebnisraum, Erinnerungsraum und Gedächtnisraum. Wir scheinen von Landschaften umgeben: Stadtlandschaften, Menschenlandschaften, Geschichtslandschaften, Traumlandschaften, Trümmerlandschaften. Die ganze Welt scheint mittlerweile vermessen und kartographiert: der Grad der Verschmutzung von Luft und Wasser, der Prozentsatz von Krebskranken, die Ausbreitung von Epidemien und neuem Analphabetismus, die Verteilung von ethnischen Minderheiten. *Mental maps* fixieren die Welt, wie sie sich in unseren Köpfen abbildet.

Es fällt einem hier ein, was der Max-Weber-Forscher Johannes Winckelmann einmal nach dem gewaltigen Echo, das Hans Grimms 1926 erschienener Roman »Volk ohne Raum« ausgelöst hatte, schrieb: »Raum – das große Modewort des Kolportagejournalismus, das nebst vielen Geschwistern den deutschen Sprach›raum‹ seuchenhaft infiziert hat. Es begann wohl mit dem Grimmschen Buch ... Ich bin aber dessen sicher, daß diese Wortinflation keinerlei neue Raumvorstellung zum Ausdruck bringt.« Auch haben sich längst ganz neue und interessante Verbindungen innerhalb und zwischen den klassischen Disziplinen gebildet, in denen die verschiedensten Zugänge zum Raum eingeschmolzen sind: Kulturgeographie, Geoculture, Ecohistory und andere. Area Studies kommen ohnehin nicht daran vorbei, »das Ganze« zu denken.

Dieser fast inflationistisch anmutende Gebrauch hat zunächst damit zu tun, daß jede Disziplin ihren eigenen Raum hat: Die Philosophie hat den ihren, so wie die Psychologie ihre Wahrnehmungsräume und ihre Raum-Wahrnehmung hat. Die Mathematik arbeitet mit abstrakten Räumen höherer Dimensionenzahl, die Soziologie mit »sozialen Räumen«, Milieus und »Feldern«. Wie selbstverständlich spricht man vom politischen Raum. Diese Vielgestaltigkeit und Vieldeutigkeit deutet darauf hin, daß der Raum niemals nur physischer Raum, nie nur eine Domäne der Geographen war und daß wir es mit einem außerordentlichen Reichtum an Bestimmungen zu tun haben.

Das Studium der Oberflächen

Und trotzdem bleibt ein gewisses Zuviel, etwas, was ich als die Metaphorisierung des Raumes bezeichnen würde, als das Übergreifen der Mittel von Lektüre und Textkritik auf die räumliche Dimension. Die Welt erscheint nur noch als Text, und die Methoden, sie zu entschleiern, sind dann eben die der Kritik von Texten oder der Dechiffrierung von Zeichen. So werden wir alle zu Semiotikern, wo wir zuerst oder zumindest auch Topographen sein müßten. Es ginge also nicht nur um das Lesen von Zeichen, sondern um die Analyse von räumlichen Beziehungen, von Nähe und Ferne, von Zentralität und Peripherie, von Grenze, kurzum: um die Mittel, die der räumlichen Dimension angemessen sind.

Ich kann noch nicht absehen, wohin es führt, wenn wir von einer Archäologie des Wissens zu einer Archäologie der Örter kommen, wenn wir nicht Wort oder Schrift, sondern die bebaute Welt ins Zentrum der Kultur rücken, wenn wir Ernst machen würden mit dem, was Braudel in der Einleitung zu »La Méditerranée« gesagt hat: daß das Mittelmeer sein wichtigstes »Dokument« sei. Ich wage nicht, mir auszumalen, was geschieht, wenn die Hegemonie der Philologen abgelöst würde durch die Topographen und wenn das, was Gaston Bachelard Topophilie nannte, die Liebe zum Ort also, um sich greifen würde. Was passierte eigentlich, wenn wir die Welt nicht mehr so sehr mit den Augen des Lesers als vielmehr mit den Augen eines Pilgers, eines Wanderers oder eines Flaneurs betrachten? Was passiert, wenn jemand Proust oder Tolstoi auch mit räumlichen Blick liest? Wir wissen, was geschieht, wenn nicht nur der Geist analysiert wird, sondern die intellektuellen Biotope und Milieus erforscht werden, in denen der Weltgeist seine Werke ausbrütet. Wir wissen, welch aufregende Aufschlüsse Stadtsoziologen aus der identitätsstiftenden Funktion symbolischer Orte ziehen können. Aber worauf würde die Frage hinauslaufen, wenn wir sie nicht nur rhetorisch meinen? Welchen Ort müssen wir gesehen haben, um zu verstehen, wie weit es die Menschheit gebracht hat? Ist es die Hagia Sophia, der Hoover-Staudamm oder das Tor von Auschwitz-Birkenau? Was wären die Äquivalente für die fünf wichtigsten Bücher, in denen das kollektive Gedächtnis einer Nation oder gar das kulturelle Gedächtnis der Menschheit konzentriert ist: sind es die Pyramiden, die Piazza von Siena, der Aquädukt von Nîmes, die Chinesische Mauer, die Via Appia, das Chrysler Building? Würde dies nicht auf eine Umdimensionierung mit unübersehbaren Konsequenzen hinauslaufen, auf eine Entwertung der ganzen logozentrischen Kultur zugunsten von etwas, das in der gebauten Geschichte sein Zentrum hat? »Im Raum die Zeit lesen!«, wie Ratzel formulierte, heißt: wieder sehen lernen. Räume und Örter sind Dokumente sui generis. Historiker sind Spezialisten für die historische Formenwelt. Sie sollten bei Architektur- und Kunsthistorikern, Semiotikern, Kulturgeographen und ähnlichen Leuten in die Schule gehen und ihre Augen trainieren. Es geht in besonderer Weise um das Studium von Oberflächen: Erdoberflächen, Stadtgrundrisse, Fassaden, Interieurs.

Jeder Ort ist verschieden. Die Welt der Orte ist partikularistisch. Man tut sich mit Generalisierungen schwerer, man wird fast immun gegen die Abstraktion. Jedenfalls sinkt das Bedürfnis, alles auf den Begriff bringen zu müssen, wenn es andere, reichere Darstellungsmöglichkeiten gibt. Es stellt sich als Gewinn heraus, die Geschichte als Ensemble vieler je singulärer Geschichten erzählen zu können.

Natürlich geht es heute noch mehr als früher um Weltgeschichte. Aber wir dürfen ruhig sagen, daß uns die europäische Geschichte in besonderer Weise interessiert. Die Gewinnung einer Anschauung von dem, was europäische Geschichte sein könnte, ist in eine neue und aufregende Runde getreten. Europa als Geschichtsraum – ein aufregenderes »Dokument« läßt sich kaum finden.

(1999)

Wilna – Horror einer schönen Stadt

Von Moskau aus sind alle Fahrten in die baltischen Republiken Fahrten gen Westen. Dabei ist es selbst im rein geographischen Sinne gar nicht so eindeutig: Estland liegt im Norden, Lettland fast auf der Linie Moskau– Stockholm; und auch nach Wilna fährt man meist in einem Zug, der weitergeht bis Riga. Doch ist mit Westen ja nicht bloß die Himmelsrichtung gemeint. Westen – das bedeutet Europa. Für die Moskauer Freunde, die mir lebhaft zuraten, nach Litauen, Lettland und Estland zu fahren, verbindet sich mit den Namen dieser Republiken und ihrer Hauptstädte ein ganzer Kranz von Assoziationen: die strengen gotischen Kirchen, das Backsteinbauwerk, der Geist des Protestantismus, der an der baltischen Küste noch zu atmen sei; auch das üppige Barock der litauischen Hauptstadt. Es meint ein Stück Geschichte, an dem Rußland nicht teilhatte; es meint Städte, wo man eines Zipfels dessen habhaft werden zu können glaubt, was europäisches Mittelalter, Reformation, höfische Kultur bedeuten. Dieses Europa zeigt sich jedoch nicht nur in Bauwerken oder Museen. Die Moskauer Freunde schwärmen von den Cafés und Wirtshäusern in Wilna und Riga, von der freundlicheren Bedienung in den Geschäften, kurz: von dem allgemein höheren Lebensstandard.

Es ist vielleicht nicht ganz zufällig, wenn eine Reise nach Wilna in Moskau beginnt. Das Baltikum-Programm wird von der staatlichen Reiseorganisation Intourist en bloc verkauft, es gehört dazu, wenn man etwas von der Vielschichtigkeit und Mannigfaltigkeit des Vielvölkerimperiums Sowjetunion zu sehen bekommen will. Und so reisen selbst Touristen aus dem Westen fast immer über die Hauptstadt an, auf einem großen Umweg sozusagen. Dabei gäbe es direkte Verbindungen, von Berlin aus über Warschau, oder von Kiel und Hamburg aus, oder genauer: Es hat sie einmal gegeben; heute sind diese Direktverbindungen umständlich und saisonabhängig geworden.

Vor einigen Jahrzehnten noch hätte es näher gelegen, direkt in die litauische Hauptstadt zu fahren. So kann man etwa dem Baedeker des Jahres 1904 folgende Angaben und Empfehlungen entnehmen:

41

Route 7. Von Berlin nach St. Petersburg.

Nord-Express, 2-3mal wöchentlich. Von Berlin (Stadtbahn) nach Wirballen, über Dirschau-Königsberg, 744 km, Schnellzug in 12½ St. für 67.50, 50.10, 35.10 M. Von Wirballen nach Wilna, 179 Werst, Schnellzug in 3¾ St. für 8, 5.20 R. und 1½ R. für die Platzkarte; Pers-Zug in 5½, St. für 6.15, 3.70 R. Russisches Geld wechselt man am besten in Berlin ein, sonst in den Wechselbuden in Eydtkuhnen oder in Wirballen. Gegen die mitteleuropäische Zeit geht die Petersburger 1 St. 1 Min. vor.

Der Fahrzeit nach ist es von Berlin nach Wilna kaum mehr als von Wilna nach Petersburg. Doch seither hat sich fast alles geändert, und wir können mit dem Reiseführer von einst kaum noch etwas anfangen – oder nur dann, wenn wir mit ihm umzugehen wissen. Rubel braucht man in der litauischen Hauptstadt nach wie vor oder wieder, wenngleich wir sie nicht mehr in Berlin besorgen können – das ist ein Vergehen gegen die sowjetischen Devisenvorschriften. Die Zeitdifferenz beträgt heute sogar noch mehr – zwei Stunden. Und selbst die Landschaft, jenes hartnäckig sich behauptende Relief, ist nicht unverändert geblieben. Im Baedeker von 1904 heißt es noch:

Während der Fahrt befinden wir uns bis Kowno noch im Generalgouvernement Warschau (Polen), und zwar in dem ebenen Gouvernement Ssuwalki, im nördlichen Teile von Litauern, im südlichen von Polen bewohnt, gemischt mit Russen, Deutschen und Juden (besonders in den Städten). Nördlich und südlich vom Niemen wird die Landschaft strichweise hügelig und ist mit kleinen Seen durchsetzt; es ist die Fortsetzung des ostpreußischen Endmoränenzuges, der von der Bahn in seinem Verlauf durch Litauen schräg durchquert wird.

Und noch bevor der Reisende des Jahres 1904 in Wilna angekommen ist, weiß er aus dem klugen Buch bereits:

Wilna, Wilno, Vil'no. – Bahnrestaurant, gut. – Gasthäuser: *Georgijewskaja*, Georgijewski-Prospekt; *Jewropa*, Ecke Njemezkaja u. Blagowjeschtschenskaja; *Kontinent*, gegenüber dem Theater, viel Kaufleute. – Vergnügungsorte: *Stadtgarten*, hübsch gelegen, im Sommer Militärmusik; *Schweizarija*, Operetten.
Droschken: vom Bahnhof in die Stadt 35 Kop. Pferdebahnen: vom Bahnhof durch die Stadt zur Seljony-Brücke und zur Pretschistenskij-Kathedrale; von der Stanislaus-Kathedrale in die Vorstadt Antokol; ferner in die Vorstädte Saretschje und Lukischki. Bei beschränkter Zeit: Osstra-Brama-Kapelle, St. Stanislaus-Kathedrale und Schloßberg.
Wilna (160 m), Hauptstadt des gleichn. Generalgouvernements, früher Hauptstadt von Litauen, wichtiger Bahnknotenpunkt und lebhafte Handelsstadt, liegt mit seinen Vorstädten *Antokol, Saretschie, Poguljanka* und *Lukischki* anmutig an und auf

250 m hohen Hügeln, an der Einmündung der *Wileika* in die Wilija und hat c. 163 000 Einw. (Litauer, Polen, Juden). Die Stadt, Sitz eines Generalgouverneurs und des Generalkommandos des IIi. Armeekorps, eines griech.-kath. Erzbischofs und eines kath. Bischofs, ist eng gebaut und schmutzig, mit schlechtem Pflaster, hat jedoch mehrere Paläste vornehmer polnischer Familien und zahlreiche altertümliche Gebäude und Kirchen.

Für die Redakteure des Reiseführers von einst ist es eine Fahrt in den Osten. Nebenbei gesagt ist es gar nicht einfach, einen Reiseführer zu finden, der der Stadt wirklich gerecht würde. Wie sollte dies auch möglich sein, wo doch so viele ihre Ansprüche auf die Stadt geltend gemacht haben! In einer Stadt, die in diesem Jahrhundert nicht nur einmal ihre Staatszugehörigkeit geändert hat und deren Einwohnerschaft eine ganz eigene Sicht von der Stadt haben muß. Wir müßten uns nicht nur einem Reiseführer anvertrauen, und wir müßten mehr als eine Sprache verstehen: die des Litauers, die des Polen, die des Juden und die des Russen. Jemand, der aus der Ferne kommt und keine Wurzeln in der Stadt hat, ist zunächst ganz verloren; er hat vor sich mehrere Stadtpläne in verschiedenen Sprachen, auf denen die Hauptstraße das eine Mal Georgijewski-Prospekt, ein anderes Mal Gediminas- oder Mickiewicz-Straße und zuletzt Lenin-Prospekt heißt. Es bleibt ihm nichts anderes übrig, als sich zunächst ganz auf sein eigenes Auge und Ohr zu verlassen.

Stadt im Grenzland

Der an einem kalten Novembermorgen Ankommende sieht nicht sehr viel. Er atmet, sobald er die Halle des wohl in den frühen fünfziger Jahren erbauten, etwas zu pompös geratenen Bahnhofs durchschritten hat und auf den Bahnhofsvorplatz hinausgetreten ist, nach Bussen oder einem Taxi Umschau haftend, Luft, die es in modernen Großstädten nicht mehr gibt: Sie riecht nach Rauch, nach Hausbrand, der irgendwo aus Kaminen in die kalte Luft aufsteigt. So riecht es in Städten oder Vierteln, die die Errungenschaften zentralisierter Wärmeversorgung noch nicht oder nur im Ansatz kennen. Der Ankommende, der inzwischen den Bus, der ihn zu seinem Hotel mit dem Namen Turistas bringen wird, ausfindig gemacht hat, sieht kaum etwas von der Stadt, denn es ist eine Stadt, die nicht für öffentliche Verkehrsmittel gebaut ist, vielleicht noch für eine kleine und schmale Tram, nicht aber für einen modernen Bus der Marke Ikarus. Der Bus zwängt sich durch die

43

Straßen, die viel zu schmal sind, der Passagier scheint fast in der Höhe der ersten Etage zu sitzen, und bei jeder Straßenbiegung befällt ihn die Angst, etwas von den Fassaden – ein Erker oder Balkon – könnte abgebrochen werden. Freie Fahrt gibt es erst auf der Brücke über die Wilija, auf der Eisschollen treiben, und einen freien Blick erst von der obersten Etage des Hotels, das jenseits der Stadt im – wie es scheint – freien Gelände errichtet worden ist: Glas, Beton, hell, rücksichtslos auf einem Plateau von Beton, unter dem das sanfte Ufer verschwunden ist. Doch das Hotel ist für die Zukunft gebaut, für den Tourismus, und deshalb gehört der Blick auf die alte Stadt zu seinen Sonderleistungen, die im Preis inbegriffen sind. Wir bekommen für diesen Preis einen Blick auf einen alten Stich, auf eine der Stadtansichten von Merian.

Wilna ist, so kleinstädtisch es aus der Vogelperspektive anmutet, in die Höhe gebaut. Seine Enge ist schon von weitem sichtbar. Es ist eine Stadt der Türme; diese liegen nicht nur zwischen Hügeln, sondern markieren eine in Jahrhunderten gewachsene Stadtlandschaft. Der Festungsring, hinter dem die Stadt sich verschanzt hatte und groß geworden ist, ist längst abgetragen, das eine oder andere Tor steht noch. Es ist die Stadt, von der der in Litauen geborene polnische Dichter Czesław Miłosz in seiner Autobiographie sagt:

Ausländer reisten selten zu diesen fernen Grenzen des Westens. Einer der wenigen war G. K. Chesterton, feierlich von unserer Stadt empfangen. Augenscheinlich hat ihn dieses Wunder kontinentaler Exotik begeistert, und der immerwährend in der Luft hängende Glockenton von ein paar hundert Kirchen war ihm als Katholiken vertraut. Enge Straßen, mit Katzenköpfen gepflastert, Rausch des Barock; beinahe wie eine Jesuitenstadt irgendwo im Herzen Lateinamerikas. Der Vergleich ist nicht unbegründet, denn die Jesuiten hatten in diesem Teil Europas eines ihrer mächtigsten Zentren.

Es gibt heute keinen Glockenton. Die Türme der Kirchen ragen an diesem Tag im November in eine bläuliche Winterluft, um so nachdrücklicher. Auf dem Schloßberg, fast hinter Bäumen verschwindend, der Stumpf einer mächtigen Burg; die Flagge der litauischen Sowjetrepublik weht darauf. Zu seinen Füßen die weiß glänzende Stanislaus-Kathedrale mit dem klassizistischen Portikus und davor, wie ein Überrest und ganz für sich stehend, der Glockenturm, dessen Fundamente noch aus dem 14. Jahrhundert stammen. Im Zentrum der Stadt: Türme von Kirchen und Klöstern, sich gegenseitig übertrumpfend. Im Herzen des Zentrums das Universitätsviertel, eine Stadt in der Stadt, mit dem Glockenturm des ehemaligen Johannes-Klosters, an dem die

Gotik, die Renaissance und das Barock ihre Spuren hinterlassen haben. Die Doppeltürme der Katharinenkirche, die Türme des Bernhardiner- und Sankt-Anna-Klosters und weiter, auf den Hügeln im Dunst noch zu sehen, die Mariä-Auferstehungskirche, das Heilig-Geist-Kloster und die Herz-Jesu-Kirche. Natürlich entgeht dem Fremden nicht, daß auch Neues dazugekommen ist; es fällt ins Auge wiederum durch seine Unmaßstäblichkeit: so der Kasten des erst vor einigen Jahren fertiggestellten neuen Opernhauses am Platz, wo die Brücke über die Wilija führt, oder die aus den fünfziger Jahren stammende monumentale Bebauung der Uferpromenade. Aber all dies ändert nichts an dem überwältigenden Eindruck, der von einer Stadt der sich überbietenden Türme ausgeht. Es ist die Gestalt der Stadt. Wilna ist allem Anschein nach eine gemauerte, von Platten und Ziegeln und Pflaster bedeckte Stadt. Wo so viele Türme sich erheben, kann dies nicht nur zur Ehre Gottes geschehen sein. So etwas kommt nur zustande, wo Menschen sich auf engstem Raume zusammengedrängt haben, wo die Vielzahl und das Gewirr von Häusern und Gebäuden zu einem einzigen Gehäuse verwachsen, in einem jahrhundertelangen Wachstum, Stein für Stein, Treppe für Treppe, Bogen für Bogen. Hier mußte nicht immer wieder von vorne angefangen werden, Generationen haben auf dem Werk vorangegangener aufgebaut. Wilna ist keine Stadt, die ins Land hineingesetzt ist, voraussetzungslos und irgendwo endend. Jedes Stück Erde ist bedeckt und mehrmals um und um gewendet. Wilna ist Vierzehnheiligen und Banz, Tepl und Il Gèsu. Wilna ist eine dicht gebaute Stadt. Es handelt sich offensichtlich um eine Metropole. Aus der Ferne ist vor allem diese Silhouette zu sehen. Von solchen Anblicken wird man leicht erschöpft. Auch anmutige Städte können einen erschlagen: durch ihre Kompaktheit, ihre schöne Unversehrtheit, die doch nicht wahr ist. Wir spüren die Unangemessenheit des Blicks auf die schöne Silhouette, denn wir wissen mehr als nur die Jahreszahl, den Baumeister und die Stilrichtung.

> Wilna, du reifer Holunder!
> Mit grünen Augen
> ist deine Wolfzeit versunken.
> Ur und Bär und der Eber,
> da sie erschreckte der Hornschrei
>
> Giedimins, sie hielten erst am Njemen atmend, im Eichwald
> über dem Ufer, äugten hinab. Es hat
> Mickiewicz besungen der wilder

leuchtenden Tage Glanz
und das Düster. Doch leicht
einherflog, die zärtliche Wilia.

Ach, der Himmel, ein weißes,
wehendes Tuch, geschwungen
schön von den Liedern der Dörfer.

Die Birkentänze
hell in die Felder davon –

Doch es singt Lizdejko
nicht mehr, der Bärtige schläft,
heißt es, im endlos zerspülten
Ufersand, wo aus dem See
Trakai sich hob, die dunkele Burg,
aus Schimmer der Vorwelt.

Seine Gesänge, den schweren
Ufern gleich, waldigen, alten,
die der Wilia entgegen
wandern, ihrem hüpfenden
Gang, und den Winden von Wilna;
rauchigen, die um das Haupt
der herrlichen Tochter gegangen.

Stadt der Könige, immer
singen die Ebenen alle,
alle die weißen, vom Blut
bitter der Söhne,
dir mit des Weißbarts hallender
Stimme, wie Eisgang, mit schmerzlichem
Festgetön deiner Juden,
rotem Sausen der Kiefern zu.

»Wilna« hat Johannes Bobrowski, der 1917 in Tilsit geborene und
im deutsch-litauischen Grenzgebiet aufgewachsene Dichter, dieses Gedicht genannt. Seine Schwermut rührt nicht von der zärtlichen Wilija,
dem anmutigen Fluß, nicht vom Himmel, dem weiß wehenden Tuch,
und dem Eisgang her, sondern von dem, was sich dort ereignet hat.

Es gibt Städte, die zerstört sind, obgleich sie unversehrt erscheinen;
es gibt Stadträume, über denen sich die Kuppeln von Kirchen, Klöstern, Synagogen, Moscheen zu einer gleichsam schützenden und
bergenden Höhle auftürmen, und doch sind sie machtlos; es gibt
Städte, deren enge Gassen verraten, daß sie einst Herberge für eine

dichtgedrängte Menschenmasse waren. Es gibt Städte, denen auf dem Weg der Orts- und Reisebeschreibung nicht beizukommen ist. Das Wissen über sie steht nicht in Reiseführern, sondern in Prozeßdokumenten, Aufzeichnungen verbrannter Menschen, nie abgeschickten Briefen. Wilna ist eine solche Stadt. Wenn wir wissen wollen, weshalb die Stadt sich geändert hat, auch wenn ihre Fassaden noch stehen; wenn wir dahinterkommen wollen, warum uns die so dicht gebaute, Quadratmeter für Quadratmeter genutzte Altstadt heute menschenleer vorkommt, dann müssen wir nicht in irgendwelchen Führern nachsehen, sondern zum Beispiel in den Akten des Nürnberger Prozesses gegen die Hauptkriegsverbrecher. Am 27. Februar 1946 wurde da einer der Überlebenden des Wilnaer Ghettos, Abram Gerzewitsch Suzkewer, vernommen.

Als die Deutschen meine Stadt Wilna besetzten, waren dort ungefähr 80 000 Juden. Sofort wurde auf der Wilnaer Straße Nr. 12 ein sogenanntes Sonderkommando eingerichtet, dessen Chefs Schweichenberg und Martin Weiß waren. Die Häscher dieses Sonderkommandos, *Chapun,* wie die Juden sie nannten, drangen bei Tag und bei Nacht in jüdische Wohnungen ein und schleppten Männer heraus, befahlen ihnen, ein Stück Seife und ein Handtuch mitzunehmen und trieben sie in die Richtung des Städtchens Ponary, acht Kilometer von Wilna entfernt, von wo aus fast keiner mehr zurückkehrte. Als die Juden merkten, daß ihre Verwandten nicht zurückkehrten, versteckte sich ein großer Teil der Bevölkerung. Die Deutschen kamen aber mit Polizeihunden an und stöberten sie auf. Viele wurden gefunden, und wer nicht mitkommen wollte, wurde auf der Stelle erschossen. Ich muß hinzufügen, daß die Deutschen behaupteten, die Vernichtung der Juden sei gesetzlich . . .
Am 17. Juli 1941 war ich Augenzeuge eines großen Pogroms in Wilna, und zwar in der Nowgorodstraße. Die Anführer dieses Pogroms waren Schweichenberg und Martin Weiß, ein gewisser Herring und ein deutscher Chef der Gestapo, Schönhaber. Sie umzingelten den Bezirk durch Sonderkommandos, trieben alle Männer auf die Straße hinaus und befahlen ihnen, ihre Gürtel abzunehmen und die Hände auf den Kopf zu legen. Als das ausgeführt war, trieb man sie in das Lukischki-Gefängnis. Als sich die Juden jedoch auf den Marsch begaben, fingen die Hosen an zu rutschen, und sie konnten nicht weitergehen. Wer die Hose mit der Hand hochziehen wollte, wurde auf der Stelle erschossen. Ich habe selbst gesehen, als sich meine Kolonne in Bewegung setzte, daß auf der Straße ungefähr 100 bis 150 Erschossene lagen, und die Blutströme liefen die Straße entlang, als wäre ein roter Regen herabgekommen.
Aber ich muß sagen, daß die Massenvernichtung der jüdischen Bevölkerung in Wilna dann begann, als der Bezirkskommissar Hans Fincks sowie der Referent für jüdische Fragen, Muhrer, nach Wilna kamen.
Unter Anführung des Bezirkskommissars Fincks und Muhrers wurde vom Sonderkommando das alte jüdische Viertel in Wilna umzingelt, und zwar die Rudnizkaja-Straße, die Judenstraße, die Gaongasse, die Schabelski- und Straschuna-Straße, wo

ungefähr 8000 bis 10 000 Juden wohnten. Ich war damals krank und schlief. Aber plötzlich fühlte ich einen Peitschenhieb. Als ich aus dem Bett sprang, sah ich, daß Schweichenberg vor mir stand und neben ihm ein großer Hund. Er schlug alle und trieb uns auf den Hof. Als ich in den Hof kam, sah ich viele Frauen, Kinder und Greise, alle Juden, die dort wohnten. Schweichenberg ließ vom Sonderkommando alle umzingeln und sagte, daß er uns zum Ghetto führe. Aber natürlich war das, was der Deutsche sagte, wie immer eine Lüge.

In Kolonnen nachts durch die Stadt wurden wir zum Lukischki-Gefängnis geführt, und wir wußten alle, daß das nicht das Ghetto bedeutete, sondern den Tod. Als wir im Lukischki-Gefängnis ankamen, sahen wir dort ein Spalier von Deutschen mit weißen Stöcken, die bereits dastanden, um uns zu empfangen.

Vor dem Gefängnis lief ich weg. Ich schwamm durch den Fluß Wilija und versteckte mich im Haus meiner Mutter. Meine Frau, die damals im Gefängnis war und die später entfloh, erzählte mir, daß sie dort den bekannten jüdischen Professor Moloch Prilutzky gesehen hat, der im Sterben lag, auch den Präsidenten der jüdischen Gemeinde in Wilna, Dr. Jakob Wigotzky, den jungen jüdischen Historiker Pinkus Kohn sowie die bekannten Künstler Hasch und Kadisch, die bereits tot waren.

Am 6. September, um 6 Uhr morgens, haben Tausende von Deutschen unter Anführung des Bezirkskommissars Fincks, Muhrers, Schweichenbergs, Martin Weiß' und anderer die ganze Stadt umzingelt, sind in die jüdischen Häuser eingebrochen und gaben den jüdischen Einwohnern Befehl, nur das mitzunehmen, was sie tragen konnten. Sie mußten auf die Straße hinausgehen. Dann wurden sie ins Ghetto geführt. Als wir die Wilkomirskaja-Straße entlanggingen, sah ich, daß die Deutschen kranke Juden aus dem Krankenhaus in ihren blauen Krankenkitteln herausgebracht hatten. Sie wurden vor die Kolonne gestellt, und ein deutscher Filmoperateur filmte die Szene.

Aber ich muß sagen, daß nicht alle Juden in dieses Ghetto getrieben wurden. Fincks tat dies mit Vorbedacht. Die jüdischen Einwohner einer Straße wurden in ein Ghetto und die einer anderen nach Ponary getrieben. Vorher hatten die Deutschen in Wilna zwei Ghettos eingerichtet. Im ersten Ghetto waren 29 000 Juden und im zweiten 15 000 Juden. Ungefähr die Hälfte der jüdischen Bevölkerung von Wilna ist nicht bis zum Ghetto gekommen, sondern wurde auf dem Weg erschossen. Die Häscher schleppten die Juden aus den Kellern und versuchten, sie nach Ponary zu treiben. Aber die Juden wußten bereits, daß keiner von ihnen zurückkommen würde, und wollten nicht mitgehen.

Ende Dezember gebar meine Frau im Ghetto einen Jungen. Ich war damals nicht im Ghetto, ich befand mich auf der Flucht vor einer dieser sogenannten Vernichtungsaktionen, und als ich später ins Ghetto zurückkam, erfuhr ich, daß meine Frau zwei Tage vorher ein Kind geboren hatte. Ich bin sofort in das Spital gegangen, aber ich sah, daß das Krankenhaus von Deutschen umzingelt war. Ein schwarzer Wagen stand vor dem Tor. Daneben stand Schweichenberg, und die Häscher des Sonderkommandos schleppten aus dem Spital Greise und Kranke heraus und warfen sie wie Holz in den Wagen. Unter diesen erkannte ich den bekannten jüdischen Schriftsteller und Verleger Grodninsky. Als die Deutschen am Abend fortgingen, ging ich in das Spital hinein und sah, daß meine Frau vollständig verweint aussah.

Es hatte sich herausgestellt, daß, als sie das Kind gebar, die jüdischen Ärzte bereits den Befehl erhalten hatten, daß keine jüdischen Kinder mehr geboren werden durften. Sie haben dann das Kind mit anderen in einem Zimmer versteckt. Aber als die Kommission kam, haben sie wahrscheinlich das neugeborene Kind schreien hören. Jedenfalls haben sie die Tür aufgebrochen und sind in das Zimmer hineingegangen. Als meine Frau hörte, daß man die Türe aufgebrochen hatte, ist sie sofort aufgesprungen, um zu sehen, was mit dem Kind geschah. Sie sah, wie ein Deutscher das Kind hielt und ihm etwas unter die Nase schmierte. Sodann warf er das Kind auf das Bett und lachte. Als meine Frau das Kind vom Bett aufnahm, hatte es bereits schwarze Lippen. Als ich ins Zimmer kam, habe ich selbst gesehen, daß das Kind tot war. Es war noch warm.

Am nächsten Tag besuchte ich meine Mutter im Ghetto und sah, daß ihr Zimmer leer war. Auf dem Tisch war noch ein offenes Gebetbuch und ein Glas Tee, das sie nicht berührt hatte. Ich erfuhr, daß in derselben Nacht die Deutschen das Haus umzingelt hatten und alle Einwohner herausgeschleppt und nach Ponary getrieben hatten.

Von den 80 000 Juden, die in Wilna vor der deutschen Besetzung gelebt hatten, waren nach dem Krieg noch ungefähr 600 übrig. Abram Suzkewer, Zeuge im Nürnberger Prozeß, war einer von ihnen. Wilnas Geschichte ist nicht auf diesen Punkt des Holocaust zugelaufen – der noch vor Auschwitz lag –, Wilnas Geschichte ist damit nicht zu Ende, aber sie wird von diesem Punkt her transparent, durchsichtig. Obwohl es nicht einfach ist, in wenigen Worten das wechselvolle Schicksal der litauischen Metropole zu skizzieren.

Schon mit dem Namen der Stadt fängt es an. Vilnius heißt die litauische Metropole im strengen Sinn, doch trug sie wohl länger den Namen, den ihr ihre Herren gegeben hatten: Wilno, wie die Polen und Russen sagen, oder Wilna, wie die Deutschen sie nennen. Fast ein dutzendmal im Laufe ihrer sechshundertjährigen Geschichte wechselten diese Herren. Die ältesten Urkunden bezeugen die Gründung der Stadt am Schnittpunkt der Handelswege vom Baltischen zum Schwarzen Meer im Jahre 1323. Unter Großfürst Gediminas, der das litauische Großreich schuf, kommen Mönche ins Land. 1387 nimmt Litauen das Christentum an, Wilna wird im selben Jahr das Magdeburger Stadtrecht verliehen, was den Grundstein für Wachstum und Eigenständigkeit der Stadt legt. Unter Vytautas dem Großen kommen Handwerker aus allen westeuropäischen Ländern nach Wilna, unter Großfürst Kasimir wird Wilna im 15. Jahrhundert sogar zweimal im Jahr Schauplatz einer internationalen Messe. Durch Heirat des Großfürsten Jagiełło mit der polnischen Königin Jadwiga errang der litauische Großfürst auch die polnische Königskrone, und

Wilna wurde neben Krakau und Warschau zu dem Zentrum polnischer Kulturentwicklung überhaupt. Der Zusammenschluß beider Reichshälften in der Union von Lublin im Jahre 1569 beließ dem Großfürstentum Litauen zwar seine Autonomie, die Polonisierung des litauischen Großadels aber – so der Radziwiłłs, Czartoryskis und Sapiehas – schritt voran. Litauisch – eine Sprache, der nahe Verwandtschaft zum Sanskrit nachgesagt wird – wird zur Sprache der Bauern; Sprache und Kultur der Adelsschicht stammen aus Polen. Mit der Gründung der Akademie durch die Jesuiten 1579 erhält das Lateinertum seinen vorgeschobensten Posten im Osten Europas.

Nach der dritten polnischen Teilung fällt der größte Teil und 1815 auch der Rest Litauens an das zaristische Rußland. Im Ersten Weltkrieg wird Litauen von deutschen Truppen besetzt. Nach der Russischen Revolution und dem Rückzug der Deutschen wird Litauen bürgerliche Republik, Wilna indes wird von Polen annektiert und kehrt zu Litauen erst 1939 nach dem Einmarsch der Roten Armee in Ostpolen zurück. Ein Jahr später wird aus der Republik eine Sowjetrepublik und wiederum ein Jahr später wird es von den Deutschen, die die Sowjetunion angegriffen haben, besetzt. Jede dieser Zeiten hat ihre Spur hinterlassen. An der Stelle, wo die heidnischen Litauer ihrem Donnergott Perkunas opferten, ist der Mythos nur angedeutet: durch eine Plastik unserer Tage. An den Spitzbogenfenstern, die sich an der Johanneskirche erhalten haben, oder an den Kreuzgewölben und am Maßwerk der Fenster von Sankt Anna und der Bernhardinerkirche zeigt sich die Handschrift der niederdeutschen Baumeister der Backsteingotik. Doch die Dominante ist durch die Bauwerke der Gegenreformation gesetzt, die schon bald nach der stürmischen Ausbreitung des Kalvinismus einsetzte. Wilna wird eine »italienische« Stadt: Alte Kirchen werden um- und überbaut. Wilna: eine Stadt von Fratres und Nonnen, Studiosi und Doktoren, Scholaren und Novizen. Auch das Russische ist präsent: in Gestalt von Kasernenbauten entlang der Wilija, in den orthodoxen Gotteshäusern, die mit viel Zuschüssen und in kürzester Zeit errichtet wurden, in dem Palast des Generalgouverneurs und in Denkmälern, die heute geschleift sind – wie jenes für den russischen Gouverneur Murawjow, der den polnischen Aufstand des Jahres 1863 im Blut ersticken ließ. Unleugbar ist der frische Wind, der mit der litauischen nationalen Renaissance einhergegangen ist, die – den Jahreszahlen, die auf den Giebeln angebracht sind, zufolge – in den Jahren kurz vor dem Ersten Weltkrieg und in den dreißiger Jahren dieses Jahrhunderts gelegen hat. Es finden sich sogar Wohnsiedlungen im Stile des Bauhauses und ein modernes Kaufhaus aus jener Zeit.

Doch ist in Wahrheit alles viel verschlungener. Miłosz, der polnische Dichter aus Litauen, weist uns darauf hin:

Die Stadtbürger sprachen entweder Polnisch oder Jiddisch; Litauisch, Weißrussisch und Russisch wurde nur von wenigen gesprochen. Wenn man aber die Muttersprache zur Basis des Territoriums bestimmen würde, so könnte nicht mehr als der Kanton Genf herausgeschnitten werden. Nichtsdestoweniger geht es hier nicht allein um die Sprache, sondern um die Zugehörigkeit zu einer Zivilisation. Auch die Religionsfrage ist oft damit verknüpft. Im Kreis Wilna herrschte der römische Katholizismus vor, den zweiten Platz nahm die jüdische Religion ein. Andere, weniger zahlreiche Gruppen gaben dem Leben dort den malerischen Einschlag. In der Schule hatte ich Karaim zu Kameraden. Sie entstammen, wie sie selbst behaupten, der Sekte der Essener, deren zweitausendjährige Manuskripte man am Toten Meer gefunden hat. Aus der früher mächtigen Kalvinistischen Kirche war eine gewisse Anzahl evangelischer Christen erhalten geblieben. Unter meinen Schulkameraden gab es auch Mohammedaner. Das waren die Nachkommen der hier stets gut behandelten tatarischen Gefangenen oder der Tataren, die sich für den Fürstendienst anheuern ließen. Die langjährige russische Herrschaft hatte auch ihre Spuren hinterlassen: schlechte Pflaster, ungeheure Schwierigkeiten, die Bürger zum Einhalten der Hygienevorschriften zu zwingen, und zwei riesige russische Kirchen mit Zwiebelkuppeln – ein Zeichen dafür, wie die zaristische Regierung um das seelische Wohl der nach Westen geschickten Beamten besorgt war. In Wilna interessierten sich nur wenige für die weißrussischen Angelegenheiten. Die Bauern in den langen Schafpelzen, die ihre Landprodukte auf den Markt brachten, redeten eine Sprache, die man meist nicht ohne weiteres dem Polnischen oder Weißrussischen hätte zuordnen können. Zur Verzweiflung ihrer bewußteren Brüder verstanden sie nicht, was Nationalität heißt.

Metropole in einem Grenzgebiet und Zentrum eines Übergangsgeländes zu sein muß auf eine Stadt abfärben, besonders dann, wenn es mächtige Ansprüche von außen gibt. Hier begannen viele Karrieren, und nur wenige werden zusammengedacht mit dem Ausgangspunkt. Józef Piłsudski, der Wiederbegründer des polnischen Nationalstaates von 1918, kommt aus Wilna, und von da hat er auch sicher die Idee des großpolnischen und föderativen Staates mitgebracht. Hier begann er – noch als Sozialist – seine revolutionären Aktivitäten. Später, als er in der Festung Magdeburg schon als wichtige Figur eines künftigen Nachkriegspolens von den Deutschen festgehalten wurde, fühlte er sich immer wieder an Wilna erinnert. Nur zehn Jahre später als Piłsudski drückte ein anderer die Bänke des Ersten Wilnaer Gymnasiums: Felix Edmundowitsch Dsershinskij, berühmt-berüchtigt geworden als »Engel der Revolution«, als Chef der Tscheka. Das Häuschen, in dem er mit seiner Familie wohnte, ist heute als Museum wiederhergestellt. Hier also, in diesem bürgerlichen Haus mit dem gebohnerten Parkett, dem Gründerzeitschrank und den geblümten Tapeten, draußen in der Paupio-Straße 26, umgeben von Fabrikbauten aus der Zeit der Jahrhundertwende, soll der »Eiserne Felix« der Russischen Revolution groß geworden sein. Dsershinskijs Weg ähnelt in vielem dem Piłsudskis: bürgerliches Elternhaus, Gymnasium, Untergrundarbeit im polnisch-litauischen Gebiet des russischen Imperiums, Studium an russischen Universitäten und Verbannung nach Sibirien. Doch der eine wird Herr in Warschau, der andere macht Karriere in Moskau. Wilna war Ort der Gärung und zugleich mit den Hauptstädten der großen Reiche verbunden. Hier hatten der Bund, die Organisation jüdischer Sozialisten und Proletarier, und die Sozialdemokratie des Königreichs Litauen und Polen einen herausragenden Stützpunkt. Von hier gehen Wege nach Petrograd, aber auch nach Berlin. Leo Jogiches, Rosa Luxemburgs Geliebter und Kampfgefährte, kommt aus Wilna; erschlagen wird er in Berlin.

Der Ausgangspunkt läßt sich noch genauer definieren: die Wilnaer Universität, vorher Akademie und in der Zeit der russischen Reaktion zum Ersten Gymnasium zurückgestuft. Die Dichter der polnischen Nation – Adam Mickiewicz und Juliusz Słowacki – haben an der Alma mater Vilnensis studiert; der Schöpfer der polnischen Nationaloper, Stanisław Moniuszko, war zeitweise Organist an der Kirche, die auf den Universitätshof hinausgeht. In jener Zeit gab es sogar Professoren aus Erlangen, die an der Wilnaer Universität lehrten. Auch der Architekt des Observatoriums, dessen klassizistischer Anbau an den Renaissancebau der Universität so seltsam berührt, kam aus Deutschland. Doch heißt er hier nicht Knackfuß, sondern Knackfusas. Und an der Wand eines Gebäudes in der Gorki-Straße im Zentrum der Stadt entdecken wir eine Plakette, die uns sagt, daß einer der bedeutendsten Vertreter des Petersburger Symbolismus, Mikalojus Konstantinas Čurlionis, Freund und Inspirator Sergej Djagilews, Dichter, Komponist und Maler düsterer Bilder, hier gewohnt hat. Nicht allen, die in den fernen Metropolen berühmt geworden sind, ist ein Denkmal gesetzt. Doch die Stadt selbst ist das sprechendste Denkmal.

Die unsichtbare Stadt

Vilnius ist ganz Gegenwart, und sein Schweigen irritiert, denn es ist ja keine Provinzstadt. Es ist Regierungssitz der Litauischen Sozialistischen Sowjetrepublik, zahlloser Verwaltungen und Organisationen. Es gibt eine Akademie der Wissenschaften, sechs Hochschulen und eine Universität, fünf Theater und sechs Museen. Am Ende des Lenin-Prospektes liegt ein neues Regierungsviertel. Durch die Gassen im Universitätsviertel wandern Studenten mit Büchern unterm Arm. Es gibt Cafés und Restaurants, und Schlangen vor den Eingängen sind kaum zu sehen. Überraschend die Vielzahl der Buchhandlungen und überraschend auch die Vielsprachigkeit: In der deutschsprachigen Buchhandlung am Lenin-Prospekt kann man sich die DDR-Ausgabe von Albert Guts »Berliner Wohnhaus« kaufen – und sogar eine Ausgabe mit Gedichten von Johannes Bobrowski. In einer anderen gibt es polnische Literatur, und in allen natürlich russische Bücher. Doch auf der Straße wird Litauisch gesprochen, und ins Russische wechselt man nur, wenn es naheliegt. Wir sind nicht in Rußland, sondern in Litauen, aber in einem Land mit selbstverständlicher Zweisprachigkeit. Vilnius ist eine Großstadt mit großer Industrie und fast einer halben Million Einwohnern – und doch wirkt die Stadt leer, besonders in der Altstadt mit ihren Gassen, Treppen, Torbögen und Durchgängen. Dies mag auch daran liegen, daß die Masse der Bevölkerung in den Neubauvierteln wie Lasdinai, deren weißer Kranz fern am Horizont zu sehen ist, lebt und daß das Zentrum der alten Stadt nur noch etwas für Liebhaber von Sehenswürdigkeiten zu sein scheint.

Wilna ist eine ruhige Stadt, und in Anbetracht der Dichte und des Gewirrs von Gassen, die nicht einmal auf den heutigen Stadtplänen eingezeichnet sind, zu ruhig. Es muß so sein: Die Menschen, die im Herzen der Stadt gelebt haben, sind verschwunden. Als Alfred Döblin 1924 nach Wilna kam, pochte in der Altstadt das Herz, pulsierte das Leben. Er war von Berlin über Warschau ins »Jerusalem des Ostens« gekommen.

Die Dominikanerstraße wandere ich entlang, an Studenten mit weißen Stürmern vorbei. Und wie ich an die Ecke komme, wo der Schutzmann und die Droschken stehen, ist die Deutsche Straße da, die Judenstraße. Hier verstehe ich die Sprache. Geschäft bei Geschäft, zahlreiche Menschen, Juden, schleppend, tragend, stehend in Gruppen. Selten ein Kaftan, europäische provinzliche Tracht. Sehr enge Nebenstraßen, Gassenhandel bis in die Höfe hinein. Die Läden offen, oft ohne Scheiben, Fleisch- und Geflügelläden in Reihen beieinander. Über einige Gassen ziehen sich

Torbogen. Das war die Umgrenzung des alten Ghetto. Hier ist ein kräftiges Leben, hier und am Schloßberg, am Wasser, wo die Soldaten üben. Ich trete in den »Judenhof«. Im Torweg verteilen Jungen jiddische Zettel, Reklame und Einladung zu einer Versammlung. Ein mäßig geräumiger Hof mit kleinen unscheinbaren Häusern. Stufen führen zu einigen hinauf. Betstube an Betstube. Einmal führen Stufen abwärts; ich bin zu meinem Erstaunen in einem großen, stark verwohnten Tempel. Drin laufen Galerien für die Frauen, mit Fenstern verschlossen. Der Tempelraum selbst ist von betenden, hin und her gehenden, plaudernden Menschen erfüllt. Ein Mann singt. Große Unruhe im Raum. Hinten zwei Baldachine; eine Gruppe von Uhren an der Wand.

Ein höchst gebildeter Herr orientiert mich, und siehe da und nicht wunderbar: er ist in Deutschland geboren, war in Deutschland Privatdozent. Es gibt hier, berichtet er, ein hebräisches klassisches Gymnasium und ein hebräisches Realgymnasium; an fünfhundert Schüler hat das eine, das andere zweihundert. Dann zwei hebräische Volksschulen, ein Kindergarten; eine Volksuniversität entsprechend der Humboldtakademie wird vorbereitet. Hebräische Volksschulen im Wilnoer Rayon und einige Mittelschulen. Die Gymnasien, im übrigen nach westlicher Art eingerichtet, haben die hebräische Unterrichtssprache und lehren zu den westlichen Fächern noch Hebraika und Judaika. Ich gehe in das hebräische Lehrerseminar. Es ist ein merkwürdiges Gebäude; das beherbergt auch noch die »Jüdische Gemeinde« und das jiddische Lehrerseminar. Man erwartet einen zionistischen Abgeordneten. Ich werde einem jungen Herrn mit banalem Gesicht vorgestellt, der mich hebräisch anspricht und, als er feststellt, daß ich ihn nicht verstehe, mich ignoriert. Er steht dann, ein Lehrer, ein Dummkopf, vergnügt schwatzend und Zigaretten rauchend, mit einer Gruppe junger Männer und Mädchen, alle zwischen siebzehn und zwanzig. Frische junge Geschöpfe, reden hebräisch.

Die jiddische Schule, das jiddische Seminar sieht aus wie die hebräische Schule, das hebräische Seminar. Das Plus, hebräische Literatur und Talmud da, Realien dort, ändert nichts. Sind beides westliche Institute mit nationalen Abzeichen. Ein Blick auf ihre Lehrräume, Lehrpläne würde ihnen zeigen, daß sie jiddisch und hebräisch sprechen, aber westlich sind. Moderne, nationale Westler beide. Zivilisatoren.

Nachmittags Kindervorstellung in einem jiddischen Theater. Ein schöner großer Raum am Theaterplatz, war ehemals Kino ...

Sonntag begleiten mich zwei junge Leute nach dem alten jüdischen Friedhof, an der Peripherie der Stadt ... Diese Wilnoer Judenheit, scheint mir, ist stolz, aber nur teilweise und auf eine sehr östliche Art. Hoch wuchert das Gras. Immer wieder auf den Hügeln tritt man zerschmetterte Grabsteine. Oft sind darauf die schönen schwanzschlagenden Löwen, das alte Symbol der Stärke. Das Grab des Wilnoer Gaon. Ein niedriges Steinhaus, eisenvergittert, jetzt verschlossen.

Alfred Döblin geht wie verzaubert durch die Stadt. Wilna wird ihm zum Ort einer Selbstbefragung des westlichen Juden.

Ich kann mich nicht enthalten zu denken, wie ich hinausgehe: Welch imposantes Volk, das jüdische. Ich habe es nicht gekannt, glaubte, das, was ich in Deutschland sah, die betriebsamen Leute wären die Juden, die Händler, die in Familiensinn schmoren und langsam verfetten, die flinken Intellektuellen, die zahllosen unsicheren unglücklichen feinen Menschen. Ich sehe jetzt: das sind abgerissene Exemplare, degenerierende, weit weg vom Kern des Volkes, das hier lebt und sich erhält. Und was ist das für ein Kern, der solche Menschen produziert wie den hinflutenden reichen Baalschem, die finstere Flamme des Gaon von Wilno. Was ging in diesen scheinbar kulturarmen Ostlandschaften vor. Wie fließt alles um das Geistige. Welche ungeheure Wichtigkeit mißt man dem Geistigen, Religiösen zu. Nicht eine kleine Volksschicht, eine ganze Masse geistig gebunden. In diesem Religiös-Geistigen ist das Volk so zentriert wie kaum ein anderes in seinem ... Lautlos hat der Verzicht auf Land und Staatlichkeit das Volk durchdrungen. Und sie haben sich selbst zum Tempelvolk gemacht. Zum Volk, das den Tempel in sich trägt. Ein beispielloser Vorgang. Nur unter so künstlichen, langwirkenden Bedingungen war es möglich.

Das Schlachthaus

Zwanzig Jahre später gibt es die Wilnaer Judenheit nicht mehr. Wie hilflos bewegt sich ein Fremder in einer unversehrten Stadt, die dennoch ausgelöscht wurde! Kaum einer vermag ihm Auskunft zu geben, wo er eine Spur finden könnte. Wilnas Bevölkerung scheint ausgewechselt nach dem Krieg. Und es bleibt ihm nur, sich an seinen Stadtplänen aus verschiedenen Epochen und mit verschiedenen Straßenbezeichnungen zu orientieren. Den einzigen Hinweis, wo die alte Hauptsynagoge gestanden hat, erhält er von einem alten Juden, der Deutsch spricht und das Lager von Schaulen überlebt hat.

Am 24. Juni 1941 hatten die Deutschen die Hakenkreuzfahne auf dem Schloßberg gehißt, wenige Tage danach wurden Juden von der Straße weg für Zwangsarbeit gefangen oder erschlagen. Am 31. August umzingelten Deutsche, unterstützt von Litauern, das Viertel, das heute zwischen Komjaunimo-Straße und Musejaus-Straße liegt, wo im 16. und 17. Jahrhundert das Ghetto war. Am 6. September 1941 wurde das zweite Ghetto eingerichtet, zwischen heutiger Musejaus-Straße und Gorki-Straße. Dort stand die alte Synagoge aus dem 17. Jahrhundert, die größte in Polen. Die Musejaus-Straße hieß früher Deutsche Straße, noch heute steht die lutherische Kirche dort, nicht weit von der Stelle, wo die ehemalige Judenstraße in die Altstadt einbiegt. Es gibt weder einen Hinweis auf die zahlreichen Synagogen noch auf die Talmud- und die Thora-Schule, noch auf die Wilnaer Rabbiner-Akademie. Auf dem Hof, wo die Synagoge war, ist heute ein Kindergarten aus Fertigbauteilen errichtet, mit Weiden im Garten und Klettergerüsten. Einzig der Umstand, daß der Hof für Wilnaer Altstadtverhältnisse allzu geräumig wirkt, deutet darauf hin, daß hier etwas Größeres gestanden haben muß. Wo in den schlimmsten Zeiten des Mittelalters zwischen drei- und fünftausend Menschen untergebracht waren, waren nun elftausend eingepfercht. Man muß zu den Gassen, die die Namen von Handwerken und Zünften tragen – Fleischer-, Glasergasse –, die Bilder hinzudenken, die Roman Vishniac noch kurz vor der Vernichtung der ostjüdischen Welt mit versteckter Kamera gemacht hat. Es sind dieselben Torbögen, Gewölbe, Rinnsteine, Kopfsteinpflaster, Holzbalkons in den Innenhöfen wie heute in der Antokolski-Gasse – und doch liegt ein Abgrund zwischen der lebenden Stadt von einst und dem Viertel, das derzeit mit allergrößtem Aufwand saniert wird.

Ohne große Mühe lassen sich zwei andere Punkte bestimmen: das Lukischki-Gefängnis und der Bahnhof. Das Gefängnis war in dem russischen Reiseführer von 1909 bereits ausführlich gewürdigt worden – ein Musterbau moderner Einschließungstechniken: errichtet nach dem Panoptikumsprinzip, mit Werkstätten, zwei Kirchen, zentraler Beheizung und Ventilation, zudem aus erstklassigem Material. Der Bau aus gelbem Klinker, umgeben von einer stacheldrahtgesäumten Mauer, ist bis heute intakt und liegt mitten im zivilen Zentrum der Stadt mit wunderschönen Jugendstilhäusern. Wer im Lukischki-Gefängnis nicht umgebracht wurde, wurde durch die Stadt zum Bahnhof getrieben. Von dort fuhren die Züge in das nur wenige Kilometer entfernt liegende, von Föhrenwäldern bewachsene Sandgelände von Ponary. Ende 1941 war eines der Ghettos bereits aufgelöst, über 50 000 jüdische Einwohner Wilnas waren vernichtet worden.

Die menschenleere Stadt gewinnt für den Fremden nun ein anderes Aussehen: Das planierte weite Gelände, in dem sein Hotel errichtet ist, deckt eine unsichtbar gewordene Straße zu: die Wilkomirskaja. Es ist die Straße, an der deutsche Kameraleute den Pogrom vom 6. September 1941 filmten. Das Hotel steht an der Stelle einer alten Synagoge. In einem der prächtigen Gründerzeitbauten auf dem Lenin-Prospekt, früher Gediminas-Straße, müssen die deutschen Verwaltungsstellen einschließlich Gestapo und SS untergebracht gewesen sein. An den Häuserwänden der Altstadt sieht er unschwer die Befehle des Kommissars für jüdische Fragen, Muhrer:»Juden dürfen keine Uhren haben.« – »Juden dürfen im Ghetto nicht beten.« – »Juden müssen vor Deutschen den Hut abnehmen und zur Erde blicken.« Irgendwo muß die Stelle sein, wo der Deutsche Schweichenberg einen bösartigen Hund erschoß und den Juden befahl, ihn zu bestatten und an seinem Grab zu weinen.

Im Gebäude der Philharmonie, keine Minute vom Ghetto entfernt, hört der Fremde ein Konzert zu Ehren des 90. Geburtstages von Paul Hindemith – doch ist es auch der Raum, wo für die Henker in der Etappe Revuen geboten wurden. Der Bahnhof, auf dem er angekommen ist, ist die Eingangssituation in die Schrecken unseres Jahrhunderts. Auch die Mauern des erzbischöflichen Palais, der Priesterseminare, die Türme von Kirchen und Klöstern verlieren von nun an all ihre Unschuld als kunsthistorische Objekte. Sie haben alles gesehen: Das Ghetto war nicht nur umstellt von den Stahlhelmen und Maschinengewehren, sondern von jahrhundertealten Augen- und Ohrenzeugen. Allerheiligenkloster, Dominikanerkloster, Kloster der Heiligen Dreifaltigkeit, Nikolaikirche oder lutherische Kirche in der Deutschen Straße – alle Konfessionen sind vertreten. Nur in ganz wenigen Städten gibt es eine solche Aufgipfelung der Frömmigkeit, eine solche Massierung von Orten inbrünstiger Versenkung. Und doch geschah es hier: inmitten der Bet- und Gotteshäuser im Kern von Wilna. Eine ganze Altstadt als Schlachthaus, eine nur wenige Kilometer entfernte Bahnstation als das erste Vernichtungslager. Wilna, die Stadt am östlichen Rand des europäischen Horizonts, gibt das Vorbild ab für Massendeportationen und Todeslager. Die Zerstörung des Jerusalems des Ostens lag in Händen von Leuten wie Martin Weiß, einem »gepflegten Mann mit scharfen Gesichtszügen«, dem manche Sinn für alles Gute und Schöne attestierten und der an traulichen Abenden der Familie aus Adalbert Stifters »Nachsommer« vorlas – so wissen wir jedenfalls aus dem Prozeß, der ihn – den Massenmörder von Wilna und späteren Krankenhausdiener in Ochsenfurt am Main – 1950 ereilt hat.

Die von außen, aus dem Westen über Wilna hereingebrochene Katastrophe ist noch nicht vollständig. Vom Führer des Wilnaer Judenrates und Leiter der jüdischen Ghettopolizei Jakob Gens – nach Aussagen des amerikanischen Historikers Reuben Ainsztein der einzige Judenratschef in den Ghettos, der seine Polizei dazu benutzt hat, andere Juden zu töten – stammen die furchtbaren Worte:

Ich, Gens, führe euch in den Tod; und ich, Gens, möchte die Juden vor dem Tod retten. Ich, Gens, verfüge, daß Schlupfwinkel gesprengt werden; und ich, Gens, tue alles in meiner Macht Stehende, um Arbeitsbescheinigungen, Beschäftigung und alles, was sonst dem Ghetto zugute kommt, zu beschaffen. Ich rechne mit dem Betrag jüdischen Blutes und nicht mit dem Preis jüdischer Ehre. Wenn man mich um tausend Juden bittet, dann liefere ich sie aus. Denn wenn wir Juden sie nicht ausliefern, dann werden die Deutschen kommen und sie sich mit Gewalt nehmen, und dann wird es nicht nur um tausend, sondern um Abertausende gehen, und das ganze Ghetto wird zugrunde gehen. Indem ich einige hundert ausliefere, rette ich Tausende, und indem ich tausend ausliefere, rette ich das Ghetto. Sie, zu denen ich spreche, arbeiten mit dem Verstand und der Feder. Sie haben nichts zu tun mit dem Schmutz des Ghettos. Sie werden sauber aus dem Ghetto herauskommen. Und wenn Sie es überleben, dann werden Sie sagen: »Wir sind davongekommen, ohne unser Gewissen beschmutzt zu haben.« Aber wenn ich, Jakob Gens, überlebe, dann werde ich über und über von Blut beschmiert sein. Und doch will ich mich dem Urteil und Gericht stellen. Um mich vor dem Gericht der Juden zu rechtfertigen, werde ich folgendes sagen: »Ich habe alles in in meiner Macht Stehende getan, um so viele Juden als möglich vor dem Ghetto zu retten und sie in die Freiheit zu schaffen. Damit auch nur ein Jude überlebe, habe ich persönlich Juden in den Tod geführt; und damit einige das Ghetto mit gutem Gewissen verlassen können, hatte ich in einem Meer von Schmutz zu waten und gewissenlos zu handeln.«

Als am 16. Juli 1943 die Gestapo vom Wilnaer Judenrat die Auslieferung des Führers der Partisanenbewegung Isaak Witenberg verlangt und mit der Zerstörung des Ghettos und der Vernichtung der noch verbliebenen 20000 Insassen droht, setzt Gens die Auslieferung Witenbergs bei lebendigem Leibe durch. Witenbergs Leiche, mit verbrannter Haut, ausgestochenen Augen und zerbrochenen Gliedmaßen, wurde am folgenden Tag aufgefunden.

Wilna ist aber nicht nur der Ort der Vernichtung und Demütigung, sondern auch des Widerstandes. Es waren die Wilnaer Juden, die zum ersten Mal die ganze Konsequenz der Nazipolitik kennengelernt hatten. Wilna war auch ein Ort mit einer langen Widerstandstradition: Hier war der jüdische Bund gegründet worden, in den Wäldern um Wilna fanden sich Vertreter des katholischen Klerus, sowjetische Kriegsgefangene, weißrussische und litauische Partisanen zu einer der ersten Partisanenorganisationen zusammen. Es wurden Waffen beschafft, Sabotageakte an den Eisenbahnlinien durchgeführt und die Versuche der Deutschen, angesichts der näherrückenden Front die Spuren von Ponary zu verwischen, behindert. Der Aufstand mißlang, und die Aktionen vom 1. September 1943, wo Partisanengruppen in der Spitalnaja- und der Straschuna-Straße das Feuer auf die Deutschen eröffneten, waren von Anfang an zum Mißerfolg verurteilt; nur wenige der Partisanen entkamen durch die Kanalisation in die Wälder. Doch es war ihr Appell, der früh – am 1. Januar 1942 – das Judentum Europas aufrief:

Laßt uns nicht wie Schafe zur Schlachtbank gehen! Jüdische Jugend, glaub nicht den Betrügern. Von den 80000 Juden des Jerusalems von Litauen sind nur noch 20000 übrig. Mit unseren eigenen Augen haben wir gesehen, wie unsere Eltern,

Brüder und Schwestern für immer abgeführt wurden. Wo sind die Hunderte von Männern, die die Polizei verhaftet hat, damit sie irgendeine Arbeit machen? Wo sind die nackten Frauen und Kinder, die in der schrecklichen Nacht der großen Provokation fortgeführt wurden? Wo sind die Juden, die am Jom Kippur gefangen worden sind? Und wo sind unsere Brüder, die man ins zweite Ghetto gesperrt hat? Wer aus dem Ghetto fortgeführt worden ist, wird niemals zurückkommen, denn alle Wege führen von der Gestapo nach Ponary. Und Ponary heißt Tod! Weg mit allen Illusionen bei Menschen, die blind geworden sind aus Verzweiflung! Eure Kinder, eure Frauen, eure Männer gibt es nicht mehr! Ponary ist kein Lager. Man hat sie alle erschossen. Hitler hat ein System gefunden, um die Juden in ganz Europa zu vernichten. Es war unser Schicksal, die ersten dabei zu sein. Laßt uns nicht wie Schafe zur Schlachtbank gehen! Ja, wir sind schwach und haben niemanden, der uns hilft. Aber unsere einzig würdige Antwort an den Feind kann nur Widerstand heißen!
Brüder, es ist besser, im Kampf, aber frei zu sterben, als ein Leben von der Henker Gnaden zu fristen. Widerstand bis zum letzten Atemzug!

Die Zerstörung der Stadt war mit der Vertreibung der Deutschen nicht zu Ende. Die städtische Synagoge fiel den Sprengkommandos der Erbauer der neuen Hauptstadt zum Opfer, der jüdische Friedhof in Saretschje den Planern des modernen Vilnius. An der Stelle, wo einmal das Gebäude des YIVO stand, in der Vivulska-Straße 18, wird eine Fabrik errichtet, und das Jüdische Museum, das die Überlebenden und Zurückgekehrten schon 1944 in der Straschuna-Straße 6 eingerichtet hatten, wird 1949 geschlossen. Das Denkmal, das die überlebenden Juden Wilnas in Ponary 1945 errichteten, wird 1952 beseitigt, und das neue Mahnmal erinnert an die Opfer des Faschismus nur noch in russischer und litauischer Sprache. Und in den Archiven findet sich ein Plakat von 1962, auf dem eine Fabrik, die auf dem Gelände von Ponary errichtet wurde, mit dem Spruch für sich wirbt: »Ponary – das industrielle Herz von Vilnius.« Die einzige jüdische Zeitung, die man in Vilnius kaufen kann, ist das Zentralorgan der israelischen KP – dies in einer Hochburg jüdischen Zeitungs- und Verlagswesens von einst. An einer Hauswand findet sich ein Plakat, das auf einen Abend mit jiddischer Musik im Haus der Kulturarbeiter, im ehemaligen Gouverneurspalast, hinweist.

Litauen und seine Hauptstadt beginnen wieder von sich zu sprechen, von dem Unglück, das ihnen widerfahren ist; das muß nicht bedeuten, daß sie auch vom Unglück anderer sprechen. Kann es für die gegenwärtige Erinnerung überhaupt einen Weg zurück geben, wo die Spuren so vollkommen vernichtet und verwischt sind? Nach dem Kriege ist die Bevölkerung in der Stadt wie ausgewechselt, die meisten

Straßen tragen andere Namen, und viele der Überlebenden, denen man auch die Erinnerung noch nehmen wollte, sind emigriert. Doch das Vilnius der Gegenwart wird kein angemessenes Bild von sich selber haben können, wenn es von der Größe und der Tragödie der Wilnaer Judenheit und dem Geist des Gaon nichts wissen will. Was Wilna war und was es für Jahrhunderte zu einer europäischen Metropole gemacht hat, wird wenigstens in der Erinnerung wiederkehren, wenn die Stadt mehr sein will als ein Tourismuszentrum in Sachen Mittelalter und Barock. Wie soll die Stadt überhaupt ihre Sprache wiederfinden, wenn sie nicht von allen und von allem, was geschah, spricht? Von den katholischen Priestern, die ermordet, und von den litauischen Faschisten, die zu ihren Mördern wurden? Von den Kommandos des NKWD, die ihre Landsleute nach Sibirien verschleppt, und von den Tausenden von sowjetischen Kriegsgefangenen, die in und um Wilna von den Deutschen zu Tode gebracht wurden? Sie wird von den Kollaborateuren und von den Partisanen sprechen, und vor allem von der Katastrophe in ihren Mauern, der nicht nur das Jerusalem des Ostens, sondern das Herz der Hauptstadt selbst zum Opfer fiel.

(1988)

Lemberg – Hauptstadt der europäischen Provinz

Lwow liegt am Ende der Welt. Man ist erschöpft, wenn man ankommt. Denn man hat eine lange Reise und meist auch zeit- und kraftraubende Grenzen hinter sich. Wer von Wien, Budapest oder Prag aus anreist, ist einen Tag unterwegs. Von Berlin aus über Krakau muß man mit zwei Tagen rechnen, ebensoviel wie von Bukarest aus. Von Moskau aus erreicht man es in einer Nachtfahrt. Lwow ist eine Endstation für Beamte und Offiziere auf Dienstreise, Lwow ist für viele nur ein etwas längerer Aufenthalt auf einer Transitstrecke oder ein Umsteigebahnhof für Leute, die zur Kur und Erholung in die Karpaten weiterreisen. Lwow liegt im Schnittpunkt der Linien, die die großen Städte verbinden, vor allem aber im Schatten der Grenzen. Die Reise dorthin ist eine Reise ins Abseits, obwohl sie in die Mitte Europas führt.

Die Schwierigkeit einer solchen Reise ist kaum technischer oder organisatorischer Art. Die Frage »Wo liegt Lwow?« läßt sich mit Landkarten und Kursbüchern beantworten. Auch ahnungslose Reisebüros lernen schnell. Die Schwierigkeit ergibt sich daraus, daß es sich um eine Stadt handelt, die eine doppelte Existenz führt: eine in unserem Kopf und eine wirkliche. Die Reise führt in einen Bezirk, der sich kaum angemessen beschreiben läßt – er ist europäisches Zentrum und Peripherie zugleich. Es handelt sich um eine Stadt der Gegenwart, die von Fremden aber meist nur aufgesucht wird, weil sie eine große Vergangenheit hat. Lwow ist Lemberg. Aber sofort muß man hinzufügen, daß das eine Illusion ist. Wer nach Lwow fährt, fährt in eine sowjetische Großstadt und nicht in eine habsburgische Fata Morgana. Lemberg ist der bevorzugte Ort imaginärer Reisen, aber wer sich wirklich dorthin bewegt, gelangt in die Gegenwart. Reisende sind neugierig darauf, was vom Glanz des *fin de siècle* herüberreicht in unsere Gegenwart, und sie wollen wissen, was von einer Stadt bleiben konnte, die zwischen die Fronten des europäischen Bürgerkrieges geraten war. Wir können genau sagen, wo die Stadt auf der Karte liegt, aber wir werden unsicher, wenn wir angeben sollen, welchen Platz sie einnimmt im europäischen

Gegenwartsbewußtsein. Sie muß irgendwo in der grauen Zone zwischen Nostalgie und Ignoranz, zwischen einer längst vergangenen Geschichte und einer geschichtslosen Gegenwart liegen. Die Reise geht an einen Pol des Zweifels, ob sich Europa in seiner Mitte noch denken läßt.

Metropole im Übergangsgebiet

Man hält sich an das, was man sieht. Wenn der Zug nach Lwow auf einer großen Schleife fast um die Stadt herumfährt, die unten in einem nach Norden hin geöffneten Talkessel liegt, dann weiß der Reisende: Nach Stunden der Fahrt durch flaches oder hügeliges Land ist er in einer Stadt angekommen. Das Land war weit, fast von Ansiedlungen entblößt. Und nun die Stadt, die da unten inmitten der grünen Parks auf den Anhöhen liegt. Wir sind in dem anscheinend menschenarmen Landstrich nicht darauf gefaßt, auf eine so dichte Ansammlung menschlicher Behausungen zu stoßen. Lwow ist wie ein Überfall, eine Stadtsilhouette aus unzähligen Türmen, Kuppeln, Spitzen, großen Gebäudekomplexen, die alle ineinander übergehen. Nach so viel freiem Raum nun plötzlich Raummangel, Dichte, Verdichtung. Wir sind angekommen in der Stadt, wenn wir den Lwower Bahnhof betreten haben. Das ist die Verabschiedung vom flachen Land und der Eingang in eine andere Welt. Hier strömt die Umgebung zusammen, das Menschengedränge ist doppelt groß, weil fast ein jeder Rucksäcke, Taschen und Tüten mit sich schleppt. Lwow ist das Zentrum seiner Umgebung. Die Bahnhofshalle ist so groß wie der Innenraum einer Kathedrale, Licht fällt auf das Gedränge und den Stuck, der ebenso wie die weit ausladende, cremefarbene Fassade des Bahnhofs zeigt, daß das Gebäude am Anfang des Jahrhunderts errichtet worden ist. Das war die Schleuse, die die Reisenden aus Wien passierten, wenn sie ihren Fuß auf galizische Erde setzten, und durch die so viele hinausgingen in die Neue Welt; ein Bau, der großzügig, komfortabel sein und der schnellen Abfertigung dienen sollte, eine Bastion gegen eine Welt, in der die Langsamkeit von Pferdefuhrwerken regierte. Auch ein pompöser Bahnhof kann ein Stück Herrschaftsarchitektur sein. Für Lwow markiert der Bahnhof – der im übrigen nur einer von insgesamt fünfen ist – eine Epoche: das späte Habsburgerreich.

Überall in der Stadt sind die Zeugen dieser zivilisatorischen Mission Habsburgs zu sehen. Es sind meist Gebäudekomplexe, die schon von ihrem Umfang her das mittelalterliche, fein ziselierte, fein gearbeitete Lwow mit seinen schmalen Giebeln und Gäßchen sprengen. Wien ist hier am Werk gewesen und das Zeitalter, dessen Hauptstadt Wien einmal gewesen ist. Das große Wien hat sich zu einem kleinen Wien verdoppelt. Anfang des Jahrhunderts wurden die Stadtmauern, die das alte Lwow umgaben, zum großen Teil niedergelegt, und der Fluß wurde in die Kanalisation verbannt. So entstand eine große Promenade, der heutige Lenin-Prospekt, der indes ein geräumiger, langgestreckter Platz ist – das Zentrum auch des gegenwärtigen Lwows. Alle Wege führen über diesen Prospekt. An der Stirnseite wird der Platz abgeschlossen von einem Opernhaus, wie es selbst in dem an Opernhäusern nicht armen Österreich-Ungarn nur wenige gab. Zygmunt Gorgolewski hat es in den neunziger Jahren des letzten Jahrhunderts entworfen. Es ist ein Prachtbau der vielen Stile, eine fein modellierte Plastik aus Pilastern, Balustraden, korinthischen Säulen, Statuen und Girlanden. Wenn abends aus dem glänzenden Foyer dieses Staatlichen Akademischen Opern- und Balletttheaters Iwan Franko Licht auf den Platz fällt, dann ist Lwow für einen Augenblick ein Ort am Opernring. Auch wenn »Spartakus« gegeben wird, kann man sich vorstellen, daß Enrico Caruso hier einen Auftritt hatte. Eine der Längsseiten des Prospektes ist von nicht minder pompösen, ehrfurchtgebietenden Gebäuden besetzt – den ehemaligen Polizei-, Finanz- und Landgerichtsdirektionen. Heute ist in einem der Gebäude das Lenin-Museum, ohne das auch Lwow nicht auskommt, untergebracht. Die andere Längsseite gehört den Geschäften, dem Handel, den Banken, den Cafés und Hotels. Hier gibt es Fassaden vom Klassizismus über das Neobarock bis zum Art déco. Lemberg war die Stadt, in der die Geldströme ganz Galiziens zusammenflossen, und entsprechend finden sich dort die Hypothekenbanken und Sparkassen. Lemberg war die Hauptstadt der Provinz eines Reiches, in dem man sich gegen eine irgendwie dunkle Zukunft mit Versicherungen schützen zu können meinte. Entsprechend präsent sind die Bauten der Versicherungsgesellschaften. Und da der Platz mitten im Zentrum liegt, müssen auch die Hotels dort konzentriert sein. Sie hießen wie überall – Hotel de France, Hotel de l'Europe –, sie heißen heute wie überall in der Sowjetunion. Aus dem Hotel Georges ist das Intourist geworden. Die allegorische Darstellung der Kontinente an der Stirnseite des Georges zeigt, daß Lemberg ebenso wie das Wiener Architekturbüro Fellner & Helmer, das die ganze mitteleuropäische Welt mit seinen Kreationen versorgte, wußte, wo Lemberg liegt. Auf den Platz hinaus gehen auch Fenster, wie sie nur Cafés haben können, von denen aus man auf den Platz, auf das Innenleben der Stadt, das sich dort entfaltet, blicken kann. Hier müssen die Cafés gewesen sein, in denen mehr als hundert Zeitungen ausgelegen haben. Dort, wo heute Bücher aus den sozialistischen Ländern verkauft werden, müssen einmal die Buchhandlungen und Antiquariate gewesen sein, die Lemberg zu einer Hauptstadt des Buches und der Buchkenner hatten werden lassen.

Bis heute gilt, daß die repräsentativen Bauten aus der k. u. k. Zeit das Gesicht Lwows bestimmen: das mächtige Post- und Telegraphenamt, das Gebäude des galizischen Sejms gegenüber dem etwas verwilderten Stadtpark, in dem noch die Umrisse des Rondells zu sehen sind, auf dem die Musikkapelle nachmittags spielte; das Invalidenhaus am Rande der Stadt, das ebensogut in Triest stehen könnte; das Polytechnikum, das Ossolineum mit seinen für Polen so wichtigen Bibliotheken und Archiven, die Spitäler, Kasernen und Kasinos. Es ist die Stadt eines Reiches, das noch am Ende die Kraft besaß, ein Abbild seiner selbst zustande zu bringen: großzügig, imposant, nicht frei von kolonialem Aufklärungsgestus.

Aber dieses Lemberg aus Hauptbahnhof, Zitadelle, Banken, Hotels und Versicherungsgebäuden wäre nichts ohne das alte Lwow, das fertig war, bevor die Habsburger kamen. Von hier aus ragen die Türme auf, die den Himmel von Lwow bilden. Diese Stadt ist wie aus Stein geschnitten, mit harten Konturen, dicht wie ein Kristall. Für den Besucher der Altstadt gibt es keinen *prospekt*, keine Prachtstraße zum Paradieren oder Flanieren. Hier muß man sich in engen Gassen zurechtfinden, die, obwohl im Schachbrettmuster angelegt, doch etwas Irreguläres haben. Hier wird es sinnlos, nach Sehenswürdigkeiten Ausschau zu halten, denn der ganze Ort ist eine Sehenswürdigkeit. Das habsburgische Lemberg ist ockerfarben, gelb, das vorhabsburgische ist schwarz wie die Steinquader der Renaissance- und Patrizierhäuser oder taubengrau wie der Glanz des Katzenkopfpflasters. Wer sich im Stadtkern von Lwow verloren hat, ist auf dem richtigen Weg: Er ist unterwegs in der Urzelle aller europäischen Städte. Er wechselt mit jedem Schritt die Perspektive. Bald sieht er einen Turm, ein Portal, einen Brunnen; bald blickt er in einen Hof, steigt eine Freitreppe hinauf oder in ein Bogengewölbe hinab, verläuft sich in einer schnurgeraden Straße, die in einer Sackgasse endet. Er muß sich um Ecken herumbewegen und auf dem Randstein des Trottoirs balancieren, er muß einer Statue aus dem Weg gehen oder den Kopf unter einer Arkade einziehen.

Er wechselt zwischen den Jahrhunderten hin und her. Auf dem Marktplatz des alten Lwows ist er eingezwängt zwischen den Kaufmannshäusern des 16. Jahrhunderts, und in den Vorstädten findet er Villen mit den Ornamenten der Wiener Secession. Er kann in die Lateinische Kathedrale eintauchen, in diesen Überrest des gotischen, von Bränden immer wieder heimgesuchten Lwows, oder eine barocke Himmelstreppe zur Kathedrale des heiligen Jura hinaufsteigen. Er kann zu der inzwischen tief unter dem Straßenniveau liegenden armenischen Kathedrale und zu den Grabsteinen des armenischen Friedhofs aus dem 14. Jahrhundert hinuntersteigen oder zum Kloster der Bernhardiner hinübergehen. Man steigt in die Jahrhunderte hinein. Die Türme und Kuppeln scheinen über dem Kopf des Besuchers zusammenzuwachsen. Man bewegt sich im Kern der alten Stadt im harten Kern des patrizischen Lwows, das sich freizukaufen wußte, wenn Tataren, Türken oder Wallachen vor den Toren standen. Man bewegt sich in einer Umgebung, die selbst für einen König Karl XII. von Schweden oder die Sobieskis ein Inbegriff städtischer Zivilisation war. Man bewegt sich in einem Gehäuse, dem man die Arbeit von Handwerkerdynastien ansieht, deren Goldschmiedearbeiten bis nach Konstantinopel und Nürnberg gelangten. Und bei alledem ist auf engstem Raum eine Lässigkeit, die dort entsteht, wo keine der nachfolgenden Generationen unter dem Druck steht, partout besser sein zu müssen als die vergangenen. Bauten werden wie selbstverständlich weiter- und umgebaut, wachsen, wuchern und finden dabei eine neue Form. So ist es bei den Kapellen der Campianis und Boims oder dem Korniakt-Turm, die an bestehende Kirchen angebaut sind. Lwow hat sich seine Baumeister von überall her geholt. Sie heißen Peter der Römer, Peter Barbon, Jan de Wit, Nicola Gonzaga, Peter Stecher, oder sie sind namenlos. An ein und demselben Gebäude haben polnische, italienische, ukrainische Baumeister gearbeitet. Lwows Geldmittel stammen aus vielen Quellen und aus vielen Himmelsrichtungen: von polnischen Königen und ukrainischen Hetmanen, von moldauischen Hosporaden und armenischen Kaufleuten, von jüdischem und deutschem Bürgertum. Wo alles fast zur Ununterscheidbarkeit zusammenläuft und die Nuance den Reiz ausmacht, hört alles Zurechnen auf. In Lwow verbindet sich die byzantinische Kreuzkuppelkirche mit der Gotik, und die Ikonostase verwandelt sich unter dem Einfluß der Italiener zum ukrainischen Barockkunstwerk. Die Anmut der Stadt kommt von vielen Kulturen und Völkern, die die Stadt bewohnt haben. Ein leerer Platz in dieser dichten Stadt besagt, daß etwas Ungeheures geschehen sein muß. So ist es auf dem Alten Markt, in dessen Mitte eine Insel von oktogonalem Umriß liegt. Alte Leute füttern dort, auf Parkbänken sitzend, Tauben. So ist es auf der Rückseite des Arsenals, wo an der Brandmauer eines angrenzenden Gebäudes deutlich zu sehen ist, daß sich hier ein anderes Gebäude angelehnt hatte. So ist es auf der weiten, nichtssagenden Fläche, die heute von einem lokalen Kolchosmarkt eingenommen wird. Es sind die Brachflächen des jüdischen Lembergs, seiner gesprengten Synagogen – darunter der Goldenen Rose – und eines seiner Friedhöfe. Lediglich die blau glasierten Kuppeln eines Gebäudes im maurischen Stil, in dem ein Krankenhaus untergebracht ist, erinnern daran, daß Lemberg eines der größten jüdischen Zentren Mitteleuropas war.

Schnittpunkt vieler Welten

»Hat hier Europa aufgehört?« fragt Joseph Roth in seinen Reisebildern aus Galizien, die 1924 in der »Frankfurter Zeitung« erschienen. »Nein, es hat nicht aufgehört. Die Beziehung zwischen Europa und diesem gleichsam verbannten Land ist beständig und lebhaft. In Buchhandlungen sah ich die letzten literarischen Neuerscheinungen Englands und Frankreichs. Ein Kulturwind trägt die Samen in die polnische Erde. Der Kontakt mit Frankreich ist der stärkste. Über *Deutschland*, das im toten Raum zu liegen scheint, sprühen Funken herüber und zurück. Galizien liegt in weltverlorener Einsamkeit und ist dennoch nicht isoliert; es ist verbrannt, aber nicht abgeschnitten; es hat mehr Kultur, als seine mangelhafte Kanalisation vermuten läßt; viel Unordnung und noch mehr Seltsamkeit.«

Lwow liegt auf dem Weg von Konstantinopel nach Nürnberg und von Bologna nach Wilna. Wenn ein Feind vor Lwow stand, gab es Alarm für das übrige Europa. Lwow war ukrainisch, ungarisch, moldauisch, polnisch, österreichisch, russisch, deutsch, sowjetisch. Jeder, der die Stadt als seine Stadt betrachtete, hat ihr etwas hinzugefügt, manche haben ihr alles genommen. Provinz ist nicht gleich Provinz. Galizien war eine Provinz der Überschneidungen und Lemberg eine Stadt der »verwischten Grenzen« (Joseph Roth). Lwiw, Lwów, Lwow, Leopolis, Lamburg, Lemberg ist eine Gründung des Fürsten Daniil Romanowitsch von Halitsch-Wolhynien und benannt nach dessen Sohn Lew. Urkundlich wird es zum ersten Mal im Jahre 1256 erwähnt. 1340 wird die Stadt vom polnischen König Kasimir dem Großen erobert. 1356 wird der Stadt das Magdeburger Stadtrecht verliehen. Die Stadt verteidigt sich gegen Tataren und Türken, sie wird zur Fluchtburg für Stadtbürger und Handwerker anderer, überrannter und gebrandschatzter Städte. Lwow ist bis 1772 polnische Stadt, die dann unter österreichische Herrschaft kommt. Bis 1918 bleibt sie Sitz des k. u. k. Statthalters für das Königreich Galizien und Lodomerien. Dazwischen gab es auch Vorstöße von Ungarn, Siebenbürgern, ukrainischen Hetmanen, Wallachen und Schweden. Im Ersten Weltkrieg wird Galizien zum Schlachtfeld und Lemberg zur Etappe.

Um die Jahrhundertwende zählt die Stadt an die 160 000 Einwohner. Die Hälfte besteht aus Polen, rund 4000 waren Juden, etwa 30 000 Ukrainer und etwa 7000 Deutsche. Außerdem gibt es zahlreiche kleinere Bevölkerungsgruppen – Griechen, Ungarn, Bulgaren, Rumänen, Italiener, vor allem aber Armenier, die in der Stadt mit der größten armenischen Gemeinde auf slawischem Territorium schon seit dem 13. Jahrhundert ansässig waren. Die Stadt ist multikonfessionell: Etwa die Hälfte bekennt sich zum römisch-katholischen Glauben, ein Drittel gehört dem mosaischen Glauben an, fast 20 Prozent gehören zur griechisch-katholischen Richtung und ein Prozent zur armenisch-katholischen Kirche. Lemberg war der Sitz dreier Erzbischöfe. Die Stadt verständigt sich in vielen Sprachen, vor allem in Polnisch, Jiddisch, Ukrainisch und Deutsch. Die Kultur ist an einem solchen Ort vielsprachig und kosmopolitisch. Der große ukrainische Schriftsteller Iwan Franko bewegt sich gleichzeitig in der deutschen und in der polnischen Sprache. Hier wird ein reflexiver Umgang mit der Muttersprache nahegelegt und die Sprache als solche zum Problem. Über Lemberg kommt einer der bedeutendsten Schauspieler des deutschsprachigen Theaters, Alexander Granach, nach Berlin. Der junge Martin Buber verbringt dort, in der Stadt der jüdischen Aufklärung und des Chassidismus, Jahre seiner Jugend. Lemberg war wichtig genug für Konzertauftritte Niccolò Paganinis, Franz Liszts und Maurice Ravels. Das polnische Lwów ist fast eine Schwesterstadt Krakaus, Karl Emil Franzos rückt, über die Provinz mit der Bitterkeit eines Gallapfels schreibend, die Stadt ins Bewußtsein seiner Leser in Wien und Berlin. In Lemberg kreuzen sich die Linien der nationalen und sozialen Konflikte, und einer ihrer beredtesten Sprecher, der aus Lemberg stammende Karl Radek, ist in der polnischen, deutschen, litauischen und russischen Arbeiterbewegung gleichermaßen zu Hause. Lemberg ist die Stadt, über die Hunderttausende aus Galizien, das trotz seines Öls nicht zum neuen Pennsylvanien wird, ins wirkliche Pennsylvanien auswandern. Für viele wird Lemberg/Lwow zum Namen für Europa, das man verlassen muß, wenn man überleben will. Um Galizien und seine Hauptstadt kreist Joseph Roth, nicht nur, weil er aus der Gegend stammt, sondern weil hier seine mitteleuropäische Welt zusammenläuft. Hier ist der Nationalismus schon eine tödliche Gefahr, während er anderswo gerader modern wird. Hier leuchtet ein, daß es »gewiß nicht der Sinn der Welt ist, aus ›Nationen‹ zu bestehen und aus Vaterländern, die, selbst, wenn sie wirklich nur ihre kulturelle Eigenart bewahren wollten, noch immer nicht das Recht hätten, auch nur ein einziges Menschenleben zu opfern«. Hier wird schon vor der großen Katastrophe deutlich, was Joseph Roth im Sinn hatte: »Wir sind alle Bruchstücke, weil wir die Heimat verloren haben.«

Die Auflösungssequenz

Der dreißigjährige Krieg, der 1914 begann und 1945 zu Ende ging, hat Galizien zum Schlachtfeld und Lemberg zu einer entvölkerten Stadt gemacht. Die Stadt gerät in einen sich beschleunigenden Strudel wechselnder Herrschaften und Fronten. Nach dem Zusammenbruch Österreich-Ungarns wird Lemberg für einige Monate Stadt einer westukrainischen Volksrepublik. Im Sommer 1919 wird Lemberg polnisch und bleibt bis zum September 1939 Sitz einer polnischen Wojewodschaft. Drei Wochen nach Beginn des deutschen Überfalls auf Polen rückt die sowjetische Armee ihrerseits in Lemberg ein. In der Westukraine wird die Sowjetmacht errichtet, und am 1. November 1939 wird das ehemals polnische Territorium der UdSSR einverleibt. Am 22. Juni 1941 beginnt der deutsche Angriff auf die Sowjetunion, und schon am 30. Juni wird Lemberg von deutschen Truppen besetzt. Lemberg ist nun Hauptstadt eines besonderen »Distriktes Galizien«. Am 27. Juli 1944 wird die Stadt von den Armeen General Konews zurückerobert und ist von nun an die zweitbedeutendste Stadt der westlichen Ukraine.

Das eigentümliche Gleichgewicht, in dem die Stadt so lange gelebt hatte und das auch noch den Spannungen der Zwischenkriegszeit standgehalten hatte, stürzt durch Druck von außen zusammen. Der Ort der »verwischten Grenzen« wird zu einem Ort der Polarisierung, die Stadt eines zivilen Nebeneinanders zum Ort der Ausrottungspolitik. Es gibt hier nicht jenen legendären Dritten, der lacht, wenn zwei sich streiten. Die Gewalt, die entfesselt wird, reicht aus, um eine

Stadt, die sich kristallisiert hatte, aufzulösen. Der Sprengstoff liegt bereit. Mehr als ein Drittel der Stadtbevölkerung ist auf dem Höhepunkt der Weltwirtschaftskrise ohne Arbeit und Auskommen. Die Kluft zwischen Arm und Reich verbindet sich mit nationalistischen Ansprüchen. Die Befreiung Lwows, das 1918 nach fast 150 Jahren wieder zum polnischen Staat zurückkehrt, ist begleitet von einem Pogrom gegen das jüdische Lemberg. 1936 wird auf die Demonstration von Arbeitslosen geschossen. Die Ukrainer, die Anspruch auf ihre Stadt erheben, sind so antipolnisch wie die Polen antiukrainisch. Das antibourgeoise Ressentiment in der Stadt vermischt sich mit Antisemitismus. Kein Zufall vielleicht, daß ein Mann wie Roman Rosdolsky hier die Themen für seine Studien über Kapitalismus, Nationalismus und Antisemitismus gefunden hat. Aber die Entscheidung über Lemberg fällt nicht in Lemberg, sondern weit weg – in Berlin und in Moskau. Lemberg ist die Stadt, die zwischen den Fronten zerrieben wird.

Lemberg, das nach dem Molotow-Ribbentrop-Pakt sowjetisch geworden war, wird eine der ersten Städte sein, die nach dem deutschen Angriff auf die Sowjetunion in die Hand der Deutschen fallen. In der Stadt finden sich genügend Leute, die sich der nationalistischen Illusion hingeben, in der Woche, in der der NKWD die Stadt verläßt und die SS noch nicht da ist, werde die Stunde einer unabhängigen Ukraine schlagen. Die Stadt ist voll von Flüchtlingen, die sich aus dem besetzten Polen hierher gerettet haben. Die Stadt ist voll von Menschen, die sowohl in den Augen Hitlers wie Stalins verdächtig und unzuverlässig sind und die im Augenblick des Abzugs wie im Augenblick des Angriffs die prädestinierten Opfer eines Blutbades sein werden. Die Opfer sind einmal Polen und Ukrainer, die man als »Nationalisten« verhaftet hat, und Juden, die als »bürgerliche Elemente« im Verdacht stehen, als Hitlers fünfte Kolonne agieren zu können. Die Opfer sind im anderen Falle vor allem Juden, die nun beschuldigt werden, »bolschewistische Agenten« zu sein. Tausende werden in letzter Minute vom NKWD liquidiert, mehr als 7000 Lemberger Juden werden Opfer eines von ukrainischen Nationalisten und SS inszenierten Pogroms. Innerhalb von zwei Jahren werden Zehntausende umgebracht. Im August 1941 waren beim Lemberger Judenrat rund 119 000 Juden registriert. Im Frühjahr 1942 werden sie im neu geschaffenen Ghetto konzentriert und zu Zwangsarbeit verpflichtet, während die Deportationen nach Treblinka, Sobibòr, Bełżec und Auschwitz beginnen. Im Juni 1943 wird das Lemberger Ghetto »geräumt«. Das »deutsche Element« Lembergs verschwindet bereits im Winter 1939/1940, als den Absprachen Ribbentrops und Molotows entsprechend die Galizien-Deutschen ins Reich aus- und umgesiedelt werden. 7000 Lemberg-Deutsche verlassen die Stadt, die evangelische Kirche der Deutschen wird zum Registrierungs- und Repatriierungsbüro – so geht ein Kapitel zu Ende, das mit Maria Theresia begonnen hatte.

Noch einmal gibt es einen furchtbaren Aderlaß, als die Stadt von der Sowjetarmee zurückerobert wird. Der größte Teil der polnischen Bevölkerung wird nach Polen ausgesiedelt. Zehntausende des Nationalismus Verdächtiger werden nach Osten deportiert, vornehmlich Polen und Ukrainer. Noch bis in die frühen fünfziger Jahre hinein dauern die Scharmützel mit den Untergrundkämpfern der Ukrainischen Nationalarmee an. In das im Krieg entvölkerte Lwow ziehen andere, fremde Menschen ein. Lwow ist heute eine fast rein ukrainische Stadt.

All dies geschah binnen weniger Jahre, in einer geschichtlichen Sekunde. Seither sind alle Führer und Baedeker für Lemberg entwertet. Wer sich an sie hält, geht in die Irre. Das unterlegene Lemberg, das einmal so etwas wie ein Piemont des zivilen Mitteleuropa gewesen war, findet man bestenfalls auf den Friedhöfen der Stadt. In den Inschriften ist in vielen Sprachen von einem Leben nach dem Tod die Rede. Man muß die zum Fragment gewordene Stadt überall zusammensuchen. In der Autobiographie von Stanisław Lem und in den Gedichten von Zbigniew Herbert. Man findet einiges über den Geselligkeitsverein Frohsinn, den Mittelpunkt des deutschen Lembergs, in den Erinnerungen der umgesiedelten und dann noch einmal vertriebenen Lemberg-Deutschen. Über das Verschwinden der deutschen Sprache geben Auskunft die im Lwower Stadtmuseum ausgestellten Ausweispapiere der Deutschen Reichsbahn und die Kennkarten für die Zwangsarbeiter des Lagers in der Janowska-Straße. Man muß nach Deutschland gehen und jene, die an den Massakern am jüdischen Volk und an der polnischen und ukrainischen Intelligenz teilgenommen haben, zur Rede stellen. Man muß die Blätter der ukrainischen Emigration lesen und die Überlebenden der Deportationen nach Auschwitz befragen, wenn sie mit uns noch sprechen können und wollen. Lwow ist eine Stadt, in der man die Sprache, die alles auf einen Nenner bringen könnte, verliert.

Das junge Lwow

Das heutige Lwow ist das Lwow nach der Katastrophe. Das Leben der Stadt ist das Leben derer, die *danach* gekommen oder hier aufgewachsen sind. Lwow wird in zehn Jahren eine Millionenstadt sein. Es gibt hier große Fabriken, die Busse und Fernseher herstellen, eine Rundfunk- und Fernsehstation, Dutzende von Theatern, Museen, Instituten, Festivals und Zeitungen. Lwow führt das normale Leben einer normalen sowjetischen Großstadt, deren Neubausiedlungen von der alten Stadt aus allerdings kaum zu sehen sind. Lwow ist in gewissem Sinn eine Doppelstadt, eine gespaltene Stadt. Die alte Stadt ist da, wird benutzt, aber ist nicht von Stadtbürgern in Besitz genommen. Den Häusern ist anzusehen, daß sie niemandem, sondern allen gehören. Den Buchläden, daß die Produktion von Büchern Sache des Staates geworden ist. Den Museen ist anzusehen, daß sie Einrichtungen der Erziehung, nicht der Ausbreitung des geschichtlichen Materials sind. Die Kirchen sind »architektonische Ensembles«. Cafés sind trotz der großen Scheiben, durch die man auf das Treiben draußen sehen kann, nicht Orte des Verweilens, sondern Versorgungspunkte mit möglichst hoher Frequenz. Den Kaufhäusern steht auf der Stirn geschrieben, daß die Wünsche größer sind als das immer defizitäre Angebot. Die Sprache, die man auf der Straße hört, ist eine, die allen gemeinsam ist. Die Straßennamen kennt man schon aus anderen sowjetischen Städten: Lenin-Prospekt, Straße des Friedens, Frunse-Straße. Man könnte mit Blick auf die Kleidung oder den Habitus der Passanten nicht mehr sagen, welcher Schicht oder Profession sie angehören. Aus Lwow ist eine Großstadt geworden, aber man weiß von ihr im übrigen Europa weniger als vom kleineren Vorkriegs-Lwow. In Lwow gibt es keine Bettler, und doch ist die Stadt ärmer geworden, als sie es in der Zeit war, da man sich kaum seinen Weg bahnen konnte, ohne angesprochen zu werden. In Lwow gibt es viel mehr Schulen und Bildungsstätten als je zuvor, aber die Gesichtspunkte, nach denen gelehrt wird, haben sich eher reduziert. Niemand muß hungern, aber aus den mannigfaltigen Küchen, zwischen denen man früher wählen konnte, ist eine geworden. Das alte Lwow ist, auch wenn es erfüllt ist von hektisch dahineilenden Passanten, einer stillgelegten Stadt nicht unähnlich. Die alte Bürgerstadt Lwow ist eine Stadt ohne Bürgertum. Lwow ist nicht eine Stadt, in der die Zeit stehengeblieben ist, sondern eine Stadt, die von einer anderen Zeit überholt worden ist, ein Stück Moderne, das von der Modernisierung überrollt worden ist. Das junge Lwow der Neubauviertel ist eine Stadt aus dem Stand heraus gebaut; für das alte Lwow hat es Jahrhunderte gebraucht. Das junge Lwow erweist dem alten Respekt, doch es kann die Distanz zwischen den Epochen nicht überwinden.

Aber vielleicht ist das alles falsch, weil es die Beobachtungen eines Fremden sind, der am Eigenleben einer solchen Stadt nicht teilhat. Der Verdacht ist berechtigt, denn es geschieht etwas Unerhörtes: Lwow beginnt von sich und seiner Provinzialisierung in der Zeit des Fortschritts zu sprechen. Im Stadtmuseum werden Photoaufnahmen vom Lwow der Jahrhundertwende gezeigt. Die Ladenschilder und Reklameflächen sind die von polnischen, österreichischen oder jüdischen Geschäften. Ausgestellt sind Zeitungen aus der Vorkriegszeit – in allen damals in der Stadt vertretenen Sprachen. Gezeigt wird auch ein polnischer Stadtplan. Draußen wird von einem Straßenhändler ein Bildband über das historische Lwow angeboten – er ist in wenigen Minuten ausverkauft. Auf einer Versammlung wird ein maschinengeschriebenes Manuskript herumgereicht; es handelt sich um einen Entwurf für ein Programm der Demokratischen Front der Ukraine, die sich an den baltischen Initiativen orientiert. Es wird mit Spannung gelesen und weitergereicht. Vor einigen Monaten wurde zum ersten Mal von Privatpersonen eine Ausstellung »Jüdische Kunst« in Lwow organisiert; sie wurde von Tausenden besucht. Mittlerweile hat sich eine Gesellschaft für jüdische Kultur gebildet, und auf ihren Versammlungen wird über die Einrichtung von Kursen zum Studium des Hebräischen und Jiddischen, von Tanz- und Schauspielensembles diskutiert – und über die Errichtung eines Denkmals für die Opfer des Lemberger Ghettos. Der Entwurf ist schon fertig und ein Spendenkonto öffentlich bekanntgemacht. Die unversehrt gebliebene Synagoge, die heute als Sportsaal von der Fakultät für Körperkultur benutzt wird, soll an die Gemeinde zurückgegeben werden. An der Stelle, wo die Goldene Rose gestanden hat, sind Jugendliche, Freiwillige, unter der Leitung eines Architekten mit der Freilegung der Grundmauern beschäftigt. All dies geschieht mit Einverständnis und Unterstützung der Stadtverwaltung. Die öffentlichen Plätze, von denen Lwow einen der schönsten in Europa hat, sind dabei, wieder zu Plätzen eines öffentlichen Lebens zu werden – für junge Leute, die der Einfachheit halber als Hippies bezeichnet werden, oder für Denkmalschützer. Der Iwan-Franko-Park vor der Universität – der alte Stadtpark vor dem galizischen Landtag also – nimmt seine öffentliche Funktion wieder wahr, indem er zum bevorzugten Platz für Kundgebungen eines zum öffentlichen Leben erwachenden Lwows wird. Lwow rückt aus dem Schatten der Grenze heraus. Tausende von Polen kommen herüber, nicht nur der Verwandten wegen oder um die Gräber pflegen zu können, sondern des Geschäfts wegen. Der elementare Kampf um den kleinsten Vorteil bringt beide Seiten zusammen, wenn auch noch nicht einander näher.

Eine Stadt, die fähig wird, über sich zu sprechen, wird auch eine Sprache dafür finden, was mit ihr geschehen ist. Sie wird vielleicht die Vielstimmigkeit zurückgewinnen, in der allein sich das Schicksal dieser mitteleuropäischen Stadt erzählen läßt – und nicht nur Lwows. Es wäre eine Geschichte, die aus Transitstationen Endbahnhöfe hat werden lassen. Ein solches Lwow hätte die Kompetenz, zu beschreiben, was die Stadt heute sein könnte: vermutlich etwas Neues, nicht bloß ein Stück Habsburg auf sowjetischem Territorium, etwas, was am Ende dieses Jahrhunderts vielleicht über das *fin de siècle* hinaus ist.

Europa findet am Ende einer langen Nachkriegszeit seine Stimme wieder. Dieses Europa hat Bedarf an Städten, die aus dem Schatten der Grenze und der verödeten west-östlichen Provinz heraustreten. Europa braucht neue Grenzstädte, Städte der »verwischten Grenzen«.

(1988)

73

Czernowitz – City upon the hill

Czernowitz gibt es wirklich, nicht bloß als Topos der literarischen Welt. Czernowitz ist eine Stadt der Gegenwart und mit rund 260 000 Einwohnern nicht einmal so unbedeutend und klein. Die Stadt führt eine sozusagen literarische Existenz in den Interpretationen und Biographien Paul Celans, des Dichters, der dort geboren und aufgewachsen ist; sie kommt vor in Gedichten der Rose Ausländer, und wer sich mit Georg Büchner beschäftigt hat, der weiß, daß der erste Herausgeber seiner sämtlichen Werke Karl Emil Franzos war, der in Czernowitz aufgewachsen ist. Von Czernowitz existieren Bilder und Bildbände, meist herausgegeben von den Landsmannschaften der Bukowina-Deutschen, die sie als »deutsche Stadt« zu apostrophieren lieben. Aber Czernowitz gibt es wirklich, nicht nur als Erinnerung, als Hintergrund, als Urbild des Verlorenen. Man kann nach Czernowitz fahren.

Es ist nicht ganz einfach, denn die Schwierigkeit beginnt schon mit der Überlegung, wie dort hingelangen. Auf der Eisenbahnkarte des Baedekers für Österreich-Ungarn aus der Zeit vor dem Ersten Weltkrieg hat Czernowitz seinen wie selbstverständlich festen Platz, zwar am östlichen Rand des Habsburgerreiches, aber fest integriert im Netzwerk der Linien, das sich im österreichischen und böhmischen Landesteil schon so dicht gestaltet, daß man Mühe hat, die Linien auseinanderzuhalten, während in der galizischen Provinz und in der ungarischen Ebene noch viel Raum für Erschließung ist. Czernowitz damals, das war ein Fixpunkt, und man erreichte es von Krakau aus über Lemberg. Czernowitz war selber ein Schnittpunkt für Reisende, die von Lemberg nach Odessa oder von Bukarest nach Warschau wollten. Heute hat es einige Mühe, auch nur eine Karte zu finden, auf der man sich ein Bild von der Lage der Stadt machen kann. Czernowitz liegt da, wo die Karten der Gegenwart enden. Man kann sich keine Vorstellung von den Anschlüssen mehr machen.

Czernowitz, das einmal österreichisch war, liegt weit vom geschrumpften Österreich entfernt – jenseits der Grenzen. Eine rumänische Karte – und Czernowitz war in der Zeit zwischen den Kriegen rumänisch – endet an der Grenze, hinter der – nach 37 Kilometern –

das einstige Cernauti liegt. Auf der Karte der Sowjetunion, auch noch der der ukrainischen Republik, ist es eine winzige Grenzstadt, kaum sichtbar im Geflecht der größeren Orte und bedeutsameren Linien. Czernowitz ist eine an den Rand der Karten gedrängte, fast ausgeschlossene Stadt. Eine Vorstellung, wo es liegt, bekommt man nur, wenn man sich eine Karte von Mitteleuropa besorgt, die in vielem zwar ungenau, aber in dem einen, dem Ort der Stadt, genau ist. Man muß auf Distanz zu den neuen Grenzziehungen gehen, man muß sich der Perspektive der neuen Hauptstädte entziehen, um zu ermitteln, wo es liegt. Und ich meine damit nicht den Schnittpunkt vom 26. Längen- und 48. Breitengrad.

Die Reiseunternehmen unserer Tage, selbst die auf solche Regionen spezialisierten, erweisen sich als hoffnungslos überfordert, wenn sie einem die Vorbereitung der Reise dorthin abnehmen sollen.dem Reisenden nach Czernowitz, das heute Tschernowzy heißt, wird empfohlen, mit dem Zug von Berlin nach Brest zu fahren, um dann einen Zug nach dem Süden zu nehmen. Dabei gibt es eine Bahnlinie, soweit stimmt das Netz der alten Baedeker noch, die von Berlin über Krakau – Lemberg – Czernowitz nach Bukarest führt. Die Hotelreservierungen müssen in Moskau von der Intourist-Zentrale bestätigt werden – in Moskau, das fast eineinhalbtausend Kilometer von Czernowitz entfernt liegt. Das Reisebüro kann keine Direktkarte ausstellen, weil für die Strecke bis Krakau die polnischen Eisenbahnen und von der polnisch-sowjetischen Grenze an die sowjetischen Staatsbahnen zuständig sind. Was geschieht aber, wenn der sowjetische Zug nach Lemberg/Czernowitz ausgebucht ist, wie das die Regel ist, der Reisende aber weiter muß, weil er nur im Transit Polen durchqueren will? Eine solche Reise beginnt mit Unwägbarkeiten, als Annäherung von Stadt zu Stadt. Der Reisende arbeitet sich vor. Er hat die Karte vor Augen, er weiß, wie kleinräumig Europa ist, wie nahe die Stadt ist, selbst wenn die Intervalle so unendlich gestreckt, die Zeit so unendlich verlangsamt ist. Eine Reise dorthin verlangt die Umstellung der inneren Uhr, sonst verliert man die Nerven.

Und so ist es gut, daß die Reise auf dem Bahnhof Lichtenberg in Ost-Berlin beginnt. Die Schlangen vor den Schaltern am Grenzübergang Friedrichstraße, die die Ureinwohner Berlin-West von den Ureinwohnern Berlin-Ost und die Bürger der BRD von den Leuten aus anderen Staaten sortieren, bewegen sich so langsam, daß man selbst bei rechtzeitigem Aufbruch von zu Hause befürchten muß, den Zug zu verpassen, der ja nur in Sichtweite der Weststadt abfährt. Es ist gut, die Grenze in der Friedrichstraße zu passieren, weil man dann im Schockverfahren hinter sich hat, was einem in den nächsten Tagen widerfährt: das millimeterweise Vorrücken von Menschen, die ihre Koffer schleppen, der Blick in den Paß und der Blick in die Suchliste, das umständlich-langsame Hantieren mit Stempel und Stempelkissen, das bedeutsam-imponierende Prüfen von Daten und Valuten, die innere Anspannung, die auftritt, wenn die Zeit so schmerzhaft in die Länge gestreckt wird – Grenzüberschreitung und Transit als Prokrustesverfahren, sich in andere Zeitrhythmen einzupassen.

Es wird Variationen ein und desselben Spiels in den nächsten Tagen geben: veränderte Zusammensetzung der Reisenden – auf der Strecke von Berlin nach Krakau sind es heimreisende Polen mit ihren Kindern und Rucksäcken; auf der Strecke von Krakau nach Lemberg sind es sowjetische Touristen, die die Abteile mit Fernsehern und Jeans von den Schwarzmärkten Polens vollgepackt haben; auf der Strecke von Czernowitz nach Bukarest sind es fast ausschließlich sowjetische Juden, die zum Besuch oder für immer nach Bukarest reisen, um von dort mit El Al weiterzufliegen. Es wird Variationen ein und desselben Spiels in den Mienen der Grenzbeamten geben: durchweg mißtrauisch, wie es der Beruf erfordert, aber verschieden im nationalen Kolorit. Die Polen lassen die Russen spüren, daß man Polen nicht leerkaufen kann, ohne auch Zoll in astronomischer Höhe bezahlen zu müssen – ein grausames Spiel mit arglosen Ausflüglern; an der sowjetisch-rumänischen Grenze zeigen die sowjetischen Grenzer, daß sie der Waggon voller Emigranten schon nicht mehr nervt, denn er kommt jeden Tag am späten Abend dort an; und die rumänischen Grenzer zeigen gleich, daß sie am vorteilhaften Umtausch von Devisen interessiert sind und daß sie in diesem Falle zu Ausländern freundlicher sind als zu ihren Landsleuten.

Die Reise von Berlin nach Czernowitz: das ist eine Nacht lang im überheizten Zug über Breslau nach Krakau, eine Reise durch die Dunkelheit, die Abteile voll von jungen Leuten und Arbeitern, so als wäre Polen ein Land der Nachtarbeit, die Perrons kalt und leer im Neonlicht, das nicht ausreicht, die gewaltigen Bögen des Breslauer Bahnhofs auszuleuchten. Das ist eine Nacht auf einem Schienen-Nervenstrang, der ununterbrochenen Bewegung endloser Güterzüge vom Kattowitzer Industrierevier zur Küste, eine Strecke der Güterzüge, die bald im Zeitlupentempo vorbeigleiten, so daß die Inschriften auf den Waggons lesbar sind, bald mit einer Druckwelle, die sie vor sich her schieben, als Knall ins Abteil der vorbeirasenden Züge einbrechen.

Krakau im Transit: Es ist in diesem späten Herbst so neblig von der Weichsel her, daß man die Türme der Kirchen und der Burg, selbst wenn man nahe herangeht, nicht mehr sehen kann – Wolkenkratzer des Mittelalters. Es ist die Stadt der Herbstfeuer in den Parks auf dem Ring, wo das zusammengescharrte Laub angesteckt wird und die Luft mit seinem Geruch erfüllt.

Lemberg, diese anmutige und großzügige Stadt, fiebert von Menschen, und man glaubt, daß hier eine Million Menschen wohnt. Auch hier Herbstfeuer vor den pompösen Fassaden des Hotels Georges und des alten Landtages, herbstlich gelichtet der Stadtpark.

Und dann wieder eine Nacht im Zug – fast zwölf Stunden für eine Strecke, für die die Züge im k. u. k. Reich nur fünfeinviertel Stunden gebraucht hatten. Der Zug fährt zu langsam, um gemütlich zu sein, er hält allenthalben, und durch den regnerischen Herbstmorgen sieht man Bahnstationen, die hier schon nicht mehr ockergelb, Habsburgfarben sind, sondern rotweiß leuchten. Doch wir sind nicht außer der Zeit: Über den Zuglautsprecher, der unerträglich laut eingestellt ist, kommen die neuesten Meldungen über Absetzungen von dem und dem Funktionär in Kasachstan, von Rücktritten »aus Altersgründen«, von einer neuen Inszenierung am Moskauer Majakowski-Theater. Die jungen Leute im Nebenabteil mucken auf und lassen sich aus über die Schaffnerin, die überall ist, nur nicht da, wo sie sein soll: bei der Bedienung der Fahrgäste. In unserem Abteil bringt eine rüstige Blondine ihren Mann, der schon eine Flasche Wodka ausgetrunken hat, zu Bett, tröstet ihn, denn der Einkaufstag in Lemberg sei erfolgreich gewesen. Ich bekomme eine der zehn dort eingekauften Flaschen Bier ab. Als ich die Photos vom Czernowitzer Rathaus und dem alten Judentempel zeige, gibt es Ah und Oh. Kein Wunder, denn, wie sich später zeigen sollte: In Czernowitz selbst ist kein Bild, keine Ansichtskarte aufzutreiben von diesen einmal für Czernowitz repräsentativsten Bauten. Ich komme in eine Stadt, die kein Bild von sich selbst besitzt.

Kolonialstadt

Das ist leicht gesagt: ein Bild zu gewinnen von einer Stadt, von der in vielen Sprachen gesprochen wurde und noch immer gesprochen wird. Aber warum soll man nicht mit dem, was die Augen sehen, anfangen? Czernowitz ist eine schlanke Stadt, das sehe ich schon auf der Fahrt vom Bahnhof zum Hotel, das wider Erwarten nicht im Zentrum liegt,

sondern weit draußen in einem Neubauviertel, gerade erst fertiggestellt, fünfzehn Stockwerke hoch, mit allem, was dazugehört – Bars,
Restaurants, Sauna, Valutageschäft –, so hoch, daß es nachts fast den
Mond berührt, und man kann nur froh darüber sein, daß die Planer
und die Ungarn, die es errichtet haben, weit vor die eigentliche Stadt
gezogen sind.

Vom Bahnhof, der wie ein großer Ozeandampfer an den hier zu-
sammenlaufenden Schienensträngen angelegt hat, weiß, pompös, mit
einer mächtigen Kuppel, zieht das Taxi an, um die steil ansteigende
Bahnhofstraße hinauf zum Zentrum und am alten Ringplatz vorbei in
die Vorstadt zu fahren. Czernowitz liegt auf einer Anhöhe, auf einem
schmalen Bergrücken, diese Lage über dem Pruthtal gibt der Stadt etwas Leichtes und Anmutiges: kein Kessel, kein Gedränge, keine Dichte
wie bei so vielen mittelalterlichen Städten, sondern leicht, großzügig,
ausgebreitet wie ein Teppich. Nur in der Gegend des Ringplatzes
wächst die drei bis fünf Etagen hohe Stadt, und da ist sie ganz Stadt des
19. und frühen 20. Jahrhunderts, jeder Meter genutzt, dicht und die
Fassaden in heftiger Konkurrenz gegeneinander.

Es ist die Stadt auf der Anhöhe, man muß aufsteigen zur *city upon the
hill*. Doch ist die Anhöhe selber nur ein Faltenwurf der hier auslaufen-
den Karpaten, und man kann von verschiedenen Punkten in der Stadt
die gegenüberliegenden Hügel und Anhöhen sehen. In Rose Ausländers Gedichten lebt diese Landschaft:

Grüne Mutter
Bukowina
Schmetterlinge im Haar

Trink
sagt die Sonne
rote Melonenmilch
weiße Kukuruzmilch
ich machte sie süß

Violette Föhrenzapfen
Luftflügel Vögel und Laub

Der Karpatenrücken
väterlich
lädt dich ein
dich zu tragen

Vier Sprachen
Viersprachenlieder

Menschen
die sich verstehn

Die Stadt läßt sich selbst für den Fußgänger rasch durchschreiten, und schnell zeigt sich, daß die Leichtigkeit und Großzügigkeit dieser Stadt nicht bloß etwas mit der Lage auf der Anhöhe zu tun hat. Viel ist Plan, es ist die Großzügigkeit der Kolonialstadt, deren Planer an die Zukunft gedacht und Plätze und Parks sehr bewußt angelegt haben. Hier ist keine Stadt, die sich aus der Enge der überfüllten mittelalterlichen Stadt heraus entwickelt hat, sondern sie begann mit dem Augenblick, wo sie vorgeschobenster Posten der österreichischen Monarchie im Osten wurde. Der Ringplatz, diese für den Kontinent der österreichisch-ungarischen Monarchie unverzichtbare Signatur der Stadtgestalt − von ihm geht alles aus, und auf ihn läuft alles zu. Der alte Mehlplatz, der Getreideplatz und Holzplatz haben etwas mit der Versorgung der wachsenden Stadt zu tun, und der alte Sturmplatz zeigt, daß die Stadt vor allem auch Garnison war. Die Namen der Plätze haben sich seither mehrmals geändert, und ihre quadratische, abgezirkelte Gestalt ist etwas abgeschliffen worden, aber das Relief der Stadt war damit doch festgelegt. Was kam, waren Verdichtungen, Aufeinanderzurücken der Häuser, Massivwerden der Stadt. All dies geschah aber innerhalb eines knappen Jahrhunderts. Die Stadt, wie wir sie heute sehen, war um 1930 fertig. Das Czernowitz, wie es die Habsburgermonarchie hinterlassen hatte, das sind Gebäude einer Kolonialstadt im Osten der Monarchie: Rathaus, Zentralpost, Universität, Börse, Zoll, Polizei und Gefängnis, Finanzverwaltungen, Kasernen, Spitäler, Lyzeen, Handels- und Industriekammer. Und dann die Gebäude einer Stadt, die zu sich selbst gekommen ist, nicht mehr bloß ein administratives, sondern ein kulturelles und wirtschaftliches Zentrum. Bürgerhäuser, Mietshäuser, Villen, Kaufhäuser, Hotels, Restaurants, Zeitungshäuser, Schulen. Vor allem aber ist es eine Stadt der vielen Bekenntnisse und Nationen, mit einem ungeheuren Palast des griechisch-orientalischen Metropoliten, einer Kathedrale, die sich an der Isaakskathedrale in Petersburg orientiert haben soll, einer russisch-orthodoxen Kirche, einer griechisch-katholischen Parochialkirche, einer Kirche der Armenier und einer der Protestanten, einem polnischen Kloster und dem prächtigen Judentempel und der alten Synagoge.

Die Stadt ist überschaubar, und im Frühling und Herbst vielleicht noch mehr als zu den anderen Jahreszeiten. Selbst die Fassaden in den engen Straßen des Stadtzentrums beginnen rot zu leuchten von den sie überrankenden Weinreben. Die Stadt ist durchsichtig wie die herbstlichen Parks. Es ist genug Raum für die eingeschossigen Villen, die in Gärten liegen, die fast wie Wiesen aussehen und von Apfelbäumen bestanden sind. Es ist genug Raum für großzügige Höfe, in die man von der Straße aus blicken kann. Es sind Höfe unter offenem Himmel, von Loggien und Veranden umgeben, südlich und von Wein über und über bedeckt. Es muß eine Stadt sein, die ihre Bewohner nur durch den allergrößten Luxus der neuerrichteten Mietshäuser davon hat überzeugen können, die Residenz im Garten aufzugeben. In einer Stadt, die so sehr im Einzelhaus lebt, in der man Distanz haben kann, mußte es von Individualisten mehr als genug geben. Und Menschen, die dort aufwachsen, sind Städter, die noch die Nachtigall schlagen gehört haben. In dieser Stadt kann man noch den aus den Karpaten herunterkommenden, kalten und rauschenden Fluß hören:

Da zirpten die Kiesel im Pruth
ritzten flüchtige Muster in
unsre Sohlen

Narzisse wir lagen im Wasserspiegel
hielten uns selbst im Arm

Nachts vom Wind bedeckt
Bett mit Fischen gefüllt
Goldfisch der Mond

Schläfenlockengeflüster
der Rabbi in Kaftan und Stramel
von glückäugigen Chassidim umringt

Vögel – wir kennen nicht
ihre Namen ihr Schrei
lockt und erschreckt
Auch unser Gefieder ist fertig
wir folgen euch
über Kukuruzfelder
schaukelnde Synagogen

Klein-Österreich

Die Stadt auf der Höhe über dem Pruth ist die Hauptstadt der Bukowina, zu deutsch Buchenland. Was ich über diese Stadt und die Region
weiß, habe ich zusammengetragen aus den Informationen der Intourist-
Führerin, aus den Büchern, die die im Westen Deutschlands lebenden
ehemaligen Bukowina-Deutschen veröffentlicht haben, aus einer Geschichte der Juden der Bukowina, die in Tel Aviv erschien, und aus der
schwer entzifferbaren Geheimsprache der dort geborenen Dichter. Das
ist nicht vollständig, denn ich müßte Rumänisch und Ukrainisch und
vielleicht sogar Armenisch können, um das Bild vollständig zu machen.
1408 wird Czernowitz zum ersten Mal urkundlich erwähnt, doch es
gibt schon eine Geschichte davor. Die hügelreiche Gegend zwischen
Pruth und Sereth war Durchgangsland für Skythen und Daker, Hun-
nen und Ungarn, die wilden Reiterstämme der Petschenegen und Ku-
manen. Der Name der Stadt zeigt an, daß es sich um eine slawische
Ansiedlung handelt – bevores der Name einer habsburgischen Pro-
vinzmetropole werden konnte. Hier liefen die Handelswege zusammen, weil der Pruth hier eine Furt bietet – Handelswege von Konstantinopel nach Nürnberg, von den Städten Siebenbürgens nach Krakau
und zum Baltikum. Czernowitz ist lange moldauisch, eine Zeitlang
polnisch, es ist häufig Kriegsgebiet zwischen Türken und Polen. Der
bei Poltawa von Peter dem Großen geschlagene Schwedenkönig Karl
XII. macht hier auf seiner Flucht im Jahre 1709 kurze Station. Bevor
die Österreicher kamen, gab es also schon eine Geschichte – eine slawische, eine moldauische, eine türkische, eine polnische und infolge
der Zuwanderung der jüdischen Flüchtlinge aus dem Westen Europas
auch eine jüdische. Doch die Stadt, so wie wir sie heute vor uns haben,
beginnt mit dem Tag, an dem der österreichische General Gabriel Freiherr von Spleny in Czernowitz einrückt – dem 31. August 1774 –, und
mit dem ersten Chef der habsburgischen Militärverwaltung in dem
zum selbständigen Kronland der Monarchie erklärten Buchenland –
Karl Freiherr von Enzenberg. Die Bukowina ist von 1775 bis 1918 Teil
des Habsburgerreiches. Danach fällt sie und mit ihr Czernowitz an
Rumänien, das 1918 die nördliche Bukowina besetzt. Nach einem
sowjetischen Ultimatum im Juni 1940 rücken sowjetische Truppen in
der Nordbukowina sowie in Bessarabien ein. Doch schon im Juni 1941
– ein Jahr später – marschieren rumänische Truppen mit Unterstützung deutscher Kommandoeinheiten wieder in Czernowitz ein: Der
Krieg gegen die Sowjetunion hat begonnen.

Am 29. März 1944 – der Krieg hat sich gewendet – kehren die sowjetischen Truppen zurück, und Czernowitz wird Hauptstadt der nun zur ukrainischen Sowjetrepublik gehörigen Nordbukowina, während die südliche Bukowina bei Rumänien verbleibt – die Grenze verläuft heute 37 Kilometer von der Stadt entfernt, und wer in die südwärts gelegenen ehemaligen Zentren des Chassidismus fahren will, braucht die für Grenzzonen fälligen Sondergenehmigungen. Mit diesen dürren Daten ist schon angedeutet, was sich in dieser Stadt vor allem im 20. Jahrhundert abgespielt hat.

Der Aufstieg von Czernowitz zu einer Hauptstadt mit eigenem Gesicht beginnt, als es Sitz der habsburgischen Verwaltung wird. Um 1800 gab es lediglich 6000 Seelen in diesem Ort – »Deutsche, Moldauer, Juden, Armenier, Rusniaken«. Um 1900 sind es schon 47 000 und um 1930 bereits 120 000 Einwohner. Es ist eine Stadt, die nur aus großen Minderheiten besteht, und das wird sie prägen. Von den 120 000 um 1930 sind etwa 45 000 Juden, 30 000 Rumänen, etwa 14 000 Ruthenen, an die 12 000 Polen und rund 18 000 Deutsche, die vorwiegend in dem von Schwaben besiedelten und seinen dörflichen Charakter wahrenden Stadtteil Rosch wohnen. Hinzu kommen mehrere Dutzend kleinerer Nationalitäten, die in diesem Landstreifen eine Bleibe gefunden haben: Armenier, Georgier, Zigeuner, Huzulen, Türken, Ungarn.

Die Stadt heute ist immer noch gemischt, die Schriftsteller des örtlichen Schriftstellerverbandes verhandeln noch immer in vier Sprachen, das Fernsehprogramm ist ukrainisch, moldauisch und russisch, und wer will, findet genug Menschen, die Rumänisch und Deutsch sprechen. Doch die Stadt ist heute, wie die Führerin von Intourist angibt, eine ukrainische Stadt: Ukrainer stellen fast siebzig Prozent, die moldauische Volksgruppe neun, die rumänische zehn Prozent; an die 10 000 Juden leben in der auf 260 000 Einwohner angewachsenen Stadt.

Die Stadt mag, gemessen an den einförmig gewordenen Städten Nachkriegseuropas, vielfarbig und gemischt erscheinen, doch im Vergleich zu dem, was sie einmal war – ein Abbild des Vielvölkerstaates im Kleinen, ein »Klein-Österreich« –, ist sie vermutlich nicht wiederzuerkennen. Es scheint fast unglaublich, daß, solange im fernen, doch erreichbaren Wien der grau gewordene Monarch über seine Untertanen im Kronland wachte, die Völker und Bekenntnisse miteinander auskommen konnten.

Der Karpatenrücken
väterlich
lädt dich ein
dich zu tragen

Vier Sprachen
Viersprachenlieder

Menschen
die sich verstehn

Aber wie können wir, die wir keinen Zugang zu diesem Ort jenseits des Bruchs mehr haben, uns diesen Ort vorstellen:

Wo
in der österreichlosen Zeit
wächst mein Wort
in die Wurzeln
Ans Buchenland
denk ich
entwurzeltes Wort
verschollene Vögel

Man braucht ein wenig Wissen und historische Imagination, um hinter den immer noch schönen Fassaden sich die Differenzen eines in sich gegliederten, vielgestaltigen und multikulturellen städtischen Gemeinwesens vorstellen zu können. Doch die Phantasie hat Anhaltspunkte: Berichte, Autobiographien, Protokolle eines abgelaufenen Lebens der Stadt. Zum Beispiel die Universität. Sie ist heute in der ehemaligen Residenz des Metropoliten untergebracht, einer prächtigen Anlage, über der der Duft von Zypressen liegt, mit einem wunderschönen Park, 1864 bis 1875 errichtet von dem Prager Architekten Hlavka, Konzession an das Kolorit der griechischen Orthodoxie, mit Elementen aus Byzanz und dem maurischen Spanien, prachtvollen Treppenaufgängen und unendlichen Fluren, einem Rohziegelkomplex mit glasierten Ziegeln, einer Kirche mit einem goldglänzenden Ikonostas.
Doch die Residenz, die beim Abzug der Deutschen und Rumänen in Flammen aufging und wiederhergestellt worden ist, ist erst seit dem Kriege Universität, und in der Kirche werden Vorträge gehalten und Konzerte gegeben. Die Alma mater Francisco-Josephina Cernautiensis, die früher einmal in den eher bescheidenen klassizistischen Gebäu-

den in der Universitätsstraße untergebracht war, brauchte keinen äußerlichen Prunk, um bestehen zu können. Sie hatte eine »Mission«, und sie hat sie erfüllt. Für mehrere Studentengenerationen gelang dort das Unwahrscheinliche: das Nebeneinander der vielen Kulturen dieses Raumes. Als am 100. Jahrestag der Vereinigung der Bukowina mit Österreich – am 4. Oktober 1875 – die Inauguration der östlichsten deutschen Universität Europas anfangs mit drei Fakultäten – der griechisch-orientalischen theologischen, der rechts- und staatswissenschaftlichen und der philosophischen – stattfand, da nahm ihr erster Rektor, Dr. Tomasczuk, die Universität bereits gegen das vielgelästerte Wort von Österreichs »Kulturmission« in Schutz. Ihre Lehr- und Prüfungssprache war Deutsch, an der theologischen Fakultät Rumänisch, Ukrainisch, Kirchenslawisch. Ein Teil der Professoren stammte aus der Bukowina, der andere aus Wien, Graz, Heidelberg, Paris, Lemberg, Riga, Hermannstadt. Von den zwischen 1875 und 1919 gewählten 44 Rektoren waren 22 Deutsche, elf Rumänen, neun Juden, zwei Ukrainer. Wenn die Lehrsprache Deutsch war, so war sie doch mehr als ein Instrument der Germanisierung. Nach Czernowitz kamen Studenten aus Galizien, Rumänien, Polen, Serbien, Ungarn, Kroatien, dem Banat, aus Dalmatien, Bosnien, Bulgarien, Griechenland, nicht zuletzt aus Deutschland und Österreich selbst. Im letzten Friedensjahr vor dem Ersten Weltkrieg gaben von den etwas mehr als 1000 Hörern der Universität 458 ihre Muttersprache als deutsch, 310 als rumänisch, 303 als ukrainisch, 86 als polnisch und 41 mit einer anderen Sprache an. Doch von den 458 deutschsprachigen Studenten waren 431 jüdische Studenten, und zwei Drittel der eingeschriebenen Studenten bekannten sich zum mosaischen Glauben. Entsprechend vielfältig waren die Verbindungen und vielsprachig die Kommerslieder. Austria, Alemannia, Gothia hießen die deutschen Verbindungen, Hasmonäa, Zephira, Hebronia die jüdischen, Junimea die rumänische und Sojus, Saporoshje, Mazeppa die ukrainischen.

Nicht anders war es auf den Sportplätzen, wo die Vereine Jahn und Makkabi, Polonia und Dowbusch miteinander kämpften. Die Plätze der Stadt, vor allem der Volksgarten mit dem Kurhaus, und die Märkte sind ein Spiegel der sozialen und kulturellen Zusammensetzung der Stadt. Verkauft werden Eis und Mazze, Brezeln und Sonnenblumenkerne. Auf den Märkten treffen die schwäbischen Bäuerinnen aus Rosch, die Huzulen aus den Bergen, die jüdischen Kleinwarenhändler aufeinander; man kann sie an ihren Trachten erkennen und an ihrer Sprache. Die Stadt hat ihre »Nationalhäuser«. Da ist das Deutsche Haus im Stil der Jahrhundertwende, ein romantisch-deutscher Fachwerkbau mit vielen Geschossen, großen Sälen. Und nicht weit davon entfernt das Ukrainische Volkshaus und das Polnische Haus. Doch im Deutschen Haus ist heute ein Kinderkino untergebracht, und allein ein versilberter Hirschkopf mit ausladendem Geweih sowie die Bierhallenarchitektur eines der Kinos erinnern daran, daß das Haus einmal eine andere Funktion gehabt hat. Aus dem Ukrainischen Volkshaus ist ebenfalls ein Kino geworden. Im Haus der jüdischen Kultur, am Theaterplatz – an seiner ausladenden, pompösen neobarocken Fassade, die blauweiß getüncht ist, ist die Jahreszahl 1908 eingraviert –, ist heute ein Kulturklub der Leichtindustrie untergebracht. Aus den Davidsternen im Treppengeländer sind zwei Zacken abgeschnitten, im Spiegelsaal im Erdgeschoß finden Disco-Veranstaltungen und Wettbewerbe um den Mister und die Miss Czernowitz statt, für die in der ganzen Stadt plakatiert ist, und nachts, bevor das Haus schließt, rasen Jugendliche auf aufgemotzten Motorrädern in ohrenbetäubendem Lärm wie in einem mittelalterlichen Turnier aneinander vorbei, gefährlich und zum Schrecken der Leute, die gerade aus dem Theater kommen. Es gab eine Zeit, da Dr. Repta, der Metropolit, die bei der russischen Eroberung im Ersten Weltkrieg gefährdeten Thorarollen in Sicherheit brachte und da die Leitung des Deutschen Hauses seine Räume zur Verfügung stellte, weil die Zuhörer, die zur Rede Theodor Herzls ins jüdische Haus kamen, keinen Platz mehr fanden. Vielleicht darf man sich erlauben, Erinnerungen eines nach Tel Aviv entkommenen Czernowitzers über die Gegend um den alten Springbrunnenplatz, den Berührungspunkt zwischen der Unter- und der Oberstadt, zu zitieren.

»Im Volksmunde hieß der Platz, in den alle von Juden bewohnten Gassen einmündeten, der ›Ham‹. Er bildete eine Welt für sich. Schon in den ersten Morgenstunden wimmelte es dort von Menschen. Männer eilten in die Bethäuser oder gingen ihren Geschäften nach, Hausfrauen besorgten Einkäufe. Da gab es den Laden von Juda Feuer, in dem Bedarfsartikel aller Art zu finden waren. Gegenüber drängten sich vor der ›Propination‹, der von Juden geführten Branntweinschenke, ruthenische Bauern, die aus den umliegenden Dörfern gekommen waren, um hier Gelegenheitsarbeit zu finden. Es gab unter ihnen viel Gezänke, oftmals auch Schlägereien. Dort hatte ein städtischer Polizeimann ständig seinen Posten. Er lächelte niemals, weil er sich seiner amtlichen Würde bewußt war. An Sonntagen trug er eine Paradeuniform, an seinem schwarzen Hute flatterte eine Halinenfeder. Trotzdem verspotteten ihn die Rangen der umliegenden Gassen, riefen ihm

Spitznamen zu und machten von ihren flinken Beinen Gebrauch, wenn er zugreifen wollte. Die Polizisten, meist ruthenischer Nationalität, radebrechten Deutsch (›Abu gengen Sie, abu stehen Sie zur Seite‹, bekam man oft von den Ordnungshütern zu hören).

Unweit befand sich die Großbäckerei von Mordechai Weissmanns Erben. In den Souterrains der Parterrehäuser verkauften Frauen an Passanten Brote, Brezeln, anderes Gebäck und Süßigkeiten an lärmende Kinder, in deren ausgestreckten Händchen ein kupferroter Kreuzer dem Begehren Nachdruck verlieh. An der Ostseite des Platzes führte ein schmaler Durchgang zum ›jüdischen Spital‹ und zum späteren ›Altersversorgungsheim‹. Läden aller Art umsäumten die Springbrunnengasse. Eine Altkleiderverkaufsstelle reihte sich an die zweite. Daneben entströmten scharfe Gerüche den Fleischereien und Fischläden. Der Handel und das Feilschen vollzogen sich unter großem Aufwand von Stimm-Mitteln. Der Lärm dauerte bis in die Abendstunden an. An der Straße, die am Altmarkt vorbeiführte, standen die Verkaufstische für geschlachtetes Geflügel. Auf dem kleinen Abhang, dem nachmaligen Theodor-Herzl-Platz, boten Hökerinnen ihre Waren feil. Den Gemüse-, Eier- und Hühnerbedarf deckten Bäuerinnen aus der Umgebung, deren weiße Kopftücher weithin sichtbar waren, und die ›Schwäbinnen‹ aus der Vorstadt Rosch, wo sich ihre Vorfahren seit Kaiser Joseph II. angesiedelt hatten. In den umliegenden Häusern hatten sich Handwerker aller Art etabliert. Es fehlte auch nicht an ›Einkehrhäusern‹, Schenken und ›Traktierbetrieben‹, in denen die Stammgäste neben einem guten Tropfen auch nach herkömmlicher Art zubereitete Fische vorfanden.«

In der Oberstadt mit ihren Geschäften, Einkaufstraßen, Restaurants und Parks spielte sich der angenehmere Teil des Lebens ab – jedenfalls in der Erinnerung:

»Wer mit Wehmut an die entschwundene Jugendzeit zurückdenkt, kann die kleinen Freuden, welche die Stadt bot, niemals vergessen. Ein Erinnerungsbild verdrängt das andere, und an allen haftet der Zauber glückhaften Erlebens. Unvergeßlich sind der Sonntagsbummel längs des Bürgersteigs auf der Ostseite des Ringplatzes, der ›Pardinihöhe‹, die gar keine Höhe war und ihren Namen der an dieser Stelle befindlichen Universitätsbuchhandlung Heinrich Pardini (später Engel & Suchanka) verdankte. Dort standen sonntags in Gruppen junge Garnisonsoffiziere in ihren schmucken Paradeuniformen, dort lustwandelten die Söhne der Alma mater Francisco-Josephina, deren Kappen ein buntfarbenes Bild boten. Kokette Mädchen nahmen lächelnd und plaudernd die herausfordernden und bewundernden Blicke der Männerwelt wie eine ihnen gebührende Huldigung entgegen und schienen die Bemerkungen, die an ihre Adresse gerichtet waren, zu überhören.

Im Stadtpark, dem ›Volksgarten‹ mit der schönen Hauptallee, unweit vom Tomasczukdenkmal und gegenüber dem Gartenrestaurant, genannt ›Kursalon‹, konzertierte jeden Mittwoch nachmittags die Kapelle des k.u.k Infanterieregiments Erzherzog Eugen Nr. 41 unter Leitung des Kapellmeisters Kosteletzky. Die Menschenschlange wälzte sich von einem Ende zum anderen, und es bestand wenig Aussicht, einen Sitzplatz auf einer der vielen Gartenbänke zu ergattern. Die Stadt hatte auch andere öffentliche Gärten. Auf der ›Göbelshöhe‹, dem bepflanzten Abhang zwischen der Franzosgasse und der Steinerschen Bierbrauerei, wurden zu wiederholten Malen im Sommer Gartenfeste aller Art mit Konfettischlachten und Koriandoliwerfen veranstaltet; Frohsinn und Heiterkeit herrschten hier vor, und mancher Gymnasiast, der seine Schüchternheit überwand und die bewunderte Schöne mit dem Inhalt einer vollen Konfettitüte überschüttete, war schon von einem ihm geschenkten Anflug eines Lächelns beglückt. Erholungsbedürftige Spaziergänger suchten die schattige, hinter dem erzbischöflichen Palast gelegene Habsburghöhe (einmal Bischofsberg genannt) auf, deren Serpentinenwege einen weiten Ausblick auf das Pruthtal gestatteten. Die kühle, würzige Luft in diesem Tannenparadies war in den heißen Sommermonaten wohltuend und erfrischend. Der zentral gelegene Franz-Josephs-Park mit dem prächtigen Denkmal der Kaiserin Elisabeth und dem Landesregierungsgebäude im Hintergrunde glich in den Sommermonaten einer viereckigen grünen Insel, eingebettet zwischen verkehrsreichen Straßen. Die Jugend tummelte sich unbeschwert und johlend im Schillerpark, dessen junge Anlagen die zur Vorstadt Rosch führende abschüssige Straße säumten.

An Sommerabenden besuchten um die Jahrhundertwende viele Familien gerne den Katzschen Garten in der Russischen Gasse (später Milchhalle und vegetarisches Restaurant Friedmann). Dort konzertierten der flotte Musikant Schlomele Hirsch und sein Bruder Leib, die bei allen Hochzeiten aufspielten. Andere ›Gastgärten‹ waren ein Garten in der Siebenbürger Straße, später Klavierverkaufsgeschäft und Eislaufplatz Gruder, und der ›Bierpalast‹ in der Rottgasse, nach Niederreißung des Gebäudes, das einem Palast wenig ähnlich sah, gleichfalls ein beliebter Eislaufplatz. In einem dieser Gärten pflegte während der heißen Sommermonate ein jiddisches Theater zu spielen. Die Aufführungen, zumeist Satiren auf das Leben der Kleinstadtjuden, konnten hohe Ansprüche keineswegs befriedigen.«

Es muß ein intaktes Gemeinwesen gewesen sein, trotz Konflikten und Spannungen, die immer dann eintraten, wenn eine der Minderheiten sich der anderen gegenüber als Herr aufzuspielen versuchte. Und es gab eine von allen in der Stadt verstandene Sprache – Deutsch –, ohne daß die Stadt deshalb eine deutsche Stadt genannt werden könnte. Dort, wo die Deutschen lebten, im Stadtteil Rosch, sprach man Schwäbisch. Hochdeutsch war die Sprache des jüdischen Czernowitz, aus seinen Spenden stammte auch das Schillerdenkmal, das vor dem Stadttheater aufgestellt wurde, bevor die Rumänen es dann in den Hof des Deutschen Hauses verbannten. Deutsch war nicht bloß die Amtssprache der österreichischen Behörden, sondern auch die Sprache des Vorankommens, des Fortschritts, des Kontakts zur Welt draußen. Es ist im nachhinein kaum vorstellbar, daß Hunderte von Kilometern vom deutschen Sprachraum entfernt das entfaltetste Zeitungs- und Zeitschriftenwesen existiert hat. Freilich gab es auch rumänische, ukrainische, polnische Presse, doch die führenden Blätter erschienen in deutscher Sprache, herausgegeben von jüdischen Verlegern und redigiert von jüdischen Redakteuren. Kann man sich denken, daß eine Stadt von der Größenordnung Czernowitz' fünf deutsche Tageszeitungen besaß, nicht gerechnet die Abendausgaben? Und kann man sich vorstellen, daß in den besseren Cafés der Stadt über 100 Zeitungen und Zeitschriften auslagen? Nur dort, wo sich eine individualistische Gesellschaft ausgebildet hat, besteht ein solcher Bedarf an konkurrierenden Meinungsäußerungen, nur dort, wo eine vitale Beziehung zur Außenwelt besteht, wird der Ruch der Provinzpresse abgestreift, nur dort, wo Leute sind, die Kommunikation zum Leben brauchen, findet sich diese heutzutage fast hypertroph anmutende Öffentlichkeit. Und Zeitungen wie die *Bukowiner Rundschau,* die *Bukowiner Nachrichten,* das *Czernowitzer Tagblatt* oder die *Czernowitzer Allgemeine Zeitung* wurden nicht nur am Ort gelesen, sondern auch in Wien und Bukarest. In einer solchen Landschaft wächst eine eigene Sprache.

»Die verschiedenen Spracheinflüsse färbten natürlich auf das Bukowiner Deutsch ab, zum Teil recht ungünstig. Aber es erfuhr auch eine Bereicherung durch neue Worte und Redewendungen. Es hatte eine besondere Physiognomie, sein eigenes Kolorit. Unter der Oberfläche des Sprechbaren lagen die tiefen, weitverzweigten Wurzeln der verschiedenartigen Kulturen, die vielfach ineinandergriffen und dem Wortlaut, dem Laut- und Bildgefühl Saft und Kraft zuführten. Mehr als ein Drittel der Bevölkerung war jüdisch, und das gab der Stadt eine besondere Färbung. Altjüdisches Volksgut, chassidische Legenden ›lagen in der Luft‹, man atmete sie ein. Aus diesem barocken Sprachmilieu, aus dieser mythisch-mystischen Sphäre sind deutsche und jüdische Dichter und Schriftsteller hervorgegangen: Paul Celan, Alfred Margul-Sperber, Immanuel Weißglas, Rose Ausländer, Alfred Kittner, Georg Drozdowski, David Goldfeld, Alfred Gong, Moses Rosenkranz, Gregor von Rezzori, der bedeutende Lyriker Itzing Manger und andere.«

In einer solchen Stadt hat die Sprache an sich und von vornherein mehr als nur die Bedeutung eines Verständigungsmittels, zu ihr, die nicht einfach die herrschende ist, die man bewußtlos von Kindesbeinen an übernimmt, in die man nicht einfach hineinwächst, gibt es ein bewußtes Verhältnis.

Und in einer Stadt, die wie eine Insel aus dem Umland herausragt, Flaschenposten absendet und auf Flaschenposten wartet, bildet sich auch ein anderes Verhältnis zur Umwelt, die weit entfernt ist, die aber gerade das Ferne nah macht. Über die Distanz ergibt sich da ein nachbarschaftliches Verhältnis zu dem, was in Bukarest, Wien und Berlin gedacht und geschrieben wird. Ohne Reibungsverlust und mit großer Unmittelbarkeit kommt auf diesem Hügel über dem Pruth an, was ganz fern entstanden ist, aber doch näher und verwandter ist als die unmittelbare Umgebung, die eine der bäuerlichen Landbevölkerung ist. Es ist die Abgehobenheit dieser insularen städtischen Kultur, die sie so reich und zur Geburtsstätte einer ganzen Plejade von deutschen Dichtern gemacht hat.

»Czernowitz war eine Stadt von Schwärmern und Anhängern. Es ging ihnen, mit Schopenhauers Worten, ›um das Interesse des Denkens, nicht um das Denken des Interesses. Die orthodoxen Juden waren Anhänger, ›Chassidim‹, des einen oder anderen ›heiligen‹ Rabbi. Die Dinge der praktischen Lebensfürsorge waren ihnen unwichtig. Viele von ihnen hatten keinen Beruf, sie wurden von ihren Frauen erhalten, die stolz darauf waren, einen ›Gelehrten‹ zum Mann zu haben, sie ›lernten‹ ein Leben lang aus den ›heiligen Büchern‹ und lauschten beseligt den weisen Worten ihres Rabbi. Die assimilierten Juden und die gebildeten Deutschen, Ukrainer, Rumänen waren ebenfalls Anhänger: von Philosophen, politischen Denkern, Dichtern, Künstlern, Komponisten oder Mystikern. Karl Kraus hatte in Czernowitz eine große Gemeinde von Bewunderern; man begegnete ihnen, die *Fackel* in der Hand, in den Straßen und Parks, Wäldern und an den Ufern des Pruths ... Eine große Schar bekannte sich zur ›Lehre‹ des bedeutenden Berliner Philosophen Constantin Brunner, der erst jetzt durch Übersetzungen ins Englische und Französische bekannt zu werden beginnt. In keiner anderen Stadt, auch nicht in seinem Berlin, hatte Brunner so viele ergebene Anhänger wie in Czernowitz … Hier gab es: Schopenhauerianer, Nietzscheanbeter, Spinozisten, Kantianer, Marxisten, Freudianer, man schwärmte für Hölderlin, Rilke, Stefan George, Trakl, Else Lasker-Schüler, Thomas Mann, Hesse, Gottfried Benn, Bertolt Brecht. Man verschlang die klassischen und modernen Werke der fremdsprachigen, insbesondere der französischen, russischen, englischen und amerikanischen Literatur. Jeder Jünger war von der Mission seines Meisters durchdrungen. Man huldigte selbstlos und mit vehementer Begeisterung: ein Wort, das die moderne Kritik als ›Pathos‹ oder Sentimentalität ablehnt. In dieser Atmosphäre war ein geistig interessierter Mensch geradezu ›gezwungen‹, sich mit philosophischen, politischen, literarischen oder Kunstproblemen auseinanderzusetzen oder sich auf einem dieser Gebiete selbst zu betätigen. – Eine versunkene Stadt. Eine versunkene Welt«.

Zangenbewegung

Der Geist einer Stadt mag in Gedichten aufbewahrt sein, ihr Grundriß aber in Kartenwerken. Wer es auf eine Stadt abgesehen hat, fertigt genaue Karten an. Der Aggressor hat scharfe, vielleicht die schärfsten Augen. Er weiß, worauf es ankommt, er kreist die strategischen Ziele ein, er markiert die Linien, auf denen er vorrücken wird, er entscheidet, was in Besitz genommen und was vernichtet werden soll. Die Stadtpläne der Aggressoren sind exakt, ohne Sentimentalität. Die Nazis hatten solche Karten, und wer aus Berlin nach Czernowitz reist, kann sie sich besorgen in der Staatsbibliothek: »Stadtplan von Czernowitz. Anlage zur Militärgeographischen Übersicht über das Europäische Rußland, Mappe F II, Ukraine, mit Moldau-Republik und Krim, Ausgabe IX, 1941. Sonderausgabe! III.41. Nur für den Dienstgebrauch«. Er ist gefertigt nach der Vorlage des jüdischen Czernowitzer Verlages Leon König. Wer mit einer solchen Karte nach Czernowitz reist, weiß mehr als jeder Intourist-Führer, auch mehr als so mancher Einheimische, der erst nach dem Krieg in die Stadt gekommen ist. Es ist darin alles verzeichnet: von den Bahnhöfen bis zur Funkstation und zum Lufthafen; die zivilen Behörden vom Justizpalast bis zu statistischen Ämtern und Schulrevisoren; vom Gendarmerie-Kommando bis zum Gefängnis. Der Aggressor hat eine Übersicht über die Konfessionen und hat die

Kirchen und Synagogen eingekreist. Er kennt die Schulen, die Spitäler, die Hotels: Palast- und Zentralhotel, Hotel Zum Schwarzen Adler, Hotel Gottlieb, Hotel Bristol und die Pension City, in denen er seine Stäbe einquartieren wird.

So geht der Tourist mit der Karte des Aggressors durch die Stadt, und er weiß, daß er im Grunde noch eine zweite Karte bräuchte: die der sowjetischen Stäbe, die in dem Augenblick, wo die Deutschen die Sowjetunion angriffen und sie die Stadt räumen mußten, schlagartig in einer einzigen Nacht Tausende von Czernowitzern nach Rußland deportierten – für einige die Rettung vor den Deportationen in die dann von Rumänen errichteten Lager Transnistriens. Beide Karten zeigen eine solche Stadt als Falle, aus der es kein Entkommen gab.

Beide Eroberer hatten es auf die jüdische Bevölkerung abgesehen, nur die Phraseologie unterschied sich. Während die Einsatzgruppe D des SS-Brigadeführers Otto die Juden als Juden verfolgte, zielten die sowjetischen Verhaftungen auf die Juden als die Bourgeoisie und – man glaubt es nicht – die potentiellen Komplizen der Nazis. Nirgendwo ist eine Menschengruppe unter so absurden Vorzeichen gejagt und eliminiert worden. Als Juden bekamen sie die Gewalt des Nationalismus und Rassismus zu spüren, als bürgerliche Schicht des Gemeinwesens die Gewalt der Zukurzgekommenen, der »Massen«. Zwischen zwei Wogen der Gewalt geht das, was Czernowitz war, unter.

Nicht, daß die Bauten verschwunden wären: Bis auf eine Brachfläche am Ringplatz scheint es keine größeren Verluste durch Kriegshandlungen gegeben zu haben. Der israelitische Tempel, von den Deutschen angesteckt, war zu mächtig, und selbst Sprengversuche nach dem Krieg vermochten den imposanten Bau nicht zu erschüttern. So steht heute an dieser prominenten Stelle ein Kino, weiß getüncht, ohne Kuppel und Erker, aber mit noch sichtbaren Rundbogenfenstern. Als Kino Oktober ist es durchaus ungeeignet, denn die mächtigen Pfeiler, die die Tempelhalle tragen, versperren den Blick auf die Leinwand. Aber wer von denen, die in der Kartenhalle stehen oder das Foyer betreten, weiß davon oder interessiert sich dafür, daß dies einmal einer der prächtigsten Tempel im ganzen Osten war?

Er bot schon äußerlich einen überwältigenden Anblick. Er hatte ein monumentales Haupteingangstor und zwei Seiteneingänge (für Frauen). Man gelangte in ein geräumiges Vestibül, in welchem an der Wand Marmortafeln mit den Namen der 100 Stifter, darunter der ältesten und vornehmsten Familien, angebracht waren. Aus dem Vestibül, in welchem sich auch eine Votivtafel für Heinrich Wagner befand, kam man durch drei Türen in das Innere des Tempels, welches durch reiche Malereien und Stukkaturen auffiel. Durch die zu beiden Seiten angebrachten farbigen Fenster fiel reichliches Licht. Es gab zu beiden Seiten des Mittelganges sowie an den Seiten des Tempels Sitze für Männer, die Frauen saßen auf den beiden Stockwerken. Die Etagen sowie alle Sitze, waren aus Eichenholz, reich geschnitzt. Die Wände hatten hellblaue Farbe, mit Malereien von ersten Künstlern hergestellt. Die Kuppel wies einen blauen Hintergrund mit goldenen Sternen auf. Der Altar und der Thoraschrein waren Sehenswürdigkeiten. Zu beiden Seiten des Aufganges zum Altar befanden sich zwei erhöhte Plätze für den Oberrabbiner und für den Oberkantor. In der Mitte der Empore war ein Rednerpult für den Prediger. Oberhalb der mit einer roten goldgestickten Samtdecke versehenen Thoralade brannte eine ewige Silberlampe. Der Tempel hatte einen Fassungsraum von tausend Personen.

Heute leuchtet nachts eine rote Kinoreklame an dem wuchtigen Gebäude, und es scheint, als brenne es. Nur in einer einzigen der einmal 88 Synagogen der Vorkriegszeit wird heute noch Gottesdienst abgehalten.

Andere, vor allem in der ehemaligen Synagogengasse, heute Henri-Barbusse-Straße, sind umfunktioniert in Lagerräume, die mächtige Synagoge der Orthodoxen dient Goskino als Werkstatt. Einzig das Jüdische Spital ist noch Krankenhaus.

Die Karte zeigt auch die alte Vasilkogasse, und mit Hilfe einer Archivarin aus dem in der alten Jesuitenkirche untergebrachten Staatsarchiv läßt sich schnell identifizieren, wie sie heute heißt. Dort, in dem rötlichbraun getünchten Haus Nummer 5, mit einem Jugendstiladler an der Fassadenseite, muß Paul Celan aufgewachsen sein. Die Karte zeigt auch das vornehme Viertel hinter dem Volksgarten, die Frunse- und Fedkowitsch-Straße, in deren manchmal schloßähnlichen Villen, an denen alle Stile der Jahrhundertwende ausprobiert worden sind, der Sitz des jüdischen Bürgertums war. Und vis-à-vis des Tempels ist leicht das Gebäude der Einrichtung»Morgenroit« zu erkennen, in dem einmal der Bund und andere Arbeiterorganisationen Volksaufklärung, Vorträge und Bibliotheken organisiert hatten. Manche Gebäude haben ihre Funktion behalten: so das Gefängnis, das allerdings hinter einer mehrere Meter hohen und die ganze Platzseite verschließenden Lenin-Plakatwand verschwunden ist, oder das alte Gebäude der Gendarmerie, in der heute der KGB untergebracht ist.

Jeder Straßenzug und jedes Gebäude bekommt ein anderes Aussehen. Im Schwarzen Adler, der heute zum Hotel Werchowina geworden ist, hatte sich die Gestapo einquartiert. Der Lift funktioniert im Augenblick nicht, wie der Portier freundlich mitteilt. Es ist die Stelle, die Dr. Nathan Getzler, nach dem Krieg in Montreal lebend, in seinem Tagebuch beschrieben hat:

Mittwoch, den 9. Juli 1941. Nachbarn, die in unser Versteck kommen, erzählen, daß 150 Juden von der deutschen Gestapo durch die Stadt zur Schießstätte geführt und dort erschossen wurden, unter ihnen war auch der Oberrabbiner Dr. Abraham Mark. Dr. Mark war im Liftschacht des Hotels Zum Schwarzen Adler zusammen mit dem Oberkantor Gurman, Jakob Galperin, Frühling, Josef Reininger und vielen anderen vorher eingesperrt gewesen. Der Lift lief hinauf und herunter und drohte jedesmal die dort Eingeschlossenen zu zerschmettern. Nachdem diese Unglücklichen derart tagelang gequält worden waren, wurden sie dem Trupp der Todgeweihten angeschlossen, zum Pruth nach Bila geführt und erschossen.

Aus den Czernowitzer Zeitungen suchen sich nun die Angestellten der rumänischen Siguranza und der deutschen Gestapo die Verdächtigen heraus. Auf dem jüdischen Friedhof herrscht Hochbetrieb. Spitäler werden geräumt, die unglücklichen Insassen der Irrenanstalt auf die Straße gejagt. Ukrainische und rumänische Jungen, mit Kokarden in den Knopflöchern, führen die Patrouillen in die Wohnungen von Juden. Der Mob räumt die verlassenen Wohnungen und Läden aus. Rumänische Beamte machen Geschäfte mit Passierscheinen, mit der Todesangst. Zehn Selbstmorde werden täglich gemeldet, als die Deportierungen in die transnistrischen Lager beginnen. Als die Bewohner des nun eingerichteten Ghettos – in der Moldau und Bukowina hatte es nie zuvor geschlossene Ghettos gegeben – zum Bahnhof getrieben werden, warten schon Bauern mit ihren Wägelchen und kassieren ab für den Transport. Ein besonders erschütterndes Bild bietet sich den Blicken an der Ecke der Dreifaltigkeits- und Albertinengasse. Aus ihrem Hause ziehen die letzten Angehörigen der Bojaner Rabbinerdynastie in den Tod, hochaufgerichtet in ihren besten Kleidern, mit den Thorarollen in der Hand. Ergriffen sehen die umstehenden Juden und Christen diesem Schauspiel zu.

Zehntausende kamen bei den Gewaltmärschen aus der Bukowina in die Lager, die Steinbrüche, zu den Straßen- und Eisenbahnarbeiten um. Nur wenigen gelingt es, in Czernowitz selbst zu bleiben – entweder, weil sie sich unentbehrlich machen können, um das Leben der Stadt aufrechtzuerhalten, oder weil die rumänischen Beamten Geld brauchen.

> Eislaken auf Transnistriens Feldern
> wo der weiße Mäher
> Menschen mähte

Kein Raum kein Hauch
atmete
kein Feuer
wärmte die Leichen
Im Schneefeld schlief das Getreide
schlief die Zeit
auf Schläfen

Die Zunge der Himmelswaage
ein funkelnder Eiszapfen
bei 30 Grad Celsius unter Null

Nur 6000 bleiben von der einst 45 000köpfigen jüdischen Bevölkerung von Czernowitz.

In jenen Jahren war die Zeit gefroren:
Eis so weit die Seele reichte

Von den Dächern
hingen Dolche
Die Stadt war aus
gefrorenem Glas
Menschen schleppten
Säcke voll Schnee
zu frostigen Scheiterhaufen

Einmal fiel ein Lied
aus goldenen Flocken
aufs Schneefeld:

»Kennst du das Land wo die Zitronen blühn?«

Ein Land wo Zitronen blühn?
Wo blüht das Land?
Die Schneemänner
wußten nicht Bescheid

Das Eis wucherte
und trieb
weiße Wurzeln
ins Mark unsrer Jahre

Es geschah in weniger als drei Jahren, daß aus Czernowitz eine andere Stadt wurde, auch wenn die Straßenzüge und die Fassaden, die Plätze und Häuser noch dieselben sind. Es gibt eine Zeit davor und eine Zeit danach.

Wir erkennen uns nicht
zu weit zwischen uns
die Jahre
Feuer
brannte ein Loch
in die Zeit

Die Sterne
zu weit zwischen uns

Der Fixstern
kennt nur
sich selber

»Vor dem Abgrund des Himmels«

Man möchte in das Czernowitz jenseits der Weltkriegszeit dieses
Jahrhunderts zurück, Kontakt aufnehmen mit dem Gemeinwesen,
dessen Bauten ja noch dastehen. Doch das wäre nur ein ausgedachter
Anlaufpunkt, der Halt verspricht, wo es keinen mehr gibt: »Feuer /
brannte ein Loch / in die Zeit«. Von daher hat alles Suchen in dieser
schönen Stadt etwas Touristisches, selbst dann, wenn man sich nicht
als Tourist empfindet. Es gibt keinen Halt, keinen Punkt, von dem
sich ordnen ließe, was sich abgespielt hat. Czernowitz – und sein
Schicksal haben so viele Zentren Mitteleuropas geteilt – ist ein Ort,
um den historischen Verstand zu verlieren. Daher ist aller Blick auf
die schöne Stadt resigniert, nimmt bloß zur Kenntnis, was einmal war
und was darin eingelagert ist an heutigem Leben. Die Häuser am
Ringplatz sind schön – zum Beispiel das Sparkassengebäude mit dem
Majolikafries an der Fassade; der Wiener Architekt Hubert Gessner
hat es 1900 gebaut, es ist ein Bau aus kosmopolitischem Geist, der in
allen Städten der Monarchie seine Spuren hinterlassen hat. Heute ist
darin die örtliche Parteiorganisation untergebracht. Eine solche Stadt
– man sehe nur die Versicherungsgebäude, die Hotels, die Geschäfte
am Ringplatz und in der alten Herrengasse an – wuchs aus dem Geist
der Tatkraft, des Unternehmertums, des Risikos und des unbedingten
Willens zum Erfolg. Jede Fassade trägt die Züge ihres Erbauers. Wer
darin gewohnt hat, hat sich auch darum gesorgt: um den Glanz der
polierten Messingleisten, um die Vitrinen, um die Würde der Eingangssituation und die Annehmlichkeit des Ambientes. Heute sind

solche Häuser nur Niederlassungen, die genausogut woanders sein könnten.

Die Menschen, die Sachen, die Behausungen waren Orte der Differenz. Es gab, um nur ein Beispiel zu nennen: Seiler, Tischler, Binder, Kürschner, Uhrmacher, Fleischer, Schuster, Klempner, Bäcker, Barbiere, Kupferschmiede, Schlosser, Kesselflicker, Glaser, Schneider, Messinggießer, Gold- und Silberschmiede, Deckenmacher, Tapezierer, Schildermaler, Ofensetzer, Riemer, Wagner, Hufschmiede, Kaminfeger, Wasenmeister, Maurer, Schächter, Schulsinger, Advokaten, Zeitungsleute. Dies färbte selbst auf die Namensgebung der Straßen ab. Heute weiß jeder vorab, daß es in Czernowitz wie in jeder anderen Stadt eine Lenin-Straße, einen Kalinin-Park gibt, obwohl diese Namenspatrone doch wahrhaftig mit der Stadt nichts zu tun haben. Die Fassaden sind individualistisch, exzessiv geradezu – aber der Gang der Dinge ist überall der gleiche: die verlangsamte Bewegung, die entsteht, wenn Mangel herrscht. Die resignierte Bewegung, die überall entsteht, wo es nichts Besonderes zu entdecken gibt, sondern das, was es überall sonst auch gibt: dieselben Fischkonserven, dieselben Plastikbadewannen, dieselben Bücher, die man auch in Murmansk oder Kiew kaufen kann.

In einer Stadt, die von der Individuation und der Differenz bis heute gezeichnet ist, fällt solche Uniformität fast schmerzlich auf. Man sieht an den Schaufenstern und Eingängen noch die Arabesken des Werbens und der Geschäftigkeit, doch es gibt nichts mehr, wofür geworben und womit Geschäfte gemacht werden können. Kleine Einsprengsel des Besonderen dieses Landstriches haben sich erhalten im Stadtbild: In den einst mondänen Flanierstraßen tauchen die bunten Gewänder von Zigeunern auf, auch hier die Engel der Unangepaßtheit. Oder von den Bergen draußen kommen Huzulen, die über ihren Gummistiefeln *made in USSR* tragen, was sie seit jeher auf dem Leibe haben, und das nicht als folkloristische Tracht. Ein Einsprengsel sind auch die Märkte. Frauen verkaufen im Schatten des alten Bristol, in dem heute ein Studentenwohnheim untergebracht ist, vor der flachen Philharmonie und neben Bergen von Zuckermelonen, die auf dem Trottoir aufgeschüttet sind, lebende, an den Füßen zusammengebundene Hühner. Es gibt in ganz Czernowitz kein Buch über die Stadt, allenfalls einen Führer durch das Museum der ukrainischen Schriftstellerin Olga Kobyljanskaja, die auch in Deutsch und Polnisch geschrieben hatte und somit eine echte Czernowitzerin war. Auch ein Buch über das vom Wiener Architekturbüro Fellner & Helner gebaute Stadttheater kann man finden, doch auch dies in Ukrainisch. Es ist vermutlich nicht so, daß die Tourismus-Organisationen die östlichste Hauptstadt Habsburgs verstecken wollen, es ist viel einfacher: Es ist für sie bloß eine kleine ukrainische Provinzstadt, zurückgeblieben, am Rande der Welt, wo die Zeitungen aus Moskau nur in kleiner Zahl und mit Verspätung eintreffen. Ihr Traum ist nicht die habsburgische Stadt, sondern der Wohnblock draußen im Feld. Das neue Intourist-Hotel – das ist der Inbegriff des Fortschritts.

Reste oder Pseudoformen der Geschäftigkeit eines Grenzortes finden sich in der Umgebung des Hotels: dort, wo Amerikaner abgestiegen sind, deren Eltern von hier stammen; Deutsche, die im Privatwagen aus Moers angekommen sind, weil sie aus der Bukowina stammen; polnische Touristen, die ganz ungeniert Westwaren verkaufen, rumänische Touristen, die über die nahe Grenze gekommen sind, um sich mit Lebensmitteln einzudecken, DDR-Touristen, von denen ich nicht weiß, was sie in Czernowitz sehen. Es gibt hier mehr Internationalität als in einem vergleichsweise großen Ort in der ukrainischen Provinz. Und wo kann man schon einen alten amerikanischen Plymouth, der heute als Hochzeitskarosse fungiert, finden, außer in Czernowitz. Zehntausende sind von hier in den letzten vierzig Jahren emigriert – nach Israel, in die Vereinigten Staaten, nach West-Berlin. Der Sog nach draußen ist noch nicht kleiner geworden. Besucher in der alten Heimat kann man treffen – auf dem jüdischen Friedhof zum Beispiel.

Von der Woge, die gleichgemacht hat, ist nicht nur das jüdische Czernowitz getroffen worden, dessen Synagogen in Werkstätten und Lagerhäuser umfunktioniert worden sind. Es traf die armenische Kirche, die zu einem Orgelkonzertsaal umgebaut worden ist. Aus der Herz-Jesu-Kirche im Stadtzentrum mußte partout ein Museum für Bukowina-Folklore gemacht werden und aus der griechischen Parochialkirche unbedingt ein Schachklub. Nirgendwo in der Welt gibt es so viele profane Einrichtungen – Kinos, Schachklubs, Bäder, Museen –, über denen jahrhundertealte Fresken und Mosaiken zu sehen sind. Aber man hat damit der Stadt nicht bloß ein nützliches und schönes Gebäude gegeben – man hat ihr damit den Geist geraubt. Was das alles zuwege gebracht hat? Keine böse Absicht, keine Intrige, nicht einmal eine Gottlosen-Strategie und militanter Atheismus – es war die Wucht der Versprechungen einer Moderne, die vielleicht das Wannenbad und die Zentralheizung mit sich gebracht, aber die Welt häßlich und grau gemacht hat.

Wie hilflos sind die Bemühungen, nun der Stadt etwas von ihrem

Glanz und ihrem Gesicht zurückzugeben. Abends am Ringplatz etwa wird eine orangerote Illumination eingeschaltet, ein Surrogat für das Lichtermeer der westlichen Großstadt. Doch es ist bloß Garnierung, Dekoration von Fassaden, die von innen her nicht mehr leuchten können. Das Drama solcher Städte wie Czernowitz kulminiert in den wenigen Jahren des Zweiten Weltkrieges, doch es ist viel länger und mehr in die Tiefe gehend. Es beginnt mit dem ersten Krieg, der die Barrieren eingerissen hat, die den stürmischen Prozeß einer Akkumulation der Stadtkultur geschützt hatten. Es gab dann keinen Wall mehr gegen die Inbesitznahme und Zerstörung der städtischen Zivilisation durch die Kommandos von oben und die Ansprüche all derer unten, die auf Kosten der anderen besser leben wollten.

Czernowitz, eine so abgelegene, vom starken Karpatenrücken getragene Stadt, ist ein Ort der Schutzlosigkeit, es gibt dort keine Seite, auf die man sich hätte flüchten können. Die schutzlosen Städte Mitteleuropas sind die Punkte, wo in absoluter Hoffnungslosigkeit das Nachdenken über das, was aus Europa geworden ist, beginnen kann.

Man möchte nicht aus dieser schönen Stadt fortfahren, ohne zu erwähnen, daß es etwas gibt, das einen aushalten läßt »vor dem Abgrund des Himmels«. Man kann auf dem Czernowitzer Theaterplatz ältere, gutgepflegte Herren treffen, mit denen man im besten Deutsch sprechen kann. Man erfährt von der Wärterin des künftigen Folkloremuseums, daß die Pläne vielleicht revidiert werden und die Kirche wieder Kirche wird. Die Arbeiter in der Werkstätte von Goskino erzählen einem, daß sie vermutlich schon bald ausziehen werden und daß dann die Synagoge der Orthodoxen zu einem Museum für jüdische Geschichte umgewandelt werden wird. Man sieht einen Maueranschlag, der die Aufführung des »Golems« durch das Kiewer jüdische Theater ankündigt. Man trifft einen Schriftsteller, Jossif Burg, der demnächst zu einer Lesung seiner in Jiddisch geschriebenen Geschichten nach Berlin kommen wird, wo auch der Verlag sitzt.

Es gibt also eine Beziehung Czernowitz – Berlin-Ost. Man kann aus dem Gespräch mit Burg sogar heraushören, daß es noch literarische Beziehungen nach Bukarest gibt, zu der deutschsprachigen Zeitschrift »Neue Literatur«, deren hochangesehener Redakteur einmal Margul-Sperber, der Entdecker Rose Ausländers und Pauls Celans, war. Und man kann in der einzigen nicht geschlossenen, 1925 errichteten und von den Nazis und der Eisernen Garde nicht berührten Synagoge ein Gespräch führen mit dem Vorsteher der Gemeinde, der gerade aus Brooklyn zurück ist und einem die dort erworbenen Gebetsriemen zeigt. Und vor der Abreise nimmt der Besucher noch an einer Gedenkversammlung auf dem jüdischen Friedhof mit der eingefallenen, aber wuchtig dastehenden Synagoge teil – es ist der Jahrestag des Oktoberpogroms von 1941. Die meisten, die gekommen sind und, wie es schon Tradition ist, vor dem Grab des Fabeldichters Elieser Steinbarg und vor den Gräbern der Erschossenen Blumen niederlegen, sind alte Menschen. Doch es sind auch junge darunter, und sie sprechen über Dinge, an die zu glauben sie fast schon aufgegeben hatten.

(1988)

Newski-Prospekt – Die Leningrader Zirkulation

Leningrad könnte ohne den Newski-Prospekt nicht leben. Um den Newski-Prospekt kommt keiner herum, der einmal die Stadt betreten hat oder aus ihr heraus will. Er ist unumgehbar. Er ist nur einer von drei Prospekten, die strahlenförmig von der Admiralität am Newa-Ufer ausgehen, doch er läuft über fast fünf Kilometer, am alten Kaufmannshof fast sechzig Meter breit, auf den Moskauer Bahnhof und dann auf das Kloster des heiligen Alexander Newski zu; man könnte sogar den Prospekt, der jenseits der Newa in die Neubauviertel der Malaja Ochta hineinführt, als seine Verlängerung ansehen. Der Newski-Prospekt durchschneidet die Stadt und verbindet sie.

Der Newski-Prospekt ist die Gerade, an der sich die verschiedenen Bewegungsformen und unterschiedlichen Zeitmaße ablesen lassen: Lastwagen, die oft qualmend über den Prospekt donnern; Touristenbusse, die nur die kurze Distanz zwischen Flughafen und Hotel interessiert; Personenkraftwagen, die sich manchmal Rennen auf der breiten Strecke zu liefern scheinen. Ganz anders die Trolleybusse, die, in der Hauptverkehrszeit ewig überfüllt, schwerfällig anfahren und vorausschauend halten und in ihrer paternostergleichen Bewegung fast einem Förderband ähneln, auf das der Passant jederzeit aufspringen kann. Blitzschnell geht der Verkehr unter der Erde, wo der Newski von den Metrolinien gekreuzt wird; von dort ergießt sich die Menschenfracht in fünf Stationen auf den Prospekt. Die breiten Trottoirs sind nie breit genug, um den Menschenstrom aufzunehmen. Hier muß man jederzeit auf seine Mitpassanten achten, wenn man nicht zum Hindernis werden und wenn man selber vorankommen will. Hier treffen, vom Schloßplatz kommend, die vom Staunen müde gewordenen Touristen, die Petersburg gesehen haben, auf den Passanten mit der Einkaufstasche, der sich die Müdigkeit noch nicht leisten kann. Hier stoßen die Somnambulen, die die Fassaden und ihre Inschriften studieren, mit den Leuten zusammen, die vor Feierabend noch dringend etwas erledigen müssen. Der Newski nimmt alle auf: die Zuschauermassen, die aus dem Kino Barrikada strömen, und die Reiseentschlossenen, die vor dem Renaissancepalast der Bank Wawelberg, die heute das Intourist-Büro ist, sich ihr Ticket erstehen wollen; die aus der Provinz Anreisenden, die in den Gewölben des alten Kaufmannshofes suchen, was sie zu Hause nicht bekommen können, und die nie aussterbenden Jäger des seltenen Buches, die im Antiquariat vorbeischauen, wenn auch nur zur Kontrolle. Er ist das große Foyer für die am späten Abend aus dem Theater auf den Prospekt Hinaustretenden und der große Platz unter einem großen Himmel, auf dem man noch weiterdiskutieren kann. Für jene, die nach einem langen Arbeitstag in den Lesesälen der Öffentlichen Bibliothek auf den Prospekt hinausgehen, ist der Newski der Punkt, wo sie wieder in die Realität eintauchen. An seinen großen Plätzen – etwa vor der Kasaner Kathedrale oder vor dem Puschkin-Theater – weitet sich der Prospekt und hält Bänke bereit, auf denen man sich erholen und unterhalten kann, da es ja keine oder doch zu wenige Cafés gibt. Und mit seinen Denkmälern und Skulpturen markiert er die nicht zu verfehlenden Punkte für Verabredungen, wenn man sich anderswo nicht treffen kann oder mag.

Mit dem Newski nimmt es keiner der anderen Prospekte auf. Nicht der Kamennoostrowski-Prospekt, der heute den Namen Kirows trägt und der mit seinen prächtigen Mietwohnhäusern die bürgerliche Petrograder Seite eröffnet; fast düster, schluchtartig wirkt er im Vergleich zum Newski. Der Große Prospekt der Wassiljewski-Insel ist vornehm, schön, manchmal sogar provozierend und aufregend durch seine Gebaude im Stil der Petersburger Moderne, wie hier der Jugendstil genannt wird. Doch eine Wohnstraße macht noch keinen Stadtraum. Auch der Prospekt der Streiks ist großartig, vielleicht die beste stadträumliche Komposition des späten Konstruktivismus. Ein Prospekt, begrenzt vom alten Narwaer Triumphtor, dem Universalkaufhaus im Bauhausstil, zwei in runden Fassaden vorspringenden Kulturpalästen und den modernen Arbeitersiedlungen an den Längsseiten, im Zentrum der schlanke Turmbau des Sowjets des Kirow-Stadtbezirks. Dieser Platz ist zu weit oder das Leben, das ihn füllen könnte, an dieser Stelle zu sporadisch. Erst recht geht an der Stelle, wo nach dem Generalplan von 1935 das Zentrum des »Neuen Petersburgs« liegen sollte – am Moskauer Prospekt –, der Vergleich zugunsten des Newski aus: Ein Prospekt, der sich nicht mehr durchschreiten, sondern nur noch im Bus durchqueren läßt, mit Gebäuden, die Palästen gleichen, obwohl sie Wohnungen beherbergen, mit Triumphbogen und einem Hochhaus, die die Menschen klein machen – ein solcher Prospekt ist eher ein Raum, in dem die Menschen verschwinden.

Anders der Newski: Er ist ein Raum, der dem gestiegenen Verkehrsaufkommen des 20. Jahrhunderts gewachsen ist und zugleich intime Plätze hat, an denen die sensible Natur, gleichsam neben sich tretend, den Lauf der Welt betrachten kann. Er ist erfüllt von Hast und doch eine Zone der Reflexion, mehr als irgendeiner der schönen, an Skulpturen und stillen Teichen reichen Parks der alten Hauptstadt. Der Newski-Prospekt ist eine Art Kontakthof, in dem die Zeiten aufeinandertreffen, die Enzyklopädie einer bedeutenden Stadt. Wer ihn passiert, passiert eine Zeitschleuse. Die Achse, die er beschreibt, ist nicht bloß die zwischen zwei exponierten Punkten, sondern die zwischen zwei Kulturen. Der Newski-Prospekt verbindet, möchte man sagen, zwei Städte: die imperiale Residenz Sankt Petersburg und das Leningrad der Nachkriegszeit, das an den Rändern der Stadt emporgewachsen ist. Ohne diesen Raum wäre Leningrad nur Museum oder gigantische Neubausiedlung. Der Newski-Prospekt erst macht es zur Stadt.

Von der »Großen Perspektive« zum Stadtraum

Stadträume lassen sich nicht machen, sie wachsen. Dies gilt selbst für den Newski-Prospekt, der in seiner Anlage alle Zeichen der gewollten, geplanten und durchdachten Stadt Peters des Großen trägt. Noch bevor er Prospekt heißt, taucht er in den Plänen als »Große Perspektive« auf, als Verbindungsstrecke zwischen den Zentren weltlicher und geistlicher Macht. Seine Geschichte beginnt 1712, wenige Jahre nach der Gründung der Stadt. Doch mit ihm wächst die Stadt, die ganz entgegen der ursprünglichen Vorstellung ihr natürliches Zentrum hier und nicht auf der Wassiljewski-Insel oder um die Peter-und-Pauls-Festung gefunden hat. Aus dem Pilgerweg zum Alexander-Newski-Kloster wird eine repräsentative Anlage. Einige der bedeutendsten Palais der ersten hundert Jahre – die Palais der Schuwalows, Stroganows, Rasumowskis – setzen die Maßstäbe. Birken säumen den Weg, Ruhebänke werden aufgestellt, am Abend wird der Prospekt beleuchtet. Auf das petrinische und katharineische Petersburg folgt das alexandrinische, und der Newski-Prospekt gewinnt mit dem Neubau der Admiralität, dem ungeheuren Bau des Generalstabs, der Kaiserlichen Öffentlichen Bibliothek, dem Alexandra-Theater, vor allem aber der Kasaner Kathedrale die endgültige klassizistische Gestalt. Der befestigte, Kultur gewordene Stadtraum erstreckt sich nun bis zur Anitschkow-Brücke. Dies ist der Raum, in dem Nikolai Gogol die Geburt der Stadt beobachtet. Mit der Eröffnung des Moskauer Bahnhofes 1851 an der Stelle des Newski-Prospektes, wo der Weg ins Landesinnere, nach Nowgorod und Moskau, abgeht, beginnt ein neues Kapitel des Prospektes und der Stadt Sankt Petersburg, besonders nachdem die Leibeigenschaft gefallen war. Sankt Petersburg explodiert. Die Bauern strömen in die Stadt, erst nur für die Winterzeit, dann für immer. Fabrikschornsteine wachsen über der Silhouette der Stadt empor, die größten Neubauten sind nun nicht mehr Kasernen und Paläste, sondern Manufakturen und Fabriken. Die Stadt braucht Arbeiter, Dienstpersonal, Fuhrleute, Verkäufer, sie braucht Kapital, Ingenieure, Lehrer, Kontoristen. Sie braucht neue Verkehrsmittel, die den Transport von Gütern und Menschen ermöglichen, neue Hafen- und Speicheranlagen, Märkte und Schulen. Die Stadt braucht Banken, in denen das Geld in Bewegung gebracht, und Kaufhäuser, in denen eine bald auf zwei Millionen anwachsende Bevölkerung versorgt werden kann. Sie braucht die Infrastruktur einer Arbeits-, nicht bloß die einer Verwaltungs- und Regierungsstadt, sie braucht eine funktionsfähige, effektive City, nicht bloß eine Residenz, sie braucht Räume der Kommunikation, nicht bloß Repräsentation. Sie wächst an all den Stellen, die noch freigelassen sind von den Arealen der kaiserlichen Residenz, ihren Palästen, Kasernen, Exerzierfeldern, Parks. Aber sie schiebt sich auch in jene Zentren voran, die bisher dem aristokratischen Petersburg vorbehalten geblieben waren. Sankt Petersburg ändert sein Gesicht, und mit ihm der Newski-Prospekt. Aus der »Großen Perspektive«, der Straße der Repräsentation, wird die Straße des Geschäfts. Neben die prächtigen Palais rücken die Banken. Die Kirchenbauten bekommen Konkurrenz durch die Kathedralen der Warenwelt, und die prächtigen Theater werden eingekreist von den wie Pilze aus dem Boden schießenden Kinematographen. Die Stadt muß zusammenrücken, jeden Flecken des teuer gewordenen Grund und Bodens nutzen. Zu beiden Seiten des Newski wachsen Mietshäuser, Riesenblocks, fast Städte in der Stadt, durch hintereinanderliegende Höfe und Durchgänge miteinander verbunden, Gehäuse des Zusammenlebens von Menschen auf dichtestem Raum. Das Tempo ändert sich, die Tausende von Kutschen und Equipagen werden überholt von der Tram und diese bald vom Automobil. Es ist zu Ende mit dem ruhigen Gleichklang der Fassaden der Barockpalais und der klassizistischen Portiken. Glas, Eisenbeton, Granitverkleidungen und Skulpturen bringen einen neuen Ton in die von Ocker, Weiß, Türkis und Rosa oder Rot bestimmte Farbskala des Prospekts. Das kapitalistische Petersburg will imposant, aber auch praktisch, schön, aber auch komfortabel sein. So werden neue Akzente gesetzt: mit der großen Glasfassade des Kaufhauses Mertens, dem Kaufhaus Jelissejew und vor allem dem Gebäude der amerikanischen Singer Company, dessen Eckturm besagt, daß es nun neben der goldenen Nadel der Admiralität noch einen anderen Orientierungspunkt gibt: den vergoldeten Globus des gründerzeitlichen Petersburgs. Doch die Proportionen und der Rhythmus des barocken und klassizistischen Petersburg ließen – vielleicht zum Glück – nur wenig Spielraum für stilistische Extravaganzen. Die sind aber abseits des Newski zu finden: in der Sadowaja-Straße, in den Wohnvierteln entlang des Alten Newski und erst recht auf der Petrograder Seite und im Westen der Wassiljewski-Insel. Das ganze Petersburg der Gründerzeit scheint eine einzige Ekstase des Eklektizismus und Experimentierens, ein prämodernes Laboratorium zu sein, aus dem auch die Postmoderne noch ihre Inspiration beziehen könnte.

Der Newksi-Prospekt ist das *résumé* der Stadt Sankt Petersburg, das gilt ein Menschenleben nach Théophile Gautier noch viel mehr. Was das Reich zu bieten hat, wird hier ausgestellt, und womit Europa Rußland imponieren möchte, das hat hier eine Filiale eröffnet. Juweliere, Goldschmiede, Photographen, Antiquitätenhändler und Delikatessenhandlungen tragen das Schild »Kaiserlicher Hoflieferant«. Hier gibt es die süßeste Sahne, die man in Rußland finden, und den besten Wein, den man von der Krim besorgen kann. Im Musikaliengeschäft Bessel findet man die Noten, die man anderswo vergeblich gesucht hat, und für die Buchhandlung Wolf gibt es kein Buch, das sich nicht innerhalb weniger Tage besorgen ließe – aus der ganzen Welt. Der Newski-Prospekt versorgt – den Schildern zufolge – nicht nur Petersburg, sondern halb Rußland mit Flügeln und Klavieren. Ein und dasselbe gibt es in unendlich vielen Varianten und Differenzierungen; man kann wählen, ob man Handschuhe bei Peterson oder Malaval kauft; ob man sich die neue Uhr bei Moser oder Winterthaler besorgt oder sonst in irgendeinem der vielen Geschäfte dieser Branche auf dem Prospekt. Das duftende Brot und das Zuckerwerk wird man bei Filippow kaufen und den Tambower Schinken in dem dafür existierenden Spezialgeschäft. Am Newski reihen sich nicht weniger als fünfzig der größten russischen Banken, die nicht selten in Wahrheit in belgischer, französischer oder deutscher Hand sind. Das große Kapital allein vermochte es, dem vornehmen Newski-Prospekt Ebenbürtiges hinzuzufügen und die besten Petersburger Architekten zu gewinnen: Fjodor Lidwal, Leonti Benois, Marjan Peretjatkowitsch. Der Newski-Prospekt als die Tangente der Verabredungen hat die dafür notwendigen Räume: die von Lidwal gestalteten Interieurs des Hotels Europe für die große Welt, das elegante Dominique oder Palkin für ein intensives Arbeitsessen und für den Fall einer flüchtigen Begegnung das Automatenbuffet Kwisisana. Am Newski kann man, ohne sich besondere Mühe zu geben, Leute sehen, von denen die Zeitung berichtet hat. Und die Berühmtheiten zieht es dorthin, weil die unaufhörliche Bewegung des Prospekts sie untertauchen läßt. Und dort, wo es dem Newski zu eng wird, die Menschen und ihre Träume zu fassen, da schafft er die Phantasieräume des 20. Jahrhunderts – die Kinos oder »Kinemos«, wie sie damals genannt wurden. Mehr als zwei Dutzend Kinos säumen den Newski allein zwischen Anitschkow-Brücke und Moskauer Bahnhof, jenem weniger vornehmen, aber um so lebhafteren Teilstück des Prospekts in der Vorkriegs- und Vorrevolutionszeit. Ihre Namen sind wie in aller Welt natürlich Kristallpalast, Tivoli, Apollo und so weiter. Vielen von ihnen kann man heute, auch wenn sie andere Namen tragen, noch ansehen, daß sie gebaut wurden für Filme, denen das Orchester den Ton lieferte. Alle Dichter des alten Petersburg waren leidenschaftliche Kinobesucher, und man versteht das Silberne Zeitalter der russischen Kultur wahrscheinlich nicht ohne die noch unsicheren, flackernden Bilder auf der Leinwand dieser Kinos. Der Newski-Prospekt dieser Jahre ist übersät von Reklame, die auch vor klassizistischen Fassaden nicht haltmacht; er ist bunt, schreiend wie eine russische Boulevardzeitung, die ihre Redaktion natürlich ebenfalls am Newski-Prospekt haben muß, wenn sie eine Rolle spielen will. Es ist kein Geringerer als Alexander Benois, der Petersburger Ästhet schlechthin, der gegen dieses Vordringen des bürgerlichen Geistes zu Felde ziehen wird. Die Entstehung der kapitalistischen Stadt und ihres Geschäftszentrums ist in seinen Augen nichts anderes als die Verwandlung des Newski-Prospektes in einen asiatischen Basar.

In diesem Blick geht vieles verloren. Der Newski ist reich, aber nicht bloß der Prospekt der Reichen. Er ist prächtig und doch der einzige Ort, an dem die Stadt sich begegnet. Der Prospekt verändert die Menschen, die, ihn durchmessend, lernen, daß es außer ihnen selbst und ihrer Welt noch eine andere gibt, mit der sie auskommen müssen. Der Prospekt ist eine unauffällig-zwanglos disziplinierende und zivilisierende Instanz. Es gibt dort, wo alles in Bewegung ist und das Bessere des Guten Feind geworden ist, keine Autorität und schon gar keinen Absolutismus mehr. Der Newski-Prospekt eignet sich nicht für Machtergreifungen, er hat keinen Heiligen Synod. Der Newski-Prospekt ist nicht zum Aufmarsch, zur Parade, sondern zum Flanieren, fürs Geschäft, zur Kommunikation da. Der Newski ist nicht der Raum der Offiziere, sondern der Zivilisten, er ist nicht der Ort der Machtergreifung, sondern der Machtzersetzung. Der Newski-Prospekt ist der Raum des Zivilen in der imperialen Residenz, er zieht die Menschen an wegen seiner Urbanität. Der Newski-Prospekt ist der Raum für die Stadtwerdung Sankt Petersburgs.

Das fing schon an mit den Restaurants und Cafés, in denen Puschkin und Lermontow verkehrten und die alsbald unter Polizeiaufsicht gestellt wurden – ohne daß etwas an der Macht der Poesie geändert werden konnte. Gogols »Revisor«, der hier Premiere hatte, war mehr als nur ein Theaterereignis: Es geschah, was anderswo Parlamente erledigen – öffentliche Ansprache und Selbsterkenntnis eines kranken Gemeinwesens. Auf dem Newski-Prospekt fand sich jederzeit die Menschenmenge, in der die wenigen auftauchen und, wenn sie Glück hatten, wieder untertauchen konnten, die vorerst noch für die vielen Schweigenden sprachen. Der Newski wurde zum sensiblen Resonanzboden für Proteste, die bald im ganzen Lande gehört wurden. Am Newski fanden sich auch die Denkmäler, an denen sich die Verschwörer und Bombenleger trafen. Aber die Änderung, auf die das Land wartete, kam von etwas anderem: davon, daß der Newski-Prospekt wie die Stadt überhaupt Eigenleben gewann, unübersichtlich, unkontrollierbar, unregierbar wurde – eine Enklave der Autonomie und Dynamik innerhalb einer alt gewordenen dynastischen Welt. Jede Etappe der russischen Befreiungsbewegung hat auf dem Newski-Prospekt ihre Spur hinterlassen, nicht nur Georgi Plechanow, nicht nur die Studenten auf dem Platz vor der Kasaner Kathedrale und nicht nur Wladimir Lenin, der eine Zeitlang in der Pension San Remo, Newski-Prospekt Nr. 90-92, untertauchen konnte. Es wäre kein schlechter Zugang zur russischen Geschichte, am Newski die Verwandlung von Passanten in Demonstranten zu studieren und die Beschleunigung des staats- und des stadtbürgerlichen Bewußtseins daran zu messen, wer sich zu welchen Anlässen auf dem Newski-Prospekt einfand. Kaum jemand ahnte, daß die kurzfristige Blockierung des Prospektes in der Nacht des 25. Oktober 1917 mehr bedeutete als nur eine unangenehme Störung auf dem Weg vom Theater nach Hause. Doch in Wahrheit ging ein Kapitel Stadtwerdungsgeschichte zu Ende.

Prospekt des 25. Oktober

Für gut ein Vierteljahrhundert gibt es den Newski-Prospekt, wenigstens im offiziellen Sprachgebrauch, nicht mehr. Er wird wie fast alle anderen Straßen umbenannt. Bis auf wenige Ausnahmen wird nichts dazugebaut. Der Prospekt bleibt, wie er vor der Revolution war. Die Revolutionsregierung verlegt die Hauptstadt im Frühjahr 1918 und rettet so den Körper der Stadt: gigantomanische Rekonstruktionen, wie sie auf Moskau zukommen, bleiben der alten Hauptstadt erspart. Die Revolution rettet den Körper der Stadt, doch nur um den Preis der Stillegung, drohender Musealisierung und Provinzialisierung. Es ist, als ob die Revolutionäre vollstreckten, was die Wortführer des kaiserlichen Petersburg so energisch verlangt hatten: die sich dynamisch entwickelnde Metropole einzudämmen und stillzulegen, wenn sie sich der Tradition und dem »Stadtensemble« nicht fügen sollte. Die Revolutionsregierung, die der imperialen Residenz ihren Respekt erweist und sie zum nationalen Erbe erklärt, verweigert dem bürgerlichen Petersburg die Anerkennung. Man benutzt seine Rathäuser, seine Fabriken, verwandelt die Villen auf der Kamenny-Insel in Sanatorien und verpflanzt die Arbeiter aus den Vorstädten in einer Massenaktion in die gutbürgerlichen Wohngegenden, aber erlaubt sich doch gleichzeitig, die Geschmacklosigkeit und Unfähigkeit des *burshui* zu verhöhnen. Aus jener allgemeinen Umverteilung des Wohnraums geht der Kern einer neuen Subkultur, eines soziokulturellen Phänomens größter Wichtigkeit, hervor: die *kommunalka* – die Gemeinschaftswohnung. Es ist die ehemalige Sechs- oder Achtzimmerwohnung in einem soliden Wohnhaus mit geräumigem Treppenhaus, hohen Räumen, Flügeltüren und unverwüstlichem Parkett, die sich nun der neue »Hegemon« und die »Ehemaligen« teilen. Wo vorher eine Familie lebte, leben nun mehrere, Tür an Tür. Es ist der Raum, in dem das Intimste öffentlich wird, wo aber auch Notgemeinschaften wachsen, die in noch schwierigeren Zeiten standhalten werden. Höchste Kultiviertheit und Vulgarität leben unter einem Dach. Es finden sich dort rote Soldaten, neu Zugewanderte vom Land, Arbeiter der Putilow-Werke, ehemalige Offiziere, Studenten ohne Perspektive, französische Gouvernanten und Sowjetangestellte mit ihren Familien. Hier gibt es gute Manieren, und zugleich sind Visitenkarten das Zeichen, an denen man die »Gestrigen« und die »überflüssigen Menschen« erkennt. Das ehemals bürgerliche Petersburg wird zum Gehäuse für einen völlig neuen Typus von Kohabitation. In diesem Raum stoßen die Formenwelt und der Umgangston der alten Petersburger auf die Welt der neuen Menschen.

Es ist die Zerfallsform der alten Urbanität und zugleich die Entstehungszelle einer anderen. Auf solchem Hintergrund – etwa im pompösen Haus Murusi – bildet sich die Sprache, die Joseph Brodsky zum Dichter Leningrads werden ließ. Aus dem Newski ist der Prospekt des 25. Oktober geworden. Die Stadt verfällt rascher, als die neue Macht handelt. Bürgerkrieg, der die Stadt von Brennstoff und Lebensmitteln abschneidet, furchtbare Winter, in denen Tausende vor Hunger und Kälte sterben. Die Bevölkerungszahl sinkt auf den Stand zurück, den sie zu Beginn der Industrialisierung hatte. Ende 1919 fährt auf dem Newski keine Tram mehr, die Menschen sind zu schwach, um den Schnee fortzuräumen, und zu kraftlos, um die Abfälle fortzubringen. Der Newski unter meterhohen Schnee- und Abfallbergen. Im Frühjahr gehen auch die Lichter aus. Auf dem Newski wächst Gras, und der Himmel ist strahlend blau, weil die Fabriken und Werften stilliegen – erstmals seit undenklicher Zeit. Doch der Newski ist nicht tot: Aus dem Singer-Gebäude wird das Haus des Buches mit einem Dutzend von Verlagen; im Haus mit der Nummer 64 baut Maxim Gorki sein anspruchsvolles Verlagsunternehmen »Weltliteratur« auf, und im ehemaligen Jelissejew-Haus am Newski 15 findet sich für einen Augenblick alles ein, was in Petersburg an bedeutenden Schriftstellern, Dichtern, Künstlern überlebt hat. Olga Forsch wird diesen Gebäudekomplex »Das wahnsinnige Schiff« nennen. Noch hängen fast überall die Firmenschilder und die Namen der Banken von einst. Die Redaktionen der Zeitungen sind geschlossen, die Theater spielen unter anderem Namen weiter. Es gibt den »Todestango«, das »Aroma des Südens« und den »Blutigen Bolero«. Aus dem Kino Parisana wird Oktober und aus dem Picadilly das Aurora. Erst als auch die NEP-Bourgeoisie, die sich im kurzen kapitalistischen Intermezzo der zwanziger Jahre etabliert hatte, vom Newski verjagt wird, verschwinden die letzten Reklamen. Der Prospekt wird gesäubert.

Doch in der Stadt, die seit 1924 Leningrad heißt, beginnt das Jahr 1937 schon 1934, in dem Jahr, als Kirow in Leningrad ermordet und die Maschinerie des Terrors in Bewegung gesetzt wird. Die Stadt mit ihren vielen »Ehemaligen«, mit ihren verdächtig gewordenen Sitten und ihren aus der Mode gekommenen Gepflogenheiten und den Spuren einer an Beziehungen und informellen Kontakten so reichen politischen Kultur ist das bevorzugte Objekt des Großen Terrors. Und wenn Alexander Shdanow im Jahr des Großen Terrors im ehemaligen Anitschkow-Palais den »schönsten Palast der Pioniere in der ganzen Union« eröffnet, so ist auch das eine zweifelhafte Auszeichnung.

Die ungeliebte Stadt, der man liberale, kosmopolitische und dekadente Neigungen nachsagt, muß beweisen, was sie ist. Und sie tut es: ruhig, diszipliniert, würdig, heldenhaft. Sie tut es an dem Tage, als die Deutschen die Stadt angreifen, die Paradiese der alten Residenzstadt niederbrennen und dort, wo heute das neue Leningrad wächst, ihren eisernen Ring um die Stadt legen. Die Stadt tut es, der 900tägigen Blockade trotzend, obwohl sie in furchtbaren Wintern, ausgezehrt und Bomben ausgesetzt, Hunderttausende ihrer Bewohner verliert. Die Stadt wird zur Festung und der Newski zu einer ihrer wichtigsten Verteidigungslinien. Ein zweites Mal gehen die Lichter aus. Die goldene Nadel der Admiralität ist nun verräterisch und wird mit Segeltuch verhüllt. Die Eckhäuser mit ihren prunkvollen Fassaden werden zu MG-Nestern. Der Prospekt tarnt sich. Alle Bewegung kommt zum Stillstand. Die Busse stehen eingeschneit in unendlichen Reihen auf dem Alten Newski. Auf Kinderschlitten transportieren die Leningrader Holz, Wasser, Lebensmittel, Kranke und ihre Toten über den Newski-Prospekt. Deutsche Bomben auf den Newski: Der alte Kaufmannshof brennt drei Tage lang, die benachbarte Öffentliche Bibliothek ist in Gefahr. Das Puschkin-Theater und das Haus Engelhardt werden getroffen. Doch am Newski wird gearbeitet, ob an der Entwicklung eines Vitamins oder an der Herstellung einer Karte Berlins, die den Siegern den Weg zeigen wird bis in die Höhle des Ungeheuers.

Was muß das für eine Stadt sein, die im ersten Blockadesommer »Carmen« aufführt! Welche Kraft muß diese Stadt haben, wenn Dmitri Schostakowitsch in den Monaten der Blockade Musik komponiert, in der das um seine Würde und Freiheit kämpfende Land sich wiedererkennt: die Härte und den strahlenden Glanz der »Leningrader Sinfonie«! Sie wurde am 9. August 1942 im Saal der Philharmonie am Newski-Prospekt aufgeführt. Noch ehe die Deutschen vor Leningrad endgültig geschlagen waren, wird der Prospekt im Januar 1944 wieder umbenannt; er heißt wieder so, wie er immer schon genannt wurde: Newski-Prospekt.

Rußland braucht den Newski-Prospekt

Seit diesem Sieg ist aus Petersburg definitiv Leningrad geworden, doch man hat der Stadt ihren Triumph nicht gegönnt. Es waren ihre Dichter und Schriftsteller wie Anna Achmatowa und Michail Soschtschenko, die zur besonderen Zielscheibe der *shdanowschtschina* wurden. Es waren ihre eher technokratisch gestimmten Politiker wie Nikolai Wosnessenski und Alexej Kusnezow, die in der sogenannten Leningrader Affäre vernichtet wurden. Und es war klar, daß die Kampagne gegen den »Kosmopolitismus« in der Stadt, die als Fenster nach Europa gegründet worden war, besonders viele Opfer finden würde. Wenn diese Zeiten vorbei sind, dann doch nicht die einer faktischen Provinzialisierung der Stadt, eines ununterbrochenen *brain drain* der besten Kräfte in die neue Hauptstadt. Doch es gibt genug Leute von Rang und Namen, wie den Gelehrten Dmitri Lichatschow und den Schriftsteller Daniil Granin, die von der Zukunft der Stadt überzeugt sind und sagen: Wir bleiben. Wird auch der Newski-Prospekt eine neue Zukunft haben?

Es ist nicht allzu lange her, da wollten es manche Leningrader Oberen ihren Moskauer Kollegen, die durch das alte Arbat-Viertel die furchtbare Schneise des Kalinin-Prospektes geschlagen hatten, gleichtun und endlich einen »modernen« Newski-Prospekt haben. Es ist noch nicht allzu lange her, da kursierten Pläne, den Newski-Prospekt in eine Fußgängerzone zu verwandeln. Vermutlich wäre das das Ende dieses Stadtraumes gewesen.

Doch das Land, in dem gegenwärtig alles neu gedacht und alles anders werden soll, braucht die Stadt. Nun, da man die Industrialisierung hinter sich gebracht hat, bemerkt man, daß in den erschlossenen Gebieten gewaltige Industriesiedlungen und Agglomerationen entstanden sind, nur keine Städte. Es sind zunächst nur Architekten und Städteplaner, die sich auf die »Suche nach der verlorenen Stadt« gemacht haben. Niemand bestreitet die Notwendigkeit, eine rasch wachsende Stadtbevölkerung auf schnellstem und billigstem Wege mit Wohnraum zu versorgen. Doch jetzt wächst das Grauen vor der Monotonie und Unwirtlichkeit dieser Siedlungen, vor den Räumen, in denen der Mensch verloren ist und das Gesellschaftsleben sich nur so mühsam entwickeln läßt. Diese amorphen, riesenhaften Trabantenstädte brauchen nicht nur eine leistungsfähige Infrastruktur, sondern einen Punkt, einen Platz, einen Raum, an dem sich die Bewohner einer Agglomeration in Stadtbürger verwandeln. Es wäre ein Raum jenseits der repräsentativen Plätze und jenseits der Enge der Neubauwohnungen draußen am Stadtrand. Es wäre ein Raum, in dem es nicht nur das Differente und Herausragende zu bewundern gibt, sondern in dem die Stadt sich selber zum Schauspiel wird. Es wäre ein Stadtraum, der vom Interesse und von der Wachheit seiner Bürger lebt, von der Stadtöffentlichkeit. Leningrad hat einen solchen Raum, er steht bereit. Es könnte eine Zirkulation in Gang kommen, in der das Petersburg der

Vergangenheit, das Leningrad der Gegenwart und die Stadt, die ihre Einwohner *Piter* nennen, zu der einen großen Stadt verschmelzen könnten, ohne deren Kraft sich nichts wird bewegen lassen. Ob sich etwas ändern wird? Wir werden es zur rechten Zeit und am rechten Ort erfahren, denn – so Nikolai Gogol –»kein Adreßbuch und keine Auskunftsstelle liefern so zuverlässige Nachrichten wie der Newski-Prospekt«.

(1987)

Das Wunder von Nishnij

Man erzählt am Ende des 20. Jahrhunderts keine Märchen. Aber wenn es nicht anders geht, darf man eine Geschichte erzählen, die sich wie ein Märchen anhört. Sie lautet so:

Es war einmal eine Stadt. Sie hieß Nishnij Nowgorod und lag an der Wolga. Sie war reich wie kaum eine andere. Alljährlich versammelten sich zur Zeit des großen Jahrmarktes Hunderttausende von Menschen aus aller Herren Länder: aus Rußland und Persien, aus dem fernen Deutschland und aus China, aus England und Sibirien. Sie boten dort die besten Waren feil, die sie beibringen konnten, sie dankten Gott und freuten sich, wenn sie ein gutes Geschäft gemacht hatten. Der Ruhm von der Messe des heiligen Makari war nicht nur im Reich, sondern in ganz Europa und Asien verbreitet. Und wenn die Messe zu Ende war, ruhte sich die Stadt aus bis zum nächsten Jahr, bis pünktlich am 27. Juli der Festgottesdienst die Messe wieder eröffnete. Aber plötzlich geschah etwas Unbegreifliches. Der Jahrmarkt wurde geschlossen, die Stadt bekam einen anderen Namen, das Gebiet, in dem sie lag, wurde zur »Sperrzone« erklärt. Die Stadt verschwand von der Landkarte und immer mehr aus dem Gedächtnis der Leute. Kinder wuchsen heran, die in der Stadt, die nun Gorki hieß, geboren waren. Kein Fremder mehr ließ sich dort blicken. Und dann geschah es eines Tages, daß zuerst einige und dann immer mehr damit unzufrieden waren. Sie beschlossen, daß die Stadt wieder heißen sollte, wie sie immer in ihrer über siebenhundert Jahre alten Geschichte geheißen hat; sie gründeten ein Jahrmarktkomitee und veranstalteten einen »Prolog«, um zu sehen, was die Einwohner der Stadt davon hielten. Und es stellte sich heraus, daß sie alle wieder Bürger eines neuen Nishnij Nowgorod sein wollten. Sie gaben ihrer Stadt den Namen zurück, sie erklärten, daß jeder, der kommen wolle, herzlich willkommen sei, und sie stellten sich darauf ein, daß vielleicht schon bald die Messe von Nishnij Nowgorod wieder stattfinden würde...

Ich war in Gorki, aber kaum zurückgekehrt, war daraus wieder Nishnij Nowgorod geworden. Heute vergehen Epochen zwischen zwei Zügen. Aber man muß die geschlossene Stadt von einst erfahren haben, um ermessen zu können, was ihre Öffnung jetzt bedeutet. Der Fremde hatte die Stadt, von der auch er einen Traum hatte, mit eigenen Augen sehen wollen. Aber wie? Für die ewig mürrischen Damen des Reisebüros Intourist in Moskau existierte eine Stadt Nishnij Nowgorod nicht einmal in der Erinnerung, und Reisen nach Gorki vermittelten sie nicht, da die Stadt »geschlossen« war. Auf eine Ausnahmegenehmigung bestand wenig Aussicht, schon gar nicht, wenn man nicht in offizieller Mission unterwegs war oder keine Zeit für die entnervenden Genehmigungsprozeduren hatte. Es blieben also nur die Reise auf eigene Faust und der Nachtzug, der vielversprechend »Nishnij Nowgoroder« heißt und vom Jaroslawler Bahnhof in Moskau abfährt.

Gorki – Geschlossene Stadt

Der Reisende mit Nishnij im Kopf kam in Gorki an. Es lief alles so, wie es sich für eine geschlossene Stadt gehört. Der Zug hatte kaum angehalten, die Leute hatten noch nicht die Abteile verlassen, da schob sich auch schon die Zivilperson, die von einem Milizionär begleitet wurde, zielsicher auf den Reisenden zu. Der KGB-Mann wußte, welche Platzkartennummer der Fremde hatte – Nummer 29. Er hatte es, was er auch gar nicht leugnete, dem Telephonat entnommen, das der Fremde mit Stas, dem jungen Redakteur vom Nishnij Nowgoroder Blättchen, einer neugegründeten Zeitung, vor einigen Tagen geführt hatte. Stas war ebenfalls zum Empfang gekommen. Zu zweit gingen sie also mit auf die Milizstation, wo gerade Schichtwechsel war. Es war noch alles, wie es immer gewesen war: an der Wand der Leitspruch der Tschekisten und das Profil Dsershinskij, Telephon- und Schaltanlagen von enormen Ausmaßen, untätig herumstehende Milizionäre, schlagende Türen, kalter Rauch, zwei blonde Jungen, die irgendwo aufgeschnappt worden waren, ein anderthalbstündiges Verhör, eine Strafe von fünfzig Rubeln, die Fahrkarte zurück nach Moskau und ein Hotelzimmer für tagsüber, sozusagen für den Hausarrest bis zur Abfahrt des Zuges. Das System der geschlossenen Stadt war noch intakt. Aber schon nicht mehr ganz. Miliz und KGB hatten ein schlechtes Gewissen, schämten sich für die Paragraphen, die sie in Pflichterfüllung zur Anwendung brachten. Sie wußten selber, daß man von Satelliten aus besser ihre Stadt einsehen konnte als aus der Perspektive eines Fußgängers, sie hörten es gern, wenn jemand von weit her von der »dritten Hauptstadt Rußlands« sprach, und sie glaubten selber daran, daß es bald wieder eine internationale Messe geben würde. Also ließen sie den Fremden, den sie unter Hausarrest gestellt hatten, laufen, wohin er wollte, und schickten später lediglich einen, wie sich herausstellte, stadtbekannten, Spitzel an den Zug, um die Abreise des unerlaubten Gastes zu überwachen. So blieb ein Tag in Gorki.

Eine »geschlossene« Stadt hört in gewisser Weise zu existieren auf. Sie kann eine Millionenstadt sein, aber sie kann mit ihrer Produktionskraft keine Reklame machen. Sie hat gewaltige Industrien, aber was sie herstellen, weiß die CIA besser als die eigenen Bürger. Ihre Universität kann groß sein, aber sie kann nicht Teil der internationalen Wissenschaft sein. Sie hat Bühnen, auf denen kein ausländischer Schauspieler, und Konzertsäle, in denen kein Sänger von außerhalb auftreten kann. Sie ist eine der schönsten Städte Rußlands, aber man darf keine Photos von ihr machen. Ihre Hotels sind für die wenigen Spezialisten im Spezialauftrag vorgesehen. Sie ist ein Verkehrsknotenpunkt mit Eisenbahn, Flug- und Flußhafen, aber er darf nicht von jedermann angesteuert werden. Eine solche Stadt wird zu einer stummen Produktionsstätte, wo nicht einmal die Meister und Arbeiter den Ertrag ihres Fleißes und ihrer Intelligenz genießen können. Sie wird zum idealen Verbannungsort, und wer hierhergerät, ist aus der Welt. Die Stadt der Verbannung Andrej Sacharows war selber eine verbannte Stadt.

In Nishnij ist alles zugleich passiert. Aus einem Marktplatz der Welt wurde die geschlossene Stadt, aus dem Knotenpunkt am Strom die verbotene Zone, aus der dritten Hauptstadt Rußlands ein militärisch-industrieller Komplex. So war es jedenfalls bis zum jüngsten Augenblick. Wir mußten, wenn wir uns informieren wollten, die Reiseberichte von Sigismund von Herberstein und Adam Olearius vornehmen. Wir waren, da wir keine Zeitungen aus der Stadt kaufen konnten, gezwungen, noch einmal Alexandre Dumas' »Russische Reise« zu lesen. Da wir keinen Zugang zu den Satellitenbildern hatten, mußten wir uns, wenn wir eine Vorstellung vom Grundriß der Stadt gewinnen wollten, mit Stadtplänen aus den Baedekern der vorrevolutionären Zeit begnügen. Es sind die Wegweiser in eine verwüstete, verschwundene Stadt, die sich anschickt, in die Zeit, aus der sie herausgefallen ist, zurückzukehren.

Nishnij – Die Stadt am russischen Nil

Früher kamen die Reisenden nicht mit dem Zug, sondern auf einem der rund tausend flach gebauten Raddampfer, die auf dem längsten Strom Europas verkehrten und ihn zur kürzesten Verbindung zwischen einem Ende des Reiches und dem anderen machten. Acht Gouvernements wurden durchquert. Ein Raum dreimal so groß wie Frankreich glitt an den Passagieren vorbei. Man befuhr eine Wasserstraße, der Hunderte Nebengewässer zuströmten, darunter selber schiffbare Flüsse mit bedeutenden Städten. Man konnte tagelang den Strom hinabfahren, ohne Langeweile zu haben. An den Passagieren glitten alte Städte vorbei, Illustrationen zur Entstehung des russischen Staates und der russischen Kultur: Twer, Rybinsk, Jaroslawl, Kostroma, Samara, Simbirsk. Über die Wolga führten die Wege ins tatarische Kasan und ins deutsche Sarepta. An der Entwicklung des Schiffsverkehrs und an den neu entstehenden Fabriken an den Ufern ließ sich das Tempo der Industrialisierung ablesen. Auf den Mittel- und Unterdecks der Kawkas oder Merkur hielten sich Menschen auf, deren Kaftane seltsam, deren Gesichtszüge unbekannt und deren Sprachen noch nie gehört waren. Man durchquerte auf dem Weg von Twer nach Astrachan eine Grenze, die in Wahrheit die Mitte des Reiches war, von Moskau und Petersburg ebensoweit entfernt wie von den Fabrikstädten des Urals und Sibiriens. Auf der rechten Seite das steil auftragende Bergufer, auf der linken Seite meilenweit Auen, die in den Monaten der Schneeschmelze überflutet waren. In den Hotels hingen die Fahrpläne aus, die infolge der sich ständig verändernden Wasserführung des Stromes flexibel sein mußten. Man mußte Rücksicht nehmen auf den Rhythmus des Stroms, wenn man vorankommen wollte. Der Strom ist vieles zugleich: Magistrale des Verkehrs, System der Entwässerung, Achse, die einen Lebensraum zusammenhält und überhaupt erst erschließt. Die Wolga ist alles, daher heißt sie »Mütterchen«, daher hat Wassili Rosanow sie den »russischen Nil« genannt, daher konnte ein Spielfilm aus der grausamsten Stalinzeit auch ein Klassiker und Kinoerfolg werden. Nishnij liegt im Schnittpunkt dieses Raums, dort, wo die Oka in die Wolga mündet – und Moskau liegt an einem Nebenfluß der Oka.

Die Fahrt heute mit dem Zug ist etwas ganz anderes. Sie ist eine Art Abstecher aus der Hauptstadt quer durchs Land, eine Fahrt ins Abseits. Man betritt die Stadt nicht an den Landungsbrücken am Fuße des hoch aufragenden Kremlbergs, sondern durch den in der ehemaligen Vorstadt gelegenen Bahnhof. Man fährt von Moskau aus bloß in die Mittelpunkte von Verwaltungseinheiten, nicht in die Städte eines einst zusammenhängenden Raums. Und diese ihrerseits – von Twer bis Astrachan – schauen nach Moskau, von dem sie abhängig sind, noch nicht auf sich selbst. Die Region scheint so fragmentiert wie der »russische Nil« selbst, dessen natürliche Strömung durch ein Dutzend gewaltiger Talsperren gebrochen, dessen ursprüngliche Gestalt sich durch die Aufstauung aufgelöst hat und dessen Wasser in allen Farben der Mendelejewschen Skala zu schillern begonnen haben. Schon die veränderte Anreise führt uns einer Geschichte auf die Spur. Es ist die Geschichte vom Zusammenbruch eines Raums, in dem Nishnij einmal ein Zentrum gewesen war.

Dritte Hauptstadt Rußlands

Michail Dmitrijew, der Nishnij Nowgoroder Photograph, der auf der Pariser Weltausstellung mit einer Goldmedaille ausgezeichnet worden war, hat das Bild seiner Stadt um die Jahrhundertwende festgehalten: eine Stadt auf dem Berg – im Land der Ebene; ein basarhaftes Menschengewühl – im Land, in dessen Weite sich die Menschen zu verlieren scheinen. Kein geschichtliches Beben konnte die mächtige Anhöhe am Zusammenfluß von Oka und Wolga, von der aus man einen großartigen Blick über den Strom hinweg in den am anderen Ufer beginnenden unendlichen Raum hat, verrücken. Es ist auch heute ein großartiges Panorama. Die Stadt besteht aus drei Teilen: der Oberstadt, die auf der durch tiefe Schluchten zerklüfteten Anhöhe errichtet ist, der Unterstadt, die sich am Ufer entlangzieht, und dem Stadtteil auf der linken Okaseite mit dem alten Messeplatz und den Fabrikanlagen in Kunawino. Es hat sich bis heute der Kontrast erhalten, den die weißen Bauten des Mariä-Verkündigungs- und des Höhlenklosters zu dem Grün, das die Anhöhe überzieht, bilden. Nishnij ist auf und in den Berg hinein gebaut. Die Mauern des Kreml mit ihren mächtigen dreizehn Ecktürmen hängen wie schwere Girlanden über dem Bergrücken. Die Stadt hat gerade Straßen nur dort, wo das Relief es zuläßt: auf dem Rücken der Anhöhe, wo sie radial vom zentralen Platz ausgehen, und am Ufer entlang. Ansonsten sind ihre Viertel verbunden durch serpentinenartig ansteigende Straßen und Gassen, Treppen und Brücken, eine doppelspurige Seilbahn und ein Wasserleitungssystem aus neogotischer Zeit, das einst, von einer Dampfmaschine betrieben, die Brunnen der Oberstadt sprudeln ließ. Mit ihren über vierzig Kirchen und Klöstern, ihren Palästen inmitten von Gärten und Parks hat sie Ähnlichkeit mit Kiew. Die Stadtpläne, die unter Katharina II. und Nikolais I. in Petersburg für Nishnij entworfen wurden, konnten hier nur mit Konzessionen an den Widerstand des zerklüfteten und irregulären Reliefs verwirklicht werden. Die hölzernen Villen, die man noch heute in der Stadt sehen kann, verraten mit ihren Erkern, Balkonen und Veranden, daß hier Individuen mehr zu sagen hatten als die staatlichen Baureglements. An den Schnitzereien kann man sehen, daß die russische Tradition eine größere Rolle gespielt hat als das Stuckornament und die Provinz farbiger war als die Residenz. Petersburg war weit, Sibirien mit seinem offenen Raum aber nah. Nishnijs Bauten sind selbst dort anmutig, wo sie imposant sind. Sie können niemals in den Himmel wachsen, weil fast von jedem Punkt aus der Blick hinab in die Unterstadt oder auf die Wolga geht. Seine Kuppeln sind nur der Schmuck der Hügel, seine Plätze und Balustraden nur eine Art Plattform auf den Fluß zu. Und selbst der Kreml, eine der bedeutendsten Anlagen im Rußland des 16. Jahrhunderts, ist malerisch. Er fortifiziert nur eine Anhöhe, die die Natur selbst geschaffen hat.

Nishnij wurde im Jahre 1221 vom Teilfürstentum Wladimir-Susdal aus gegründet, in einer Zeit, als der Glanz der Kiewer Rus erloschen war und die russische Siedlung sich in den Nordosten verschoben hatte. Für seinen Gründer, den Großfürsten Juri Wsewolodowitsch, war das »Untere Nowgorod« – im Unterschied zu dem am Ilmensee – eine Grenzbastion im Kampf gegen die dort ansässigen heidnischen Mordwinen und Tataren. Im 14. Jahrhundert wurde Nishnij für knapp vierzig Jahre sogar Hauptstadt des Susdaler Fürstentums. Es wird mehrere Male gebrandschatzt; Iwan der Schreckliche macht die Stadt zum Stützpunkt in seinem Kampf gegen das Kasaner Chanat. Sigismund von Herberstein beschreibt die Stadt in seinem Reisebericht von 1525 schon als eine der größten russischen Städte. Anfang des 17. Jahrhunderts ist es ein Nishnij Nowgoroder Bürger namens Kusma Minin, der an der Spitze eines Heeres das von Litauern und Polen besetzte Moskau befreit, der »Zeit der Wirren« ein Ende bereitet. Auf den Gravuren des Berichts von Adam Olearius sind deutlich die Steinbauten zu erkennen, die der verläßlichste Hinweis auf den Reichtum einer russischen Stadt sind. Einige von ihnen, wie das Haus des Bojaren Olissow, haben sich erhalten, verdeckt von einem zehngeschossigen Wohnblock. Die Spasski-Kirche im Kreml mit dem Grab des Nationalhelden Minin indes mußte Anfang der dreißiger Jahre dem konstruktivistischen Palast der Sowjets weichen, auch die Blagoweschtschenski-Kirche im Zentrum der Stadt wurde geopfert. Moskau ist das Herz, Petersburg der Kopf, Nishnij aber der Geldbeutel Rußlands, heißt ein alter Spruch. Jedenfalls gibt es wenig Staat in der Stadt, allenfalls die Infrastruktur der Gouvernementsstadt: das übliche klassizistische Gouverneursgebäude, den Kaufmannshof, das mächtige geistliche Seminar mit einer einst ausgezeichneten Bibliothek, die Post, viele Lyzeen und Pensionate, von denen eines dadurch zur Sehenswürdigkeit wurde, daß Ilja Uljanow, der Vater des berühmteren Wladimir Iljitsch, dort zeitweise Direktor war. Liebenswürdig mutet der Bau der alten Adelsversammlung an, der augenblicklich noch vom Klub der Leichtindustrie belegt ist. Eindrucksvoll sind Privathäuser, ob das des Bürgermeisters Pushnikow, in dem Peter der Große sich aufgehalten hat, oder die repräsentativen Palais der Stroganows und Golizyns direkt am Oka-Ufer.

Nishnijs Aufschwung kommt mit dem Jahre 1817, als die Messe des heiligen Makari, die bis dahin in einem Kloster rund achtzig Kilometer stromabwärts abgehalten wurde, nach Nishnij verlegt wird. Die Messe findet auf der Landzunge, die der Stadt gegenüber zwischen Oka und Wolga liegt, statt. Dort wächst auch das neue, das Nishnij der Fabriken. 1862 erreicht die Eisenbahn die Stadt, sie bekommt zwei Bahnhöfe. An den Ufern wachsen Anlegestellen, Lagerhallen, Getreidespeicher, in denen sich die Ernten des fruchtbaren Umlandes, und Eisenfabriken, in denen sich das neue Proletariat ansammelt. Wladimir Uljanow liest hier auf der Durchreise nach Petersburg erstmals seinen Vortrag »Die Schicksale des russischen Kapitalismus.« Nishnijs neuer Reichtum drückt sich nun aus in den Villen Rukawischnikows, von denen aus man freien Blick auf die Wolga hat, in den neogotischen Fassaden der Schiffahrtskontore am Ufer. Man kann sich die besten Architekten leisten. Ein Architekt aus Petersburg baut das städtische Theater. Die Brüder Wesnin liefern hier ihr Debüt ab – eine neoklassizistische Villa, in der heute das Kunstmuseum untergebracht ist. Das Gebäude der Staatsbank von 1913 in der alten Pokrowskaja-Straße mit seinen neorussischen Ornamenten und den Bilibinschen Fresken in der Schalterhalle zeugt vom Boom kurz vor dem Ende. Aus den Jugendstilvillen, die man überall in den Städten an der Wolga sehen kann, sind Pionierpaläste geworden. Wenn man sehen will, wie das bürgerliche Nishnij gelebt hat, als es noch existierte, muß man ins Gorki-Museum gehen. Dort hat man belassen oder zusammengetragen, was sonst in alle Winde verstreut wurde: die Thonetstühle, das Klavier der Marke

Becker, Puderdosen und Flakons, »Warschauer Betten«, Messingschilder und die Jugendstiltapeten. Das ist der Raum, in dem »Nachtasyl« geschrieben wurde.

Dort werden auch Bilder wach, für die es beim Gang durch die Stadt nur noch Anhaltspunkte gibt: Bilder von den Auftritten des Weltstars und Nationalhelden Fjodor Schaljapin, Konzerte Skrjabins auf den Wolgatourneen Kussewizkis.

Und doch ist es schwer, das Dmitrijewsche Panorama und die Stadt selbst wiederzuerkennen. Die Beziehung zwischen dem Strom und der Stadt hat sich verändert. Die Wolga ist aufgestaut, hat die Sandbänke überflutet und jene hohen Uferbefestigungen notwendig gemacht, die nun wie eine Festung gegen das Wasser gerichtet sind. Wo früher nur ein feiner Saum, ein kaum merklicher Übergang von der Stadt zu Lande zur Stadt auf dem Wasser, den Hunderten von Booten und Barken mit ihrem Mastenwald nämlich, zu sehen war, zieht sich jetzt eine mächtige Kaimauer hin. Es ist, als hätte sich die Stadt vom Strom zurückgezogen, dem sie doch alles verdankt, nicht nur die Überschwemmungen. Das andere ist die Leere. Man glaubt es beim Gang durch die Große Pokrowskaja, eine der alten Geschäftsstraßen mit ihren zwei- bis dreistöckigen Häusern und Läden, nicht, daß man sich inmitten einer Millionenstadt bewegt. Die Stadt ist anderswo, dort, wo die neuerrichtete Metro hingebaut wurde, während im Zentrum der alten Kaufmannsstadt selbst nur schön renovierte Fassaden und wenig Menschen zu sehen sind. Die Distanz zum Fluß und die Leere der Straßen besagen, daß irgendwann der Puls der Stadt angehalten worden ist. Am deutlichsten wird das dort, wo einst eine Stadt war, die einzig und allein für den Handel bestimmt war: auf dem ehemaligen Jahrmarktsgelände. Wir können es am besten vom Kreml aus sehen. Es ist heute eine fast leere Fläche, aus der nur zwei Gebäude herausragen: die monumentale Alexander-Newski-Kathedrale, deren Spitze von eben neu aufgelegtem Kupfer glänzt, und das imposante alte Messegebäude im neorussischen Stil. Es sind die Denkmäler der verschwundenen Jahrmarktsstadt.

Der Jahrmarkt von Nishnij

Die Ausländer von Herberstein bis Gautier, von Custine bis Dumas kamen bei der Beschreibung des auf der Messe herrschenden Treibens nie ohne Superlative aus. Für Custine ist es das »Rendezvous der beiden reichsten Weltteile«. Alexandre Dumas kennt gar »nur einen Vergleich für dieses Gewimmel von Menschen an den Flußufern, und zwar das Geschiebe in der Rue de Rivoli, wenn die guten Pariser nach einem Feuerwerk von der überfüllten Place de la Concorde in ihre Wohnungen zurückströmen«. Neun Monate lag der Platz verlassen und leer, vom 28. Juli bis zum 10. September aber wuchs dort eine Stadt, um vieles größer als Nishnij selbst. Zweihundert- bis dreihunderttausend Menschen bevölkerten dann das Gelände auf der Landzunge. Über die Oka wurde dann eine neunhundert Meter lange Pontonbrücke gebaut, über die sich der Verkehr wälzte. Die Barken und Schiffe auf der Wolga und Oka lagen so dicht aneinander, daß Custine sich an chinesische Dschunkenstädte erinnert fühlt, die man trockenen Fußes durchqueren konnte. Aber es war auch wirklich eine Stadt in der Stadt. Jede Ware hatte ihren Standort, es gab Hotels und Nachtlager, eine effektive Messeorganisation, ein Theater und ein Opernhaus, eine Moschee, eine armenische, eine katholische und eine lutherische Kirche und den berühmten Zirkus Nikitin. 1817 war diese Messe nach Nishnij verlegt worden, 1824 beauftragte die Krone die Franzosen Betancourt und Monferrand, den Messeplatz den modernen Erfordernissen entsprechend umzubauen. Die innere Messestadt mit dem Hauptgebäude und der Kleinen Isaakskathedrale ist von einem Umfassungskanal umgeben, in regelmäßigen Abständen sind die Hallen und Lagerhäuser angeordnet. Sie ist von einem System unterirdischer Tunnels, den sogenannten Messekatakomben, durchzogen, durch die allnächtlich der Unrat und Kot, den die ungeheure Menschenansammlung absonderte, fortgespült wurde. Im ganzen zählte man auf der Messe über fünftausend Verkaufsstände und Läden an achtzig Plätzen und dreißig Straßen. Um 1900 liegt der Umsatz bei rund einer Milliarde Rubel. In Nishnij erzählte man sich immer, daß die Preise der Leipziger Herbstmesse schon auf dem Jahrmarkt von Nishnij gemacht würden. Es gab nichts, was es auf der Messe, die keine Ausstellungs-, sondern eine Verkaufsmesse war, nicht gab. In der Passage des Hauptgebäudes konzentrierten sich die Luxuswaren, europäische Mode, Pelze, Seidenwaren und Edelsteine. Es ist dies, wie Custine bemerkte, die »Bond Street der Levante und das Palais Royal der Steppen«. In der chinesischen Reihe gab es Tee. Persische Teppiche waren in der Karawanserei zu bestaunen. Rosinen und Mandeln, Pistazien und Walüsse, Datteln und Tücher gab es in der persischen Reihe. An die hunderttausend Teeballen stapelten sich in Lindenbasthäusern am sibirischen Landungsplatz. In den Eisenschuppen auf der Sandinsel wird alles gehandelt, was aus Eisen ist – vom Nagel bis zum Damaszenersäbel. Tausende Pud von gedörrtem oder lebendem Fisch werden an wieder einem anderen Landungsplatz verkauft. Ein ganzes Areal ist dem Verkauf von Kirchenglocken, die dort auch aufgehängt sind, reserviert, und ein anderes dem Verkauf von Samowaren in allen erdenklichen Formen und Techniken. Aber das Chaos hat seine Form und sein Zeremoniell, von der Wasserweihe an der Oka und dem Hissen der Jahrmarktsfahne bis zu der komplizierten Prozedur der Preisfestsetzung für den Tee, der gleichsam als Leitwährung fungiert. Es gibt Rangordnungen, die über den Haufen geworfen werden können, wenn die Moskauer gegen die Nishnij Nowgoroder Kaufleute abends antreten, um herauszufinden, wer für die beste Sängerin wohl mehr zahlen kann.

Nicht geringer als das »merkantilistische Chaos« war das babylonische Sprachengewirr an diesem »Jüngsten Tag der Kaufleute« (Custine). Tibetaner und Chinesen trafen auf Finnen, Kaufleute aus Buchara und Chiwa auf Kaufleute aus Paris und London, Griechen auf Russen, Mohammedaner auf Lutheraner, Juden auf Rechtgläubige. Jede Konfession hatte ihren Tempel. Und wenn der Tag zu Ende ging, begann das andere Leben in den Hunderten von *Traktieren* (Kneipen) von Kunawino. Die Messe zog Tausende an, die auch ihr Glück suchten: Komödianten, Zirkusleute, Harfenistinnen, Chansonetten, Wandermusikanten, Heerscharen von Bettlern und heiligen Narren, Zigeunerorchester und Bärenführer. An die viertausend Frauen kamen jedes Jahr eigens zur Messe nach Nishnij. Berüchtigt waren die Bäder in der Asiatischen Gasse. Berühmt waren die Illusionisten und Fakire, die Magier. Der berühmteste war aber E. Renard Kio mit seinen Nummern »Die Spinnenfrau« und »Das Schwarze Kabinett«.

Doch die legendäre Messe genügte Nishnij nicht. 1896 kam zum ersten Mal auch die Allrussische Handels-, Industrie- und Kunstausstellung nach Nishnij. Ein Mann wie Finanzminister Sergej Witte hatte sich dafür eingesetzt. Auf dem Gelände des heutigen Parks des 1. Mai wurden an die 170 Pavillons errichtet, bedeutende Architekten wie A. N. Benois und A. N. Pomeranz und der spätere Erbauer des Moskauer Radioturms, W. Schuchow, sind dabei. Das Imperium zeigt auf der Ausstellung, die der Zar eröffnet hat, was es auf den Gebieten Maschinenbau und Landwirtschaft zu leisten vermag und welche Reichtümer es zu erschließen gedenkt. Vergessen scheinen angesichts der blinkenden Leiber von Turbinen und Lokomotiven die Bilder der zu Zehntausenden sterbenden Bauern, die wenige Jahre zuvor in den Hungersnöten der Wolga-Gouvernements umgekommen waren. Nishnij geht dem stürmischsten Abschnitt in seiner Geschichte entgegen.

Der Mythos des Jahrmarktes von Nishnij lebt nicht zuerst von den Umsätzen, die dort getätigt wurden, sondern davon, daß an einem bestimmten Ort für eine bestimmte Zeit sich die lebendige Energie eines ungeheuren Landes konzentrierte. Boris Kustodijews Jahrmarktzyklus lebt von den Farben und Gesichtern, die er hier erlebt hat. Das Land war weit und stumm, der Messeplatz wurde zu seinem Organ. Der Erforscher der russischen Sprache Wladimir Dahl mußte hier nur sein Ohr anlegen, als er an seinem berühmten Lexikon arbeitete. Und der Komponist Mili Balakirew hat gewiß hier den Ton gehört, der dann in die neue russische Musik eingegangen ist. Der Jahrmarkt von Nishnij fügt den Raum zusammen – zwanglos, allein durch die Attraktion, die er darstellt. Das ist in einem Reich, das von der Leibeigenschaft und der Bürokratie entstellt war, ungeheuerlich. Im babylonischen Gewirr findet es die Sprache. Auf dem Marktplatz von Nishnij bestaunte Rußland sich selbst und wunderte sich, wozu es in der Lage war, wenn es nur durfte. Wieder ist es Custine, dieser wunderbar genaue Beobachter, der in Nishnij die Formel findet für das, was er gesehen hat.»Nicht dadurch, daß sie begehrlich nach Außen blicken, gewinnen die Völker Ansprüche auf Dankbarkeit des Menschengeschlechtes, sondern wenn sie ihre Kräfte auf sich selbst wenden und ganz das werden, was sie in der geistigen und materiellen Zivilisation werden können. Diese Art Verdienst ist der Propaganda des Schwertes so überlegen, wie die Tugend dem Ruhme.«

Das Ende

Wenn »der Nishnij Nowgoroder Jahrmarkt der Schlüssel zum Begreifen der wichtigsten Erscheinungen unseres Lebens, der Puls unseres Volksorganismus« (N. Obrutschew) war, dann muß dies auch für die nachrevolutionären Kataklysmen gelten. Die Stadt der Kaufleute und Industriellen hatte im Bürgerkrieg keine Chance. Es folgte die grauenhafte Hungersnot von 1920 bis 1922, das Ergebnis nicht irgendwelcher Dürren, sondern der Wirren und des Krieges gegen die Bauern. Fünf Millionen Menschen starben, die einst reichen Dörfer in den Wolga-Gouvernements wurden zu einem einzigen Leichenhaus, in dem sich Familien, vor Hunger dem Wahn verfallen, gegenseitig auffraßen. Die »Schuldigen« waren schnell gefunden. Auch die Kirchen gehörten dazu, und so verschwanden Abertausende von Ikonen, Gold- und Silbergegenständen, Ikonostasen, der ganze Reichtum einer Region, in den

Raubzügen der Beschlagnahmungskommandos. 1929 war das Jahr der Kirchenschließungen und noch mehr der Kirchensprengungen. Nishnij verlor in diesem Jahr die meisten, darunter auch die bedeutendsten, seiner Kirchen. Was übrigblieb, war bis in die jüngste Zeit: Lagerschuppen, Druckerei, Toilette, die Kuppeln eingestürzt, die Zwiebelhauben abgebrochen oder von Rost zerfressen. Und nur mehr für kurze Zeit blieb der Jahrmarkt. Im Jahre 1922 ist er wiederum der Platz, auf dem die *membra disiecta* einer ruinierten Volkswirtschaft zueinanderfinden können. Die Jahre der Neuen Ökonomischen Politik verzeichnen einen ansteigenden Umsatz, in Nishnij begegnet sich wieder das zerrissene Land. Die Messe hat einen energischen Direktor in diesen Jahren einer kurzen Blüte, den Altrevolutionär und »roten Kaufmann« Sergej Malyschew. Doch er kämpft auf verlorenem Posten. In Moskau hat man Größeres vor: den »geplanten« und staatlichen Handel. Nishnij soll der Vorgeschichte angehören, man läßt die chinesischen Kaufleute nicht mehr ins Land. Am 16. März 1930 wird der Jahrmarkt von Nishnij – und der von Baku – per Verfügung des »Rates für Arbeit und Verteidigung« in Moskau »in Anbetracht der Festigung des Planprinzips im Warenverkehr des Landes« liquidiert. Eine Photographie der frühen dreißiger Jahre zeigt eine Geisterstadt verlassener und verfallender Messestände und Hallen.

Aus der Stadt des Handels soll die Stadt der Arbeit, aus dem Marktplatz die Fabrikstadt, die 1932 – also noch vor dem Tod des Schriftstellers – in Gorki umbenannt wird, erweitert ihre schon existierenden Fabriken, neue, wie die gigantische Automobilfabrik, werden in den dreißiger Jahren errichtet. Das Proletariat, das dazu nötig ist, stammt aus den Dörfern ringsum, die in die Kollektivierung hineingejagt werden. Die Stadt des Menschenverkehrs wird zur Festung der Arbeit, die ohne Terror nicht auskommt, und zur Geburtsstätte des »neuen Menschen«. Vollendet wird diese Transformation unter dem Druck von außen. Im Großen Vaterländischen Krieg wird Gorki zur Zufluchtsstätte der Evakuierten – allein 300 000 Menschen aus Stalingrad – und zur Waffenschmiede. Es sind nicht zuletzt die legendären, in Gorki hergestellten T-34-Panzer, die die Deutschen in die Knie zwingen werden. Aber die Stadt hat, wie man weiß, so wenig wie das Land im ganzen, die Früchte ihres Opfermutes ernten können. Aus der Waffenschmiede gegen Hitler wurde für Jahrzehnte die geschlossene Stadt. Aus dem Sieg, den die Stadt 1945 miterrungen hatte, wurde die Niederlage, aus der sie sich jetzt zu erheben beginnt.

Das Wunder

Es ist alles bereit für die Wiedergeburt Nishnijs: der Ort, die Zeit, die Menschen. Der Ort wartet darauf, wieder in Besitz genommen zu werden, und mit ihm die Region, die aus dem Abseits heraus will. Die Zeit ist reif. Und überall finden sich die neuen Menschen, die dazu entschlossen sind.

Der Stadtsowjet, in dem die demokratischen Deputierten rund dreißig Prozent stellen, hat im Frühjahr den Antrag gestellt, die Stadt wieder in Nishnij Nowgorod umzubenennen und den Status der geschlossenen Stadt aufzuheben. Die Regierung der Russischen Republik hat dem jetzt entsprochen. Im Mai des Jahres fand zum ersten Mal wieder der Jahrmarkt statt, ausdrücklich als »Prolog« annonciert. Woher die neuen Menschen kommen, die jetzt alles bewegen – es wird später erforscht werden. Gewiß ist nur, daß selbst geschlossene Städte in geschlossenen Gesellschaften ihr Eigenleben geführt haben. Die »Affäre Pawlenko« Ende der sechziger Jahre, die Gründung informeller und doch illegaler Jugendklubs in den siebziger Jahren, das Zirkulieren von *samisdat*-Literatur, sogar das Hissen der russischen Trikolore auf dem Dmitrowskaja-Turm des Kreml – all das sind Hinweise für den versteckten Kampf des unabhängigen und freien Gedankens auch hier. Nicht zufällig formte sich die neue städtische Öffentlichkeit im Kampf gegen die Zerstörung der Stadt. 1987 waren es erst nur Jugendliche, die sich dem Abriß eines klassizistischen Gutshauses entgegenstellten, 1988, als ein Platz besetzt und zur Zeltstadt verwandelt wurde, waren auch Kriegsveteranen dabei, die sich unter die Baukräne stellten, um zu verhindern, daß für die Metro noch ein Stück altes Nishnij geopfert würde. Zur Maidemonstration 1989 gab es schon einen oppositionellen Block. Auf der Pokrowskaja verkaufen jungen Anarchisten ihr »Schwarzes Banner«. Heute gibt es neue Zeitungen, alle auch sonst in Rußland vertretenen Parteigruppierungen, Aktivistengruppen gegen ein Atomkraftwerk in der Nähe, Gläubige aller Konfessionen, die ihre Gotteshäuser zurückfordern, und Zirkel, die sich systematisch mit der Geschichte der Stadt beschäftigen. Es scheint, alte Nishnijer Traditionen würden wieder lebendig, die Parallelen sind unübersehbar. Andrej Sacharow, der hier in seiner Wohnung am Gagarin-Prospekt Nr. 214 eingesperrt war, hatte Vorgänger in den Dekabristen, die hierher verbannt waren (und mit denen sich Dumas bei seinem Besuch in Nishnij auch treffen konnte). Es gab schon einmal eine Zeitung mit dem Namen »Nishnegorodski listok«, damals war einer ihrer Redakteure

Wladimir Korolenko, der mit Hilfe der Zeitung die Solidaritätskampagne für die Opfer der Hungersnot der neunziger Jahre initiierte und noch mehr die Regierung bloßstellte. Heute hat er Nachfolger gefunden. Der Gerechtigkeitssinn des jungen Gorki beseelt auch die jungen Intellektuellen, selbst wenn sie mit seiner »Richtung« nichts zu tun haben wollen. Sogar die neue Arbeiterbewegung von Gorki scheint anzuknüpfen an die Tradition der alten Sormowo-Arbeiter. Ihre Klubs spielten eine wichtige Rolle in der Stadtöffentlichkeit, und ihr Sprecher, Semjon Bulatkin, gilt als einer der neuen *leader* – Pawel Wlassow als Gorkis »Mutter« hat einen Nachfolger gefunden. Die wenigen Überlebenden alter Kaufmannsfamilien sind dabei, sich in einer Organisation zusammenzuschließen. Die Stadt kehrt vielleicht zurück in die Tourneepläne internationaler Künstler; jedenfalls gab Gidon Kremer unlängst hier ein Konzert.

Und schließlich der Jahrmarkt. Der »Prolog« im Mai hatte wohl zuerst symbolische Bedeutung, das ewige Warendefizit der Stadt konnte er nicht wegzaubern. Und doch passierte etwas, in dem man den neuen Anfang sehen kann. Es war der größte Festtag der Stadt seit Jahr und Tag. Um das Haupthaus des alten Jahrmarktsgeländes fanden sich Tausende ein, man schleppte an, was vielleicht von Interesse war oder Appetit machen konnte. Es traten Tanzensembles auf, es gab ein »Festival der Völkerschaften des Wolgagebietes«, Karussells begannen sich zu drehen, ein Wettbewerb »Stadt der Meister« wurde organisiert, man konnte zu einem Konzert auf einem Wolgadampfer oder zum abschließenden Feuerwerk gehen. Es hat sich ein Messekomitee konstituiert. Sogar Firmen aus Polen, der DDR und Australien hatten teilgenommen. Verträge wurden geschlossen. Vielleicht sind im nächsten Jahr auch jene Firmen wieder dabei, die vor 1914 schon einmal dabeigewesen sind. Und natürlich durfte einer nicht fehlen, wenn der Jahrmarkt von Nishnij nach sechzig Jahren wieder seine Pforten öffnete: Mischa, der russische Tanzbär. Erst sein Comeback hat das Ende der alten Zeit besiegelt.

(Sommer 1990)

Lodz – Suche nach dem »Gelobten Land«

Theo, wir fahr'n nach Lodz« hieß ein Schlager auf den Hitlisten der sechziger Jahre, und nicht wenige im Westen meinten, es handle sich um einen Phantasieort des cleveren Schlagertexters der Vicky Leandros. Kaum jemand wußte, daß der Schlager ursprünglich ein »Schmonzes« gewesen war, den österreichische Soldaten im Ersten Weltkrieg an der Ostfront aufgeschnappt hatten, bis er schließlich nach einer langen Odyssee, auf der aus Itzchak Theo wurde, unerkannt in einer deutschen Schwejk-Verfilmung der Nachkriegszeit wieder auftauchte. Lodz hat so jahrzehntelang nur im Langzeitgedächtnis überlebt, das Melodien und Refrains auch dann noch speichert, wenn die Menschen, die sie erfunden haben, getötet, und die Städte, die sie gesungen haben, entvölkert worden sind. Vergessen war der Ort, sein Name war zum »Liedgut abgesunken«, wie Ethnologen und Kulturhistoriker das nennen. Das war im geteilten Europa, in dem die nächste Nachbarschaft so fremd geworden war wie die erdabgewandte Seite des Mondes, nicht verwunderlich.

Aber Lodz gibt es wirklich. Es ist nur ein paar Eisenbahnstunden von Berlin entfernt. Obwohl Lodz mit 800 000 Einwohnern die zweitgrößte polnische Stadt ist, fährt der Polenreisende in der Regel an der Stadt vorbei. Ihn zieht es nach Warschau, wo man das Wunder einer aus der Asche wiedererstandenen und im Boom vibrierenden Hauptstadt des östlichen Europa besichtigen kann. Ihn zieht es nach Krakau mit seinen Tuchhallen am Alten Ring, dem Königsschloß auf dem Wawel und der alten Synagoge in Kazimierz – oder in die Landschaften mit See und Wald. Lodz kann da nicht mithalten: es hat keine tausendjährige Geschichte, sondern nur eine von knapp zweihundert Jahren; es hat keine Patrizierhäuser vorzuweisen, sondern allenfalls Palais von »Textilmagnaten«. Lodz ist – im allgemeinen Bewußtsein jedenfalls – nicht grün, sondern »grau«.

Und doch verfehlt derjenige, der an Lodz vorbeifährt, nicht nur Polen, sondern auch eines der Zentren des modernen Europa: das »Manchester des Ostens« im 19. Jahrhundert, mit Kontoren von Berlin bis Odessa und Irkutsk; den Schauplatz für Władysław Reymonts Epos vom »Gelobten Land« und von der Geburt des »Lodzermenschen«; die Stadt der Barrikadenkämpfe von 1905, vor deren Gefallenen sich Rosa Luxemburg verneigte; die Stadt Julian Tuwims, den wir noch aus dem »Museum der modernen Poesie« kennen; und schließlich »Litzmannstadt«, in dem die Vielvölkerstadt Lodz zugrunde ging. Kein Weg führt an Lodz vorbei, wenn man wissen möchte, was aus Europa geworden ist und was es wieder sein könnte. Wer dieses Lodz sehen will, muß ihm in das Abseits folgen, in das es geraten ist, und jenen Fährten folgen, auf denen es wieder Anschluß an das neue Europa sucht.

Grenzstadt – mitten in Polen

Lodz liegt abseits der Schnellbahntrassen Warschau–Wien und Warschau–Berlin und ist nur über Stichbahnen zu erreichen. Die eine endet im Kalischer Bahnhof, der in der Art eines soeben fertiggestellten postmodernen gläsernen Torbaus in die Stadt hineinführen soll, in Wahrheit aber von der Stadt durch eine neue Autobahntrasse getrennt ist. Die andere führt bis Lodz-Fabryczna, das heute zum Stadtzentrum gehört. Niemand, der in Kutno den Intercity Berlin–Warschau verläßt und auf dem Nebengleis den Zug nach Lodz besteigt, käme auf die Idee, er sei unterwegs in die zweitgrößte Stadt Polens. Wer den Speisewagen mit dem gedämpften Licht der Tischlampen verlassen hat, wechselt nicht nur den Bahnsteig, sondern die Zeit. Die Bahnfahrt nach Lodz erinnert an eine Fahrt in einer Tram, die allenthalben anhält und bis Lodz fast solange braucht wie der IC von Posen bis Warschau. Aber auch wer bis Warschau fährt und dort einen der stündlich gehenden Züge nimmt, steht vor einem Rätsel. Lodz erscheint von Warschau aus fast wie ein Vorort, keine Stadt von eigenem Gewicht.

Aber in dieser Abgelegenheit der Stadt, die in Wahrheit die geographischen Mitte Polens bildet, findet sich schon ein Teil der Antwort auf die Frage, wie es kommen konnte, daß ausgerechnet hier sich der beispiellose Aufstieg von einem unbedeutenden Nest zur bedeutendsten Industriemetropole Ostmitteleuropas vollzogen hat. Überall im Europa der Industrialisierung explodierten die Bevölkerungszahlen, aber nirgends so wie in Lodz: Birmingham wuchs zwischen 1850 und 1900 um das Doppelte, Köln um das Vierfache, Lodz im selben Zeitraum aber um das Zwanzigfache, von 16000 auf 321000 Einwohner, und dann noch einmal bis zum Ausbruch des Ersten Weltkriegs auf fast

600 000 Einwohner. Das alte Lodz, dessen Gründungsurkunde von 1423 datiert, war ein Ort wie viele andere in diesem Landstrich Großpolens. Über Jahrhunderte hatte sich nur wenig getan, bis etwas geschah, was man als die Erfindung des *genius loci* bezeichnen könnte, in dem alle jene Faktoren zusammenkamen, die aus einem Niemandsland den Horizont einer ganzen Epoche haben werden lassen.

Es waren nicht allein natürliche Gegebenheiten wie die Lage an der alten Handelsstraße zwischen Krakau und Thorn oder das Vorhandensein von Gewässern auf den nördlichen Abhängen der Wasserscheide zwischen Weichsel und Oder, die als Antriebskraft für die Industrie notwendig waren, sondern eher die weltpolitischen Turbulenzen, die zum Aufstieg von Lodz führten. Das Lodzer Gebiet war durch die auf dem Wiener Kongreß 1815 vollzogene »vierte« polnische Teilung dem russisch besetzten Kongreßpolen zugeschlagen worden. Damit war »Kongreßpolen« einerseits von den traditionellen Textilstandorten Großpolens und Schlesiens abgeschnitten, erhielt durch seinen Sonderstatus innerhalb des Russischen Reiches aber Zugang zu den unermeßlichen Märkten des Reiches. Schutzzollpolitik nach außen und freier Zugang zum russischen Markt – daran hing in erster Linie der Aufstieg von Lodz, das Ende des 19. Jahrhunderts rund ein Drittel der polnischen Textilindustrie auf sich zog und das seine Produkte zu siebzig Prozent innerhalb des Russischen Reiches absetzte.

Aber aus dem Ortsvorteil der Lage an der Grenze wäre nichts geworden ohne die kühne Initiative Rajmund Rembielinskis, eines Dichters und Veteranen des Koscziuszko-Aufstandes. Unter seiner Regie wird Lodz am 18. September 1820 zur »Regierungsstadt« erklärt. Damit beginnt die planmäßige Peuplierung und systematische Anlage der Fabrikstadt an den Flüßchen Lodka und Jasien. »Ex navicula navis« ist die lateinische Version für den Aufstieg des Ortes an der Lodka zur Industriemetropole Lodz. Rembielinski schickte seine Werber ins Schlesische, Böhmische, nach Sachsen und ins Rheinland. Aus Zittau kam Ludwig Geyer, in dessen »Weißer Fabrik« heute das Textilindustrie-Museum untergebracht ist, aus Monschau kam Carl Scheibler, der 1853 die ersten Dampfmaschine in Lodz aufstellte und eine neue Epoche einleitete, aus Kowal in Kujawien kam die Familie des Israel Kalmanowicz Posnanski, dessen grandioser Fabrikkomplex bis heute das Wahrzeichen von Lodz geblieben ist. Was die Regierung Kongreßpolens den über die Grenze kommenden Unternehmern bieten konnte, war: großzügige Ausstattung mit Land und Baumaterial, Steuerfreiheit, staatliche Kredite zu günstigen Bedingungen und einen unermeßlichen Absatzmarkt für ihre Produkte. Kontore der Lodzer Unternehmen gibt es bald im ganzen Russischen Reich. Im Museum sind die Goldmedaillen zu sehen, die die Posnanskis, Geyers, Grohmanns, Kunitzers von den Messen von Nishnij Nowgorod und von Weltausstellungen mit nach Hause brachten.

Kaum jemand hat mit größerem Enthusiasmus das Treibhausklima des Lodzer Kapitalismus, der doch eher ein Aufstieg aus dem Geist des Staatskapitals war, beschrieben als Rosa Luxemburg in ihrer Züricher Inaugural-Dissertation von 1898. Wie im Reagenzglas vollzog sich der Übergang von der Handweberei zur Manufaktur; wie im Bilderbuch vollzog sich die technische Revolution, die mit der Einführung der Dampfmaschine und des mechanischen Webstuhls kam. Genauer als Karl Marx im »Kapital« hat Reymont beschrieben, was nach der »Freisetzung der Arbeitshände« im Jahre 1864 geschah: »Von den weiten Ebenen, von den Bergen, von den Flecken, von zerfallenden Dörfern und Städten, von Hütten und Palästen zogen Menschen in unendlicher Prozession zum ›Gelobten Land‹. Sie kamen, es mit ihrem Blut zu düngen, und brachten ihm Kraft, Jugend, Gesundheit, ihre Freiheit, Hoffnungen und Elend, Hirn und Arbeit, Glauben und Träume.« In Lodz wächst der Wald der dreihundert Schornsteine. Zwischen den »Goldenen Siebzigern« und dem Beginn des Ersten Weltkrieges wächst die Zahl der in der Textilindustrie Beschäftigten von 5.380 auf 94.580, das heißt um das Siebzehnfache, während sich die Leistung der Textilindustrie verzwanzigfacht. Mehr als die Hälfte aller Textilarbeiter des Königreichs ist 1913 in Lodzer Unternehmen tätig, und etwa 70 Prozent der gesamten Textilproduktion entfallen auf Lodz. Aus der Industriesiedlung wird eine Großstadt, Schlag auf Schlag: 1864 bekommt Lodz eine Telegraphenstation, 1869 Gaslaternen und Asphalttrottoire, 1866 wird die Stadt an die Bahnlinie Warschau–Wien angeschlossen, 1883 hat Bells Company schon hundert Abonnenten, 1898 bekommt es die erste elektrische Straßenbahn des Königreichs. In Lodz vollzieht sich der Übergang von der »niederen zur höheren Form« des Kapitalismus, vom Industrie- zum Finanzkapital, vom Privatunternehmen zur Aktiengesellschaft.

Die Lodzer Industrie konzentriert ein Viertel aller Fabrikarbeiter des Königreichs auf sich, wobei die größten Unternehmen – wie Posnanski, Scheibler, Silberstein, Allart-Rouseau, Heinzel und Kunitzer, Geyer und Scheibler – bis zu 7000 Arbeiter beschäftigen. Lodz wird so zu einer Hauptstadt der modernen polnischen Arbeiterbewegung; Julian Marchlewski, alias Karski, arbeitete zeitweise in den Posnanski-

Betrieben. Hier kommt es 1892 zum »großen Kampf« und ein Jahrzehnt später zur Revolution. Lodz ist von nun ein Zentrum der internationalen Arbeiterbewegung, das es weit in die Zweite Republik hinein bleiben wird.

Mit dem Ersten Weltkrieg wird die Grundlage, auf der sich Lodz bis dahin entwickelt hatte, erschüttert: Seine Industrieanlagen werden von der deutschen Besatzung schwer in Mitleidenschaft gezogen und z. T. demontiert, die Bevölkerung wandert zu einem großen Teil ab. Vor allem aber war mit dem Zusammenbruch des Russischen Reiches auch der Markt, für den die Lodzer Unternehmen produziert hatten, verschwunden. Lodz läuft Gefahr, zum »Industriemuseum« (Georg W. Strobel) zu werden, es muß sich im Rahmen des wiedererstandenen polnischen Staates neu orientieren. Zum ersten Mal ist es nicht mehr nur Industriestadt, sondern wird Sitz von Verwaltungeinrichtungen und eigenständiges Zentrum eines Bildungs- und Kulturlebens.

Die Piotrkowska, die Petrikauer Straße

Erst auf der Piotrkowska, der alten Petrikauer Straße, ist man in Lodz angekommen. »Ein Strich ist von oben nach unten durch die ganze Stadt gezogen«, schrieb Alfred Döblin 1926, »ich habe in keiner Stadt einen solchen Strich gesehen.« Fast könnte man sagen: Die Piotrkowska, die sich schnurgerade fast fünf Kilometer lang hinzieht, ist die Stadt. Ihre Bebauung dokumentiert alle Entwicklungsphasen der Stadt: vom Oktogon mit dem alten klassizistischen Rathaus und der ehemaligen Garnisonskirche im Norden, über die Gründerzeitbebauung mit dem Grand Hôtel oder den Meyer-Passagen bis hin zu den Fabriken von Scheibler und Grohmann im Jasien-Tal und dem Manhattan-Komplex der 1970er Jahre. Hier standen in goldenen Lettern auf Marmortafeln die wirklichen Namen derer, die bei Reymont dann Schaja Mendelsohn oder Buchholz hießen, denn sie war das Adreßbuch der Stadt, das in einer Vielvölkerstadt naturgemäß vielsprachig war: Polnisch, Russisch, Deutsch, Jiddisch, Hebräisch. Lodzer Geschichte ist Geschichte auf der Piotrkowska. Sie ist der Raum des Luxus und der Moden, des Hutgeschäfts Karl Göpfert, der Niederlassungen von Feurich- und Ibach-Pianos, des Casinos mit »erstklassiger Musik und flimmerfreien Bildern«. Über sie ziehen die Aufständischen im Jahre 1905 und die Solidarność-Aktivisten von 1989, die Besatzungstruppen von 1914 und die von 1939, als aus der Piotrkowska die

Adolf-Hitler-Straße und aus dem Grand Hôtel der »Fremdenhof General Litzmann« wird. Wer immer sich in Lodz bewegt, er gelangt irgendwann unweigerlich immer auf diese Straße, die mehr ist: Wo andere Städte ein Zentrum haben, hat Lodz die Piotrkowska. Sie ist eine Art Parallelstraße des Newski-Prospekts.

Die kompakte Gründerzeitbebauuung mit den abwechslungsreichen Fassaden, zwischen denen sich ganz selten noch das eine oder andere Weber- und Handwerkerhäuschen duckt, wie es Oskar Flatt, der erste Chronist von Lodz, 1853 schon beschrieben hatte, könnte einen fast vergessen lassen, daß Lodz eine Planstadt ist, auf dem Zeichentisch entworfen und einer strikten Parzellierung folgend. Nicht die Altstadt wurde zum Ausgangspunkt, sondern eine Straße, mit dem Lineal gezogen. Zur Straße hin wurden die eingeschossigen Weberhäuser erbaut, an die sich Gartenparzellen anschlossen, die im Laufe von hundert Jahren immer dichter bebaut wurden und zur für Lodz typischen Bebauung und Architektur geführt haben: mit einer Schauseite zur Straße hin und mit engen, langgestreckten Rückgebäuden, die um einen oder zwei Höfe gebaut sind. Mit jedem neuen Aufschwung verdichtete sich die Stadt entlang der Straße, bis keine freie Fläche übrigblieb und, um die Verkehrsdurchlässigkeit zu gewährleisten, neue und breitere Straßen hindurchgeschlagen werden mußten. Grundstücksspekulation in der rasend expandierenden Stadt wurde so neben der Textilbranche zum einträglichsten Geschäft. Um die Jahrhundertwende war die Piotrkowska fertig, und was später gebaut wurde, hatte nur in der zweiten Reihe Platz: so das YMCA-Gebäude aus den dreißiger Jahren oder die in verspiegeltem Glas errichteten Verwaltungsgebäude der staatlichen Textilkonzerne der achtziger Jahre dieses Jahrhunderts. Als die Zweite Republik kam, gab es all das nicht, was Städte dieser Größenordnung hatten: Rathäuser, Stadtverwaltungen, Museen, Regierungsgebäude. Man mußte sie entweder in den vorhandenen Stadtpalais unterbringen oder etwas abseits der Piotrkowska neu bauen.

Was Lodz nicht hatte – eine Vergangenheit –, erschuf es sich in den Fassaden. Es holte im Eiltempo alle Stilepochen nach, die die vorindustrielle Welt in Jahrhunderten durchlaufen hatte, ausgeführt mit den technischen Mitteln der neuen Zeit: als Neoromanik, Neogotik, Neorenaissance, Neobarock. Es trug aus allen Himmelsrichtungen zusammen, was sich auftreiben ließ, um das Grau der Fabrikstadt zu verdecken: aus Piacenza, Florenz, Byzanz, dem Wien der Sezession. Die Stadt der Fabrikarbeit und des Geldverdienens schmückt sich mit Zitaten aus dem Rokoko. Mit sandsteinfarbener Neoromanik dokumentiert man seine Bindungen an die Heimat jenseits der Grenze. Mit Hilary Majewski und Gustaw Landau-Gutenteger findet die Ausbildung der Petersburger Akademie der Schönen Künste auch auf der Piotrkowska ihren Niederschlag. In der Matthäuskirche ist leicht die Hand Franz Schwechtens und das Vorbild der Berliner Gedächtniskirche zu erkennen, in der Newski-Kathedrale der Byzantinismus des späten Zarenreiches. Verschwunden ist die von Adolf Wolff aus Stuttgart entworfene größte Synagoge und die im maurischen Stil von Adolf Seligson. Mit dem siebenstöckigen Hotel Savoy, das heute noch mehr über die Umgebung herausragt als zu Joseph Roths Zeiten, errichtet Lodz einen der ersten europäischen »Wolkenkratzer«.

Die Lodzer Bourgeoisie gibt sich aristokratisch, der moderne Unternehmer ist »Magnat«, »Baumwollkönig« oder »Barchentbaron«. Sie gibt zu erkennen, daß der Adel ihrer »Dynastien« auf Arbeit beruht, wenn sie allenthalben – in Vorwegnahme der sozialistischen Ikonographie der Arbeit – in ihre Wappen die Spindel oder das Weberschiffchen, den geflügelten Merkur oder Atlas mit der halben Welt auf den Schultern eingraviert. Vor dem Grauen der Fabriken flüchtet sie in die »mauretanischen Interieurs« hinter gelben Seidenstores und in Schäferszenen à la Watteau, ein »Mischmasch« aus Chinoiserien, schweren deutschen Renaissancekommoden, Amoretten und Louis-Seize-Möbeln. In einer solchen Stadt fand Andrzej Wajda, der Absolvent der Lodzer Filmhochschule, ohne Mühe die Kulisse für seine Verfilmung des »Gelobten Landes«.

Was an Lodz modern ist, tritt da in Erscheinung, wo gearbeitet wird: in den Spinnereien und Webereien, den Magazinen und Maschinenhallen, in den Elektrizitätswerken und Gasanstalten. Zwar machen die zinnengekrönten Portale der Posnanskischen und Grohmannschen Fabriken noch Anleihen beim Festungsbau, doch Grundriß und Anlage der Werke folgen bereits der neuen Logik höchster Ökonomie, Rationalität und Effizienz. Lodz-spezifisch sind die allenthalben anzutreffenden Feuerwehrhäuser, die Rettungsstationen in einer periodisch von Bränden heimgesuchten Fabrikstadt. Modern sind auch die Arbeitersiedlungen Scheiblers in der Pfaffenmühle, die nicht von ungefähr heute im Gespräch sind als Künstlerkolonie, modern sind die Posnanskischen Fabrikhallen, die heute zum Business- und Kulturzentrum umgebaut werden sollen. In diesen über hundert, über die ganze Stadt verstreuten, durch Gleise untereinander verbundenen Fabrikanlagen aus rotem Backstein wurde der Lodzer Reichtum produziert, und taxieren könnte ihn nur der, der von den unendlich vielen Variationen des Lodzer Tuches – Baumwolle, Leinen, Percal, Creton, Cord, Barchent, Flanell, Rips und so weiter – etwas verstünde. Es ist kein Wunder, daß auch heute die Piotrkowska die Wende symbolisiert. Wiederum zieht es Reymonts »Macher« zur Piotrkowska, und innerhalb der letzten zwei Jahre in einem atemberaubenden Tempo. Das Leben, das in die Vororte abgewandert ist, kehrt zurück. Die Piotrkowska wird wieder zur Geschäfts- und Bankenstraße, zur Schau- und Flanierstrecke mit italienischer Mode, Wrangler's und Levi's, Oxford University Press, Antiquitätengeschäften und einem Büro für »Stadtstrategien«. Wenn Marek Czekalski, der 45jährige Bürgermeister, von einer neuen Zukunft spricht, die die alte Textilmetropole jetzt vor sich habe, dann glaubt man es ihm am ehesten auf einer der Kreuzungen der Piotrkowska.

»Lodzermenschen«

Der Genese des Kapitals parallel geht die Genese des modernen Menschen. Lodz ist der Geburtsort einer besonderen Spezies – des Lodzermenschen. Seine Protagonisten sind Karol Borowiecki, Moritz Welt und Max Baum aus Reymonts »Gelobtem Land«. Ihre Vorbilder finden sich in der deutsch-polnisch-jüdisch gemischten Gesellschaft der Schweikert, Heinzel, Friedmann, Prussak, Bielschowski, Scheibler und Posnanski. Seine Entstehungsgeschichte im Laufe von drei Generationen ist erzählt in Israel Singers »Die Brüder Aschkenasi« oder in den Erinnerungen der Oberstudienräte vom Lodzer Deutschen Gymnasium, seine Liquidierung ist dokumentiert in den Deportationslisten der Gestapo und im »Großen Gesang vom ausgerotteten jüdischen Volk« des Jizchak Katzenelson, der vor dem Krieg in Lodz gelebt hatte. Lodz ist eine Menschenwerkstatt, die im 20. Jahrhundert zum Vorhof der Hölle von Chelmno und Auschwitz wird. Lodz ist das Werk vieler Völker in einer Zeit, in der Stand, Konfession und die Loyalität der Untertanen noch mehr zählten als Volkszugehörigkeiten. Die Stadt aus »Blut und Gold« war keine Idylle, sondern der Schauplatz eines viel Schwierigeren: der spannungsreichen Koexistenz der Unterschiede auf engstem Raum. Lodz war katholisch, protestantisch, mosaisch, was soviel bedeutete wie polnisch, deutsch, jüdisch. Die Anteile der Religions- und Bevölkerungsgruppen verschoben sich im Laufe der Zeit, aber die Balance verlor die Stadt durch die Gewalt, die von außen kam. Noch um 1830 war die Mehrheit der Lodzer Bevölkerung (74%) deutsch, Einwanderer aus dem

Schlesischen, Sächsischen, aus Böhmen und dem Rheinland, die zweitstärkste Gruppe waren Polen (17%), die drittstärkste Juden (9%). Die Befreiung der Leibeigenen im Königreich Polen 1864 und die antijüdische Gesetzgebung des Zarenreiches schlugen sich in einem starken Zustrom polnischer Proletarier und litauischer Juden, der sogenannten Litvaken, nieder. Am Ende des Jahrhunderts sind Polen bereits die stärkste Bevölkerungsgruppe, gefolgt von den Deutschen mit 34% und den Juden mit 25%. Die Volkszählung 1931 macht in der Stadt einen polnischen Bevölkerungsanteil von 50%, einen jüdischen von 32 und einen deutschen von nur noch 10% aus. In der Regel entspricht diesen Anteilen auch die Sozialstruktur: deutsch waren die Web- und Spinnmeister, die Ingenieure und Betriebsleiter, polnisch war die Arbeiterschaft, jüdisch Handel, Handwerk und die freien Intelligenzberufe. Die »organische Zusammensetzung« des Lodzermenschen ändert sich im Laufe der Generationen, vor allem durch den Aufstieg eines eigenständigen polnischen Bürgertums. Es war fast unvermeidlich, daß der Kampf um einen Platz an der Sonne eine volkstumskämpferische oder klassenkämpferische Färbung annahm – oder beides zusammen.

Und doch hat Lodz die Spannungen nicht nur ausgehalten, sondern aus ihnen etwas gemacht. Der Lodzermensch war überzeugt, daß die Zugehörigkeit zur Stadt mehr zählt als die zum »Stamm«. Der Lodzermensch ist mit Krisen groß geworden, seine Lebensform war der Kompromiß. Neben den vielen Göttern, die jeder auf seine Weise verehrte, gab es den einen Gott, dem alle huldigten: den Erfolg. Da alle Immigranten waren, war nicht das Herkommen, sondern das Fortkommen von Bedeutung. »Die auseinanderstrebendsten Ansichten in Sitten, Gebräuchen und Lebensgewohnheiten, in religiösen und geschäftlichen Anschauungen machen sich auf Schritt und Tritt bemerkbar«, konstatiert der aus Lodz gebürtige Oskar Kossmann, »und das einzig verbindende Element zwischen all den verschiedenartigen Erscheinungen ist die Gemeinschaft industrieller Tätigkeit und materiellen Erwerbs. Die Industrie bildet den Mittelpunkt, in dem sich alle Fäden kreuzen.«

Lodz war von außen besehen der »Polyp«, der das alte Polen unter sich begrub, die »böse Stadt« (Z. Bartkiewicz), die Traditionen zertrümmerte. Aber Lodz, das auf den Trümmern der alten, von Grundeigentum und Magnaten geprägten Welt wuchs, schuf sich eine neue Ordnung. Je weniger sich die staatliche Macht um sie kümmerte, desto mehr waren ihre Bürger, vor allem die vermögenden, gefordert. Je mehr die Stadt wuchs, desto rascher hörte sie auf, bloße Fabrikstadt zu sein und wurde zum Geburtsort einer komplexen städtischen Selbstorganisation. In Lodz ist daher nicht nur die beispiellose Anhäufung von Luxus und das Genie der menschlichen Arbeit zu bewundern, sondern die Leistung einer mühsamen Gesellschaftsbildung. Sie schlug sich nieder in der Bewältigung des für eine Großstadt Unvermeidlichen – Schaffung einer Infrastruktur von Schulen, Hospitälern – und in dem unendlich vielfältigen und reichen Netzwerk von Organisationen und Wohltätigkeitsvereinen, in denen sich das Leben der Vielvölkerstadt entfaltete. Es ist das Gemeinschaftswerk von Unternehmern, Arbeiterbewegung und Intelligenzija. Dazu gehören die Sonntagsschule für Handwerker und Heinzels Fabrikabendschule, die freiwillige Feuerwehr und das israelitische Kinderasyl, Krons Knabengymnasium und Dr. Seweryn Sterlins Tuberkuloseanstalt. An ihm sind das deutsche Thalia-Theater ebenso beteiligt wie das Polnische Theater, der Hasomir-Gesangsverein, der Lodzer Männergesangsverein, die Sportvereinigungen Union, Konkordia, Dombrowa und Newcastle ebenso wie der Krankenpflegerverein »Bikur Cholim«. Lodz' größter Reichtum liegt nicht so sehr in den Fabriken, sondern im »Humankapital«, das im Laufe von Generationen akkumuliert worden war. Lodz' bedeutendste Ware ist vielleicht das Tuch, seine zivilisatorische Leistung ist der Lodzermensch. Dieses »Kapital« ist in einer historischen Sekunde von unerhörter Zerstörungskraft verschleudert und zerstört worden. Von den 250 000 Juden, die vor 1939 in Lodz lebten, waren 1945 nur noch 800 in der Stadt. Ein Jahr später, als die in Lodz verbliebenen Deutschen auf dem Gelände von Grohmann & Scheibler interniert und nach Cottbus abgeschoben werden, ist auch das Kapitel der Lodzerdeutschen zu Ende. Der Epitaph auf den Lodzermenschen findet sich auf den Friedhöfen, von denen die Vielvölkerstadt Lodz neun hat. Die Konkurrenz, zu der Karl Scheibler und Israel Posnanski mit ihren grandiosen Grabdenkmälern post mortem noch gegeneinander angetreten waren, ist längst beendet. Sie wurden überholt von einem Zeitalter, das im Blitzkriegstempo ruinierte, was sie und ihresgleichen in generationenlanger Arbeit aufgebaut hatten.

Litzmannstadt – Anti-Stadt

Lodz wurde am 8. September 1939 von den Deutschen besetzt und dem »Warthegau« des »Großdeutschen Reiches« angegliedert. Es beginnt die Vertreibung der Polen ins »Generalgouvernement« und die Einschließung der jüdischen Bevölkerung im Ghetto, das in den Bezirken Altstadt, Baluty und Marysyn errichtet wird. Ende April 1940 sind 160 000 Menschen auf einem Areal von vier Quadratkilometern eingeschlossen. Parallel zu dieser »Aussiedlung« werden Tausende von Volksdeutschen, die im Zuge des Molotow-Ribbentrop-Vertrages ihre Heimat im Baltikum, in Galizien, der Bukowina und Bessarabien verlassen mußten, in Lodz »eingesiedelt«. Lodz, das seinen Aufstieg dem Drang zum Gelobten Land verdankte, wird zum Verfluchten Land. »Litzmannstadt«, wie Lodz unter deutscher Herrschaft heißt, ist Programm: die Stadt soll zu einem »Vorposten des Deutschtums im Osten« werden, die Pläne für die »deutsche Stadt« sind schon fertig, Musterbauten mit »deutschen Dächern« sind heute noch zu sehen. Die Synagogen in der Wolborska und Wolczanska gehen in Flammen auf, die Umgebung des Ghettos wird abgerissen – aus »Hygienegründen«. Über der Zgierzer Straße werden Holzbrücken errichtet, um den Tramverkehr nicht zu behindern. Das Ghetto wird zum Sklavenstaat in der Stadt und liefert Lodzer Textilien fürs Reich. Neckermann ordert am 29.1.1942 »850 Damenröcke« nach Berlin, während die Deutsche Reichsbahn Juden aus Berlin, Wien und Prag nach Litzmannstadt schafft – vorübergehend. In vier Großdeportationen, die erste 1942 nach Chelmno, die letzte am 30. August 1944 nach Auschwitz, wird das Ghetto »geräumt«. Im letzten Transport vom Bahnhof Radogosc/Radegast ist auch Chaim Rumkowski, der von den Deutschen eingesetzte und als »König des Ghettos« verhöhnte Vorsitzende des Judenrats. Als die Rote Armee am 19. Januar 1945 gegen elf Uhr vormittags die Stadt befreit, gibt es keine Lodzer Judenheit mehr.

Im »Goldenen Dreieck«

Lodz, das während des Krieges weitgehend unzerstört geblieben war, wird nach der Befreiung Polens für einen kurzen Augenblick zur Ersatzhauptstadt für das dem Erdboden gleichgemachte Warschau. Lodz, das entvölkert wurde, wird nun zur Heimstatt für Hunderttausende Obdach- und Heimatlose aus dem ganzen Land. Das Jahr der Befreiung ist das Jahr der Gründung der Universität Lodz. Lodz bleibt Textilmetropole, aber auf den Lodzermenschen folgen die »Männer aus Eisen« und dann die »Männer aus Marmor«. Im sozialistischen Lodz werden die Fabriken nationalisiert, der Wohnraum aufgeteilt, und Modernisierungen durchgeführt, die aus dem Fabrikmoloch eine Stadt mit »Luft und Sonne« machen sollen. Lodz holt nach, wozu es in der Vor-

kriegszeit nie gereicht hatte: Bau einer Kanalisation, Straßendurch-
brüche, Aufsprengung der dunklen Hinterhöfe. In der Nachkriegsstadt
entsteht eine neue Ästhetik des Sehens, Roman Polanski – wie Wajda,
Munk und Zanussi Absolvent der Filmhochschule – dreht hier »Das
Messer im Wasser« als seine Diplomarbeit. Lodz wird so modern wie
alle anderen Nachkriegsstädte, mit riesenhaften Siedlungen und allem
Komfort der industriellen Bauweise, Kindergärten und Kaufhäusern.
Um die Stadt herum legt sich eine Doppelstadt, in der die Mehrheit der
Bevölkerung lebt, weitab vom Zentrum, und dazwischen ein undefi-
nierter Korridor aus Industrieanlagen, verfallenden Prachtbauten, Ga-
ragen, Brandwänden.
    Damit will das heutige Lodz Schluß machen. Es will den Ruf eines
»Manchesters des Ostens« loswerden und den Mythos vom »Gelobten
Land« retten. Es sucht Wege, die aus der Monokultur der Textilstadt
herausführen. Schon jetzt steht die Hälfte der alten Fabrikanlagen leer
oder dient als Möbellager, Supermarkt oder Diskothek. Die staatlichen
Textilunternehmen mußten Tausende entlassen. Aber die Lodzer Presse verweist auch auf die Tausende in den letzten drei Jahren neu gegründeten Unternehmen und den sichtbaren Umschwung. Lodz entdeckt endlich seine Geschichte neu und bringt sie ins Spiel in der
neuen Konkurrenz um Investitionen und Touristen. Lodz hat Pläne für
ein Leben nach dem Ende der Textilmetropole und nimmt seine Verbindungen in die Welt nach draußen wieder auf: nicht nur nach Westen, sondern auch nach Sankt Petersburg, Riga, Kiew. Lodz tritt aus
dem Schatten der Hauptstadt heraus, die alles an sich zu ziehen scheint,
was im Lande es zu etwas bringen will, und macht den etablierten
Messestandorten Konkurrenz. Man zitiert auf Hochglanzpapier die
Bilder von der vergangenen Pracht, ist vor allem aber geschäftstüchtig.
Im Hotel Déjà vu lebt der Gast umgeben vom Design der Lodzer Sezession, vor allem aber von einem Service, der auf der Höhe der Zeit
ist. In den Diskotheken Westside und Fabryka, die sich in den Fabrik-
etagen der Hinterhöfe eingerichtet haben, geht das Gespräch nicht
über die Vergangenheit, sondern über das Leben heute. Und wo die
Stadt zu schwerfällig ist, da findet die neue Initiative einen Auslauf
draußen vor den Toren der Stadt.
    Äußerlich sind die Basare von Tuszyn, Rzgów, und Gluchow etwa
zwanzig Kilometer vor der Stadt nichts Bemerkenswertes. Und doch
haben die Dimension, die Lage, die rasante Karriere etwas an sich, was
wir schon einmal an Lodz beobachtet haben: die Unscheinbarkeit der
Anfänge, die Bedeutungslosigkeit des Ortes, die Anziehungskraft des

Namenlosen, das Tempo der Entwicklung. Tuszyn ist zum größten Handelsknotenpunkt in Polen geworden, zum »Goldenen Dreieck«, zur »Bonanza«, wie die Presse heute nennt, was einmal biblisch »Gelobtes Land« hieß. Auf offenem Feld, gleich neben der Autobahn nach Kattowitz, sind in mehreren Reihen Hallen errichtet – zum Teil ehemalige, aus der Ukraine importierte Flugzeughangare. Die ganze Woche über, vor allem aber an den Wochenenden, finden sich hier Zehntausende von Menschen ein, die sich in Tuszyn mit Kleidung, Schuhwerk, Teppichen eindecken. Täglich kommen an die hundert Busse aus dem ganzen mittleren und östlichen Europa hier an: aus Tschechien, aus der Slowakei, aus der Ukraine, aus Rumänien, Rußland, Belarus und dem Baltikum. Die Grundstückspreise entlang der Autobahn sind in den letzten drei Jahren explodiert. Der Betreiber des Basars, Antoni Ptak, ist heute einer der reichsten Männer von Lodz und Sponsor des populären Fußballklubs LKS – die zeitgenössische Form des alten Lodzer Mäzenatentums. Was auf den ersten Blick wie ein Trödelmarkt aussieht, ist gut organisierter Großhandel mit Millionenumsätzen: die Bauweise ist so einfach wie einst die der Lodzer Fabrikhallen; auf dem Feld entsteht der Archetyp der Basar-Architektur – die Passage, die überdachte Mall. In den Ausstellungskojen demonstriert die Lodzer Textilindustrie, was sie noch immer zu bieten hat: die unendliche Vielzahl an Mustern und Schattierungen ihrer Stoffe, vorgeführt von einem Personal, das von Tuchen und Stoffen etwas versteht. Im Nu ist eine leistungsfähige Dienstleistungssphäre mit Motels und Autoreparaturwerkstätten entstanden – mit Reklameschildern in vielen Sprachen. Lodz, das ins Abseits geraten ist, liegt heute im Schnittpunkt des neuen Autobahnnetzes Polens, an dem sich die Wege von Skandinavien zum Mittelmeer und die von Paris nach Moskau einmal kreuzen. Vielleicht ist Tuszyn so etwas wie die zweite Erfindung von Lodz und der Highway der neue Lodzer Weg ins Gelobte Land.

(1996)

Die Paradiese von Sankt Petersburg

Sankt Petersburg ist in den weißen Nächten, wenn die Sonne nicht mehr untergeht und alles in ein gleichmäßig fahles Licht getaucht ist, in dem es keine Schatten gibt, wie in Trance. Im »Palmyra des Nordens« verschwindet für einen Augenblick die Differenz von Tag und Nacht und damit der Rhythmus des gewöhnlichen Lebens. Noch um Mitternacht strömen Menschen über den Newski-Prospekt oder flanieren über die Uferstraßen der Newa. Sie schauen auf die Newa-Brücken, die wie immer pünktlich aufgeklappt werden, und auf die vergoldeten Kuppeln und Türme ihrer Stadt. Alle Bewegungen sind gedämpft und verhalten, von der Nacht bleibt nur die Stille. Kein Zweifel: Dies sind die Bewegungen von Somnambulen, hier herrscht ein Ausnahmezustand ganz besonderer Art. Zarskoje Selo, die kaiserliche Residenz, die heute Puschkin heißt, ist in der Zeit der weißen Nächte die Steigerung dieses Zustandes. Die Wächter des Schloßparks, die um Mitternacht ihre Runde drehen, sind milde gestimmt; man solle ruhig weitergehen. Die Ordnungshuter lustwandeln wie die übrigen späten Besucher auch. Über dem See ragen die weißen Säulen von Charles Camerons Galerie auf, und an der Treppe lehnen sich Herkules und Flora ermüdet von der Hitze des Tages an den künstlichen Fels. Die türkis-weißgoldene Gartenfront des Katharinenschlosses wird jetzt, wo das Licht des Tages sich verloren hat, fast zur Plastik. Im Teich spiegeln sich der Himmel, das türkische Badehaus mit dem Minarett, der neogotische Bau der Admiralität. Still liegt die »dreigeschossige Arche« des Lyzeums, das Puschkin einst besucht hatte. Um die goldenen Zwiebelkuppeln der Schloßkirche segeln Schwalben. Verwittert liegt der Alexanderpalast, der letzte Aufenthaltsort der Zarenfamilie. Die Oberfläche der Figur des Diskuswerfers an der Auffahrt ist gesplittert. Risse, Plastikplanen über dem Dach, baufällige Baugerüste. Die Wiese, die zum Teich hinabführt, ist verwildert, gewiß nicht im Sinne englischer Gartenbaukunst. An der großen Kaskade stehen Jugendliche in langer Reihe, sie schwingen sich über die Balustrade und stürzen sich ins Wasser. Die Köpfe von Schwimmern ziehen ihre Bahnen zwischen den schilfbestandenen Ufern. Alles sieht aus wie ein in zarten Pastellfarben gemaltes Bühnenbild. Die Menschen wandern wie Kinder, die sich satt gesehen haben an ihrem Spielzeug. Keine Spur von Anstrengung. Hinter dieser Leichtigkeit des Seins stand einst die Macht und die Herrlichkeit des ganzen untergegangenen russischen Kaiserreiches.

Zarskoje Selo ist nur eines der Paradiese, von denen Sankt Petersburg viele hat. Sie heißen Peterhof, Oranienbaum, Pawlowsk, Gatschina, um nur die bedeutendsten zu nennen. Vom Zentrum Petersburgs aus sind sie leicht zu erreichen: vom Witebsker Bahnhof aus, Peterhof erreicht man mit dem Tragflächenboot. Es sind Vororte mit Vergangenheit, bis zur Revolution Residenzen der kaiserlichen Familie. Sie liegen meist etwas höher als das flache, an eine Sumpf- und Polderlandschaft erinnernde Ingermanland. Oranienbaum, das heute Lomonossow heißt, wurde schon um 1711 mit einem Park im holländischen Geschmack angelegt. Peterhof, das nach 1944 in Petrodworjez umbenannt wurde, war von Peter dem Großen, der bei seiner Reise nach Westeuropa 1717 Versailles und Trianon gesehen hatte, als »Klein-Versailles« errichtet worden. Heraus kam freilich etwas ganz anderes und eigenes: ein Lustschloß, von dessen Kaskaden man hinausblickt auf das Meer, bei gutem Wetter vielleicht bis nach Finnland oder bis zur goldenen Kuppel der Isaakskathedrale. In Strelna steht ein Lustschloß im gotischen Stil, in Gatschina ein weitläufiger Komplex von Schlössern und Parks. Pawlowsk besitzt vielleicht den schönsten Park auf »unholdem Boden«. Der Besucher geht dort inmitten malerischer Landschaften, Täler und Anhöhen, blickt von Aussichtspunkten auf Seen, rauschende Wasserfälle, statuengeschmückte griechische Tempel, Schweizerhäuschen, moosbedeckte Eremitagen und Obelisken. Zarskoje Selo wurde in Europa einst in einem Atemzug mit Potsdam und Versailles genannt. Es war die prächtigste Residenz der Romanows. In Zarskoje Selo hatte schon Peter der Große ein Gut samt Orangerie und Tiergarten besessen. Der Name leitete sich her vom finnischen Saari, aus dem dann Zarskoje Selo, also Zarendorf, wurde. Unter den Kaiserinnen Elisabeth und Katharina der Großen erhielt die Residenz ihre heutige eindrucksvolle Gestalt: mit dem großen Palais, das nach Plänen Rastrellis im Rokokostil gebaut wurde und dessen Gartenfassade sich über 300 Meter hinzieht. Fast alle russischen Kaiser oder Kaiserinnen fügten dem Schloßkomplex etwas hinzu.

Besonders reizvoll und eigentümlich unter nördlichem Himmel ist die von Charles Cameron Ende des 18. Jahrhunderts als Wandelhalle für schlechtes Wetter geschaffene Galerie, von der aus ein Blick über den großen Teich hin möglich ist. Nichts an diesem Ort der natürlichen Anmut ist »natürlich«. Alles ist im Laufe von mehr als 200 Jahren von Generationen von Gärtnern entstanden. Sie haben ihr Leben damit verbracht, Bäume zu pflanzen, Wege und Kanäle in Ordnung zu halten, Ufer zu befestigen und Sichtachsen zwischen den üppig wachsenden Alleen freizuhalten. Jede Epoche hat ihre Spur hinterlassen: die Petrinische und Elisabethanische im Garten im holländischen Stil, der nach Jahren der Verwahrlosung wiederhergestellt ist; das Rokoko in seinen Pavillons, Volieren und marmornen Brücken und Eremitagen; das romantische frühe 19. Jahrhundert mit seinen mystischen Aufwallungen, verkörpert in künstlichen Ruinen und ihrer Rückkehr zur Landschaft, »wie sie war«.

Die Moderne kommt vor allem mit technischem Komfort: mit einem elektrischen Generator für die Stromversorgung der Schlösser, Zentralheizung und Garagen, die in gehöriger Distanz zum Schloß angelegt werden. Das 20. Jahrhundert fügt dem künstlichen Paradies nichts hinzu, es sei denn Melancholie über die zu Ende gehende Epoche, Gleichgültigkeit und den Furor des Krieges. Die schlimmste Zeit war die des Zweiten Weltkrieges, als Zarskoje Selo wie auch Pawlowsk und Peterhof von der Wehrmacht besetzt waren, Salons zu Pferdeställen umfunktioniert und Interieurs wie die des Bernsteinzimmers ins Reich abtransportiert wurden. Aus den Petersburger Paradiesen war verbrannte Erde geworden. Teile des Katharinenpalais ragen, auf alten Photos kann man es sehen, ausgebrannt wie Skelette gegen den Himmel.

Verschwundenes Mobiliar kann man aus heil gebliebenen Schlössern zusammentragen, so daß sich beim heutigen Besucher der Eindruck einstellt, er habe es mit einem vom Krieg nicht berührten Original zu tun. Etwas anders ist es mit der Rekonstruktion von Parks. Ihr Material ist lebendig: Bäume, Teiche, Gewässer, Büsche, Blumen. Sie brauchen Zeit, um neu zu wachsen. Alleen lassen sich nicht bauen wie eingestürzte Mauern. Vernachlässigung schlägt um in Verwahrlosung. Terrassierungen verfallen, Sichtachsen wachsen zu. Die Eichen und Lindenalleen von Zarskoje Selo sind wie anderswo auch in zweihundert Jahren gewachsen. Am ehesten erkennt man die Handschrift des großen Meisters, der Teiche aufstauen und Hügel versetzen kann, an dem Spielzeug, das er in der Kunstlandschaft verstreut hat. Hier ist es der Pagodenbau des chinesischen Theaters, dort eine Brücke aus blauem sibirischem Marmor. Hier sind es die Bronzebüsten von Julius

Cäsar und Homer auf Camerons weißer Galerie, dort eine gotische Kapelle oder ein Pavillon im maurischen Stil. Auf der Insel im Großen See ragt eine Rostralsäule auf. Wir durchschreiten Triumphbögen oder ziehen uns zurück in künstliche Grotten. Aus dichtem Grün ragt eine Granitpyramide, das Grabdenkmal für die Lieblingshunde Katharinas der Großen. Wir wandern von der »kleinen Caprice« zur »großen Caprice«. Wir durchwandern Parks im holländischen, französischen, schließlich englischen Stil. Die ganze Weltgeschichte hat sich eingefunden: Sphinxen, ägyptische Tore, griechische Tempel, türkische Kioske, chinesische Pagoden, gotische Kirchtürme und Burgruinen vom Rhein. Dies alles aber versammelt unter dem großen Himmel des europäischen Nordostens und eingelagert in das üppige Grün Ingermanlands. Der Park als Collage, als Lehrpfad durch die Geschichte der Kunst, die Weltkunst als Zitatenschatz, eine Postmoderne vor der Moderne.

Aber am zauberhaftesten sind die Parks von Zarskoje Selo, wenn die Natur auf ihnen zu spielen beginnt. Das ist im Herbst, wenn das Laub in brennenden Farben zu leuchten beginnt und Spaziergänger wie narkotisiert vom Geruch des herbstlichen Laubs über die Alleen schlendern. Oder es ist im Winter, wenn alles in weißer Pracht daliegt – das türkische Bad, die türkisblaue Eremitage, das ziegelrote Gebäude der Admiralität –, und wenn am winterlichen Spätnachmittag in einem der Fenster in der grandiosen Gartenfront des Katharinenpalastes Licht angeht. An solchen Orten ist es nicht schwer, den Kontakt mit der Welt draußen zu verlieren: mit der Welt der Telegraphen, Zeitungen, Preiserhöhungen und Soldatenrevolten. Zarskoje Selo wurde zum Zufluchtsort für einen von der Wirklichkeit des Zarenreiches überforderten Imperator. Hier kam im Hause der Anna Wyrubowa in der Uliza Zerkownaja 2 die Hofgesellschaft mit dem geheimnisvollen Grischa Rasputin zusammen (heute ist dort ein »Hochzeitspalast«, also ein Standesamt). Im Park verbrannten die adligen Mörder Rasputins den Leichnam und zerstreuten die Asche in alle Winde. Im Alexanderpalast von Zarskoje Selo lebten der letzte Zar und seine Familie bis zu ihrer Deportation nach Tobolsk.

Im Schatten des Hofes

Zarskoje Selo war indes – wie Potsdam – nicht nur kaiserliche Residenz. Und auch heute ist es nicht einfach ein Vorort mit Vergangenheit, sondern eine Stadt mit rund 100 000 Einwohnern und einem eigenständigen und interessanten kulturellen Leben. Die meisten Einwohner der Stadt wohnen in den Neubauvierteln jenseits der Bahnlinie und fahren zur Arbeit nach Petersburg, wo sie am Witebsker Bahnhof, einem der schönsten Jugendstilbahnhöfe Europas, ankommen. Zarskoje Selo wurde nach der Revolution in Djetskoje Selo, also Kinder-Dorf, umbenannt und 1937, im Jahr des »Großen Terrors«, anläßlich des 100. Todestages Alexander Puschkins in Puschkin.
Die Stadt ist weit und großzügig im Schachbrettmuster angelegt. Vom Bahnhof gehen die breiten, baumgesäumten und schattigen Alleen sternförmig ab. Die Häuser sind meist nur ein- oder zweistöckig. Man hat nicht den Eindruck einer dichtbebauten Stadt, die Abstände zwischen den Häusern sind groß, die Holzhäuser von einst sind fast alle verschwunden, im Krieg verbrannt oder abgerissen. Es ist sehr grün, fast wie in einer russischen Datschensiedlung. Aus dem Grün tauchen überraschend auf: eine neogotische Elektrostation, die die Paläste und die Stadt mit Strom versorgt hat; eine Plakette verweist darauf, daß sich im Mai 1917 Lew B. Krasin und Lenin hier getroffen haben; die lutherische Kirche, die heute finnisches Kulturzentrum ist und regelmäßig Gottesdienst abhält.
Zarskoje Selo war Residenz- und Garnisonsstadt. Seine Straßen hießen Kadetten-, Husaren-, Fourage- und Kürassierstraße. Der dominierende Gebäudetyp ist die Kaserne, die Stallung, der Exerzierplatz, der Reitsaal. Vieles ist auch heute noch von Militärs belegt. Allenthalben stößt man auf gutbewachte Eingänge militärischer Einrichtungen, vor allem Schulen und Hochschulen. Aber auch eine Agrarhochschule gibt es und Filialen von Petersburger Forschungsinstituten. Unter jedem Kaiser kam eine respektable Baulichkeit hinzu: etwa das Alexander-Knabengymnasium, das Marien-Mädchengymnasium, der Kaiserbahnhof. Zarskoje Selo war natürlich multikulturell und multikonfessionell: Es gab eine lutherische Kirche für die zahlreichen Deutschen und Schweden, eine römisch-katholische für die französischen Gouvernanten und Bonnes, aber auch ein jüdisches Bethaus in der Welikowskaja-Straße.
Es gab berühmte Bildungseinrichtungen, allen voran das Kaiserliche Lyzeum, aber auch Volksschulen für die Kinder armer Leute. Ein

ganzes Viertel wird vom Kaufmannshof aus dem letzten Jahrhundert eingenommen. Adlige und Hofbeamte bauen ihre Palais, später zieht auch der Geldadel der Kokorews und Wawelbergs nach. Großfürst Boris Wladimirowitsch läßt sich im englischen Landhausstil seinen Woolfs Garden – fast wie Cecilienhof – bauen; heute ist dort ein wissenschaftliches Institut für Pflanzenzucht. Eine Villa im Neorokoko der Jahrhundertwende gehörte den Jussupows. Außerdem gibt es in der Stadt zahlreiche Monumente, Obelisken, Siegessäulen und Triumphtore. Und da, wo große freiliegende Plätze sind, kann man mit großer Sicherheit davon ausgehen, daß dort einmal eine Kirche der heiligen Katharina stand, die 1939 zugunsten eines Lenin-Denkmals abgetragen worden war. Man merkt an den Jugendstilvillen, aber auch an dem 1912 fertiggestellten Kaiserbahnhof im neorussischen Stil, daß Zarskoje Selo vor dem Ersten Weltkrieg noch einmal einen großen Boom erlebt hatte. Im Schatten des Hofs war herangewachsen, was Erich Gollerbach, der Bewohner Zarskoje Selos, in seinem wunderbaren Buch von 1927 die »Stadt der Musen« genannt hatte.

Im Moment des Endes wird sich Zarskoje Selo seiner Vollkommenheit inne. Ohne Zarskoje Selo gibt es kein Goldenes und vielleicht auch kein Silbernes Zeitalter der russischen Kultur. Sein *genius loci* wurde – anders als Peterhof oder Gatschina – zur Wiege der Genies. Erich Gollerbach war überzeugt, daß vieles am Werk Puschkins nur verständlich wird, wenn man Zarskoje Selo kennt. Zarskoje Selo ist gleichsam eine Topographie der russischen Kultur. An erster Stelle ist hier das Kaiserliche Lyzeum zu nennen, das Giacomo Quarenghi gebaut hatte. Sein berühmtester Schüler, Alexander Puschkin, bewohnte das Zimmer mit der Nummer 14 im dritten Stock, mit dem Blick auf die Schloßkirche. Zu den Absolventen des Lyzeums gehörten aber auch so berühmte Dichter und Staatsmänner wie Wilhelm Küchelbecker, Alexander Delwig oder Fürst A. M. Gortschakow.

Die Sommerhäuser und Villen wurden zu Versammlungsorten der kulturellen Elite: der Odendichter Derschawin war da, aber auch der Historiker des russischen Staates Nikolai M. Karamsin, die Dichter Wassilij A. Schukowski, Alexander Turgenjew, Peter A. Wjasemskij und der Begründer des modernen russischen Geschichtsdenkens Peter Tschaadajew. In Zarskoje Selo arbeitete Puschkin am »Jewgenij Onegin« und traf sich mit Nikolai Gogol. Im Park deklamierte Krylow seine Fabeln. Auch Alexander von Humboldt weilte in Zarskoje Selo. Die dreißiger Jahre des 19. Jahrhunderts gehen mit den tödlichen Schüssen von 1837 und der Eröffnung der Eisenbahn zwischen Sankt

Petersburg und Zarskoje Selo im selben Jahr zu Ende. Aus der Wiege russischer Dichtung wird der Alterssitz so verdienter Dichter wie Tjutschew und Wjasemskij. Aber irgendwann um 1900 wird Zarskoje Selo noch einmal Sammelpunkt einer Kultur im Aufbruch. Innokentij Annenskij, der Direktor des Kaiserlichen Nikolaj-Knabengymnasiums war, wird zum Sammelpunkt und Inspirator der Erneuerung der Literatur, zuerst des Symbolismus, dann des Akmeismus. Es war die Zeit, in der in den Parks die Blasorchester der Garderegimenter aufspielten, englische Misses und deutsche Bonnes wohlerzogene Knaben und Mädchen im Park ausführten, Flügeladjutanten ihre Uniformen vorführten, da auf den Teichen schwarze Schwäne ihre Kreise zogen, Gymnasiasten Baudelaire und Swedenborg lasen und Wrubelsche Engel in Mode gekommen waren. Es duftete nach englischer Seife. Wer fand sich nicht alles ein: Der Historiker der Intelligenzija, Iwanow-Rasumnik, war hierher verbannt worden. Nikolaj S. Gumiljow, der Mann der starken Gefühle, Monarchist, Abenteurer, Afrikareisender und Ehemann Anna Achmatowas. Anna Achmatowa, die hier aufwuchs, wurde die Muse von Zarskoje Selo genannt.

Rußlands Halb-Versailles

Zarskoje Selo wurde zum Salon der Musen, in dem sich Vertreter aller Künste einfanden: die Dichter und Schriftsteller Anna Achmatowa, Ossip Mandelstam, Maximilian Woloschin, Wassilij Rosanow, die Schauspieler und Regisseure Stanislawskij und Meyerhold. Die Paradiese von Sankt Petersburg wurden zur Bühne der zahlreichen Renaissancen des Silbernen Zeitalters: in den Bildern von Alexander Benois, Mstislaw Dobushinskij und Jewgenij Lanceray, in den Menuetten auf der großen Galerie, in der Liebe für Chinoiserien und Perlmutt-Intarsien, Feuerwerken und Maskenbällen. Im Park spielt das Orchester der Leibhusaren. Ossip Mandelstam, der Mann mit dem absoluten Gehör, hat das »Rauschen der Zeit« bei seinen Besuchen der Konzerte im Pawlowsker Bahnhof für die Nachwelt festgehalten. Pawlowsk, dieses »russische Halb-Versailles« mit seinen »Hoflakaien, Staatsratswitwen, rothaarigen Polizeioffizieren, schwindsüchtigen Pädagogen und bestechlichen Beamten«, war nicht viel anders. »Ich kann mich gut an Rußlands dumpfe Jahre erinnern – die neunziger Jahre, ihr langsames Dahinkriechen, ihre kränkliche Ruhe, ihr tief provinzielles Dasein. Eine stille, falsche Bucht: letzte Zuflucht eines sterbenden Jahrhunderts.«

Irgendwann aber rollten Lazarettzüge im Bahnhof von Zarskoje Selo ein. Irgendwann blühten die Teerosen auf der Terrasse des Katharinenparks zum letzten Mal. Der Zar und seine Familie wurden ermordet. Viele Bewohner der Residenz kamen im Bürgerkrieg um oder gingen ins Exil. Die farbenprächtigen Uniformen verschwanden aus Zarskoje Selo ebenso wie die kaiserlichen Salonwagen, in denen fortan Trotzki durch das fuhr, was vom Russischen Reich geblieben war. Aus Zarskoje Selo wurde Djetskoje Selo, also Kinderdorf. Aber es kamen nicht eigentlich die Kinder, sondern die Kinder des bürokratischen Apparats. Die kaiserlichen und aristokratischen Residenzen wurden nun zu privilegierten Reservaten der neuen Klasse, zu Datschenvororten für Leute mit gehobenen Ansprüchen. Die Stadt wurde umfunktioniert, die Paläste waren verwaist. Sie wurden »Museen der materiellen Kultur«, wo das einfache Volk mit eigenen Augen bestaunen konnte, was es hier alles gab: elektrisches Licht, fließendes warmes und kaltes Wasser, elektrische Kandelaber, französische Autos in den Garagen. Aus Vorstadtvillen wurden Sanatorien, aus Palais Erholungsheime für verdiente Revolutionäre, Angehörige des Kominternapparates, manchmal auch Kinderheime.

Überall im Lande rückten die Veteranen der Revolution und des Untergrundes in die Palais der einst herrschenden Klasse. Hier kam es manchmal zu grotesken Begegnungen zwischen Angehörigen der alten Intelligenzija, die hier im Erholungsheim des Schriftstellerverbandes einquartiert waren, und den Angehörigen der neuen Klasse im Urlaubsdreß. Eine Zeitlang fanden die geduldeten Intellektuellen und Schriftsteller hier ein Obdach. »Auf der Terrasse der kleinen Privatpension in Zarskoje Selo wurde wortlos und ohne Erklärungen unser Bund zu dritt geschlossen«, notierte Nadeshda Mandelstam über Ossip Mandelstam und Anna Achmatowa. Die Stadt änderte sich von innen her. Die Interieurs flogen in alle Himmelsrichtungen auseinander, die kostbaren Bibliotheken wurden im besten Fall in staatliche Depots gebracht und den öffentlichen Sammlungen einverleibt, im schlimmsten Fall, den es häufig gab, wurden sie zum Heizen verwendet.

Unermeßliche Reichtümer, die hier in Generationen zusammengetragen worden waren, lösten sich auf. Im neoklassizistischen Palais Kotschubejs, des letzten Zeremonienmeisters des Zaren, wurde nach der Revolution ein Erholungsheim für alte Bolschewiken eingerichtet, später eine Art Parteischule für führende Kader. Die neue Klasse hielt sich nicht an den Denkmalschutz, sondern baute an und um nach eigenem Geschmack: eine Banja, eine Bar und ein Sportsaal kamen hinzu.

In Zarskoje Selo gab es genügend Gebäude, die in Volkstheater, Pionier-paläste und Armeeklubs umfunktioniert werden konnten. So entstanden Bauten von irritierendem Reiz, etwa die alte Hoforangerie, die in den dreißiger Jahren mit konstruktivistischen Elementen umgebaut wurde. In Kotschubejs Palais blieb von der ursprünglichen Einrichtung nicht viel, unter anderem ein Bechstein mit der Fabrikationsnummer 19. Hinzu kamen im Eichenzimmer zwei große Billardtische zur Freizeit-gestaltung der Nomenklatura.

Zarskoje Selo wurde zum privilegierten Erholungsort mit dem Sanatorium als zentralem Ort des neuen sowjetischen *way of life*. Hier lebte die neue Elite vorerst noch im Ambiente der alten. Später brachte sie ihre eigenen Sanatorien hervor – wie die Anlagen von Mazesta am Schwarzen Meer oder Barwicha bei Moskau. Hierzu gehörten gute Köche, oft vom alten Regime übernommen. Hier lebten die Vetera-nen der Revolution inmitten des Mobiliars der alten Klasse: ihrer Flü-gel, Figürchen, Mitbringsel aus Venedig und Paris, der afghanischen Teppiche.

Jede Generation schleppte ein Stück davon fort und jede fügte dem Ambiente etwas dazu: ein Stalinbild, einen Orden, eine kitschige Va-se. So sind alle diese Häuser Museen des Verschwindens der alten und des Entstehens einer neuen, zutiefst eklektizistischen Kultur mit dem unverwechselbaren Mief der Nomenklatura-Kultur. Aber auch Kon-tinuitäten lassen sich beobachten: die gutbewachte Pforte, das knir-schend sich öffnende Gartentor, der Pförtner, dem nichts entgeht. Sol-che Erholungsheime der gehobenen Klasse waren, wie wir aus den Schilderungen von Margarete Buber-Neumann wissen, auch bevor-zugte Erholungsorte der Führer des Weltkommunismus. Am Beginn der Sophien-Allee in Zarskoje Selo steht eine Thälmann-Statue – ge-wiß war auch er hier, um sich vom zermürbenden Fraktionsstreit und vom Kampf um Sowjetdeutschland zu erholen. Hier versammelte sich der innerste Kreis der Macht und feierte, wenn die Schwerarbeit des Herrschens getan war, seine trostlosen Besäufnisse und Orgien. Zar-skoje Selo wurde abgenutzt, schäbig, vulgär. Und doch blieb mit den Schlössern und den Parks etwas, an dem Generationen von Sowjet-menschen eine Idee von unübertrefflicher Vollkommenheit und Schönheit bekommen haben.

Kapitalisierung der Vergangenheit

Heute müssen die Paradiese, wenn sie wieder in Form gebracht werden sollen, vermarktet werden. Das fängt schon am Flughafen Pulkowo an. In der Empfangshalle wird der Ankommende bereits auf das von einer dänischen Firma modernisierte chinesische Dorf im Schloßpark hingewiesen; er kann, wenn er es sich leisten kann, im alten Schloßpark wohnen. Die neuen Russen legen Wert auf ökologisch reine Umwelt. Petersburger Millionäre lassen sich wieder in Zarskoje Selo nieder. Durch die Straßen von Zarskoje Selo rolle viele schwarze Mercedes-Limousinen. In einigen perfekt renovierten Kasernen haben sich Filialen der High-Tech-Industrie einquartiert. Vom Tourismus, der zusammengebrochen und noch nicht wieder auf den Beinen ist, kann Zarskoje Selo/Puschkin noch lange nicht leben. Aber es gibt für die Paradiese von Sankt Petersburg zunächst keine andere Zukunft als die Kapitalisierung ihrer Vergangenheit. Die Zukunft der Paradiese liegt im Tourismus. Auch hier betritt Rußland mit Verspätung die Bahn, auf der der Rest der Welt schon lange sich bewegt. Den Hof, um den die Stadt kreiste, gibt es nicht mehr, sowenig wie das Imperium, das allein sich solche Paradiese hatte leisten können. Der Tourist bekommt etwas für sein Geld: eine Ahnung vom Zauber des Imperiums und eine Vorstellung, daß das 20. Jahrhundert wirklich ein sehr kurzes war: In den Straßen von Zarskoje Selo tragen die gußeisernen Kanaldeckel bis heute die Aufschrift »Aktiengesellschaft K. Siegel«.

(Sommer 1999)

Riha/Riga

Riga ist so frappierend wie sein Name. Das diakritische Zeichen über dem i macht aus Riga Rihga. Man vergißt diese Lautkombination nicht mehr, wenn man sie einmal gehört hat. Sie bohrt sich ins Ohr, eine irreversible lautliche Markierung. Der Name gehört zur Topographie unseres Gehirns, auch wenn wir das Land, in dem die Stadt dieses Namens liegt, noch gar nicht gesehen haben. Aber auch dann, wenn wir da gewesen sind, einmal, zweimal, immer wieder, legt sich die Überraschung nicht. Es ist immer das gleiche: Unser Zug rollt durch die anmutigen Hügellandschaften Litauens und Kurlands, oder wir kommen im Autobus von der estnischen Grenze. Und plötzlich, nach soviel Land und Landschaft, ist sie unvermittelt und hoch aufragend da – die Stadt: Die Pylonen der Dünabrücke, das elegante Hochhaus der Akademie der Wissenschaften und ein Gebäude im Zuckerbäckerstil, die am Kai liegenden Hochseeschiffe und Kräne, die Spitze der Petrikirche, der Dünastrom. Vom Land, das wir durchquert haben, bleibt in Riga nur Weite und Großzügigkeit. Riga ist anders als das Land, das es umgibt und dessen Hauptstadt es ist. Riga ist nicht der Mittelpunkt, auf den alles zuläuft. Riga ist da, ohne daß wir vorbereitet würden, ohne Übergänge, eine Insel, eine Enklave, fast ein Fremdkörper. Wir wollen nicht glauben, was wir ausgerechnet hier zu sehen bekommen: eine kompakte, großartige, ja mondäne europäische Metropole. Vermutlich hat man diese Irritation nur, wenn man zu Lande anreist. Vom Flugzeug aus ist Riga nur eine andere große Stadt auf dem Weg von Berlin nach Moskau.

Am ehesten findet man den Zugang zur Stadt, wenn man über die Ostsee anreist. Riga ist meerzugewandt, und die Mündung, in der Riga gegründet wurde, ist zugleich das Tor zum kontinentalen Nordosteuropa. Das war jahrzehntelang nicht möglich: alle Wege führten über Moskau und den unsäglichen Intourist-Apparat, der die vorzugsweise in Großgruppen organisierten Reisenden, die nichts einte außer dem Wunsch, in die sonst unerreichbaren Orte an der Peripherie des Sowjetreiches zu gelangen, durch die baltischen Hauptstädte geschleust hatte. Diese Zeit ist vorbei, und man kann sich auf einer Linie der Stadt wieder annähern, der sie ihre Existenz und ihre Bedeutung verdankt. Es ist die Linie bremischer Kaufleute, die vor gut 800 Jahren an der Rige, einem heute ausgetrockneten Nebenarm der Düna, die Stadt gründeten. Aus dem einst livischen Fischerdorf wurde einer der bedeutendsten Handelsplätze Nordosteuropas. Die Stadt wuchs aus dem Privileg des Ortes und aus den Reichtümern, die ihn passieren mußten: Pelze, Honig, Flachs, Pottasche, Getreide einerseits, Heringe, Salz, Kunsthandwerk andererseits. Rigas Entwicklung hing immer davon ab, wie sehr dieser Verkehr und Austausch florierte und wie stabil der Stapelplatz war, an dem sie sich kreuzten, gleichgültig, ob der Deutsche Orden, die Bürgerschaft, der Schwedenkönig oder der russische Kaiser die Oberhoheit waren. Sobald der Kontakt aufhörte, drohte es zu veröden. Der *genius loci* behauptet sich gegen das Auf und Ab des Waffenglücks und politischer Konjunkturen. Der *genius loci* ist älter als die Imperien, die sich Riga einverleibt haben, und die untergegangen sind. Und er ist um vieles älter als der Staat, dessen Hauptstadt Riga im 20. Jahrhundert geworden ist. Rigas Gründung ist transnationaler Art, stammt aus einer Epoche, die die Enge der nationalen Welt noch nicht kannte. Sie ist eine Geburt aus dem Geist des Handels, wenigstens des Ostsee- und Ost-West-Handels. Die Imposanz und Unvermutetheit der großen Stadt im städtearmen nordöstlichen Europa rührt aus der Einzigartigkeit dieser Stelle in der Dünamündung, die Generation für Generation behauptet, verteidigt und wenn verloren, wieder zurückgewonnen hat. Alle Bauten dieser Stadt dienen diesem einen Zweck: Selbstverteidigung der weitabliegenden Handelsmetropole. Die Mittel hierzu sind nie primär militärische, sondern: Selbstverteidigung der Bedingungen florierenden Verkehrs, der geistigen Eigenart, Verteidigung der Offenheit nach allen Seiten, ohne die eine Handelsstadt nicht leben kann. Riga hat Zentren der Macht – das alte Ordensschloß aus dem 13. Jahrhundert ebenso wie die monumentalen Verwaltungsgebäude im sowjetisierenden Stil –, aber Riga ist keine Herrschaftsstadt, kein politisches Zentrum gewesen. Wer es erobert hat, hatte es nie auf strategische Positionen abgesehen, sondern auf die Einkünfte und den Reichtum der Kaufmannsstadt. Riga ist der Prototyp der zivilen Stadt, die gegenüber der militärischen und politischen Macht immer ohnmächtig bleibt und deren Macht allein darin liegt, unverzichtbar zu sein für gleich welche politische Macht. Rigas bedeutendste Bauten sind nicht Befestigungsanlagen und Bastionen, sondern die Gildenhäuser, die Börse, die Speicher- und Hafenanlagen, die Brücken, die Bürgerhäuser und die Parks. Dies wird selbst jetzt, da nach Jahrzehnten sowjetischer Entwicklungspolitik aus der Handels- eine Industriemetropole geworden ist, wieder zur Geltung kommen. Riga ist eine Stadt in Lettland, Lettlands Hauptstadt, aber eine letti- sche Stadt ist sie, wenn überhaupt, erst im 20. Jahrhundert geworden. Als Kolonialgründung war sie quasi exterritorial und behauptete diesen Status, wenn nicht schon rechtlich, so doch durch das spezifische Ge- wicht einer Einwohnerschaft, wie sie sich nur in Kolonialstädten her- ausbildet: aus dem Fluß generationenlanger Zuwanderung von allen Seiten, aus Leuten, die der Unternehmergeist treibt und nicht die Suche nach Heimat. Riga definierte sich nie landsmannschaftlich oder durch Volkszugehörigkeit, sondern als Ort des Erfolgs. Riga ist eine der Städte am Eingang zum »Gelobten Land«, das im Laufe seiner Ge- schichte allen Menschen offenstand, gleich, woher sie kamen, wenn sie nur stark genug waren, die Barrieren traditioneller Besitzstände zu überwinden. Daher gibt es viele Rigas: das deutsche Riga, das schwe- dische, das russische, das jüdische, das lettische. Sie alle, ob Deutsche, Russen, Schweden, Juden oder Letten, hörten an einem bestimmten Punkt auf, zu sein, was sie waren, und wurden Rigenser deutscher, russischer, lettischer oder jüdischer Sprache und Färbung, das heißt sie definierten sich zuerst über die Zugehörigkeit zu einem Ort und des- sen Lebensform. Keine höhere multikulturelle Mission hat sie dazu be- wegt, sondern der Geschäftsgang einer um ihr Wohlergehen besorgten Bürgerschaft. Ihre Nachbarschaften ergaben sich aus den Handels- beziehungen nach England und Skandinavien, nach Berlin und Odessa, nicht so sehr zum unmittelbaren agrarischen Hinterland. Riga lebte nicht bloß aus dem Selbstbewußtsein seiner Bürgerschaft, son- dern aus dem Gegensatz zur agrarischen Welt. Es nahm Maß nicht an seiner Umgebung, die allenfalls für eine baltisch-russisch anmutende Datschenkultur gut war, sondern an den großen Städten des Raumes: erst der Hanse, dann des Russischen Reiches, dem Riga seit dem Nor- dischen Krieg bis zum Ersten Weltkrieg angehörte. Riga profitierte vom Eintritt des Russischen Reiches in die Moderne: es war sein vor- geschobenster Posten, seine drittgrößte Hafenstadt, ein Tor zur Welt und zum eurasischen Markt. Noch heute scheint das Stadtbild zu be- sagen: es gibt zwei große Gründungsphasen: die des alten Riga um den Dom, das Ordensschloß, und die des modernen Riga, das in einem beispiellosen Bauboom anstelle der alten Befestigungsanlagen Gestalt annahm. In Riga kommen die Liebhaber der Strenge, der Gotik und der verwinkelten Gassen auf ihre Kosten, aber erst recht die Liebhaber der modernen Großstadt, die zudem so reich war, ihrer Expansion eine Form zu geben. Es gibt nur wenige Städte in Europa, in denen der beispiellose Bauboom der Jahrhundertwende so sehr mit der Explosion einer Formenvielfalt einhergeht wie in Riga. Vielleicht kann es das Helsinki Saarinens oder das Barcelona Gaudis mit Riga aufnehmen. Die Masken, Blumen, Girlanden, ägyptisierenden Friese im Jugendstil-Riga scheinen wie eine Extremreaktion und Kompensation für die aus dem Verzicht und Kalkül, aus dem Geist des Protestantismus groß und reich gewordene Stadt. Es waren die letzten phantastischen Übungen des alten Riga, das mit dem Zusammenbruch des Russischen Reiches und des »Zeitalters der Versicherungen« zu Ende ging. Riga im 20. Jahrhundert ist ein Ort der Selbstdemontage des alten Europa, seiner Partikularisierung, seiner Nationalisierung und Provinzialisierung. Vom letzten Vorkriegsjahr 1913 an beginnt auch in Riga der Abstieg ins 20. Jahrhundert. Es ist eine Sequenz von Zerstörungen, auf die auch der Aufstieg des lettischen Volkes zur Staatsnation und die kurze Blüte einer aus dem Zusammenprall von Moderne und Agrargesellschaft gespeisten lettischen Avantgarde kaum ein versöhnliches Licht zu werfen vermögen. Die gemischte Gesellschaft Rigas wird zwischen den Fronten von Krieg und Bürgerkrieg zerrieben. Erst sind es die Armeen des kaiserlichen Deutschland und die Massenflucht von Russen und Juden ins Innere des Russischen Reiches, dann die Kämpfe der »Roten« und der »Weißen«, der lettischen Legionen und lettischen Schützen um die Stadt. Es folgt der Exodus eines Großteils der depossedierten deutschen Familien ins Reich und die Verwandlung der russischen Einwohner und ehemaligen Beamten in »Minderheiten« oder Flüchtlinge. Aber all das ist nichts gegenüber dem, was noch kommen sollte: der Anschluß Lettlands an die Sowjetunion nach dem Molotow-Ribbentrop-Vertrag, die Besetzung Rigas durch die deutsche Wehrmacht im Zweiten Weltkrieg und die Wiedereroberung Lettlands durch die Rote Armee. Zurück blieb eine Stadt, aus der verschwunden war, was sie ausgemacht hatte: die Reste des deutschen Riga waren gleich zu Beginn des Weltkrieges ins Reich zwangsumgesiedelt worden; das jüdische Riga fiel zusammen mit den aus dem »Reich« ins Rigaer Ghetto deportierten Juden dem Massenmord deutscher Sonderkommandos und lettischer Faschisten zum Opfer; die junge bürgerliche lettische Elite war durch die NKWD-Aktionen 1940 oder nach 1944 dezimiert worden. Für lange Zeit wurde Riga, das seine Existenz dem Verkehr mit der Welt verdankte, zur geschlossenen Stadt an der Peripherie des sowjetischen Reiches, beliebter Ansiedlungspunkt für pensionierte

Matrosen und Offiziere. Riga ist einer der Punkte, an denen man die Provinzialisierung der europäischen Städte wie im Brennglas studieren kann, und es wäre eine tragische Paradoxie der Geschichte, wenn Riga exakt in dem Augenblick, da es zur Hauptstadt eines wieder souverän gewordenen Lettland geworden ist, den Prozeß der Provinzialisierung zum Abschluß bringen würde durch den Exodus des russischen Riga. Was mit Riga geschieht, das wissen die Aktivisten der Umwälzung, die Pioniere und Abenteurer im neuen ost-westlichen Gelände besser als fremde Beobachter. Ihre Arbeit entscheidet darüber, ob Riga aus dem Privileg des Ortes noch einmal etwas macht. Das neue Europa hat einen enormen Bedarf an funktionierenden Relaisstationen. Europa kommt um Riga nicht herum. Das ist Rigas Chance. Man trifft die zeitgenössischen Nachfolger der *merchant adventurers* von einst allenthalben: die schwedischen Hoteliers und Spediteure, die russischen Bankiers, die Kolonnen von Gebrauchtwagenhändlern auf der Autobahn, die Saisonarbeiter im Europabus von Riga nach Berlin, die Diplomaten, deren neuer Standort Riga ist, die Touristen, die genug von Europa haben, das sie schon kennen, und sehen wollen, was es außerdem noch ist.

(1998)

Moskau baut

Moskau baut. Nach Prag, Warschau und Berlin ist nun Moskau an der Reihe. Ein Bauboom hat die russische Hauptstadt erfaßt. Der Manegeplatz im Zentrum der Stadt ist aufgerissen. Gearbeitet wird Tag und Nacht. Die Baugrube mitten in Moskau erinnert, in Flutlicht getaucht, fast an die »heroischen Zeiten« des Ersten Fünfjahrplans. In gut dreißig Meter Tiefe bewegen Lastwagen und Bulldozer in Rekordzeiten gewaltige Erdmassen, schon sind die vier Stockwerke sichtbar, die demnächst ein unterirdisches Geschäftszentrum mit Büros, Boutiqen, Cafés und Garagen aufnehmen sollen. Nicht weit entfernt davon, auf der anderen Seite des Kreml, ist dort, wo einmal das Schwimmbad Moskwa war, der monumentale Rohbau der 1931 gesprengten Christ-Erlöser-Kathedrale, die dem geplanten Palast der Sowjets weichen mußte, schon bis zur Kuppel fertig. Noch zu Jahresbeginn war wenig mehr als ein Bauzaun zu sehen. Und dies sind nur die bekanntesten, nicht aber die einzigen Großbaustelle im derzeitigen Moskau. Moskauer, die mit dem *dolgostroi*, also mit der nie fertig werdenden sowjetischen Baustelle aufgewachsen sind, trauen ihren Augen nicht. Das Baugerüst ist zum Inventar der Hauptstadt geworden. Fassaden beginnen zu leuchten, erst punktuell und vereinzelt, dann als zusammenhängende Häuserfront. Moskau häutet sich, Straße um Straße. Die Zeitungen der Hauptstadt, die etwas auf sich halten, führen seit kurzem nun auch eine Rubrik »Städtebau und Architektur«. Das öffentliche Gespräch darüber, wie das neue Moskau aussehen soll, hat also begonnen. Über der Stadt, die in vorsowjetischen Zeiten einmal von »vierzig mal vierzig Kuppeln« gekrönt war, haben sich die Baukräne zu drehen begonnen. Die Stalinschen Zuckerbäckerbauten, die bis heute die Silhouette der Stadt dominieren, bekommen Konkurrenz von ihren postmodernen Nachfahren. Auf den Baustellen wächst das nachsowjetische Moskau von morgen.

Baufieber

Der Moskaubesucher kann sich einen Überblick über das Baugeschehen im Sommer 1995 bei Mosprojekt, der bis heute entscheidenden Institution, wenn es um Stadtplanung und Bauen in Moskau geht, verschaffen. Es gibt dort zwar keine Computersimulation, aber im Ausstellungssaal ist ein fünfzehn mal fünfzehn Meter großes Modell der Moskauer Innenstadt bis zum Gartenring aufgestellt, das man von einer kleinen Empore aus betrachten kann. Im Holzmodell sind Baustellen und anlaufende Bauvorhaben als weiße Würfel leicht zu erkennen, an den Wänden kann man die Projektzeichnungen studieren. Das sensationellste Vorhaben, an dem sich sogleich das Mißtrauen gegen Übertreibung zurückmeldet, ist das Projekt eines 620 Meter hohen, nach oben sich verjüngenden Tower of Russia mit goldener Außenhaut, der in der Moskwaschleife von Krasnaja Presnja gebaut werden soll.

Aber die Wucht der Veränderungen, die man heute in Moskau empfindet, liegt weniger in den Exaltationen einer Architektur, der man immer noch anmerkt, daß sie jahrzehntelang dazu verurteilt war, Papierarchitektur zu sein, sondern eher in den Änderungen, die durch normale Bautätigkeit herbeigeführt werden. Eindrucksvoll ist nicht so sehr der singuläre Kraftakt, sondern die Breite einer Bautätigkeit, der anzumerken ist, daß der Wille, die Stadt in eine neue Form zu bringen, übermächtig, und daß das Potential dazu auch vorhanden ist.

Die Moskauer Bautätigkeit ist vieles zugleich: Wiederherstellung des vorsowjetischen Moskau und die Rettung dessen, was von ihm übriggeblieben ist, Rekonstruktion von historischen Ensembles und Rettung kostbarer Bausubstanz. Es ist die Modernisierung der veralteten Infrastruktur – vom Ausbau der Flughäfen bis zum Bau einer Hochgeschwindigkeitsstraße, über die Ende September der erste Zug in viereinhalb Stunden nach Sankt Petersburg fuhr. In fünf Jahren soll die sechshundert Kilometer lange Strecke in zweieinhalb Stunden zurückgelegt werden. Der Moskauer Autobahnring wird in Tag- und Nachtarbeit ausgebessert und zu einem Highway ausgebaut, wie ihn auch andere Metropolen haben. Moskau baut über der Erde und noch mehr unter der Erde; auf den Bau der »schönsten Metro der Welt« in den 30er Jahren folgt in den 90er Jahren der Bau von Garagen für die Autos, in denen das neue Moskau zu ersticken droht. Es ist Abriß und Sanierung ganzer Straßenzüge und Wohnviertel. Moskau hat mit dem Abriß der *Chruschtschoby* mit einer Gesamtfläche von rund 36 Millio-

nen Quadratmetern begonnen: anstelle der fünfstöckigen Ziegelbau-
ten mit Ein- und Zweizimmerwohnungen, der Stolz des nachstalin-
schen Wohnungsbaus der Chruchtschow-Zeit, soll eine gemischte
Bebauung aus modernen Punkthochhäusern und individuellen Neubausiedlungen mit Mehrfamilienhäusern treten. Wenn bisher 80 Prozent des Wohnungsbauetats in Großsiedlungen in industrieller Plattenbauweise gingen, so sollen es in Zukunft nur noch 20 Prozent sein,
während die Förderung individuellen Wohnungseigentums Vorrang
bekommt. Die weitläufige Stadt soll »verdichtet« werden. Die gigantischen Neubausiedlungen der 70er und 80er Jahre, die Moskau wie ein
Gebirge bis über den Autobahnring hinaus umgeben, sollen endlich
eine Infrastruktur aus Läden, Sportanlagen, Einkaufszentren und Kul-
tureinrichtungen bekommen, um aus den bisherigen Schlafquartieren
von Millionen von Menschen lebenswerte Quartiere zu machen. Moskau im Bau ist schließlich die Schaffung all jener Strukturen, über die
eine Elf-Millionenstadt am Ende des 20. Jahrhunderts verfügen muß,
also über die Einrichtungen eines modernen »Dienstleistungswesens«
aus Banken, Hotels, Geschäfts-, Kultur- und Medienzentren.

Jetzt sind sie an mehreren Stellen im Bau – in Krasnye Cholmy auf der
südöstlichen Spitze der Insel zwischen Moskwa und Moskwakanal, im
olympischen Komplex, draußen in Südwesten der Stadt, wo dem alten
Generalplan zufolge einmal die Wissenschaft und Forschung konzentriert werden sollte. In Krasnaja Presnja ist *Moscow City* in Planung, die
ersten Baulose, so wird berichtet, sind vergeben. Dort soll ein Komplex
von Hochhäusern, ein Terminal für den Expreß zum Flughafen, ein
Media Center, Hotels, Sportanlagen und ein riesiger Kristallpalast entstehen. Man denkt an die Untertunnelung des Neuen Arbat, der später
einmal den Fußgängern gehören soll. Auf Stoleschnikow und Kusnezki
Most, traditionsreichen Einkaufsstraßen, wird allenthalben renoviert.
Kitaigorod, das Handels- und Geschäftszentrum des alten Moskau, in
dem die Parteibürokratie sich breitgemacht hatte, soll wieder ein Geschäftszentrum übernehmen. Der großartige, aber heruntergekom-
mene Kaufmannshof aus dem 18. Jahrhundert soll eine gläserne Kuppel
bekommen und zu einem Geschäfts- und Kulturzentrum umgebaut
werden. Auf dem Gartenring sind die ersten Mietshäuser der Jahrhundertwende mit Penthousewohnungen und Maisonetten versehen
worden. Die Passagen in der Petrowka und im alten GUM erstrahlen
schon seit längerem wieder in altem Glanz. Alte Wohnstraßen und
Wohnviertel sind ganz in privater Hand – in der Sretenka, in Malaja
Bronnaja etwa – und werden aufwendig auf die Standards von Komfort

gebracht, die die wohlhabenden Moskauer seit ihren Auslandsfahrten nicht mehr missen möchten. Auch in Zamoskworetschje, jenem dem Kreml gegenübergelegenen Stadtteil, in dem sich das alte Moskau der Kaufleute mit seinen zweistöckigen, meist klassizistischen Häusern vielleicht am besten erhalten hat, wird renoviert.

Der Wandel beschränkt sich indes nicht aufs Zentrum oder die Stadt. Die eindrucksvollste und stürmischste Seite des neuen Baubooms bekommt zu sehen, wer aus Moskau herausfährt und sich in den Datschensiedlungen im Umkreis von hundert Kilometern umsieht, wo allenthalben Fundamente gelegt werden, gezimmert und gebaut wird. Fast in jeder Datschensiedlung sind Neubauten zu sehen, und nicht nur Fremde rätseln darüber, woher das Geld, das Material, die Arbeitskräfte kommen, die in Rekordfristen wahre Paläste aus dem Boden schießen lassen. In der »russischen Schweiz« bei Swenigorod ist eine der ersten »Cottage-Siedlungen« fertiggestellt. Wer noch weiter hinaus und übers Land fährt, beobachtet, daß der Boom auch außerhalb Moskaus stattfindet. Auch in den russischen »Provinzstädten«, die oft weniger gelitten haben unter dem sowjetischen Zerstörungs- und Modernisierungswahn als die Hauptstadt, ist eine rege Bautätigkeit zu beobachten. Die kostbaren Baudenkmäler und ganze Straßenzüge werden herausgeputzt. Kaum eines der größeren Dörfer und Siedlungen, in denen der Bus für eine halbe Stunde hält, hat nicht eine Kirche, die wieder in strahlendem Weiß und mit goldenen Kuppeln zu glänzen begonnen hat. So ist es im Makarjew-Kloster an der Wolga, das nun wie eine weißleuchtende Fata Morgana am Schiff vorbeigleitet, so ist es in Nishnij Nowgorod, wo Architekten für ihre neuen Bankgebäude Jugendstil-Entwürfe der 1910er Jahre aus den Schubladen geholt zu haben scheinen. Und so ist es auch in Sankt Petersburg, das sich auf seinen 300. Geburtstag vorbereitet und voraussichtlich für die Austragung der Olympischen Spiele im Jahre 2004 kandidieren wird.

Neue Durchsichtigkeit

Unter unseren Augen rückt das, was sowjetisch war an der sowjetischen Hauptstadt, in den Hintergrund oder geht in neue Kombinationen über. In der »Chronik der Zeit, in Stein gefaßt«, wie Nikolai Gogol die gebaute Stadt genannt hat, wird ein neues Kapitel geschrieben. Das »neue Denken«, mit dem alles begonnen hatte, wird durch härteres Material ersetzt. Die neue Macht begnügt sich nicht mit dem

Sturz der Denkmäler der alten Macht, sondern richtet neue auf, ohne die auch sie nicht auskommt. Sie beläßt es nicht bei symbolischen Gesten, sondern schafft neue Tatsachen. Sie bringt das Provisorium möglichst rasch hinter sich und drückt dem Raum, den sie beherrscht, auch ihre Embleme auf. Ging es in den letzten Jahren um die symbolische Inbesitznahme der Stadt durch die Bürger, so jetzt um die faktische durch jene, die über genügend Geld oder Rücksichtslosigkeit oder beides verfügen. Noch ist die Silhouette der Stalinschen Hochhäuser da, aber sie ist schon nicht mehr die einzig denkbare. Moskau hat die Zeit, in der es genügt, Straßen umzubenennen, hinter sich, und macht sich daran, sie in Ordnung zu bringen. Vor wenigen Jahren noch verwirrten die neuen Namen der Metrostationen, heute die veränderte Umgebung, wenn man in die Stadt hinaustritt. Das neue Moskau ist ein Zeichen dafür, daß der neue Zustand irreversibel geworden ist, was immer an Stimmung und Wankelmütigkeit in Meinungsumfragen oder Wahlen zum Ausdruck kommen mag. Es ist der vorläufige Endpunkt einer spontanen und in sich folgerichtigen Bewegung: erst ging es nur um neue Ideen, dann um die Bewältigung einer Wirklichkeit, die neu war; erst ging es nur um den Markt als Konzept, dann um den Basar in den Straßen; nun ist auf die Stadt des Straßenbasars die Stadt der Kaufhäuser und Banken gefolgt und auf die Stadt der monotonen Plattenbauten die Stadt des Antagonismus aus glänzenden Hotels und Obdachlosen im Moskauer Untergrund. Die Stadt, die bisher den Gesetzen des Generalplans zu folgen hatte, geht jetzt ihre eigenen, von niemanden kontrollierbaren Wege. Eine vorerst unsichere Lebensform wird zur Routine, und diese schafft sich die Formen, in denen sie dauerhaft sein will. Mit den neuen Bauten nimmt Moskau endgültig Abschied von seiner Vergangenheit.

Erst eine Vergangenheit, aus der man herausgetreten ist, wird als solche kenntlich. Erst aus der Distanz wird ein anderer Blick möglich. Die sowjetische Hauptstadt, die alles, was ihr vorausgegangen war, zur Vorgeschichte erklärt hatte, ist selber Geschichte geworden. Das neue Moskau tritt aus den Kulissen heraus, setzt eigene Akzente und verschiebt so die ganze Perspektive. Moskau hat endlich eine Gegenwart, und was es war, wird auf ihr durchsichtig wie auf einer Folie. Das kompakte Grau löst sich auf, der Farbenrausch von Lentulows Moskaubildern ist wieder da und der Zusammenprall der Stile und Zeiten, der so lange gebändigt schien durch die Magistralen der »bewußt« geplanten Stadt. Die Schichten, die sich übereinander gelagert haben, treten auseinander und geben Moskau eine Tiefe und Vieldimensionalität zurück, die verwirrend, chaotisch, faszinierend ist. Es geht jetzt nicht mehr nur um Fassaden, an denen der Blick abgleitet, sondern um tief gestaffelte Räume, in die man wieder hineinblicken kann, seit aus den Hinterhöfen wieder Moskauer »Höfe« geworden sind, in denen sich Büros, Gewerbe, Unternehmen niedergelassen haben. Auf Schritt und Tritt gibt es Überraschungen: hier ist es ein Stadtpalais, dort eine schon fast verloren geglaubte Kapelle oder eine Kuppel, die neu gestrichen hinter dem Wohnhochhaus hervorleuchtet. Wer früher aus der Metrostation »Kropotkinskaja« heraustrat, trat in die weite Leere, die der Abriß eines ganzen Viertels hinterlassen hatte, heute kommt ihm der Baukörper der Christ-Erlöser-Kathedrale entgegen. Neue Baumaterialien tauchen auf: Auf Granit trifft nun Glas, auf Marmor Stahl. Das imperiale Design der gußeisernen Portale und Geländer der Stalinschen Epoche wird allerorten von leichtem und kurzlebigem Leichtmetallgestänge im *metropolitan style* durchbrochen. Ein einziger Neubau verändert die ganze Situation und bringt die Relationen der Zeiten zum Tanzen. So ist Iwan Rerbergs Telegraphengebäude von 1927 nicht mehr dasselbe, seit es sich in der Glasfassade der Mac-Donalds-Büros spiegelt, Arkadi Mordwinows bombastische Wohnpläste aus den 30ern Jahre sind nun in eine ästhetische Klammer gesetzt. Was absolut war, ist jetzt nur noch unter anderen.

Was man in Prag, Warschau und Budapest zuvor schon beobachten konnte, wiederholt sich jetzt in Moskau. Die Reaktivierung der Stadt beginnt mit dem Erdgeschoß, in dem neue Geschäfte eröffnet werden – oder mit der Ausbesserung des Dachs. Im Moskauer Häusermeer blitzt es. Das kommt vom Kupfer- oder Zinkblech, mit dem die Dächer neu gedeckt werden.

Endlich zeigt sich, daß es Moskau nicht gibt, sondern so viele Moskaus, wie es Viertel gibt. Jetzt treten sie mit ihrer je verschiedenen Physiognomie und Physiologie wieder hervor – an der Taganka anders als am Platz der drei Bahnhöfe. Die ermüdenden Wegstrecken werden verkürzt durch die Abwechslung, die sich überall eingenistet hat. Über die öden überdimensionalen Plätze und Magistralen von einst rollt jetzt der zum Wahn gesteigerte Moskauer Autoverkehr und reißt sie so wenigstens in den Strom der Gegenwart hinein. Plätze, die aufgesprengt worden sind, werden wieder zusammengefügt. Den Roten Platz betritt man wieder durch die Iberische Pforte, die 1931 abgerissen wurde, um den Marschkolonnen und später den Panzerverbänden, die am Mausoleum vorbeizogen, Platz zu machen. Selbst an die Wiedererrichtung des Sucharew-Turms am heutigen Kolchos-Platz, der wenig mehr ist als eine Autotrasse in der Stadt, wird gedacht. Seinerzeit war der unter Peter dem Großen errichtete Turm der größte Profanbau des Russischen Reiches, in den 20er Jahren hatte er noch ein Museum für Alltagskultur beherbergt, bevor er gegen den entschiedenen Protest prominenter Architekten und Kunsthistoriker 1934 auf höchsten Befehl abgerissen wurde. Zu den »historischen Ensembles«, die unter Schutz gestellt werden, gehört nun nicht nur das vorrevolutionäre Moskau der Kaufmanns- und Adelsfamilien; die Stadt Stalins, die so rücksichtslos mit dem Erbe umgesprungen ist, ist nun selber pflegebedürftig. In der Metro, dem wohl größten Projekt der 30er Jahre, müssen die Leuchten und Skulpturen vor Vandalen und Dieben geschützt werden. Jedes erneuerte Gebäude ist ein Indikator für Energien, die in der erschöpften Stadt schon nicht mehr vermutet wurden. Auf das Metropol, das National oder Baltschug, die wieder in alter Pracht dastehen, wird bald auch die Renovierung des Moskwa, des typischsten Hotelbaus der »schönen Epoche«, folgen. Jedes Kaufmannspalais in Zamoskworetschje, das in Ordnung gebracht wird, besagt, daß Verfall und Verwahrlosung kein Schicksal ist. Die stilgerechte Erneuerung der Beschläge am Portal von Junker und Co., einer alten Bank auf Kuznezki Most, oder die handwerklichen Details an der binnen weniger Jahre neu errichteten Kathedrale der Kasaner Muttergottes am Roten Platz sind der lebendige Beweis dafür, daß das Handwerk, von dessen endgültigem Untergang man überzeugt war, irgendwie doch überlebt hat oder wiedergeboren wird. Eine neue Ökonomie breitet sich aus in einer Stadt, in der bisher mit Raum, Grund und Boden verschwenderisch und verantwortungslos umgegangen wurde, da sie ja keinen »Wert« besaßen. Die von Desinteresse und Gleichgültigkeit verheerten Areale der Stadt sind wieder ins Zentrum der Aufmerksamkeit und Intrigen gerückt. Leere und Leerstand, die früher niemanden bekümmert hatten, sind jetzt ein Skandal. In der Stadt mit den großen Distanzen wird es jetzt eng. Jetzt hängt das Geschäft auch daran, ob das Trottoir gefegt und man die »Eingangssituation« einladend gestaltet oder nicht. So macht sich inmitten der alten Abweisung die Kunst eines zarten Werbens bemerkbar, die zu erlernen in Zeiten des verwalteten Mangels überflüssig war. Die Veränderung im Umgang mit den Details in einem Land, wo es immer nur auf das Große und Ganze ankam und wo die einzigartige Spitzenleistung immer mehr gegolten hatte als eine zum Durchschnitt gewordene Verläßlichkeit, gibt genauere Auskunft über den fundamentalen Wandel, der stattgefunden hat, als Leitartikel, die bald über-, bald untertreiben, wenn es um die

Zukunft des Landes geht. Wie es um Moskau steht, erfährt man nicht bloß aus Duma-Debatten, die wenig bewegen, sondern auch aus dieser neuen Arbeit am Detail, ohne die sich das Land nicht vom Fleck bewegen wird. Die Bautätigkeiten signalisieren noch vieles andere: die Leistungskraft einer Bauindustrie, die angefangen hat, *in time* zu arbeiten, die Herausbildung des ganzen komplexen Zuliefererwesens, an dessen Organisation die grobschlächtige Kommandowirtschaft seit jeher gescheitert war, neue Projektierungs- und Organisationsmethoden. Es entstehen private Architektur- und Ingenieurbüros. Auf den Anzeigenseiten der Moskauer Zeitungen werden gesucht: Bauarbeiter, Caterpillar-Fahrer, Kranführer, Sanitärtechniker, Elektriker, Parkettleger. Herausgebildet hat sich eine neue Klasse, die die Aufträge vergibt und ihre Bedürfnisse und ihren Geschmack zum Maß aller Dinge macht. Schon ziehen Abertausende von Arbeitern von außerhalb – die qualifizierten georgischen Metrobauer aus Tbilissi, Bauarbeiter aus der Ukraine und Weißrußland – in die Stadt, weil ihre Arbeit nur einen Bruchteil der Arbeit russischer Bauarbeiter kostet. Ausländische Baufirmen leisten Entwicklungshilfe durch praktische Demonstration. Jeder Moskauer kennt die türkische Firma ENKA, der man schon die Wiederherstellung des von Panzern in Brand geschossenen Weißen Hauses, die Petrowka-Passagen und nun auch die Instandsetzung des Wohnbezirks an der Sretenka anvertraut hat. Der *developper* ist zu einer Moskauer Gestalt geworden; am Sophienkai, dem Kreml gegenüber, baut ein englischer *developper* einen Hotelkomplex. Auch ausländische Architekten, die es seit den großen Wettbewerben Anfang der 30er Jahre in Moskau nicht mehr gegeben hat, sind wieder da. Unter Ricardo Bofils Regie entsteht ein Bürokomplex am Smolensker Boulevard.

Der Eintritt Moskaus in die Gegenwart hat einen paradoxen Effekt: Er macht die Stadt auf das Verschwundene hin durchsichtig. Das liegt nicht nur an der wachsenden Literatur, deren Titel vorzugsweise heißen: »Das verschwundene Moskau« oder »Moskau, das wir verloren haben«. Wer neu baut, vergewissert sich des Terrains und der Umgebung, in die er sich einfügen oder die er überbieten will. So wird die Stunde der Konstruktion auch die Stunde der Rekonstruktion und die Orientierung auf die Zukunft zum Moment der Vergegenwärtigung der Vergangenheit. Es gibt wenig Hauptstädte, in denen der kulturelle Reichtum einer Nation im Bruchteil von Sekunden vernichtet wurde und wo der Sprengmeister die Vorhut der »Erbauer der neuen Gesellschaft« stellte. Es waren Tausende von Kirchen, Kapellen, Klöstern,

Glockentürmen, Bojarenhäusern, Adelsvillen, die zwischen 1929 und 1935 dem Erdboden gleichgemacht worden sind. Nicht immer traten an ihre Stellen auch bedeutende Neubauten, oft waren es Lagerhallen, Filialen einer gefräßigen Bürokratie oder auch nur öffentliche Bedürfnisanstalten (etwa dort, wo die Kathedrale der Kasaner Muttergottes gestanden hatte). Den Alten, wenn sie nicht selbst dabei waren, sind die Aktionen von der Kinochronik her vertraut, die Jüngeren haben die Sprengaktionen jetzt in den Dokumentaraufnahmen zu sehen bekommen. Um welches prominente, seit den 30er Jahren gebaute Gebäude der sowjetischen Hauptstadt es sich auch handeln mag, mit großer Sicherheit kann man annehmen, daß es auf den Fundamenten einer gesprengten Kirche steht – etwa das GosplanGebäude oder das Hotel Moskwa in der alten Jägerzeile – und daß es sich in einer merkwürdigen Transsubstantiation deren Baumaterial einverleibt hat – so wurde der Marmor der Christ-Erlöser-Kathedrale für die Metrostation Platz der Revolution verwendet. Noch in den 60er Jahren ist eines der malerischsten Altmoskauer Viertel – Zarjadje – für das »größte Hotel der Welt« niedergelegt worden. Die Nachgeborenen stehen, wenn sie nur ein wenig Bescheid wissen, fassungslos vor der Dummheit und Arroganz der Macht, aber auch vor der Verblendung derer, die für den konstruktivistischen Kulturpalast der SIL-Autowerke oder für Le Corbusiers Zentrosojus-Gebäude das Schönste des alten Moskau geopfert haben. Jetzt, wo wieder alles so schnell gehen soll, muß Moskau zeigen, ob es über die alten Fehler, vor denen es fassungslos steht, wirklich hinaus ist.

Suche nach dem neuen Stil, Kampf um die Stadt

Die Gestalt des künftigen Moskau ist nicht bloß Gegenstand für luxurierende Diskussionen von Historikern, Architekten, Kirchenleuten und Journalisten. Es geht um die Frage, in welcher Stadt die elf Millionen Einwohner Moskaus in Zukunft leben sollen, und wer darüber zu befinden hat. Ein neuer »Kampf um Moskau« hat eingesetzt. Es geht hier vielleicht nicht um Leben und Tod, aber doch um einen Kampf, in dem man fast alles verlieren und sehr, sehr viel gewinnen kann. Den Veränderungen, die man mit dem bloßen Auge verfolgen kann, sind die Immobiliengeschäfte vorausgegangen, die hinter verschlossenen Türen abgewickelt worden sind. Die Topographie der Bautätigkeit ist zugleich eine Topographie des neuen Reichtums, der Umverteilung der besten Lagen, der steigenden Preise und der brutalen Verdrängung. Was dem Kommunismus in sieben Jahrzehnten nicht gelang – die Auflösung der Komunalka, der Gemeinschaftswohnung in den großzügigen, aber aufgeteilten Altbauwohnungen des Zentrums –, wird der neue Moskauer Kapitalismus in kürzester Zeit in alle Winde zersprengen; denn übermächtig ist der Drang der wohlhabenden »neuen Russen«, den »gesichtslosen« Wohnsiedlungen am Stadtrand zu entfliehen und ins Zentrum zu ziehen, während die Altbaumieter, nicht selten unter physischem Druck, an die Peripherie abwandern. Durch das neue Moskau zieht sich die Linie sozialer Segregation, und dem Aufstieg der Gegenden mit »sozialem Prestige« steht der Niedergang der Großsiedlungen gegenüber, für deren Sanierung das Geld fehlt. Moskau ist nicht nur der Fluchtpunkt Hunderttausender von Flüchtlingen aus den Krisenregionen der alten Union oder aus der Dritten Welt, sondern eine Stadt, die selbst in Bewegung ist und in der sich mancher Einheimische schon als Fremder in der eigenen Stadt fühlt. Es wachsen die Bankgebäude, aber auch die Zahl derer, die jede Hoffnung verloren haben.

Es ist daher nur zu verständlich, daß die anspruchsvollen Projekte der Moskauer Stadtregierung umstritten sind. Viele Moskauer fragen sich, was ein *business center* unter dem Manegeplatz soll und ob es nicht Dringlicheres gebe als die Wiedererrichtung einer Kathedrale, für die nicht die Gläubigen, sondern die Steuerzahler zu zahlen hätten. Die Intelligenzija mokiert sich über den schlechten Geschmack der »neuen Russen«, die sich im Moskauer Umland Villen im Stil von Loireschlössern errichten lassen, während sie den Zerfall von Schulen, Instituten, Museen vor Augen hat. Und über allem thront, in einer Mischung von Pate und Genie, der Moskauer Bürgermeister Luschkow, der die Stadt durch die Krise steuert oder ihr zumindest das Vertrauen einflößt, daß es vorwärtsgeht. Er nimmt es mit allen auf: mit der Zentralregierung, auf deren Hilfe er nicht mehr rechnen kann, mit den *realtory*, wie die Immobilienhändler im Russischen heißen, die ihn zum Kumpan ihrer Geschäfte machen wollen, mit dem Patriarchen, mit dem zusammen er Kirchen einweiht, und mit Fußballmannschaften, mit denen er gelegentlich zum Match zusammentrifft. Er ist das Oberhaupt einer Stadt, die ein Viertel ihres Budgets für die am ärgsten vom Zusammenbruch Betroffenen ausgibt.

Und doch verkörpert Luschkow, von Beruf Ingenieur, eine neue *corporate identity* der Stadt, ein neues Selbstbewußtsein und die Zuversicht, daß die Stadt in absehbarer Zeit aus dem Schlimmsten heraus sein wird. Luschkow geht es nicht bloß um die Erhaltung eines prekären Status quo, er hat einen Traum. Und der Traum hat eine Chiffre: 1997. In zwei Jahren feiert Moskau sein 850. Gründungsjubiläum, und dann soll es soweit sein: Moskau als eine prosperierende und dynamische europäische Metropole. Nun ist die Fixierung auf Jahrestage in unguter Erinnerung: in alten Zeiten diente sie der »Mobilisierung der letzten Reserven« und dazu, die heute Lebenden auf übermorgen zu vertrösten. Diesmal könnte es anders sein, denn außer den Befehlshabern auf den Kommandohöhen gibt es eine Stadt, die ihre eigenen vitalen Interessen hat, und nicht mehr bloß ein Objekt ist, das sich administrieren läßt. 1997 ist der Name für eine unbändige Kraftentfaltung, die das Blatt wenden soll.

Die Veränderungen gehen rascher als die Diskussionen und Ukasse, die sie post festum legitimieren und sanktionieren. Sie vollziehen sich vor aller Augen, aber noch mehr hinter dem Rücken der Bürger. Der Diskurs über Architektur und Stadtgestalt, den es endlich wieder gibt, findet im Windschatten gefällter Entscheidungen statt und ist vorerst nicht mehr als ein intellektuelles Ornament. Der Wiederaufbau der Christ-Erlöser-Kathedrale wurde begonnen, noch bevor überhaupt ein genaues Konzept dafür vorlag. Am Manegeplatz wurden während der Ausschachtungsarbeiten die Pläne verändert. Das Tempo, in dem alles geschieht, und die Form, in der alles durchgeboxt wird, hat viel von der alten Stoßarbeitermentalität der sozialistischen Großbaustellen an sich, ergänzt um die moderne Technologie türkischer Baufirmen. Den ideellen Gesamtbauherrn Moskau oder gar eine »Demokratie als Bauherrn« gibt es nicht. So wachsen die neuen Bauten schneller als der kulturelle Raum, in dem man sich über die künftige Stadtgestalt verständigt. Der moralische Druck, unter dem die Wiedergutmachung an der verwüsteten Stadt steht, scheint langwierige Diskussionen darüber, was Wiedergutmachung heute heißen kann, überflüssig zu machen. So kommt es zur Wiederherstellung der Christ-Erlöser-Kathedrale, wo vor Jahren noch ein Memorial für die Opfer kommunistischer Gewalt oder gar ein neues Parlamentsgebäude im Gespräch waren. Und es fehlt nicht an Prophezeiungen, daß sich diese Leichtfertigkeit bitter rächen werde. Noch aus dem alten Regime hinterlassene Projekte mußten zu Ende geführt werden; deshalb wurde auf Pokolannaja Gora fristgerecht zum 9. Mai ein Memorial-Komplex zum Großen Vaterländischen Krieg errichtet, der nur zeigt, daß man den Leiden und Opfern der jetzt aussterbenden Generation Tribut entrichten will, auch wenn dies in einer Formensprache geschieht, die dieser fremd ist oder sie sogar verhöhnt. Auch die neuen privaten Auftraggeber drängen und machen Druck: Die neuen Banken, Konzerne und Trusts brauchen funktionierende und repräsentative Niederlassungen, und die neuen Direktoren brauchen standesgemäße Villen und Stadtwohnungen. Die orthodoxe Kirche besteht gegen die Einwände und den Widerstand von Ikonenrestauratoren und Museumsfachleuten auf der Rückverwandlung von »Gebäuden des religiösen Kults«, die Kunstmuseen geworden sind, in Kirchen, auch wenn die Gemeinden, die sie füllen sollen, im säkularisierten Moskau nur klein sind. So kommt alles zusammen: die Macht der alten Institutionen, die den Anschluß nicht verlieren wollen, und der *run* auf die besten Lagen, die Methoden der Kommandowirtschaft und das Improvisationsgenie neuer Unternehmen, die alten Planungsapparate und die neuen agilen Architektur- und Ingenieurbüros, der Eklektizismus der späten Stalinbauten und der Eklektizismus der Neureichen, die nostalgische Suche nach der verlorenen Stadt und die Faszination durch die westliche Postmoderne, die Angst vor Verslummung und die übermächtige Sehnsucht nach der schönen Stadt.

Architektur und Architekturdiskurs sind vom Boom in der marginalisierten Position überrollt worden, in der sie seit der Gleichschaltung der Berufsorganisationen im Jahre 1932 verharrt hatten. Jenseits der Staatsaufträge hatte sie kein Betätigungsfeld, und um so mehr blühte eine Architektur, die auf dem Papier und kraftlos blieb. Nun gibt es neue Bauherren mit neuen Wünschen, und man tut sich schwer, einen eigenen zeitgenössischen Stil zu finden. Fast alle Auswege sind verstellt, fast alle Vorbilder, an denen man sich orientieren könnte, sind desavouiert, die Kontinuität der Schulen ist unterbrochen, das Handwerk muß zum Teil neu erlernt werden. Der Moskauer Klassizismus der Adelssitze eignet sich nicht für modernes Bankwesen sowenig wie das Bojarenhaus im altrussischen oder neorussischen Stil. Der Neoklassizismus des 20. Jahrhunderts wird durch das »Stalinsche Empire« der 30er Jahre hindurch wahrgenommen und kommt für eine Architektursprache, die neu sein und auf Distanz gehen will, kaum in Frage. Die Wiederaufnahme der großen Linie des Moskauer Jugendstils ist ohne die Genese einer Klasse und eines Geschmacks, die ihn hervorgebracht haben, eine Illusion. Die Linie der sowjetischen Architekturavantgarde ist nicht nur abgebrochen, sondern in vieler Hinsicht desavouiert – sei es durch ihre Komplizenschaft bei der Zerstörung des alten Moskau, sei es durch die Chruschtschowsche Rehabilitierung des Bauens in »Stahlbeton und Glas« in den 60er Jahren, das überall in Moskau die häßlichen Spuren dieser Schwundstufe der Moderne vor Augen führt. Bleibt das ausländische Vorbild der Postmoderne, die an einigen Punkten in Moskau schon importiert ist oder Nachahmung gefunden hat: im gigantischen asymmetrischen Glaskubus eines Bürogebäudes an der Metrostation Jugosapadnaja, in der etwas brutalen Fassade des Bürogebäudes in der Rachmanovski-Gasse oder im Komplex des Erdgaskonzerns Gasprom. Auch der Tower of Russia von Boris Tchor knüpft nicht an eine Moskauer Bautradition an, sondern eher an Helmut Jahns Frankfurter Messeturm. Was bleibt aber, wenn man mehr will als nur die Rekonstruktion und Instandsetzung der alten Stadt, die zweifellos die schönsten Ergebnisse vorzuweisen hat, und wenn man den Westen nicht einfach kopieren will? Das wichtigste Übungsfeld für das neue Bauen dürfte vorerst die *grashdanskaja architektura*, das private Bauen, sein, bei dem keine Instanz mehr dreinredet, wo die Launen des Geldgebers maßgeblich sind und wo von der kalifornischen Villa unter russischem Himmel bis zum Geschäftshaus im Zuckerbäckerstil alles denkbar ist.

Die Moskauer Diskussionen darüber, wie die Stadt aussehen soll, spiegeln die Unentschiedenheit, Verlegenheiten und Schwierigkeiten einer Stadt, die aus dem Schatten der Vergangenheit heraustritt. Der Architekturdiskurs fügt sich ein in den allgemeineren Diskurs darüber, wie die Hauptstadt und Rußland ins Zukunft aussehen sollen, welche Rolle dabei die heimischen Bautraditionen und welche der internationale Stil spielen sollen. In den Bauten, die vor unseren Augen entstehen, werden die Kräfte- und Machtverhältnisse ästhetisch dauerhaft festgeschrieben. In der »steinernen Chronik« wird jetzt der Text geschrieben, den uns das neue Rußland zum Dechiffrieren aufgegeben hat.

Moskau ist zu groß und wohl auch zu unregierbar, als daß es sich noch dem einen Design und dem einen Masterplan fügen könnte. Moskau wird an exponierter Stelle eine Kathedrale im byzantinischen Stil haben, aber mit den Mitteln des ausgehenden 20. Jahrhunderts in Jahresfrist aus Eisenbeton gegossen, anders als das Original, das in 50jähriger Bauzeit und mit dem »heiligen Rußland« im Rücken entstand. Moskau nimmt seine Kaufmannsviertel wieder in Betrieb, aber mit der Logistik des Konsumzeitalters. *Moscow City* nimmt die metropolitanen Utopien wieder auf, die schon zum Jahrhundertanfang auf Postkarten aufgemalt worden sind: mit Schnellzügen und Hochbahnviadukten, die den Roten Platz überqueren, und mit Luftschiffen über dem Häusermeer. Der Nomenklatura-Kapitalismus übernimmt die

Residenzen des Staatssozialismus und wechselt die in Stein gemeißelten Schriftzüge von einst gegen solche aus Neon aus. Die neuen Konzerne, die aus dem alten Staatseigentum hervorgegangen sind, legen sich die Glashaut an, wie es sich heutzutage für weltweit operierende Unternehmen gehört. Es verschwendet sein Geld in eklektizistischen Spielereien und entdeckt vielleicht aufs neue die wunderbaren Bauten des Konstruktivismus, an denen Moskau so reich ist wie keine andere Stadt der Welt. Dazwischen leuchten die Kuppeln eines untergegangenen Moskau.

Moskau braucht keine Postmoderne zu importieren. Es ist der grandiose Trümmerberg, das Gesamtkunstwerk einer anderen Moderne, die postmoderne Stadt schlechthin. In ihr findet sich alles, was dazugehört: der eurasische Basar, die Passage des 19. Jahrhunderts, der Supermarkt; das Gosplan-Gebäude eines jungen totalitären Staatswesens als Sitz eines noch jungen Parlaments; das Stalinsche Empire in Konkurrenz zur Gasprom-High-Tech-Architektur; der Bauhaus-Arbeiterklub als Kultstätte der Raver; das Gold von Byzanz, eingefaßt vom Massiv der Hochhäuser der Trabantenstädte; die Hochgeschwindigkeitsstrasse und die ramponierte *Elektritschka*, die die Hauptstädter auf die Datschen bringt, wo sie sich mit den Früchten ihrer Arbeit für den Winter eindecken; die Hybris eines neuen babylonischen Turms und eine säkulare Ernüchterung. In der Stadt, die da wächst, sind auch die Stalinschen Türme, die Moskau bis heute überragen, nur noch ein Zitat.

(Winter 1995)

Potsdamer Platz: Lob der Ingenieure

Countdown am Potsdamer Platz. Der Potsdamer Platz, in Mauer-zeiten Ort extremer Verlangsamung, ja des totalen Stillstandes, ist zum Ort extremer Beschleunigung geworden. In weniger als einem Jahrzehnt entsteht ein Stadtzentrum, das normalerweise im Zyklus von Generationen wächst, neu. Die Nachkriegszeit, die hier länger als anderswo gedauert hatte, wurde im Schnellverfahren und unter Hochdruckbedingungen abgewickelt. Die Meisterplaner woll-ten es noch einmal wissen – am Ende eines Jahrhunderts, das den Ge-danken der Planung so gründlich ruiniert hatte. Nun ist ein Viertel von Instant City fertig. Es herrscht erhöhte Nervosität. Alle wissen, was auf dem Spiel steht. Alle kennen das Risiko, denn es soll eine Stadt sein, die aus eigener Kraft und nicht von Animateuren lebt. Wenn jetzt, fast genau fünf Jahre nach dem ersten Spatenstich, in dem jetzt fertiggestellten Areal des Potsdamer Platzes die Lichter angehen, wird nichts mehr so sein wie zuvor. Die Straßen, die bisher immer vorbeigeführt haben, sind nun geöffnet und führen ins Quartal hin-ein. Die Zuschauer von der Aussichtsplattform auf der Info-Box wandern jetzt über das Areal, zu dem sie früher immer nur herüber-geblickt haben. Der Sand der »größten Baustelle Europas« ist unter den spiegelnden Platten, mit denen die Foyers und Atrien ausgeklei-det sind, verschwunden. Die Lifte und Rolltreppen gehen in die Tiefe, die zuvor noch von Grundwasserseen gefüllt waren. Der Mer-cedes-Stern hat sich zu drehen begonnen, und nichts wird ihn zum Stehen bringen, es sei denn ein größter anzunehmender Unfall (GAU) in Europa . Die Zuschauer haben in den Kinos Platz genom-men, und schon die erste Spur von Abnutzung zeigt, daß auch die ge-schichtsloseste Stadt eine Vergangenheit haben wird. Die Routinen, aus denen das Leben besteht, sind inauguriert. Von nun an wird Tag für Tag angeliefert, was Städte üblicherweise brauchen. Die Pagen in der Lobby des Hyatt haben die Stunde Null schon hinter sich. Von nun an gibt es eine feste Adresse mehr mit allem, was dazugehört. Die Internationale der Monteure, die in den letzten Jahren die Stadt bevölkert hatte, ist den Bewohner von Global Village gewichen. Die Containerstadt, die sich auf der Baustelle gebildet hatte, ist abgebaut. Zurückgeblieben sind die Blocks von Richard Rogers, José Rafael Moneo und Renzo Piano. Nun sind die Sichtachsen freigegeben, auf denen wir fortan uns bewegen werden. Wer am Landwehrkanal aus dem Autotunnel auftaucht, blickt am Debis-Tower empor. Wer aus der Gemäldegalerie am Kulturforum tritt, blickt die Leipziger Straße hinab, zwischen den Hochhäusern von Helmut Jahn und Hans Kohlhoff hindurch. Auf der Verlängerung der Alten Potsdamer Straße liegt das Mosse-Palais. Und wer im Großen Tiergarten spazierengeht, steht plötzlich vor der spiegelnden Hochhauswand des Sony-Centers.

Wenn der Festakt vorüber ist, beginnt die Stadt ihre Arbeit: stumm, stillschweigend, als wäre es immer schon so gewesen. Die komplexen Voraussetzungen, auf denen unser Alltag beruht, sind unsichtbar geworden und werden uns nur noch dann ins Bewußtsein treten, wenn es zu einer Störung kommt. Alles läuft, als wäre nie etwas anderes gewesen. Es gibt keine Prärie mehr in der Stadt. Der große Krater ist geschlossen. Was im Flusse war, ist fest geworden. Der Potsdamer Platz ist in einen neuen Aggregatzustand übergegangen und löscht die Bilder, die es gab, solange alles noch im Flusse war. Niemand muß sich jetzt noch ausmalen, wie es werden könnte: Die Gebäude stehen jetzt da, fix und fertig, irreversibel. Mit der Freiheit, die man sich nehmen konnte, solange alles noch in der Schwebe war, ist es vorbei. Man braucht sich jetzt, da die neue Skyline steht, nicht mehr an die Zeichnungen der Architekten halten. Von den vielen ungebauten Projekten sind die realisierten geblieben. Es gibt keine Geheimnisse mehr.

In unserem Kopf haben wir alle Potsdamer Plätze, die es je gab, gespeichert: den geschichtsphilosophischen, den sentimentalen, den modernitätstheoretischen, den mythischen Potsdamer Platz, den Potsdamer Platz als Polenmarkt, doch was von nun zählt, sind die kürzesten Wege zwischen U-Bahn und Staatsbibliothek, zwischen S-Bahn und Philharmonie, das Sortiment der Waren und die Preise, nicht eine Vorgeschichte. Jede heute angeknipste Leuchtreklame zählt mehr als jedes noch so schöne Bild von einst. Auf dem Platz beginnt eine andere Geschichte. Von nun an zählen nicht die Manifeste oder guten Absichten der Architekten und Planer, sondern ob die Stadt funktioniert. Ihre Schöpfer haben keine Macht mehr über sie, und vielleicht ist sie etwas ganz anderes, als ihre Schöpfer im Sinne hatten: ein Meteorit, der mitten in Berlin niedergegangen ist; ein großer Ozeandampfer, der in der Bucht hinter dem Gebirge Staatsbibliothek, dem Mount Scharoun, vor Anker gegangen ist. Oder ein Korallenriff, auf dem jetzt erst wächst, was wachsen soll: die Stadt.

Abenteuer der Zeit

Vielleicht war der Potsdamer Platz nie so aufregend wie jetzt, da er verschwindet. Die Stadt, die von den Kränen in den Himmel gezeichnet wird, war die schönste, die es je gegeben hat. Um sie gab es nie einen Streit, denn sie war fast eine Art Naturereignis und damit jenseits von Gut und Böse. An ihr war die Bewegung alles und das Ziel nichts. Man blieb auf dem laufenden nur, wenn man alle paar Tage vorbeischaute oder am Wochenende wenigstens. Man mußte andererseits längere Zeit abwesend gewesen sein, um der Gewöhnung zu widerstehen und jenen Abstand zu wahren, den man braucht, um etwas wachsen zu sehen. Wer auf dem laufenden bleiben wollte, mußte täglich Zeitung lesen. Es verging einem Hören und Sehen. Das Interesse war groß, aber die Sachkenntnis die von Laien. Daher sprach man romantisch vom »Wald der Kräne«. Wer mitreden wollte, mußte etwas wissen und mindestens verstanden haben, was es mit Pfahlrammen, Schürfgrube, Tiefbrunnen, Bohlwerken, Schlitzwänden, Spundbohlen, Freifallrammen, Baugrubenaussteifung und Trägerbohlwänden auf sich hat. Es gab Bilder von unendlicher Poesie: im Winter die Eisschollen auf den Grundwasserseen, im Sommer die glühende Sonne, die zwischen den Kränen dahinrollte, die imaginäre Stadt, die von den Baugerüsten in den Himmel gezeichnet wurde. Für einen Augenblick war ein Blick freigegeben auf das grandiose Zirkuszelt der Philharmonie, wie es ihn nie wieder geben wird. Für einen Augenblick lagen die Canyons, in denen einmal Züge rollen werden, offen da. Auf einmal schien die schwebende Stadt zu existieren, die die russischen Konstruktivisten all ihrer Not und der Schwerkraft der Dinge zum Trotz auf das Papier geworfen hatten. Das eigentliche Abenteuer, das die Zuschauer am Potsdamer Platz in Atem hielt, war nicht ein technischer Superlativ oder eine sensationelle Apparatur, sondern das Abenteuer der Zeit, die Erfahrung, daß Veränderung mit dem bloßen Auge registriert werden kann, oder kürzer: daß man Zeit sehen kann. Fünf Jahre Bauzeit, fünf Jahre Veränderung in Permanenz: das ist die Zeit, in der aus einem Kind ein Jugendlicher oder aus einem Schüler ein Student wird. Bauzeit als Lebenszeit. Die Baustelle war der Embryonalzustand der künftigen Stadt, die Stadt vor der Stadt. Dem Straßengitter, das wir jetzt sehen, gingen die Trassen voraus, über die einst die Bulldozer rollten. Vor den Liften, die jetzt in die obersten Stockwerke schweben, waren die Hubkräne. Die Kräne waren die Vorläufer der Türme und das Maßwerk der Gerüste nahm die Tektonik der Fassaden vorweg. Die Brücken, die über die Betonschluchten gelegt wurden, sind die Ebenen, über die jetzt der Verkehr rollt. Schon bevor das Viertel dem Verkehr übergeben wurde, galt auf den Baustellen die Straßenverkehrsordnung und sorgte das Wachpersonal für Ordnung.

In der Erinnerung verschwimmen die einzelnen Stufen dieses Prozesses, doch er hat auch für den Laien eine deutlich erkennbare Folgerichtigkeit. Das Ende des alten Potsdamer Platzes der Kaninchen, Autowracks, Vopos und urbanen Melancholie war gekommen, als das Gelände nach Sprengkörpern abgesucht und für die Bauarbeiten präpariert wurde. Von diesem Moment an war klar, daß es sich um etwas Irreversibles handelte: Die Regeln des urbanen Lebens kehrten zurück in eine verwilderte Zone, die alle Form und Kontur verloren hatte. Die Stadt vor der Stadt durchlief alle Entwicklungsstadien: die archaische Zeit der Zyklopen und Titanen, des Tiefbaus, des Erdaushubs, des heroischen Kampfes gegen Wassereinbrüche, des Grabens von Tunneln und Betonierens von Pfeilern ebenso wie die Zeit, in der Arbeit sich nur noch im Summen von CD-ROM-Laufwerken und im Klicken des Computers bemerkbar macht. Eine Zeitlang schwammen Kähne auf den Seen, und die Zeichen, die ihren Verkehr regelten, kannte man sonst nur von Hafenbecken. Aus der Staatsbibliothek sah man, wie sich Froschmänner mit Stahlkugelköpfen und Schläuchen auf dem Rücken ins Wasser fallen ließen. Mit jeder Etappe verschoben sich Perspektiven, Sichtachsen, die Verkehrsführung. Die Brücken über die Schluchten wurden verlegt, sobald es die Logik des Bauens erforderte. Das führte zu Momenten größter Überraschung: Es gab den Augenblick, da die Philharmonie in all ihrer Pracht frei und allein da lag für den, der die Leipziger Straße heraufkam. Und dann gab es den Augenblick, wo sie wieder hinter einem Turm verschwunden war. Das Kulturforum hatte in dem Grat der emporwachsenden Neubauten mit einem Mal eine Kante bekommen, so daß fast nebenher ein städtischer Raum entstanden war. Auf der Baustelle übte sich die neue Stadt schon in ihren Lebenszyklus von Tag und Nacht ein. Sie war schon alles, was sie in Zukunft einmal werden soll: Ort des Verkehrs, Arena, Festsaal, Bühne, Zirkus, Schauplatz. Auf Baustellen wie dem Potsdamer Platz ist die Gleichzeitigkeit der Ungleichzeitigkeit kein abstrakt philosophisches, sondern ein praktisch zu lösendes Problem. Das Viertel, das jetzt fertig ist, war in den Köpfen der Meisterplaner schon fertig, bevor der erste Spatenstich getan war. Die Räume, die jetzt vermietet werden, sind entworfen worden, als Mieter noch nicht in Sicht waren. Die Archäologen betrieben noch Spurensicherung und bargen Porzellan aus dem Café Josty, als schon die PR-Broschüren für das Jahr 2000 vorbereitet wurden. Der Fluchtpunkt, dem wir jetzt folgen, ist simuliert worden, als weit und breit noch nichts als Brache war. Und gewiß sind die Architekten und Logistiker, deren Stadt wir jetzt betreten, schon längst auf und davon. Bei der festlichen Eröffnung, zu der sie geladen sind, haben sie längst ganz andere Städte im Kopf. Vielleicht Stuttgart, vielleicht Shanghai.

Gesamtarbeiter, Gesamtkunstwerk

Alles läuft, so sieht es jedenfalls aus, reibungslos. Alle Aktionen sind aufeinander abgestimmt. Zeit ist kostbar. Die »Slots«, die in der Art der Flughäfen vergeben werden, kosten Geld. Verzögerungen und Störungen können Kettenreaktionen auslösen und damit das Ganze in Gefahr bringen. Was sich aus der Ferne als Gewirr von Krantürmen, Tunneln, Röhren und Trassen darstellt, ist in Wahrheit eine Fläche, auf der jeder Quadratmeter mitgedacht und durchkalkuliert ist. Korridore zu Wasser, zu Lande und durch die Luft verbinden das Implantat mit der Außenwelt. Das Team umfaßt Tausende von Menschen und Vertreter so ziemlich aller Disziplinen. Marxens »ideeller Gesamtarbeiter« ist zum reellen geworden. Er vollführt zyklopische Bewegungen und hält sich dabei an eine bis ins letzte Detail ausgearbeitete Choreographie. Die An- und Abfahrten der Betonmischgefährte und Lkws erfolgen in genau berechneten Intervallen. Es gibt einen Regisseur, seine Anweisungen und Direktiven kommen per Handy und sind rückgekoppelt. Alle scheinen die Partitur zu kennen, das Ensemble ist gut aufeinander eingespielt. Die unsichtbare Hand des Plans bringt alle zusammen: die Architekten aus Mailand und Tokio, aus London und New York; die Arbeiter aus Irland, Polen und Portugal; die Poliere und Vorarbeiter, die am Wochenende nach Köln fahren. So muß es früher in den Dombauhütten zugegangen sein mit ihren Handwerkern, Lastenträgern und Steinmetzen. Zum Ensemble gehören die Angehörigen der High-Tech-Elite, für die nur die kompliziertesten Fragen von Interesse sind. Von dieser Art muß der Traum gewesen sein, den die Baumeister von

Vitruv bis Gropius geträumt haben: daß es einen Ort geben möge, wo Kunst und Praxis, Handwerk und Architektur wieder zusammenkommen mögen. Vielleicht hatte Walter Gropius bei der Proklamation des Bauhauses eine solche »Werkgemeinschaft, die den neuen Bau der Zukunft aufrichten soll« im Auge. Vielleicht würden die Konstruktivisten neidisch auf die *workshops* sehen, die Architekten aus der ganzen Welt zusammengeführt hatten. Da es nicht nicht bloß um die Errichtung von Gebäuden ging, waren alle Disziplinen vertreten – ein wahres Gesamtkunstwerk. Man brauchte Juristen für Planfeststellungsverfahren. Man mußte etwas von Grundwasserabsenkungen und ihren Risiken verstehen, von der Gefährlichkeit der Zünder von britischen Phosphorbomben und von den Tücken der Berliner Geologie. Solch ein Gesamtkunstwerk kam nur zustande, wenn die Ingenieure zu Wasser, zur Erde und zur Luft kooperierten, wenn die einen verwildertes Gelände kartierten und Emissionen maßen und die anderen sich mit Immobilien-, aber auch Grundwassermanagement beschäftigten, wenn die Hydrogeologen ebenso ihre Arbeit taten wie die Historiker der S-Bahn und die Spezialisten für ökologisches *monitoring*. Wo gab es je ein Ensemble, dem Tiefseetaucher, Kranführer, Dirigenten und Computerfachleute, Denkmalschützer und Forscher der städtischen Flora zugleich und gleichberechtigt angehörten!

Lob der Ingenieure

Alle Welt in Berlin kennt die Namen der Architekten, die an den Ideenwettbewerben teilgenommen haben, und jeder weiß, wer sie gewonnen und wer welches Quartier und welchen Block gebaut hat. Aber niemand kennt die Namen der Ingenieure und Logistiker. Man kennt die Architekten-Avantgarde, aber nicht die Avantgarde der Ingenieure. Das ist nicht neu.»Die Männer der Technik hat der Ruhm noch nie verwöhnt«, schrieb in den 20er Jahren der Technik-Historiker Conrad Matschoß.»Weder Mit- noch Nachwelt hat sich bisher sonderlich bemüht, Kränze zu winden denen, die mit machtvollem Können am Riesengebäude der Technik gearbeitet haben. Wenn der große Göttinger Philosoph Lichtenberg am Ende des 18. Jahrhunderts klagte: ›Literärisches Verdienst ist in Deutschland leider der Maßstab von wahrem Wert geworden‹, so trifft das noch heute zu. In die großen Enzyklopädien, die wir in Deutschland wenig schön Konversationslexika nennen, hat sich nur selten ein großer Ingenieur verirrt. Das gleiche läßt sich von den vielen umfangreichen nationalen Biographien sagen. Fürsten, Feldherren, Staatsmänner, Gelehrte, soweit sie Bücher hinterlassen haben, Künstler, deren Arbeiten wir in unseren Städten in den Museen sehen, sie allein sind würdig befunden worden, in diese Sammelwerke aufgenommen zu werden. Dazu kommt noch eine Reihe biographischer Nachschlagewerke für einzelne Berufsgruppen. Die darstellenden Künstler einschließlich der Architekten stehen hier an erster Stelle. Aber es fehlen auch nicht die Naturwissenschaftler, die Mediziner, Juristen, Musiker usw. Nur die Männer der Technik sind auch hier nirgends zu finden.« Es liegt vielleicht auch am Spezialistentum und der Sprache von Ingenieuren und Logistikern, die im Unterschied zu den sichtbaren Formen und Gestalten der Baumeister abstrakt ist. Die Eleganz ihrer Arbeit besteht darin, daß sie unauffällig ist. Die gelungensten Lösungen sind jene, denen man nicht ansieht, daß sie ein Problem gelöst haben. So entsteht die Illusion, als gäbe es sie gar nicht. Wo andere sich am »Wald der Kräne« berauschen, ist ihre Sache ganz unromantisch lautlose Effizienz. Für sie ist alles möglich. Ein Fluß bildet ein Hindernis für den Tunnelbau – also verlegt man ihn. Das Grundwasser droht abzusinken, wenn die Grundwasserseen leergepumpt werden – also wird unter Wasser betoniert. Sie sind die Virtuosen der Bewegung, des Verkehrs und der Kommunikation. Die schlechte Arbeit von Architekten tut nur weh, die von Ingenieuren hätte tödliche Folgen. Sie anerkennen die Gesetze der Schwerkraft, aber innerhalb dieser Einsicht in die Notwendigkeit, aus der die Freiheit besteht, schaffen sie die schönsten Dinge. Sie fluteten den Potsdamer Platz und ließen darauf Kähne schwimmen. Sie waren die Dirigenten der Kräne. Von ihnen stammten die ständig wechselnden Perspektiven, die filigranen Zeichnungen, die Schluchten und schiefen Ebenen, die ungebauten Türme und die schwebenden Plätze. Sie waren die Erbauer der Stadt der Lüfte, die jetzt der fertigen Stadt gewichen ist.

Rückkehr in die Normalzeit

Das eindrucksvollste Bild vom Potsdamer Platz war nie jenes Bild mit den Zuckerbäckerfassaden von 1900, den Droschken und dem legendären Verkehrsturm. Das eindrucksvollste Bild ist enthalten im Berliner Adreßbuch der Vorkriegszeit. Dort kann man nachlesen, was Stadt am Potsdamer Platz einmal war. Und hier kann man ermessen, was ein Platz, um den sich Stadt neu kristallisieren soll, noch vor sich hat. Adreßbücher sind die Geheimschrift der Stadt. Wir brauchen darin nicht nach den berühmten Namen und Adressen suchen. Adreßbücher offenbaren das Schwierigste: die unendlich dichte und komplexe Textur von Beziehungen, wie sie nur die friedliche Arbeit und das Leben von Generationen zuwege bringt. Die Eintragungen lauten zum Beispiel: Wolsdorff AG Zigarrengroßhandlung, Gerold Weingroßhandlung, Loeser und Wolff, Zigarrenhandlung, Menzer, Weingroßhandlung, Detekteien, Aschinger, Hutgeschäfte, Versicherungsagenturen, Rollenhagen Feinkostgroßhandlung, Hotel und Restaurant Terminus am Potsdamer Platz, Hotelpensionen, Rechtsanwalt Marcuse, Bayernhof, Münchener Spezialausschank, Rechtsanwälte, Optiker, Überwachungsdienste, Bleyle Fabrikate, Pressedienste, Börsenverein der Deutschen Buchhändler, Kosmetische Präparate, Juweliere, Lindemann, Strumpfwaren, Krankenschwestern, Hotelangestellte, Ostelbische Braunkohlen-A.G., Sprengstoff-Bedarf, Marineoffizier-Verband, Radium Gummiwerke, Mitteleuropäisches Reisebüro usf., usf. An ihnen ist nichts sensationell. Das ist nur die Abbreviatur von Tausenden von Existenzen, von denen eine nach der anderen verschwand. Lange bevor nur noch die geschwärzten Mauern standen, waren nur die Ruinen geblieben. Ein Stadtwrack. Der Potsdamer Platz hat die Wiederbegründung von Stadt noch vor sich. Diese ist nicht bloß eine Ansammlung von Geschäften, sondern die Akkumulation von Rücksichtnahmen, Geschmack, Takt und Kultur, die unendliche Dichte und Vielfalt der Bedürfnisse, Triebe, Regungen, Ambitionen, die ganze Schwerkraft der Interessen. Man kann das heute wie früher durch Peuplierung beschleunigen, und das kann die schönsten Resultate haben, aber seine eigene Zeit braucht es doch. Irgendwann wird der Dampfer am Mount Scharoun die Anker lichten, irgendwann wird das Korallenriff bewachsen sein. Wenn die ersten Graffiti gesprüht sind, wissen wir: die Stadt lebt.

(Herbst 1998)

175

Wladiwostok – Far Eastern Connection

Der Geschäftsmann, der während des neunstündigen Flugs von Moskau nach Wladiwostok im Sessel neben mir sitzt, ist etwas nervös. Er fliegt in den Fernen Osten, um ausstehende Schulden einzutreiben. Das war schon vorher schwer, dürfte jetzt aber inmitten der Finanzkrise noch schwieriger geworden sein. Dabei hat er gute Nerven. Er ist wie nicht wenige erfolgreiche Geschäftsleute ehemaliger Offizier und hat in den 70er Jahren als Spezialist in Libyen gearbeitet. Seinen letzten Urlaub verbrachte er in Österreich. Wenn seine Geschäftspartner ihn am Flughafen begrüßen, so meint er, werde alles gut sein, wenn nicht, dann werde es Komplikationen geben. Aber schießen werde er trotzdem nicht. Mein Begleiter wußte viel über die Höhe von Schutzgeldern, über seine Vorliebe für BMWs und die Sorge um seine beiden Töchter zu erzählen. Nachdem die Maschine gelandet war, entschwand er in einem schwarzen Landrover mit schwarzgetönten Scheiben. Offenbar war alles gutgegangen.

Die Unsicherheit, was man am Ende des Fluges zu sehen bekommt, ist sehr groß. In Wladiwostok gehen die Uhren anders. Wer nur in Moskau war, das mehr als 80 Prozent des russischen Kapitals konzentriert, hat von Rußland noch gar nichts gesehen. Wladiwostok liegt in der Zeitzone, in der auch Tokio liegt, und nach Japan ist es mit dem Schiff nur eineinhalb Tage, während man auf der Transsibirischen Eisenbahn mehr als eine Woche unterwegs ist. Hier gilt die alte Weisheit, Rußland ist groß und der Zar weit, so sehr, daß Zweifel aufkommen, ob der Zar überhaupt noch etwas zu sagen hat. Jedenfalls agiert Jewgeni Nadsratenko, der Gouverneur des Landes am Pazifik, so. Er ist sein eigener Herr. Und unklar ist, wo hier die Trennungslinie verläuft zwischen dem Streben nach Autonomie, deren Rußland so dringend bedarf, und einem Separatismus, der das Ende des einen, unteilbaren Rußland ist.

Das Auto und die Stadt

In Wladiwostok dreht sich alles ums Auto: die Straßen, der Hafen, der Anzeigenteil der Zeitungen, die Tätigkeit der Reisebüros, der Industriezweig, der Sicherungen gegen Autodiebstahl herstellt, die Miliz, die davon auf Trab gehalten wird, die Ambulanz, die zu den Unfallstellen rast. Die Straßen sind schlecht, seit Jahren nicht erneuert, aber der Strom von Autos, der sich über sie ergießt, nimmt keine Ende. Wo es nur vier Fahrstreifen gibt, wird in fünf oder sechs Spuren gefahren. In Wladiwostok herrscht Rechtsverkehr, aber das Steuer der meisten Autos befindet sich links wie in Japan, aus dem die meisten Autos importiert sind. Ganz Wladiwostok ist motorisiert. Von rund 700 000 Einwohnern haben mehr als 200 000 ein Auto. Die Masse der importierten Daewoos, Nissans, Toyotas, Hondas kommt Woche für Woche über die Häfen von Wladiwostok und Nachodka oder über die keine hundert Kilometer entfernte Landgrenze zu China und Korea. Besonders beliebt sind Landrover und Jeeps, Allzweckfahrzeuge im alltäglichen Überlebenskampf. Der Verkehr läßt nie nach. Es gibt keine Rush hour und keinen Feierabend, denn es gibt keine Arbeit, zu der man fahren muß. Alle sind immer irgendwie irgendwohin unterwegs, denn die Fabriken stehen still. Da in Wladiwostok jeder ein Auto hat, ist das Auto auch nicht, wie anderswo in Rußland, ein Zeichen dafür, daß man es zu etwas gebracht hat und daß es aufwärtsgeht. Ein gebrauchtes Auto für 1500 Dollar kann sich jeder leisten. Aber es bleibt wenig Geld in der Stadt. Wladiwostok verdient nicht am Autohandel, denn von überall her aus dem riesenhaften Raum zwischen Chabarowsk, Tschita, Irkutsk und Ulan Ude reisen die Interessenten selber an und kaufen an Ort und Stelle. Sogar in den Städten am Ural findet man noch Autos mit dem Steuer auf der rechten Seite. Die Stadt, die mehr als ein Menschenleben lang für Ausländer gesperrt war und erst seit 1991 wieder allgemein zugänglich ist, wurde, ergab sich fast widerstandslos der Flut von Blech, die über sie hereingebrochen ist.

Das Goldene Horn am Pazifik

Wer nach Wladiwostok fährt, wird von Warnungen begleitet. Die Stadt am Pazifik gilt als Kapitale des Verbrechens und hält einen Rekord in Selbstmorden. Dort solle man nach Einbruch der Dunkelheit nicht mehr unterwegs sein. Die Infrastruktur sei zusammengebrochen.

Und tatsächlich sieht man überall Zeichen des Stillstands und Verfalls. Die Fördertürme draußen vor der Stadt stehen still. Die Sowchosen sind zusammengebrochen. Statt dessen verkaufen Frauen am Straßenrand eimerweise Kartoffeln, Pflaumen, Tomaten und Milch in Gläsern. Farmer, die es auch hier versucht haben, haben wieder aufgegeben, nachdem ihnen das Vieh gestohlen und das Dach über dem Kopf angezündet worden ist. Den chinesischen Bauern, die den ganzen Streifen am Stillen Ozean mit Lebensmitteln versorgen könnten, gibt man kein Land, sondern schürt die Angst vor der »Gelben Gefahr«. Jugendliche verdienen sich etwas Geld durch Autowäsche. Die Fuhrparks in den Kasernen in der Umgebung der Stadt stehen still, es gibt keinen Treibstoff. Die blaue Bucht, auf die man blickt, täuscht. Die Abwässer der über 60 Kilometer sich hinziehenden Stadt werden in die Bucht geleitet, weil das Klärsystem defekt ist. Baden ist verboten. Die meisten Sanatorien und Jugendheime, die man in den Parks sehen kann, sind geschlossen. Im Hotel, das ansonsten einen guten Eindruck macht, ist tagsüber stundenweise das Wasser abgestellt, warmes Wasser gibt es nur abends zwischen acht und zehn Uhr. Hauptthema im derzeitigen Wahlkampf um das Amt des Bürgermeisters ist: die regelmäßige Versorgung der Stadt mit Elektrizität und Wasser. Die ganze Provinz am Pazifik ist arm an Energie. Kohle muß von weit hergeschafft werden, die Ausbeutung der Gruben um Wladiwostok lohnt sich nicht mehr, da das Grubenholz nicht mehr bezahlt werden kann. Eine Trockenheit in diesem Jahr kam dazu, die Zisternen sind nicht gefüllt. Und die Trockenheit nimmt angeblich zu, weil die Wälder wegen des Raubbaus der letzten Jahre die Niederschläge nicht mehr halten.

Wladiwostok ist selbst dort, wo es am prächtigsten ist – auf der Swetlanskaja, die ganz früher einmal Amerikanskaja und in der Sowjetzeit Lenin-Prospekt hieß – auf eine Weise heruntergekommen, wie man es in keiner halbwegs gleich großen historischen Stadt in Zentralrußland oder an der Wolga zu sehen bekommt. Dort sind wenigstens die historischen Stadtzentren restauriert und man spürt die mehr oder minder starke Hand eines Bürgermeisters oder Gouverneurs. Nichts davon in Wladiwostok. Die meisten Gründerzeitfassaden sind verblaßt, der Stuck bröckelt, manche Balkone drohen herabzustürzen. Die Nachrichten der Zeitungen sind besorgniserregend: Die Bergarbeiter der Region haben schon seit Monaten keinen Lohn mehr bekommen. Die Lehrer sind zum Schulbeginn am 1. September in Streik getreten. Die psychiatrische Klinik kündigt die Entlassung ihrer Patienten an, weil das Brotkombinat die Einstellung von Brotlieferungen angekündigt hat. Die Pazifikflotte soll demnächst kein Brot mehr bekommen, weil sie mit ihren Rechnungen im Rückstand ist. Auch im fernen Wladiwostok spürt man die Moskauer Erschütterungen. Die Preise für Benzin und Lebensmittel verdoppeln sich binnen eines Tages: Mehl wird sackweise im Kofferraum abtransportiert – ein völliger Unsinn in einer Stadt von chronisch feuchtem Klima. Was im Winter werden wird – wer weiß es. Der Autohandel, so wird angekündigt, wird vollständig zum Erliegen kommen. Ein italienisch-kanadisches Hotel-Projekt habe Schwierigkeiten. Sogar im Hyundai-Hotel, das die Koreaner errichtet haben, werden vorübergehend keine Kreditkarten mehr angenommen.

Es dauert eine Weile, bis man die Stadt selber zur Kenntnis nimmt. Sie streckt sich lange auf einer Halbinsel hin, von deren Grat man auf die beidseits sich erstreckenden Buchten blickt. Die schönste der Buchten wurde vom Gründer Graf Nikolai Murawjow-Amurski denn auch Goldenes Horn genannt, der östliche Bosporus als Pendant zu dem an den Dardanellen. Aber auch San Francisco kommt einem in den Sinn, wenn man mit der Zahnradbahn auf den Aussichtspunkt hoch über der Stadt fährt oder im Auto die steilen Straßen hinunterrollt, an deren Ende der Pazifik glänzt. Die Monotonie der sowjetischen Schlafstädte ist in Wladiwostok durch die malerische Lage der Hochhäuser auf den Bergen zwischen den Buchten gemildert. Aber was am frühen Morgen so schön wie eine chinesische Tuschezeichnung aussieht, ist das Unglück Wladiwostoks: der Hafen, das Herz der Stadt am Pazifik, steht still. Die Kreuzer der russischen Pazifikflotte, die Minensuchboote, ein großes Lazarettschiff liegen vor Anker. Kaum eine Bewegung auf der Bucht, außer der Fähre, die Einwohner von der anderen Seite der Bucht ins Zentrum bringt. Ein- bis zweimal in der Woche verläßt ein Schiff den Hafen, um Shopping-Touristen nach Pusan oder Nagasaki zu bringen, von wo sie wenige Tage später mit ihren Hondas und Toyotas oder Kisten voller Haushalts- und Unterhaltungs-Elektronik zurückkehren werden. Am lebendigsten geht es auf den koreanischen und chinesischen Märkten zu, obwohl auch hier das Geschäft wegen der Rubel-Dollar-Turbulenzen stark zurückgegangen ist.

Am Goldenen Horn kann man eine Vorstellung bekommen, was Wladiwostok einmal war und was es, wenn alles gut geht, vielleicht werden könnte: Rußlands Fenster zum Pazifik. Wladiwostok ist eine ganz junge Stadt. Als 1860 Soldaten und Matrosen an Land gingen und die Stadt gründeten, war kaum vorstellbar, daß diese Siedlung mit ein paar Holzhütten zur »Gebieterin des Ostens« werden könnte. Aber aus den Soldaten wurden Zivilisten, den Matrosen folgten Kaufleute und Händler. An der Swetlanskaja, diesem pazifischen Pendant des Newski-Prospekts, wuchsen die Gebäude der Russisch-Asiatischen Bank, die Hotels Versailles und Hotel de Louvre, über denen die Trikolore wehte, das Photogeschäft von Carl Schoultz, die lutheranische Kirche des Apostels Paulus, die ein Architekt namens G.R. Junghändel entworfen hatte und die von einem Pastor namens Karl August Rumpeter betreut wurde. Bald gab es eine Handelsschule und ein Mädchengymnasium, in dem auch heute wieder ein Gymnasium untergebracht ist, und die am Pazifik berühmte Liwonia-Brauerei. Schon 1909 eröffnete ein Kino mit dem Namen »Dekadenz«. Wladiwostok war eine internationale Stadt. Um 1880 waren vierzig Prozent der Einwohner Ausländer: Schweden, Deutsche, Briten, Amerikaner, Japaner, Chinesen, Norweger. Das dreistöckige Jugendstilgebäude unweit der Swetlanskaja hatte einmal Juli Iwanowitsch Brynner gehört, der aus der Schweiz eingewandert und als Wald- und Grubenbesitzer reich geworden war – der Vater des späteren Hollywood-Stars. Und bis auf den heutigen Tag stehen auf beiden Seiten des Prospekts die Kaufhäuser der aus Hamburg stammenden Geschäftsleute Kunst & Albers, die ihre Filialen in ganz Fernost hatten. Wladiwostok war ein Tor zur Welt: 1871 schon gab es ein Unterseekabel nach Nagasaki. 1891 wurde die Stadt zum Endpunkt des Transsibirischen Eisenbahn, deren vorbildlich restaurierter Bahnhof heute demonstrieren könnte, wie die Stadt als Ganzes aussähe, wenn sich ein Gouverneur und ein Bürgermeister fänden, die die Kräfte bündeln würden. In Wladiwostok unterhielten die USA, das Vereinigte Königreich und das Osmanische Reich und viele andere Staaten General-Konsulate. Neujahr wurde viermal gefeiert: nach dem julianischen, dem gregorianischen, dem chinesischen und dem japanischen Kalender. Alle Religionen waren vertreten: mit buddhistischen und chinesischen Tempeln, einer Synagoge, der in den 30er Jahren gesprengten Kathedrale am Hauptplatz der Stadt, einer polnischen Kirche und einer für die Lutheraner.

Die Fragmente dieser Hafen- und Handelsstadt kann man im Museum der Stadt besichtigen: dort gibt es Klaviere von G.Wolkenhauer aus Stettin und Pianinos der Marke Schröder; den Klavierauszug einer japanischen Operette »Die Geisha« von Sidney Johns; Werbeplakate für Milch-Schokolade von Nestlé und für Kerosin von den Firma Br. Nobel, Überreste der Interieurs, in denen sich die russische Intelligenz, die an dieses Ende des Russischen Reiches verschlagen wurde, eingerichtet hatte. Sie lebte dort fernab und in einem Land, in dem sie selber Fremde waren: Immigranten, Kolonisatoren, Usurpatoren, »Zivilisationsträger«, denn Wladiwostok war mehrheitlich eine Stadt, die von Angehörigen der einheimischen Völkerschaften bewohnt wurde und von Chinesen und Koreanern. Hafen und Eisenbahnbau lebten von der billigen Arbeit der »Kulis«. An der Milljonka gab es Opiumhöhlen, Bordelle, chinesische Läden. Wladiwostok war die Stadt der Schmuggler, des Hafens, der Kriminalität, der Prostitution. Nur langsam bildete sich eine kleine städtische Gesellschaft, nicht selten verstärkt von Exilierten, die aus Europäisch-Rußland verschwinden mußten und die die hier zu »Pionieren der Zivilisation« wurden, wie jener polnische Rebell Michail I. Jankowski, der hier in der Verbannung ein berühmtes Gestüt gründete, die erste Ginseng-Plantage aufbaute und einen Salon führte, in dem sich auch Gäste aus den Hauptstädten wohl fühlten. Von diesen Pionieren stammt auch das imposante Orientalische Institut, an dessen Portal bis heute Löwen Wache halten, und in dem nun die Far Eastern University Vladivostok untergebracht ist. Zehntausende von Siedlern kamen aus dem europäischen Teil des Russischen Reiches nach Fernost. »Neues Amerika« wurde das Land am Pazifik genannt, und der Amur hieß »russischer Mississippi«. Aus dieser Zeit stammen die optimistischen Prognosen, denen zufolge im Jahr 2000 rund 100 Millionen Einwohner in Russisch-Fernost leben würden; aus dieser Zeit stammen auch die futuristischen Postkartenmotive, die eine Hängebrücke über der Bay und Schwebebahnen zeigen.

Dieses Wladiwostok ging zugrunde im Tumult des Ersten Weltkrieges und des daraus erwachsenen Bürgerkriegs. Die Stadt der Kaufleute verwandelte sich zurück in eine Stadt der Soldaten. Die Filialen von Kunst & Albers schlossen. In den Cafehäusern spielte man die Musik der k. u. k.-Kriegsgefangenen, die auf ihrem Rücktransport nach Europa durch Wladiwostok kamen, oder die Märsche der US-Army, die zur Rettung der Weißen gelandet war. Länger als anderswo – bis 1922 – hielt sich das nichtbolschewistische Rußland in der Fernost-Republik, deren Verfassung man heute im Museum besichtigen kann. Das bürgerliche Wladiwostok ging in die Emigration nach Charbin, Shanghai und San Francisco. Die Familiengruft der Brynners wurde in den 30er Jahren geplündert. Der Eiserne Vorhang ging auch über dem Bosporus am Pazifik nieder. Was sich an Selbständigkeit hielt oder neu bildete, wurde ausgetilgt: die Generäle und Helden des Bürgerkriegs wie Blücher und Gamarnik , die in Fernost eine starke Bastion hatten, wurden in den 30er Jahren exekutiert. Die Deportation der Sowjetkoreaner aus den grenznahen Gebieten in den 30er Jahren, weil man sich angeblich ihrer Loyalität nicht sicher sein konnte, brachte die Region um ihre fleißigsten Menschen. Was an Öffnung im Zweiten Weltkrieg zustandekam – in den Lend and Lease-Aktionen der Amerikaner –, wurde rückgängig gemacht in der Zeit des Kalten Krieges. Wladiwostok hatte die Kräfte verloren, die es einst über Nacht groß gemacht hatten: einen Hafen zur Welt, eine Schicht von Glücksrittern und Kaufleuten, eine örtliche Intelligenz von starkem Unabhängigkeitsgefühl und regionalem Selbstbewußtsein. Wladiwostok hatte den Kontakt zur Welt, durch den es groß geworden war, eingebüßt. Mit dem »Shanghai des Nordens« oder dem »russischen San Francisco« wurde es vorerst nichts.

Far Eastern Connection

Nun ist seit fast einem Jahrzehnt Wladiwostok wieder eine offene Stadt, und es stellt sich heraus, daß es möglicherweise weit schwieriger ist, mit einer offenen Grenze zu leben als in der Sicherheit, die ein Eiserner Vorhang bietet. Die Stadt war auf die Öffnung und den damit einhergehenden Sturm nicht vorbereitet. Russisch Fernost und die Primorie-Region besonders wurden rasch zum Synonym für dunkle Geschäfte, Korruption, Schmuggel und Ausverkauf von Natur- und Bodenschätzen aller Art, besonders Gold, Fisch, Kaviar, Mineralien und Holz. Die Region war vollgepumpt mit Militär, ein einziges Waffenlager, dessen Depots regelmäßig von Explosionen heimgesucht wurden, sodaß wochenlang die Taiga brannte. Über die Köpfe einer hilflos zusehenden Bevölkerung hinweg liefert sich der Gouverneur nun schon über Jahre hinweg einen Kampf sowohl mit dem gewählten Bürgermeister Viktor Tscherepkow als auch mit der Moskauer Zentralregierung, die er mit separatistischen Drohungen um Subventionen erpreßte; aber die Subventionen kamen nie dort an, wofür sie bestimmt waren.

Wenn man sich die Geschichte ansieht, dann mag es einem so vorkommen, als sei das, was heute passiert, nicht ganz so weit entfernt von dem, was dort immer war, solange die Stadt ein Fenster nach draußen war. Die Stadt war berüchtigt: für den Schmuggel, der schon vor hundert Jahren die Amurkosaken ernährte, für das rasche Geld und Spekulation. Die Swetlanskaja war auch früher schon die Straße der Banken, und an der Milljonka gab es schon einmal Chinatown. Und selbst der Allgäuer Joghurt, den es im Hotel zum Frühstück gibt, wirkt nicht gar so verwunderlich, wenn man bedenkt, daß Nestlé vor hundert Jahren schon einmal eine Niederlassung am Pazifik gehabt hatte.

Die Bewohner des Landes am Pazifik wissen längst, daß sie auf sich selber angewiesen sind. Angehörige der russischen Pazifikflotte, die schon lange keinen Sold mehr erhalten, sind Autohändler geworden. Ein Teil der Flotte überlebt dank der Einnahmen aus dem »shopping-Tourismus« nach Pusan, Nagasaki und Kobe. Der »Westen«, der hier der pazifische Raum ist, übt einen starken Sog aus, aber zugleich wird er gleichgesetzt mit bedrohlichen Phänomenen wie Drogen und Aids. Über den Internationalen Flughafen rückt Wladiwostok näher an Seattle und Shanghai, während der »Krieg auf den Gleisen« der Transsibirischen Eisenbahn dazu führte, daß die Verbindung nach Europäisch-Rußland zeitweise unterbrochen wurde. An die vierzig Übergänge sind an der Grenze nach China eingerichtet worden und Hunderttausende wandern seither Tag für Tag über diese porös gewordene Grenze. Fast jeder hat sich aus eigener Anschauung ein Bild vom chinesischen Wirtschaftswunder auf der anderen Seite der Grenze machen können. Die Stadt und die Region profitierten von der Arbeit der chinesischen Händler und Bauarbeiter, aber zugleich wächst die Xenophobie und das Gefühl, daß man hier auf einem weit vorgeschobenen Posten lebt, der vielleicht verloren ist. Wladiwostok erinnert sich seiner eigenen Geschichte und mildert so vielleicht etwas den Schock, der mit der Öffnung einhergegangen ist. Die Asche von Graf Murawjow, dem Eroberer des Amurgebietes, wurde aus Paris, wo er gestorben war, nach Wladiwostok überführt; die Verfassung der selbständigen Fernost-Republik, die es Anfang der 20er Jahre gab, wurde reprintet, und das Bild einer Stadt tauchte wieder auf, die in den Wirren des 20. Jahrhunderts untergegangen war. Seit der Öffnung kamen Leute in die Stadt, die man jahrzehntelang dort nicht gesehen hatte: Diplomaten, Journalisten, Fulbright-Stipendiaten, Geschäftsleute. Die Zeit, da reiche Wladiwostoker Urlaub in Nagasaki machten, scheint wieder aufgenommen. Es gibt wieder zahlreiche Konsulate in der Stadt, und in einer prächtigen alten Villa in der Puschkin-Straße residiert sogar eine Außenstelle des Außenministeriums der Russischen Föderation. Wladiwostok lernt Japanisch, in den Buchhandlungen liegen Japanisch-Lehrbücher aus, und auf den Märkten wird eine Art russisch-chinesisches Pidgin gesprochen, das es vor hundert Jahren schon einmal gab. Das Gebäude der alten Kaufmanns-Gesellschaft wird von chinesischen Bauarbeitern renoviert – sie sind billiger als die russischen. Im Juli dieses Jahres war das US-Kriegsschiff Blue Ridge im Hafen zu Besuch. Die Modernisierung des Handelshafens ist im Gang, und in den Zeitungen wird eine Diskussion geführt über die Bedeutung des Cargo-Verkehrs zwischen Europa und dem pazifischen Raum, der Wladiwostok zu einer neuen Blüte verhelfen soll.

Obwohl schwer vorstellbar ist, wie eine Stadt, die mit solchen Erschütterungen fertig werden muß, Tritt fassen und eine Perspektive für sich entwickeln kann, ohne das Gleichgewicht zu verlieren, so zeigen die letzten Jahre doch, daß sie mit der beispiellosen Situation irgendwie fertig geworden ist. Es ging dabei ja nicht nur um die Bewältigung einer Wirtschafts- oder Finanzkrise, sondern um die Verwandlung einer einmal geschlossenen in eine offene Stadt, um die radikale Veränderung des Status einer ganzen Region, die sich neu definieren muß – sowohl zur Außenwelt als auch zum Zentrum. Fände Wladiwostok einen genialen Macher vom Schlage des Moskauer Bürgermeisters Juri Luschkow – um die Stadt und das Land am Pazifik müßte man sich keine Sorgen machen.

(Herbst 1998)

Ach Odessa.
Eine Stadt in der Zeit großer Erwartungen

Alle Bilder von Odessa kreisen um die große Treppe aus Sergej Eisensteins Film »Panzerkreuzer Potjomkin«. Sie ist die Kulisse für eine der grandiosesten Szenen der Filmgeschichte. Über die Treppe rollt, Stufe für Stufe hinabschaukelnd, ein Kinderwagen. Die Augen der Mutter sind vom Schrecken geweitet, ihr Mund ist zum lautlosen Schrei geöffnet. Die Treppe herab marschieren automatengleich Soldaten, ihre Bajonette nach unten gerichtet. Sie werden die Revolte der Arbeiter, die der Meuterei auf dem Kriegsschiff zu Hilfe eilen wollen, niederschlagen. Das Kind in dem Wagen hat keine Chance. Es handelt sich um eine Urszene menschlicher Ohnmacht und panischer Angst. Aber auch die Treppe mit ihren 192 Stufen und zehn Absätzen ist ein Meisterwerk. Ihr Baumeister, der Architekt F. K. Boffo, hatte die Treppe, die zwischen 1837 und 1841 angelegt wurde, mit spezifischen Abmessungen versehen, so daß sie sich von oben nach unten verbreiterte und den perspektivischen Effekt noch steigerte. Von Anfang an war die Treppe mehr als nur eine Verbindung zwischen Hafen und Stadt. Sie war der Aussichtspunkt, von dem aus man den Blick über das Amphitheater aus Bucht und Hafen genießen konnte. Man war, wenn man die oberste Stufe erreicht hatte, auf einem breiten Boulevard angelangt, in dessen Mitte die Statue des ersten Gouverneurs, des Duc de Richelieu, und an dessen Enden die Börse und das Palais des Generalgouverneurs standen. Die Treppe ist der Bühnenaufgang in eine Stadt, der es beschieden war, Kulisse für ein grandioses Welttheater zu werden. Dort setzte sich eine Stadt in Szene, die sich »Zweites Sankt Petersburg«, »Palmyra des Südens«, »Königin des Schwarzen Meeres« oder »Klein-Paris« nennen ließ. Dort ging auch der große Vorhang nieder, der die Schwarzmeer-Metropole für mehrere Generationen den Augen der Europäer entzog.

Glückliche Gründung

Als Mark Twain in den 60er Jahren des 19. Jahrhunderts nach Odessa kam, fühlte er sich fast wie zu Hause. »Ob man die Straße hinauf- oder hinabsieht, wir sahen so oder so immer nur Amerika.« Auch ein deutscher Reisender meinte: »Der äußere Eindruck, den Odessa macht, ist der einer schönen, modernen, eleganten Stadt; ihre Bedeutung als Metropole des Handels am Schwarzen Meere wird man erst ermessen können, wenn man die Häfen sieht, diesen Schauplatz einer nie ruhenden Bewegung und Tätigkeit, dieses ewige Hin- und Herströmen, Wogen und Drängen von Tausenden von Menschen und Fuhren nie endender Warenzüge.« Odessa, das 1994 erst seinen 200. Geburtstag gefeiert hat, war zu diesem Zeitpunkt eine noch junge Stadt.

Odessas Geschichte beginnt mit einem Reskript Katharinas der Großen vom 27. Mai 1794, in dem sie die Anlage Odessas an der Stelle einer türkisch-tatarischen Festung mit dem Namen Chadschibej verfügte. Im Krieg gegen die Türken war die Schwarzmeerküste erworben und dem Russischen Reich als Provinz Neu-Rußland inkorporiert worden. Odessa sollte deren Hauptstadt und sein Hafen das Tor zum Süden werden. Der Name leitet sich ab von einer an dieser Stelle vermuteten einstigen griechischen Kolonie namens Odessos. Am 22. August 1794 begannen Soldaten unter der Leitung des Vizeadmirals Joseph de Ribas mit den Bauarbeiten für die Stadt und den Hafen. Das Datum gilt seither als offizieller Geburtstag der Stadt. Damit begann der atemberaubende Aufstieg einer Stadt, die innerhalb der nächsten hundert Jahre zur viertgrößten Stadt des Russischen Reiches wurde – nach Sankt Petersburg, Moskau und Warschau. Zur Zeit der Gründung hatte die Stadt knapp 2500 Einwohner. Zwanzig Jahre später, 1815, waren es immerhin schon 35000 und Anfang der 60er Jahre lag die Zahl bei 116000. Mit der Abschaffung der Leibeigenschaft, dem Eisenbahnbau und dem Beginn der Industrialisierung machte die Stadt dann noch einmal einen großen Sprung. Kurz vor Ausbruch des Ersten Weltkrieges zählte Odessa 630000 Einwohner. Innerhalb eines Zeitraums von 25 Jahren hatte sich die Bevölkerung mehr als verdoppelt. Aber es war nicht bloß das quantitative Wachstum der Stadt, das den Zeitgenossen den Atem verschlug. Odessa war eine Vielvölkerstadt, wie man sie sonst auf dem Kontinent kaum mehr finden konnte. »Es kann keine zweite Stadt geben, deren Bevölkerung so gemischt, aus allen Nationen Europas und Asiens so zusammengesetzt wäre, wie die von Odessa«, schrieb ein deutscher Reisender. »Auf den Straßen herrscht ein wahrhaft babylonisches Sprachengewirr, man hört Italienisch, Englisch, Deutsch, Griechisch, Türkisch, Persisch, Tatarisch, Serbisch, Polnisch und Russisch mit allen nur möglichen Idiomen.« An der Menschenwerkstatt Odessa waren viele verschiedene Kräfte beteiligt: die planmäßige Peuplierung Neu-Rußlands durch Katharina die Große und die von ihr eingesetzten Generalgouverneure, die Erwerbsmöglichkeiten, die vor allem im Getreidehandel lagen, und schließlich der Massenzustrom von Immigranten, für die Odessa Gelobtes Land war. Vom ersten Tag an lag den neuen Stadtoberhäuptern am Zuzug von Bauleuten, Handwerkern, Händlern, Lehrern, Fachleuten aller Sparten. Den Versprechungen der Werber folgten griechische und deutsche Siedler, so daß Odessa in den folgenden Jahrzehnten ein Zentrum der Schwarzmeergriechen und Schwarzmeerdeutschen wurde. Fast jede Nationalität war vertreten: Schweizer, Briten, Holländer. Eine Gruppe, die eine große Rolle im wirtschaftlichen und kulturellen Leben Odessas spielen sollte, kam aus Genua, Livorno und Venedig. Polnische Großgrundbesitzer errichteten ihre Stadtpalais in Odessa. Auch zahlreiche armenische und syrische Kaufleute ließen sich in der Stadt nieder. Die Stadt war Fluchtpunkt für entlaufene Leibeigene, Kosaken und Grenzbauern, für ukrainische und moldawische Tagelöhner. Die stärkste und kompakteste Gruppe indes stellten die Juden dar. Als die Stadt gegründet wurde, soll es sechs Juden gegeben haben, 1855 waren es 17000, also etwa 22 Prozent der Einwohnerschaft, bei der allgemeinen Volkszählung 1897 lebten immerhin fast 140000 Juden in Odessa, das waren etwa 34,4 Prozent der Bevölkerung. Sie stammten in der Regel aus Wolhynien, Podolien, Litauen, aber auch aus dem österreichischen Galizien und sogar aus Deutschland. Die größte Synagoge der Stadt hieß nach dem galizischen Brody Brodskij-Synagoge. Jiddisch war nach dem Russischen die am meisten gesprochene Sprache.

Schon die Gründer und Stadtoberhäupter stehen für den internationalen Charakter der Stadt. Der mit der Grundlegung beauftragte Admiral de Ribas war ein spanisch-irischer Glücksritter aus Neapel. Nach ihm ist der wichtigste Boulevard der Stadt, die Champs-Élysées oder der Kurfürstendamm Odessas, die De-Ribas-Straße oder Deribassowskaja benannt. Es dominieren französische Namen wie Richelieu, Langeron. Der Plan für die geometrische Anlage der Stadt stammt von dem Ingenieur De Voland. Die beiden Stadtoberhäupter, unter denen Odessa Form gewann, sind ein französischer Emigrant und ein in England ausgebildeter russischer Aristokrat. Le Duc de Richelieu, bis heute von den Odessiten einfach »Duc« genannt, steht als Skulptur in strenger römisch-klassizistischer Pose auf dem großen Boulevard; nach ihm ist auch eine der Hauptstraßen der Stadt benannt; er stammte aus Bordeaux und war als französischer Emigrant in russische Dienste getreten. 1803 bis 1814 kümmerte er sich als Stadtoberhaupt Odessas um die Planung und Peuplierung Odessas; das von ihm gegründete Lyzeum Richelieu besteht bis heute. Der »Duc« kehrte nach vollbrachter Arbeit wieder nach Frankreich zurück. Graf Michail Woronzow, der die Geschicke der Stadt zwischen 1814 und 1826 leitete, war in Cambrigde ausgebildet – sein im Tudor-Stil errichtetes Schloß in Alupka auf der Krim diente der britischen Delegation auf der Konferenz von Jalta als Domizil. In seiner Zeit wurde Odessa Portofranco und Hauptexporthafen für russisches Getreide. Mit der ebenso starken wie glücklichen Hand dieser Gouverneure scheint der Aufstieg Odessas besiegelt. Diese Hand ist bis heute sichtbar: Börse und Gouverneurspalast sind die repräsentativsten frühen Bauten. Odessa ist eine junge Stadt, die älteste Schicht ist daher Klassizismus und Empire. Alle für ein effektives städtisches Leben und das Wohlbefinden der Bürger notwendigen Einrichtungen stammen aus dieser Zeit: granitgepflasterte Straßen, eine durchgängige Bepflanzung mit Akazien und Linden, die dafür sorgt, daß Passanten auch an heißesten Sommertagen nie aus dem Schatten heraustreten müssen; die Anlage von Stränden und Erholungsparks an der Küste, schließlich Hunderte von Zisternen und Brunnen, die das dringendste und bis heute unzureichend gelöste Problem der Wasserversorgung lösen sollten. Und nicht zu vergessen der große und gut ausgebaute Hafen, das wirtschaftliche Herz der Neugründung am Schwarzen Meer.

»Leben wie Gott in Odessa«.
Die Stadt zwischen 1870 und 1930

Zwischen 1861 und 1914, zwischen großen Reformen und Ausbruch des Ersten Weltkriegs, verfünffacht sich die Einwohnerzahl Odessas. Die Eisenbahnen erreichen nun die Stadt, pumpen Weizen und Menschen in die aus allen Nähten platzende Hafenstadt. Odessa ist nun eine Drehscheibe auf der Karte der Waren- und Geldströme, Teil der mediterranen Welt und der Levante zwischen Konstantinopel und Marseille, Smyrna und Port Said. Von Odessa träumen die Romanfiguren Victor Hugos ihren Traum vom grenzenlosen und schnellen Reichtum. Odessa wird zur Kapitale einer buntgemischten Bourgeoisie und zum Fluchtpunkt von Mühseligen und Beladenen aus dem ganzen östlichen Europa. Das neue Odessa wächst über die klassizistischen Fassaden seiner Gründungszeit hinaus. Es räumt die alte Börse, die nun *hôtel de ville* wird, und errichtet sich eine neue Börse im florentinischen Stil und mit den Insignien Merkurs. An der Deribassowskaja und Richelieu-Straße entstehen Hotels, Banken, Restaurants, ein Skatingring und Tearooms, darunter berühmte Odessaer Adressen wie die Cafés Robinat und Frankoni. Die alten aristokratischen Palais bekommen Konkurrenz von pompösen Gründerzeitpalästen, die ganze Quartale einnehmen und zwar prächtig sind, aber nichts mehr haben von der Anmut des in den 1830er Jahren errichteten Palais Royal und seines intimen skulpturengeschmückten Gartens. Die Stadt macht in Neo: Neorenaissance, Neoromantik, Neogotik. Die Hotels heißen wie überall in Europa: Londres, Bristol, Bolschaja Moskowskaja, Hôtel du Nord. Atlanten, Karyatiden, Medusenhäupter, Gitter und Lifttüren mit Jugendstilornamenten zeigen Odessa als eine Hauptstadt der *belle époque*. Seltsam, wie sich Türgriffe und Spiegel mit Blumengirlanden über alle Verwüstungen des 20. Jahrhunderts haben hinwegretten können. Die Stadt bekommt im Moment ihrer rapiden Expansion einen grandiosen, kuppelgeschmückten Bahnhof, ein in den kommenden Revolutionen und Kriegen immer wieder heftig umkämpftes Objekt; einen modernisierten und erweiterten Hafen, moderne Krankenhäuser und Kliniken, die bis heute in Nutzung sind, Schulbauten, Wassertürme, das große Gefängnis am alten Städtischen Friedhof, eine Pferdebahn, eine Tram belgischer Bauart und Geschäfte neuen Typs, Passagen genannt. Durch einen Aquädukt von mehr als 35 Kilometern wird Wasser aus dem Dnjester in die Stadt gepumpt und das leidige Trinkwasserproblem gelöst. Die Boulevards bekommen elektrisches Licht. An der Peripherie entstehen neue Fabriken, Brodskijs große Zuckerfabrik, die Maschinenfabriken Bellino-Fendrich, ein ganzes Viertel mit Getreidesilos. In Odessa bauen bekannte Architekten aus der Hauptstadt wie Schröter und Bernardazzi. Auf den wichtigsten Boulevards schießen Kinos aus dem Boden: Beaumonde, Odeon, Paris, Urania, Elefant. Odessa bekommt, was in einer prosperierenden Stadt auf keinen Fall fehlen darf: eine Bühne, auf der sich auch internationale Stars einfinden. So baut Odessa in den 1880er Jahren eines der prunkvollsten und elegantesten Opernhäuser Europas, ein Palais Garnier mit Blick auf das Meer, entworfen und ausgeführt vom Wiener Büro Helmer und Fellner, das den ganzen Kontinent zwischen Leizpig und

Odessa mit seinen Entwürfen beliefert. Es kommt zur Zellteilung Odessas. In Odessa gibt es, wie Isaak Babel, der es wissen mußte, berichtet, »ein sehr armes, dichtbevölkertes und leidendes Judenghetto, eine sehr selbstzufriedene Bourgeoisie und eine erzreaktionäre Stadtduma«. In Odessa entstehen Viertel für die Immigranten aus dem Shtetl und aus den ukrainischen und bessarabischen Dörfern. In der Moldawanka konzentriert sich das jüdische, kleinbürgerliche Odessa, auch das Odessa der Gauner, das Revier des Königs Benzion Krik aus Isaak Babels »Odessaer Geschichten«. In Peressyp wachsen mit den neuen Fabriken die Arbeiterslums. Und auf den Abhängen zum Meer hin, wo der Französische Boulevard verläuft, entstehen in Lansheron, Nowaja Arkadija und in der Kleinen und Großen Fontanka Villen und Wochenendhäuser: die weiße Architektur des Seebads mit verglasten Veranden, die Szenerie der Sommergäste. Im bis dahin sehr einheitlichen Stadtbild tauchen neue Akzente auf. Neben den weichen Muschelkalkstein, aus dem Odessa errichtet wurde, treten neue Materialien und Formen. Die Formenwelt des *melting pot*. In einer Stadt der vielen Völker, Sprachen und Konfessionen sind das mehr Stile als anderswo. So findet sich das Gold des Glockenturms und der Zwiebeltürme der russisch-orthodoxen Kathedrale neben dem roten Ziegelbau der lutherischen Kirche, das kräftige Blau einer katholischen Kirche im italienischen Barockstil neben den neoromanischen Linien der Synagoge, der grün-weiße Kuppelbau einer Moschee neben dem karaimischen Bethaus aus bunten Ziegeln. Überall in der Stadt finden sich malerische Märkte, in den Parks stehen zahlreiche schöne Denkmäler, viele von ihnen werden in der Folgezeit demontiert und zerstört.

Weit weniger leicht ist es, sich die geistige Welt des untergegangenen Odessa zu vergegenwärtigen. Man muß sie aus den Konzert- und Theaterprogrammen, aus Literaturgeschichten und Memoiren, aus Kriegstagebüchern und Aufzeichnungen aus dem Untergrund rekonstruieren. Vieles davon findet man in den reichbestückten Museen Odessas. Odessa hatte Dutzende von Zeitungen, in vielen Sprachen gedruckte und auch außerhalb Odessas gelesene wie »Odesskij Listok« oder die bedeutende russischsprachige jüdische Zeitung »Rasswjet«. In seinen Theatern traten Franz Liszt, Fjodor Schaljapin und Anna Pawlowa auf. Im Englischen Club traf sich die bunte Gesellschaft griechischer, italienischer, jüdischer und russischer Getreidemakler, Börsianer und Kaufleute, während sich in den gelehrten Gesellschaften Professoren der 1865 gegründeten Neurussischen Universität versammelten. In Odessa bildete sich so etwas wie »städtische Gesellschaft«, ein »Nest der Konspiration«, wie es Zar Nikolaus I. genannt hatte. In Odessa hatten die hellenischen Freiheitskämpfer der 1820er Jahre eine ihrer wichtigsten Basen. In Odessa hatten die Dekabristen ihre Mitverschwörer. In den 70er Jahren begann hier der Südrussische Arbeiterbund mit seinen Aktivitäten. Und Odessa wurde zu einem Zentrum des Emanzipationskampfes der russischen und osteuropäischen Juden. Fast alle Vordenker der jüdischen Emanzipation hatten eine Odessaer Adresse: Chaim Bjalik in der Kleinen Arnautskaja 9, Simon Dubnow in der Basarnaja 12, Leo Pinsker, der Verfasser der »Auto-Emanzipation«, in der Richelieu-Straße 40, Meir Dizengoff, der erste Bürgermeister von Tel Aviv, in der Ossipow-Straße 30, Scholem Alejchem in der Kanatnaja 26. Über Odessa ging aber auch der Strom der jüdischen Emigration nach Übersee und nach Eretz Israel – besonders nach den Pogromen der Jahre 1881 und 1905.

Odessa, so meint Jewgenij Golubowski, der Vizepräsident des Weltverbandes der Odessiten, habe keine Philosophen, sondern Schriftsteller und Musiker hervorgebracht, und diese wahrlich in verschwenderischem Überfluß. »In Odessa hat sich alles so glücklich gefügt«, schreibt Konstantin Paustowskij, »um einen Stamm von tatkräftigen, talentierten und gebildeten Menschen hervorzubringen. Odessa konnte eine Plejade von Schriftstellern, Dichtern, Malern, Politikern, Musikern, Gelehrten und Seeleuten großziehen.« Odessa hat die ganze Welt mit Wunderkindern, Genies und Talenten versorgt. Über seine Konservatorien gingen Nathan Milstein und David Oistrach in die Welt hinaus. In Odessa wurde freilich auch der Vater von Swjatoslaw Richter, Organist an der lutherischen deutschen Kirche, 1941 vom NKWD erschossen. In der städtischen Folklore Odessas wurde ein Rhythmus und ein Witz geboren, der insgeheim die Sowjetunion unterwandert und erobert hat: in den sentimentalen Romanzen und Chansons Pjotr Leschtschenkos einerseits und im nervös-ironischen Jazz Leonid Utjossows, der ausgerechnet im Moskau des Jahres 1937 Triumphe feierte. Vielleicht ist Utjossows *sound* der Sieg Odessas, der Sieg der Peripherie über das Zentrum schlechthin. Sein Triumph ist vergleichbar nur mit dem späteren Siegeszug eines anderen Odessiten, des Komikers Michail Schwanetzki. Aus dem Völkergemisch ging offenbar nicht nur die Nation der Odessiten hervor, die niemandem untertan war, sondern auch ein Idiom, das nur dort sich bilden konnte, wo mehr als hundert Völkerschaften auf engstem Raume aufeinandertrafen. Wlas Doroschewitsch, einer der Großmeister des russischen Feuilletons des Silbernen Zeitalters, bezeichnete die Sprache der Odessiten einmal als

»achtes Weltwunder«. In der Literaturgeschichte hat sich der Terminus Wiktor Schklowskijs von der Odessaer oder »südrussischen Schule« eingebürgert. Er meinte damit einen neuen Ton, in dem äußerste Knappheit und Ironie, Trauer und Schonungslosigkeit des Blicks eine einzigartige Verbindung eingegangen waren. Zur Odessaer Plejade gehörten Isaak Babel und Konstantin Paustowskij, das Autorengespann Ilf und Petrow, die Dichter Eduard Bagritzkij und Vera Inber. Odessa in den Zeiten des Bürgerkriegs war ihre Universität. Isaak Babel war absichtlich aus dem bürgerlichen Elternhaus in die Moldawanka übergesiedelt, um die Welt der Kriminellen und Überlebenskünstler zu studieren. Das Autorenpaar Ilf und Petrow konnte nur hier den genialen Gauner Ostap Bender entdecken und ihm bei seinen Wanderungen durch den sowjetischen Alltag folgen. Im Stadtgarten an der Deribassowskaja steht einer der »Elf Stühle« und im Odessaer Literaturmuseum findet man die bürokratischen Interieurs nachgestellt, in denen sich seine Helden bewegten. Für Konstantin Paustowskij wurde Odessa zur Kulisse für sein einzigartiges Revolutions- und Bürgerkriegsepos. Seine Erinnerungen lesen sich wie Anleitungen zur Reise zurück in die »Zeit großer Erwartungen«. Wenn man auf diese »Odessaer Plejade« blickt, könnte man fast die anderen vergessen, deren Schaffen ebenfalls mit Odessa verbunden ist, darunter immerhin so bedeutende Gestalten wie Alexander Puschkin und Adam Mickiewicz, die in Odessa einen Teil ihrer Verbannungszeit verbüßt haben.

Blockade, geschlossene Stadt

Odessas große Zeit ging zu Ende in einer Serie von gewaltsamen Brüchen: Erster Weltkrieg, Revolution, Bürgerkrieg, Repressalien der 30er Jahre, Terror der deutschen und rumänischen Besatzung während des Zweiten Weltkrieges und die lange Zeit der Abschließung von der großen weiten Welt. Es ist eine Geschichte des Verfalls, der Entvölkerung, des massenhaften Sterbens und des fast unbegreiflichen Wiederaufbaus und Wiederaufstiegs. Mit jedem Schub ging ein Stück Odessa zugrunde. Wer hatte in den Wirren von Krieg und Bürgerkrieg nicht alles Anspruch auf Odessa angemeldet! Deutsche, Rumänen, Rote, Weiße, Italiener, Griechen, Engländer, Franzosen. Odessa zwischen 1918 und 1920 war eine Stadt der wechselnden Fronten und des heillosen Wirrwarrs. »In jenem Jahr«, schreibt Paustowskij, »staunte jeder über das unvorstellbare Völkergemisch Odessas. Die kleinen Börsianer und Schwarzhändler wurden in den Schatten gestellt von der Invasion frecher und harter Spekulanten, die aus ›Sowdepland‹ geflohen waren, wie sie selber boshaft sagten ... Da funkelten Brillanten, die unbedingt aus der Zarenkrone stammen sollten, da wurden nagelneue Pfunde Sterling und Franken vorgelegt; seltene, schmiegsame Pelze glitten von den Schultern berühmter Petrograder Schönheiten in die zitternden Hände griechischer Vermittler, deren Gesichter vom Rasieren bläulich schimmerten ... In der Deribassowskaja-Straße konnte man jeden Abend in der Nähe der Blumenmädchen viele berühmte Leute antreffen die allerdings schon etwas von ihrem Glanz eingebüßt hatten und durch hektisch sich jagende, lächerliche Gerüchte gereizt waren. In dieser Hinsicht übertrumpfte Odessa alle Städte des Südens.« Paustowskij blickte von der berühmten Treppe aus auf die Bucht:»Mit Flüchtlingen überfüllte Dampfer fuhren nach Konstantinopel ab ... Alle Zugänge zum Hafen hinab waren verstopft. Es schien, als müßten Gärten und Häuser unter dem Andrang der Menschen bersten, als würden auch sie gleich nachgeben und in die Tiefe stürzen ... Zertretene Koffer, Bündel und Körbe glitten und kollerten wie mißgestaltete Lebewesen unter den Füßen der Menschen auf den Wegen zum Hafen hinab. Sachen quollen aus ihnen hervor, schlangen sich um ihre Beine, so daß die Flüchtenden Frauenhemden, Spitzen, Kinderkleider und Bänder hinter sich herschleiften. Diese Gegenstände aus Friedenszeiten machten das Bild der Flucht noch trauriger ... Und nun sah es aus, als wiegten sich die Umhänge von selbst auf unsichtbaren Wellen und schwammen als schwarze Teppiche zum Hafen hinab ... Wir sahen, wie die Leinen gekappt wurden und die Dampfer abstießen, ohne die Laufstege einzuholen. Die Stege glitten ab und stürzten mit den Menschen ins Meer.« Die Stadt starb. Die Zahl»wilder Häuser«, die leerstanden, weil ihre Besitzer verschwunden waren, ging in die Tausende. »In jenen Jahren entvölkerte sich Odessa immer mehr. Viele Industriearbeiter wanderten nach dem Norden, nach Sowjetrußland ab, und zwar gleich mit den ersten Einheiten der Roten Armee, den Lebensmittelbeschaffungstrupps und den Matrosen ... Das Meer lag monatelang wie tot da, von keiner Rauchfahne eines Dampferschornsteins belebt. Vom sowjetischen Norden war Odessa isoliert durch die zerstörten Eisenbahnlinien, durch die ständigen Überfälle verschiedener Banden, durch die ›Wilden Territorien‹, in denen niemand etwas zu sagen hatte, und durch gesprengte Brücken.« Es gab kein elektrisches Licht, Vera Inber ging Wasser schöpfen mit einer kostbaren Jugendstilvase, auf den Hinterhöfen wurden dunkel gebeizte Eichenbüfetts zu Brennholz zerhackt.

Die Stadt erholte sich trotz Emigration und Dezimierung des Bürgertums nach dem Ende des Bürgerkriegs erstaunlich rasch. Schon bald gingen wieder zweimal wöchentlich Dampfer nach Konstantinopel. Das vielsprachige Odessa blühte sogar auf, es gab ein Jüdisches und Deutsches Theater. Vor Beginn des Zweiten Krieges hatte die Stadt wieder 600 000 Einwohner. Geändert hatte sich der Charakter der Stadt, deren Anfänge kosmopolitisch waren und deren Existenz ganz und gar auf der Verbindung mit der Außenwelt beruhte. Wladimir Schabotinskij, auch er ein Odessit, hatte einmal gemeint: »Wer war der wahre Schöpfer dieser außerordentlich schönen Städte, Häfen, Eisenbahnen, Straßen, Getreidespeicher und Schiffe, der Theater und Spitäler und Universitäten? Es war der Händler.« Stalins Sowjetunion brauchte aber keine Stadt des Handels, sondern eine Stadt der Industrie, wenn möglich der Schwerindustrie. Die Weltoffenheit von Hafenstädten war ihm ein Graus. Eine Stadt wie Odessa wurde zu einem Fremdkörper im Arbeiter- und Bauernstaat. Aus dem Odessa der Kaufleute und Händler sollte eine Festung des Proletariats werden. Aus der Richelieu- wird die Lenin-Straße, aus der Katharinen-Straße die Marx-Straße, die Handelsstraße wird zur Straße der Roten Garde und der Französische Boulevard zum Proletarischen Boulevard. Das Hotel Bristol heißt von nun an Rotes Hotel. Das sind noch die harmlosesten Veränderungen, die in den letzten Jahren mühelos rückgängig gemacht wurden. Anders verhält es sich mit der Planierung von Friedhöfen mit den Gräbern berühmter Odessiten – etwa des Filmstars Vera Cholodnaja –, mit der Sprengung der Kathedrale im Jahre 1936, mit der Verwandlung von Synagogen in Sporthallen und mit der Abtragung des Denkmals für Katharina die Große. Das Gebäude der Börse war funktionslos geworden und zum Konzertsaal umfunktioniert. Paustowskij hat beschrieben, wie die neue Bürokratie zu wuchern anfing und wie sich im alten Hotel an der Deribassowskaja eine Organisation namens »Oprodkomgub« in Sperrholzverschlägen einrichtete. Auch Odessa, die funkelnde »Perle am Schwarzen Meer«, sollte eine graue Stadt der sowjetischen Provinz werden.

Ein zweiter Schlag von ungeheurer Zerstörungskraft war die deutsche und rumänische Besatzung während des Zweiten Weltkriegs. Das betrifft die physischen Zerstörungen etwa des Bahnhofs und der Hafenanlagen. Es betrifft die Entvölkerung der Stadt infolge der Evakuierung von 300 000 Menschen und der Fabrikanlagen. Vor allem aber bedeutet es den Untergang des jüdischen Odessa. Odessa war 907 Tage unter deutscher Herrschaft. Die Stadt, die Widerstand leistete, schien sich in die Katakomben zurückgezogen zu haben. Man kann heute in einen Teil des Hunderte von Kilometern umfassenden Tunnel- und Katakombensystems hinabsteigen. Keinen Ausweg gab es für die 100 000 Odessaer Juden, die noch in der Stadt waren und die, zusammengetrieben in Moldawanka und Slobodka, vom Chworostin-Platz aus den Todesmarsch in die transnistrischen Lager antraten, wo sie entweder durch Seuchen umkamen oder zu Zehntausenden von den Einsatzkommandos ermordet wurden. Im Stadtmuseum hängt ein Stadtplan, der die deutsche Topographie Odessas zeigt, gezeichnet im »Kriegskarten- und Vermessungsamt Prag 1944« und »Nur für den Dienstgebrauch«. Auf diese Zeit bezieht sich auch eine Passage in Anna Seghers Roman »Die Toten bleiben jung«, die wiederum um die berühmte Treppe kreist. Von einem Wehrmachtssoldaten heißt es da: »Sie rückten in Odessa ein. Er hatte sich schon einmal in seinem Leben in entlegenen Zeiten auf diese Hafentreppe geduckt, die mächtigen Stiefel hatten ihn zusammengetreten . . . Vielleicht hatten manche Jungen, die jetzt als Sieger zum Hafen hinunterstampften, vor derselben Leinwand gesessen: Panzerkreuzer Potjomkin. Wenn schon die Erinnerung an ein eigenes Erlebnis dünn ist, dann ist die Erinnerung an das Abbild eines fremden Erlebnisses so dünn wie ein Hauch. Bei ihm nicht. Er fühlte sich doppelt da; seine eigenen Stiefel, die Treppe hinunterstampfend, auf alles was lebte, und gleichzeitig den Druck dieser teuflischen Stiefel, die ihn zerstampften, daß seine Knochen knirschten.« Im Museum findet man auch die Ankündigung von Konzerten des unglücklichen Pjotr Leschtschenko und seiner Frau in der Odessaer Oper.

Odessa hat sich von den äußerlichen Schäden der Kriegszeit rasch erholt. Die Architekten haben sie behutsam ausgebessert und sich mehr oder weniger der vorhandenen Bausubstanz angepaßt. Das Dekor der späten Stalinzeit paßt nicht schlecht zur ersten Gründerzeit. Die Bevölkerung kehrte aus der Evakuierung zurück. Die Stadt wuchs rasch. In der Nachkriegszeit hat sich ihre Bevölkerung fast verdoppelt, so daß heute 1,2 Millionen Menschen in »Groß-Odessa« leben. Man sieht der Stadt diese Expansion kaum an, da der historische Kern fast unverändert blieb und die Neubauviertel, die Schlafstädte landeinwärts oder weit außerhalb der Stadt an der Buch entlang gewandert sind. In weiter Ferne sieht man die »Wohnungsmassive«.

Und doch sprechen viele vom Abschied von Odessa. Ihr Hauptgrund ist die jüdische Emigration der 70er bis 90er Jahre, die auch die Perestrojka und die Auflösung der Sowjetunion nicht hat beenden können. Odessiten findet man heute überall auf der Welt – in Tel Aviv, Brighton Beach, Berlin. Alteingesessene sprechen von der Provinzialisierung und Ukrainisierung einer einmal übernationalen Stadt. Aber Alteingesessene wissen auch, daß »Odessa Mama«, wie die Stadt fast zärtlich genannt wird, sich seine Kinder heranzieht und keine zwei Generationen braucht, um aus Nicht-Odessiten, seien sie nun Ukrainer, Moldawier, Russen oder Juden, Odessiten zu machen.

Eine Stadt in der »Zeit großer Erwartungen«

Seit die Grenze geöffnet ist, sucht Odessa wieder den Anschluß an die Rolle, die es vor der Revolution gespielt hat: eine Stadt des Handels und Verkehrs, der Kultur, der Erholung und des Amusements zu sein. Odessa träumt den Portofranco-Traum und möchte wieder Tor zur Welt werden. Alle Mythen des alten Odessa werden reaktiviert, um dem neuen Odessa auf die Beine zu helfen. Das klingt unwahrscheinlich, wenn man um die Probleme der Stadt heute weiß: die Versorgung der Stadt mit Elektrizität und Wasser, die heute in regelmäßigen Abständen abgeschaltet werden, Probleme also, die am Beginn des 20. Jahrhunderts schon einmal gelöst waren. Zukunftsvisionen für die Stadt scheinen ein überflüssiger Luxus angesichts eines monatlichen Durchschnittseinkommens von rund 40 US-Dollar. Die großen Betriebe liegen am Boden, der Hafen ist nicht wirklich ausgelastet, zweimal wöchentlich gehen Schiffe nach Istanbul. Statistiken und Horrorszenarien grassieren: die Zunahme des Drogenkonsums und die Ausbreitung von Aids in einer Stadt, die auf den Drogenrouten aus dem Orient nach Europa liegt. Und doch ist die Verwandlung Odessas in den letzten zehn Jahren unübersehbar und eindrucksvoll. Die Stadt lebt keineswegs nur von ihren Mythen, sondern aus eigener Kraft. Wieder einmal ist ein großer Dekorationswechsel im Gange. Die Boutiquen und Cafés haben vorwiegend französische Namen und heißen Champs-Élysées, Le Cardinal, Madame de Gaulle. Die Lenin-Straße heißt wieder Richelieu-Straße. Es gibt einen regen Besuchs- und Pendelverkehr zwischen Odessa, Brooklyn, Tel Aviv und Berlin. Am Bahnhof hat man während der Saison den Eindruck, der ganze Norden ströme in Odessa zusammen. Die Züge aus Sankt Petersburg, Kiew, Lemberg, Warschau, sogar ein Kurswagen aus Berlin, aus dem Donbas und aus dem Ural schaffen unentwegt Abertausende von Urlaubern auf den Bahnhofsvorplatz, wo sie die Stadt sofort und reibungslos absorbiert. Odessa ist eine schnelle Stadt. Odessa ist eine Stadt der Strände, der Hotels und Sanatorien. Die Fabriken stehen still, aber auf den Märkten herrscht ein Gewimmel, als sei die ganze Stadt auf den Beinen. Am dichtesten ist das Gewimmel und Gewusel dort, wo vor zwölf Jahren unternehmungslustige Seeleute anfingen, mit den von ihnen importierten Waren Handel zu treiben. Erst war alles am Rande der Legalität, mittlerweile ist es der größte Basar in der ganzen Ukraine. Das ist sieben Kilometer außerhalb des Stadtzentrums, im Gewerbegebiet, auf dem Gelände eines Müllentsorgungsbetriebs. Der Basar heißt daher auch so: Sedmoj Kilometre, Siebter Kilometer. Der Basar hat frühmorgens und nachmittags seine *rush hour*, kilometerlang ziehen sich die Kaufmannsreihen hin, seine Passagen bestehen aus übereinandergestapelten Containern. Es gibt in ihm alles, von Brautkleidern bis zu Kirchenglocken, von Badewannen bis zu Kondomen, von Wohnzimmern bis Parfums. Hier kreuzen sich die Handelsrouten zwischen Dnjepropetrowsk und Istanbul, zwischen den Vereinten Emiraten und Kiew, zwischen Lodz und dem Kaukasus. Neuerdings kommt viel Ware aus Indien. Jeden Tag sind es an die hunderttausend Menschen, die sich hier einfinden. Der Basar ist der größte Arbeitgeber nach dem Hafen. Die Busse kommen aus der ganzen Ukraine. Man kann von hier aus nach Warschau oder Lodz fahren. Der Basar hat Telephonzentrale, Restaurantbetrieb, einen Stützpunkt der Miliz und eine Erste-Hilfe-Station. Der Basar ist in verschiedene Sektionen aufgeteilt, eine davon ist für Gebrauchtwagen aller Klassen. Noch weiter draußen in Kujalnik befindet sich der Autogroßmarkt von Odessa. Was sich hier Tag für Tag abspielt, ist der Markt als der Anfang aller Stadt, eine je neue Stadtgründung. Es ist nur eine Frage der Zeit, wenn die Stadt vor den Toren der Stadt ins Zentrum von Odessa zurückkehren wird, in die Passage an der Deribassowskaja und in die Geschäfte im Palais Royal, von wo sie einst vertrieben worden ist. Irgendwann wird die provisorische Stadt aus der Latenz heraustreten und sich zu erkennen geben.

An einigen Stellen ist das jetzt schon der Fall. Etwa an den Sommerabenden, wenn die Stadt sich zum Corso auf dem Primorskij-Boulevard einfindet und die kühle Brise und den Blick auf das mondbeglänzte Meer genießt. Oder wenn sich bis weit nach Mitternacht Einheimische und Touristen in den Cafés auf der Deribassowskaja niederlassen. Vor den Kasinos halten glitzernde Luxusautos. Vor den Cafés stehen die Leute, die per Handy ihre unaufschiebbaren Geschäfte erledigen. In der Luft liegt die Musik zahlloser Bands. Man hört viel Arabisch. Studenten aus Damaskus oder Touristen aus dem Libanon oder vom Golf. Odessa ist längst schon wieder eine Stadt der Levante. Vollends klar wird dies weiter draußen, am Strand von Lansheron und in Nowaja Arkadija, das die Einheimischen scherzhaft Las Vegas nennen. Bis weit nach Mitternacht ist es voll von Menschen. Laserstrahlen schneiden in den Nachthimmel, Musik dröhnt. Die Diskotheken heißen hier Ithaca und sind in das Meer hinausgebaute dorische Tempel. Betrunkene, die man in sowjetischen Kultur- und Erholungsparks nicht selten antreffen konnte, gibt es nicht. Alle sind jung und schön wie griechische Götter oder die Läufer am Strand von Santa Monica. Sie genießen den Abend und wissen, daß alles seinen Preis hat. Natürlich hat kaum einer von ihnen Eisensteins Film gesehen. Es gibt Interessanteres. Die Potjomkin-Treppe hat aufgehört, eine Ikone des 20. Jahrhunderts zu sein. Die Bühne, auf der Odessa sein Comeback vorbereitet, ist nur eine Sehenswürdigkeit, die dringend der Sanierung bedarf.

(Sommer 2000)

Basar Europa

Europareisende neuen Typs haben seit 1989 den Kontinent verändert. Sie haben Monat für Monat Tausende von Kilometern zurückgelegt. Aber ihr Ziel waren nicht Sehenswürdigkeiten, sondern günstige Einkaufsmöglichkeiten. Sie verkehrten zwischen Städten mit exotisch klingenden Namen. Man erkannte sie an großen rechteckigen blau-weiß-rot gestreiften Plastiktaschen mit reißfesten Nähen, die man bis zum Platzen vollpacken und leicht übereinanderstapeln kann. Sie fanden sich nach getätigtem Einkauf auf großen Märkten ein und begannen nach dem Verkauf ihrer Ware die Prozedur von neuem. Sie kamen bisher in der Theorie von der Transformation des östlichen Europa nicht vor, denn diese interessiert sich nicht für den Basar und das, was sie abschätzig Ameisenhandel nennt, sondern für Marktwirtschaft und Modelle, die man einführen und implementieren kann. So kommt es, daß wir jetzt, da die Transformationsperiode im östlichen Europa zu Ende geht, nur wenig wissen von dem, was eigentlich passiert ist.

Das neue Europa wächst aber nicht in den Kraftakten von Politikern, sondern in den molekularen Prozessen, in denen sich das Leben von Millionen ändert. Einer seiner Hauptschauplätze war der Basar. Fast jede Stadt im östlichen Europa hat heute ihren Basar. Es gibt ganz gewöhnliche, auf denen sich ein Stadtteil mit Waren versorgt, und solche, auf denen internationale Routen sich kreuzen und die Warenströme ganzer Regionen zusammenlaufen, wie auf den großen Märkten von Odessa und Chmelnizki in der Ukraine, auf dem großen Basar, der sich auf dem Sportgelände von Lushniki mitten in Moskau entwickelt hat, auf dem Markt in der Vorstadt von Wilna oder in vielen Orten entlang der russisch-chinesischen Grenze und der Transsibirischen Eisenbahn. Der Anblick dieser Märkte ist überwältigend. Zeltstädte, riesige Plätze schwarz von Menschen, Matsch, Staub, Schmutz. Geschiebe und Gedränge von Hunderttausenden. Solche Bilder kennt man in Mitteleuropa eigentlich nur aus Bürgerkriegszeiten oder Nachkriegsdepressionen. Ein Hauch von Schwarzmarkt. Man greift instinktiv nach der Tasche und prüft, ob alles noch da ist. Solche Plätze entstehen, wenn Welten zusammengebrochen sind und die Routinen, in denen einmal das Leben verlaufen war, aufgehört haben zu funktionieren. Solche Plätze entstehen immer dann, wenn ein Zusammenhang, der gerissen ist, neu geknüpft werden muß. Alles, was hier passiert, mutet archaisch an, und doch ist es ein Neuanfang: die Geburt des Marktes aus dem Zusammenbruch der »Zentralverwaltungswirtschaft«. Jeder, der sich hier auf dem nackten Felde am Stadtrand einfindet, hat Neuland betreten; fast jeder, der hier seine Geschäfte abwickelt, war in seinem früheren Leben etwas anderes: Fabrikarbeiter, Lehrerin, Ingenieur. Es sieht vielleicht nach Flohmarkt aus, aber dort geht es nicht um Zeitvertreib und kultivierten Müßiggang, sondern um das Lebensnotwendige. Jedes Land des ehemaligen Ostblocks hatte in den letzten anderthalb Jahrzehnten seine Basarphase. In manchen Ländern – wie in Polen oder Estland – ist sie vorbei, in anderen – wie in Rußland oder der Ukraine – ist sie noch immer in vollem Schwung. Wahrscheinlich gibt es keinen genaueren Gradmesser für den Stand der »Transformation« der ehemals sozialistischen Länder als Aufkommen und Verschwinden des Basars: wo er verschwunden ist, ist der Prozeß abgeschlossen, wo er noch noch da ist, wird er noch gebraucht.

Der Basar als Naturereignis – auf einmal war er da

Der Basar wurde von niemandem »eingeführt«, sondern er war da, über Nacht und fast wie ein Naturereignis. Es gab ihn im Verborgenen und in verkrüppelter Form auch in sowjetischen Zeiten, an der Peripherie von Großstädten, besonders aber in Grenz- und Hafenstädten. Er wurde geduldet, weil man dort wenigstens ein wenig den Druck mindern konnte, der durch den allgegenwärtigen Mangel erzeugt wurde. Der Schwarzmarkt war, wie konnte es anders sein, die Kehrseite der Planwirtschaft. Ein Leben ohne ständig etwas beschaffen und organisieren zu müssen war unter sowjetischen Verhältnissen undenkbar. Die Untergrundwirtschaft, der Schwarzmarkt, das im Verborgenen akkumulierte Kapital haben nur auf den Tag gewartet, an dem sie offen hervor- und in Aktion würden treten können. Nach der Wende trat an die Oberfläche, was sich längst im stillen vorbereitet hatte. Die Grenzen, die den Strom von Waren und Gütern hätten aufhalten können, gab es nicht mehr, die Kontrollinstanzen, die ihn hätten unterbinden können, hatten abgedankt. Der Verteilungsapparat, dem bisher die Zirkulation der Waren vorbehalten war, hatte sich aufgelöst. Die Bevölkerung mußte sich selber helfen. Sie tat, was man in aussichtsloser Lage tut. Sie half sich selbst und wurde so, für einen historischen Moment jedenfalls, zu einem Volk aus Handlungsreisenden und Handeltreibenden. Es gab kaum jemanden, der nicht irgendwelche Geschäfte trieb, und es gab kaum etwas, was nicht einen Interessenten gefunden hätte. Kein Wunder, daß in den Turbulenzen der späten 80er und frühen 90er Jahre die Zentren mancher Städte plötzlich gewaltigen Ameisenhaufen glichen. Warschaus Plac Defilad um den Stalinschen Kulturpalast herum war über Nacht zum grandiosesten Marktplatz in Mitteleuropa geworden, so wie später das Stadion in Praga, das zu einem der umsatzstärksten Unternehmen im neuen Polen wurde. In Moskau drängten sich im Zentrum zwischen Lubjanka, Bolschoi-Theater und Twerskaja-Straße Hunderttausende. In Leningrad verwandelte sich der Newski-Prospekt vorübergehend in eine große Basarstraße. Sogar die Karlsbrücke in Prag war für einen Augenblick von Handeltreibenden blockiert. Der Handel entwickelte sich besonders in den Grenzstädten: im rumänischen Jassy an der Grenze zur Sowjetunion, in Przemyśl an der polnisch-ukrainischen Grenze oder – im kleineren Maßstab – in den Städten an der deutsch-polnischen Grenze: Swinemünde, Küstrin, Słubice. Bevorzugte Orte waren – besonders für den Import von Gebrauchtwagen – die Hafenstädte Kaliningrad, Memel und Tallinn. Wie selbstverständlich eigneten sich für die fliegenden Händler und ihre provisorischen Zeltstädte Bahnhofsgegenden: so die Gegend um den Budapester Nordbahnhof, an dem sich Rumänen und Ukrainer einfanden. Hervorragend eigneten sich für Basare innerstädtische Brachen, Parks und Stadien, die ihrerseits dringend auf Geld angewiesen waren – so die Stadien von Praga in Warschau, in Wilna oder das Leninstadion in Moskau. Märkte konnten im Prinzip überall entstehen, wo Aussicht auf genügend Kundschaft und Nachfrage bestand: das konnte an der Reede in Stockholm sein oder im Hafen von Larnaka oder Palermo, wo die Passagiere russischer Schiffe ihren Landgang unternahmen. Von der Wucht dieser Bewegung bekam sogar der Westen noch etwas zu spüren. Der Polenmarkt in Westberlin in den späten 80er Jahren spielte auf dem sandigen Gelände des einstigen Potsdamer Platzes durch, worum es ging. Mit dem Gegenwert von einigen Stangen Zigaretten, die im Westen verkauft wurden, konnte eine ganze polnische Familie einen Monat lang leben. Daß in diesen Transaktionen zugleich das erste ursprüngliche

Kapital akkumuliert und oft erste Schritte in atemberaubende Unternehmenskarrieren getan wurden, das verstand man im damals visumfrei zu erreichenden Westberlin sowenig wie die Tatsache, daß mit dem Polenmarkt am Potsdamer Platz, jenem denkwürdigen Fall der Mauer vor dem Mauerfall, die Wiedergeburt Berlins begonnen hatte. Diese Zeiten der spontanen Aktion sind im großen und ganzen vorbei. In *downtown* Warschau wachsen die Wolkenkratzer in den Himmel. Am Potsdamer Platz ist ein neues Stadtquartier entstanden. Die Woge des Basarhandels ist fast überall in geordnete Bahnen gelenkt. Der Straßenhandel hat sich weiterentwickelt und sich in Kiosken und Pavillons etabliert. Die Stadtväter haben längst begriffen, daß Märkte Geld und Menschen anziehen. Sie stellen daher stadtnahe Territorien zur Verfügung, auf denen sich dann die neuen Großmärkte bilden: so am »Siebten Kilometer« in Odessa, so in Kalinowsk im Gewerbegebiet von Czernowitz, so an der Kreuzung der Verkehrswege bei Chmelnizki oder in Tuszyn bei Lodz, wo sich vier polnische Autobahnen schneiden.

Stadt in der Stadt

Man muß die Basarstädte gesehen haben, um zu begreifen, daß sie keine exotischen Randerscheinungen, sondern zentrale Lebensäußerungen sind, daß sich in ihnen die Kraft und der Lebenswille einer Gesellschaft niederschlägt und nicht ein bizarres Abenteuer, das man auch bleiben lassen kann. Kurz: sie sind ein »sozial signifikantes Phänomen«, überaus rätselhaft und analysewürdig. Mit Vanity fair haben diese Jahrmärkte nichts zu tun. Die Lage ist zu ernst. Es ist nicht einfach, die ökonomische Ratio, die darin steckt, zu erkennen.

Das Gelände läßt sich meist nur von einem erhöhten Punkt aus übersehen. Die Zelte, Buden oder Container sind in Dutzenden von parallel verlaufenden, oft einen Kilometer langen Ladenstraßen angeordnet. Die Container stehen oft zu zwei Stockwerken aufeinander gestapelt. Jeder Standplatz, jede Parzelle ist kostbar, daher sind die Straßen eng, aber breit genug, um den Kundenstrom passieren zu lassen. Der Basar hat seinen eigenen Rhythmus. Er beginnt frühmorgens im Gewimmel der rush hour und liegt schon am frühen Nachmittag, wenn die Käufer abgereist sind, verwaist da. Es gibt alles: Getränke in Plastikflaschen und allen Farben, Hunde- und Katzenfutter, Autozubehör, Handys, Hochzeitskleider, Plastikpalmen, Teppichböden,

Badewannen, Mountainbikes, Bernsteinketten, Tapeten und Lacke, Parfums, moldawische Weine und Königsberger Bier, Textilien aus Lodz, die komplette Encyclopaedia Britannica auf CD für fünf Dollar, Falsifikate von Versace, Armani und Hugo Boss, Zigaretten, Ikonen, Unterwäsche, Kondome, Lederjacken, Autoreifen, Panamahüte, die letzte Hollywood-Produktion, Küchenmöbel, Schreibtischzubehör aus polnischer Produktion, Wodka in allen Klassen und Kategorien, Leuchten in Form venezianischer Gondeln, kurz: eine ungeheure Ansammlung von Waren aus allen Ecken und Enden der eurasischen Welt. Was zunächst so unübersichtlich aussieht, ist in hohem Masse strukturiert und organisiert. Die Handelsplätze liegen zwar außerhalb, aber sie sind durch ein Shuttlesystem leicht und jederzeit erreichbar. Überall gibt es in der Nähe große Parkplätze. Das Gelände ist, wie man der Tafel am Eingang entnehmen kann, in Sektionen geteilt, und man erfährt, daß es Lebensmittel-, Auto-, Unterhaltungselektronik-, Textil-, Leder- und andere Basare gibt. In den Sektionen gibt es wie in den mittelalterlichen Städten Straßen, die bestimmte Gewerbe und Warengruppen beherbergen: Elektro, Leder, Geschirr, Möbel, Kleidung. Es gibt ein zentrales Service-Bureau, ein zentrales Telephon, einen »Medpunkt« und sogar eine Abteilung der Miliz, die für Ordnung sorgt. Auch für Unterhaltung und Verpflegung ist gesorgt, denn es gibt Imbisse, Schaschlikbuden, Hallen mit Spielautomaten. Da der postsowjetische Wirtschaftsraum ein Raum vieler Währungen geworden ist, finden sich allenthalben Wechselstellen. Die großen Basare haben sogar ihr eigenes Bussystem. Über Lautsprecher wird die Abfahrt der Busse nach Charkow, Odessa und Warschau bekanntgegeben Um sie herum hat sich ein Markt für Pensionen und Privatquartiere gebildet. Viele Basare haben sich spezialisiert und differenziert: Kaschirski Dwor in Moskau ist der Markt für Baumaterialien, während der Buchgroßhandel im olympischen Sportkomplex untergebracht ist. Wo es Waffen und Drogen gibt, kann man unschwer in Erfahrung bringen. Es gibt keinen Zweifel, daß es so etwas wie eine Evolution des Basars aus sehr primitiven Anfängen heraus gegeben hat. Der Markt hat sich normalisiert, die Schutzgelderpresser haben sich lukrativeren Branchen zugewandt. Die Ästhetik des Basars ist, wie man in den Container-Straßen von Odessa oder in den Passagen von Lodz-Tuszyn sehen kann, von höchster Sparsamkeit und im Gegensatz zum sonstigen Kitsch und Pomp der postsozialistischen und postsowjetischen Architektur die einzig modern-zweckmäßige. Dort wenigstens gilt: *Form follows function.*

Tschelnoki und Ameisenhandel

Es gibt keine Statistik über die Zahl der Besucher dieser Märkte. Aber bei den größten sind es bestimmt hunderttausend oder mehr. In Odessa ist der Markt am »Siebten Kilometer« nach dem Hafen der zweitgrößte Arbeitgeber. Der Basar liegt im Schnittpunkt millionenfacher Austausch- und Pendelbewegungen, die den Transaktionen auf den Basaren Eurasiens zugrunde liegen. Könnten wir diese Bewegungen sichtbar machen, bekämen wir das Netzwerk der Warenströme zu sehen, das die östlichen Städte mit der Welt draußen und das die Städte ihrerseits mit der Provinz tief im Landesinnern verbindet. Man hat diese Bewegungen als Ameisenhandel bezeichnet, aber viel genauer ist der russische Terminus, der das Phänomen bezeichnet: *tschelnok*, was soviel heißt wie Weberschiffchen. Es rast hin und her und erzeugt mit dem Faden, den es abspult, jenes Gewebe, aus dem dann der feste Stoff entsteht. In einer der ganz wenigen Studien, die es über *tschelnoki* gibt, hat Alexander Korkotadse den *tschelnok* als »neuen Beruf, gewissermaßen das Produkt des Zerfalls des sozialistischen Systems und eines einmal mächtigen Landes« bezeichnet. »Einfach gesagt, ist es der kleine Händler (in der Regel mit Hochschulbildung), der die Funktionen des Staatsmonopols zur Gewährleistung der Versorgung der Bevölkerung mit Lebensmitteln und alltäglichen Bedarfsartikeln auf sich genommen hat.« Der Autor beschreibt in seinem Essay seine monatliche Bewegung Minsk–Istanbul–Minsk, bei der immerhin vier Grenzen überwunden werden müssen: die weißrussisch-ukrainische, die ukrainisch-rumänische, die rumänisch-bulgarische und die bulgarisch-türkische. Istanbul ist ein großes Zentrum des Shopping-Tourismus, seit es die Polen schon in den 60er Jahren entdeckt hatten. Andere Zentren sind seither Peking, Hongkong, Taiwan, die Vereinigten Emirate und zuletzt New Delhi. Von Flughäfen in der tiefsten russischen oder ukrainischen Provinz kann man per Charterflug zu Shopping-Touren aufbrechen: von Jekaterinburg nach Tientsin, von Krasnodar nach Saloniki, von Wladiwostok nach Bangkok, von Dnjepropetrowsk nach Aleppo. Nichts an diesen Bewegungen ist zufällig, denn die Kalkulationen sind hart und müssen stimmen. Eine genaue Recherche könnte leicht herausfinden, warum gerade Aleppo, Tientsin oder Saloniki so attraktiv waren. Eine Langzeitstudie würde zeigen, wie exakt die Bewegungen der *tschelnoki* den Kursschwankungen und Veränderungen von Währungsrelationen gefolgt sind. Auch andere Faktoren waren maßgeblich für die Attraktivität bestimmter Zielpunkte: Visafreiheit, Vereinfachung von Reiseregelungen, billige Flüge oder ein besonders attraktives Warensortiment. In einer genaueren Betrachtung ließe sich in Erfahrung bringen, warum der russisch-chinesische Grenzverkehr sich so rasch und so erfolgreich entwickelt hat, weshalb Litauen und Lettland zu den Hauptumschlagplätzen für Gebrauchtwagen aus Westeuropa geworden sind und warum es sich für Bewohner von Kaliningrad/Königsberg lohnt, zum Einkauf von Lebensmitteln nach Danzig oder Warschau zu fahren. Wir würden dahinterkommen, weshalb es so schwer ist, einen Flug von Kiew nach Istanbul zu bekommen, und warum wir stundenlang im Stau an der Grenze zwischen Lemberg nach Przemyśl stehen müssen. Die Bewegung der »Weberschiffchen« spiegelt ziemlich genau Preisentwicklungen, Wertrelationen, Verkehrsbehinderungen oder Reiseerleichterungen wider. Es gibt wahrscheinlich kein genaueres Barometer für den Stand der Dinge, als die kollektive Intelligenz Tausender von Menschen, die aus Gründen des bloßen Lebenserhalts auf äußerste Ökonomie achten müssen. Wer in diese Ökonomie nicht eindringt, wird nicht verstehen können, weshalb es einen Sinn machen könnte, daß Bücher, die in Jekaterinburg erscheinen, in Abu Dhabi gedruckt werden, oder weshalb Joghurts, die in Wladiwostok zum Frühstück auf den Tisch kommen, aus dem Allgäu kommen müssen. Kursschwankungen können die Veränderung von Routen nach sich ziehen, aber auch das kann passieren: daß ein Rubelcrash wie der vom August 1998 zum Zusammenbruch des Imports und so zur Erholung der einheimischen Produktion führen kann. Wer bis dahin vom Weltmarkt noch nichts gewußt hatte, der wußte es jetzt.

»Handel ist unproduktiv und Betrug«

Der Basar ist nicht nur ein ökonomisches Phänomen, vielleicht sogar nicht einmal in erster Linie. In sowjetischen Zeiten war Basar und Markt fast immer assoziiert mit Spekulation, Übervorteilung, Betrug. Markt und Handel bewegten sich immer in der Grauzone des Halbverbotenen und Halberlaubten, im Zwielicht des Halbkriminellen. Die sowjetische Gesellschaft war eine Arbeits- und Arbeitergesellschaft, in der Arbeit nur dann etwas galt, wenn sie produktive, industrielle, meist auch noch körperliche Arbeit war. Distribution, Zirkulation, Dienstleistung waren eigentlich keine ernstzunehmenden Tätigkeiten, obgleich das ganze Land unter dem Mangel und dem Versagen des Verteilungsmechanismus litt. Der Basar stellt aus dieser Perspektive nichts her; der Gewinn, der erzielt wird, erfolgt allein durch Preisaufschlag. Am meisten aber spricht gegen ihn, daß alles, was geschieht, undurchsichtig ist. Preisanstieg und Preisverfall, Wertverlust einer Währung, Veränderung der Relation von Rubel und Dollar – all das vollzieht sich unerbittlich, ohne daß irgendeine Macht der Welt darauf Einfluß nehmen könnte. Die unsichtbare Hand ist nicht nur stärker als die Faust jedes noch so mächtigen Diktators, sondern auch effizienter. Die postsowjetische Welt hat die Herrschaft des Wertgesetzes widerwillig, aber doch unwiderruflich anerkannt. Die kulturellen Folgen haben keinen Aspekt des Lebens unberührt gelassen, daher ist alles Leben im postsowjetischen Raum ein Leben im Sog und im Schatten des Basars geworden. Zeit, die nie etwas wert gewesen war, ist zum ersten Mal kostbar geworden. Das Lebensgefühl ganzer Generationen ist dahin. Nicht die Arbeit oder die Ausbildung, die man genossen hat, entscheidet darüber, ob es jemandem gutgeht, sondern ob man im richtigen Augenblick an der richtigen Stelle war und zugegriffen hat. Statussymbole und Ranghierarchien sind umgestürzt. Der Kioskbesitzer, der seine erste Million gemacht hat, fährt im Mercedes vor, um sich die Lizenz abzuholen bei einem hohen Beamten der Stadt, den er jederzeit kaufen kann. Die Belegschaften ganzer Fabriken kann man auf Basaren wiederfinden. Aus Ingenieuren wurden *commis voyageurs*. Tausende von Menschen, die ihr Leben lang ein seßhaft-bürgerliches Leben geführt haben, sind unterwegs in Istanbul, Charbin, Saloniki, Lodz. Es gibt inzwischen eine ganze Generation, die im Sog des Basars aufgewachsen ist, Familien, in denen die Frauen tagelang unterwegs sind, Kinder, die ihre Väter nur in großen Abständen sehen, weil sie Autos von Dortmund nach Kaunas überführen. Die »sozialen Unkosten« dieser Transformation sind kaum zu beziffern, jedenfalls gehen sie einher mit der buchstäblichen Verwandlung der Menschen, ihrer Berufe und Stellungen. Nicht Institutionen werden ausgewechselt, sondern eine ganze Lebensform. Doch neben den zerstörerischen Folgen gibt es auch solche, die leicht übersehen werden. Hunderttausende haben bei ihren Reisen im Hauruckverfahren gelernt, daß es Gesellschaften gibt, in denen man »normal« leben und die Früchte seiner Arbeit genießen kann. Hunderttausende haben die Welt draußen in Augenschein nehmen und Vergleiche anstellen können. Man lernt etwas, was durch keine Lektüre und kein Fernsehen gelernt werden kann. Die Reisen zwischen Dnjepropetrowsk und Istanbul wurden zu Fahrten des Lernens aus eigener Anschauung, zu Schulen der Weltläufigkeit. Das rasende Tempo, in dem sich die Welt des östlichen Europa im letzten Jahrzehnt verändert hat, wäre ohne jenes Lernen durch eigene Anschauung, durch Beispiel und Nachahmung, undenkbar gewesen. Vielleicht ist diese Einübung in den Vergleich, in jene massenhaft gemachte Erfahrung, daß es auch anders geht, der viel wichtigere Ertrag des Ameisenhandels. Er hat einen millionenfachen Kulturtransfer bewerkstelligt, mit dem kein noch so aufwendiges staatliches Förderungsprogramm mithalten kann. Wer regelmäßig draußen war – in Abu Dhabi, in Izmir, in Berlin –, blickt mit anderen Augen auf die Welt, aus der er kommt. Es gibt kein Zurück mehr in den alten Zustand und in den Status quo ante. Die Pendelbewegung hat alte Räume rekonstruiert, die durch die Teilung der Welt zerfallen waren. Sie hat Nachbarschaften produziert, an die vor zwei Jahrzehnten nicht zu denken war. Sie hat in die Provinzen der einst geteilten Welt eine neue Vielsprachigkeit, die im 20. Jahrhundert untergegangen war, hineingebracht. Der Basar wurde ganz beiläufig zum großen Lern- und Kommunikationsort, unersetzlich und trotz all seiner Archaik auf der Höhe der Zeit.

Irgendwann wird die Geschichte dieser so unscheinbaren Kriechströme erzählt werden. Malgorzata Ireks faszinierende Langzeitstudie des Schmugglerzuges Warschau–Berlin–Warschau ist nur ein Anfang. Man wird sich der polnischen Touristen erinnern, die schon in den 60er Jahren Istanbul und Ulan Bator für das mittlere Europa erschlossen haben. Man wird von den Seeleuten sprechen, die in den Häfen Osteuropas das Tor zur Welt von Jeans und Marlboro, aber auch zu geistiger Konterbande aufgestoßen haben. Vielleicht wird es ein Denkmal geben für die Frauen von Wilna, die sich nicht haben einschüchtern lassen von den Erpressungen und Unverschämtheiten der Zöllner an der litauisch-polnischen Grenze, ihre Pendelbewegung zum Stadion in Praga fortzusetzen, bis sie überflüssig geworden war. In diesen Geschichten werden die ukrainischen Frauen vorkommen, die zweimal pro Monat im Schiffsbauch der Appollonia zwischen Odessa und Istanbul kursierten, und natürlich die »polnischen Putzfrauen«, die Karriere gemacht haben. All diese *tschelnoki*, diese Weberschiffchen, haben mit ihren Bewegungen das Gewebe wieder verknüpft, das gerissen war, und einen Zusammenhang wiederhergestellt, ohne den es Europa heute nicht gäbe.

(Sommer 2000)

Promenade in Jalta

Auch Rußland hat sein »Land, wo die Zitronen blühn«. Wer sich aus Rußland südwärts durch die Ukraine treiben läßt, wird irgendwann über den Isthmus von Perekop auf die Krim getragen. Alle zieht es dorthin. Die Krim gehört zwar seit 1954 zur Ukraine, und die Ukraine ist seit 1991 ein selbständiger Staat. Aber Traumlandschaften sind stabiler als Staaten, und die Karten im Kopf existieren selbst dann noch, wenn längst neue Grenzen gezogen sind. In Simferopol, der Hauptstadt der Krim, kommen Züge aus allen Ecken und Enden der früheren Sowjetunion an, als hätte es ein Ende des Imperiums nie gegeben. Sie kommen aus Riga und Minsk, aus Sankt Petersburg und Moskau, aus Murmansk und Workuta, ja sogar aus dem fünf Tagreisen entfernten sibirischen Tjumen. Simferopol ist das, was man heute *hub* nennt, der Hafen, wo die ankommenden Passagiere sich verteilen und sich zur Rückreise wieder sammeln. Alles, was zu den Städten, Buchten, Sanatorien, Stränden an der Küste der Krim will und alles, was in den Norden und in den Alltag zurückkehrt, muß über Simferopol.

Die Züge aus dem Norden treffen meist in den frühen Morgenstunden ein. Es liegt noch Dämmerung über dem Bahnhof. Die Morgenluft ist kühl und nach der mehrtägigen Reise eine Wohltat. Blumen duften, einige Cafés haben schon geöffnet, Taxifahrer werben für einen raschen und günstigen Transfer an die Küste, die keine Stunde Autofahrt hinter den Bergen liegt. Vom ersten Augenblick an ist klar, wo man angekommen ist. Die sowjetischen Architekten, die die zerstörten Städte nach dem Krieg wieder aufgebaut haben, hatten in ihrem Studium allesamt die Plätze und Bauten von Piacenza, Florenz und Siena studiert. Die Säulen und Bogengänge, der große Innenhof und der Campanile schimmern, es muß der weiße Marmor von Ikermann sein. Der Bahnhof ist eine Hommage an Italien. Aber Simferopol ist nur das Tor. Alle wollen weiter, an eine Küste, die einmal die »russische Riviera« war.

Das Schwarze Meer bekommt man zu sehen, sobald man den Paß und die »fliederblaue Felswand« hinter sich hat. Von da an geht es in Serpentinen hinab und an der Küste entlang auf einer gut ausgebauten

Straße. Man könnte meinen, man sei in Ligurien oder an der Côte
d'Azur. Das Krimgebirge fällt schroff zum Meer hin ab. Am Gebirgs-
kamm haben sich Wolken wie Schleier verfangen. Die Abhänge sind
tief grün, keine sonnenverbrannte Erde. Hier wachsen seltene Ge-
wächse und Baumarten – darunter Zedern –, vor allem aber Fichten.
Der Baum des Nordens an der südlichen Küste. Hinter jedem Felsvorsprung tut sich eine neue Bucht auf, und fast alle Orte tragen Namen,
die für die Bürger der ehemaligen Sowjetunion einen magischen
Klang haben, sei es, weil sie sie aus der Dichtung kennen, sei es, weil
sich Erinnerungen an die glücklichsten Momente des Lebens mit
ihnen verbinden. Wie eine Perlenschnur sind sie aufgereiht: Gursuf,
Ssudak, Jalta, Foros, Sewastopol, Ewpatorija im Westen und Feodossija,
Koktebel und Kertsch im Osten der trapezförmigen Halbinsel, die immerhin die Größe Belgiens oder der Niederlande hat. Der Raum
zwischen Meer und Gebirge ist schmal. Dort ragen vielstöckige Hotel-
burgen auf, die alle mit ihren Balkonen zur Sonne und zum Meer
ausgerichtet sind. Die Städte sind wie auf Terrassen an den Abhang
gebaut. Hinter hohen Mauern und Toren sieht man weiße Portale und
Fassaden weitläufiger Paläste und Sanatorien, die ins Grün der sie um-
gebenden Parks getaucht sind. Es duftet wie an den Küsten des Mittel-
meers: nach Oleander, Azaleen, Lavendel, Pinien.

Die Promenade von Jalta

Nach Jahren des Verfalls geht es offenbar wieder aufwärts. Nach dem
Ende der Sowjetunion war die Krim für die Stammgäste, vor allem
aus Moskau, zeitweilig schwer erreichbar. Die Sanatorien und Hotels
standen leer, die Organisationen, denen sie unterstanden, hatten sich
aufgelöst. Viele zogen einen Urlaub in Antalya, Zypern, Eilat oder an
der Costa Brava vor. Das war preiswerter und die Leute bekamen etwas, was sie in der sowjetisch-postsowjetischen Welt vergeblich suchten: einen freundlichen Service. Auf der Krim zerfiel die Infrastruktur: Stundenweise gab es kein Wasser und keine Elektrizität, sogar
Fälle von Cholera wurden gemeldet. Von früher einmal zwei Millionen Urlaubsgästen aus allen Teilen der Sowjetunion, die jährlich in die
etwa 140 Erholungszentren an der Küste kamen, waren etwa 300 000
geblieben. Hotels wurden nicht fertiggebaut und stehen heute als
Bauruinen wie die Dinosaurier einer vergangenen Epoche an den
Berghängen von Jalta. Eine wilde Privatisierung setzte ein. Camper

zelteten an Stränden und in den Bergen. Diese Zeiten scheinen vorbei zu sein. Am Morgen ist es auf der Promenade von Jalta noch still. Die Leute sind am Strand. Die Kellner haben Zeit, ihr Reich in Ordnung zu bringen. Es ist kühl. Das Straßenpflaster wird mit Wasser besprengt. Im Schatten der Tannen und Palmen sitzen Kurgäste und lesen. Viele machen eine Besichtigungstour in die Weinkeller von Massandra oder in den Sommerpalast Nikolaus I. in Liwadija, den Schauplatz der »Jalta-Konferenz« im Februar 1945, andere sind auf dem Markt unterwegs, denn immer noch gibt es viele, die sich selber verpflegen. Im Hafen ist nichts los, die Einstellung der Schiffsverbindungen nach Sewastopol, Istanbul und Odessa ist die sichtbarste Folge der Krise. Um so erstaunlicher ist das, was sich tut, wenn die Sonne untergegangen ist und die Bucht wie ein großer Lichtbogen aufleuchtet. Die Stadt sinkt in die Dunkelheit zurück, und die Stadt der Lichter geht an. Allabendlich verwandelt sich die Promenade in etwas, was Rummelplatz und Laufsteg, Bühne und Corso in einem ist. Es herrscht dichtes Gedränge. Die Leute kommen aus ihren Quartieren und genießen das Schauspiel, das sie selber sind. Eine phantastisch illuminierte Landschaft bietet sich dem Betrachter: eine Spielhölle in Gestalt der Pyramiden von Gizeh; ein Restaurant auf einem Floß der Argonauten, hoch über den Köpfen der Leute schwebend; ein Tanzplatz, der ins Meer hinausragt. Ein Riesenrad funkelt. Der Vollmond macht mit. Am Ende gibt es allabendlich ein Feuerwerk, dessen Kaskaden die Bucht für Sekunden in Licht tauchen. In den Restaurants und Cafés ist Hochbetrieb. Die Geschäfte sind bis nach Mitternacht geöffnet. Kein freier Platz, der nicht irgendwie genutzt würde. Jeder Treppenabsatz in der in die Berge hineingebauten Stadt wird zum Podium für Musikgruppen aller Couleur und Richtungen. Jalta wird nachts zur musikalischen Terrassenlandschaft: Zigeunerorchester, Jazz in allen Versionen aus Riga, Odessa, Moskau. Auf einer Bühne schmettert ein Sänger, von einem Orchester begleitet, Frank Sinatras »New York, New York« über die Bucht. Die Panflöte von »El Condor Pasa«, das untrügliche Zeichen der Herstellung der einen Welt, ist von weitem schon zu hören. Eine Petersburger Gruppe bietet Wiener Walzer und Händel. Aber nicht nur Musik ist da. Der Kostümfundus eines russischen Theaters ist an einem Photostand ausgebreitet. Im Augenblick ist Heinrich VIII. und Anne Boleyn in Szene gesetzt, mit Hermelin, rotem Samt, Barett und weißer Bluse – und das vor dem Hintergrund des Schwarzen Meeres. Überall hängen Plakate, die die Auftritte von Stars wie Bella Achmadulina,

Larissa Dolina und Anschelika Warum ankündigen. In den Kulturpalästen und palmenbestandenen Parks gibt es Kulturprogramm: Klassik, Oper, Gesang, Folklore. Annoncen werben für Massagen, Hundedressur, Maniküre. Einsam steht die Gorki-Statue am Eingang des Parks. Mercedes-Limousinen mit russischen, moldawischen, ukrainischen Kennzeichen sind lässig abgestellt. Viele Leute lassen sich vom Gedränge nicht beeindrucken und sind in Handygespräche vertieft. So geht es in der Saison Nacht für Nacht.

Jalta ist wie andere Kolonien an der Südküste der Krim von den Griechen gegründet worden und hieß Jalita. Die Geschichte des modernen Jalta beginnt mit der Eroberung der Krim durch Katharina II., als die ganze Südküste den Würdenträgern des Kaiserreichs zum Geschenk gemacht wurde. Von der Zeit, da Jalta genuesische Handelskolonie und Stützpunkt des Chanats der Krimtataren war, ist heute kaum etwas zu sehen. 1837 wurde der Hafen angelegt. Der erste Plan für die Neubebauung Jaltas stammt von dem in Prag und Bern ausgebildeten Schweizer Architekten Karl Eschlimann. Die heutige Gestalt gewinnt Jalta Ende des 19. Jahrhunderts, als die Stadt, wie der Baedeker von 1893 bemerkt, zum »Badeort der vornehmen Welt« aufsteigt, und in der es, wie Tschechow beschrieb, »auf der Uferstraße Geschäfte gibt, deren Paris sich nicht schämen müßte«. In dieser Zeit bekommt Jalta, was aufstrebende Städte des Reiches damals bekamen: elektrisches Licht, ein Knaben- und Mädchengymnasium, eine Alexander-Newski-Kathedrale, eine komplette Neustadt mit Hotels, Hafengebäude, Sanatorien und Villen. Jalta wird zum gesellschaftlichen Mittelpunkt der hauptstädtischen Elite, die sich nun im Sommer nicht mehr nur in Biarritz und Ostende einfindet. Vieles davon ist erhalten: das Hotel Rossija, in dem Anton Tschechow und Modest Mussorgski logierten, das Hotel Marino, die katholische Kirche, die »Weiße Datscha« Tschechows, der Palast des Emirs von Buchara und die zahlreichen Paläste in der näheren Umgebung. Aus dieser Zeit stammen die weißen Fassaden mit den Erkern und Zinnen in allen denkbaren Stilen, von Neorussisch bis Jugendstil, von Tudor bis Klassizismus. Mit der Revolution verschwand das Publikum, das Jalta großgemacht hatte. Es wird still, aus den Villen werden Gemeinschaftswohnungen, an einen organisierten Erholungstourismus ist noch nicht zu denken. Erst in den 30er Jahren wird wieder gebaut. Es kommen einige neue Sanatorien hinzu und ein neues Empfangsgebäude am Hafen. Auch Jalta wird vom Zweiten Weltkrieg in Mitleidenschaft gezogen. Es ist aber vor allem die expansive Bautätigkeit der 60er bis 80er Jahre, die das Gesicht Groß-Jaltas am meisten verändert: mit Plattenbauten der Serie 464-AS, mit neuen Kinos, Sportanlagen, gigantischen Hotels – das Hotel Jalta mit seinen 2700 Betten ragt wie ein Felsvorsprung in die Bucht hinein – und einem landeinwärts gelegenen Autobahnkreuz.

Mythos Krim

Jalta ist mehr als ein Badeort, und die Krim ist mehr als eine schöne Halbinsel. Sie ist ein Europa im Kleinen, ein Mikrokosmos der Weltgeschichte. Hier stoßen Meer und Steppe aufeinander, es begegnen sich die Karawanen, die über die See kommen, und die Karawanen der Steppe. Was kam da alles zusammen: die griechische Antike, die römische Welt, die Steppenvölker Eurasiens, Byzanz, die italienischen Seerepubliken, das Osmanische Reich! Traum und Alptraum waren immer nahe beieinander. Die Kehrseite der russischen Kolonisierung seit Beginn des 19. Jahrhunderts war die Massenflucht und Auswanderung von mehr als 300 000 Krimtataren, meist ins Osmanische Reich. An der traumatischen Geschichte der Krim haben die Deutschen keinen geringen Anteil. Die Krim rückte ins Zentrum großdeutscher Umsiedlungsaktionen und Zukunftsplanungen. Im Juli 1941 kündigte Hitler an:»Ich werde die Krim leeren, um Platz für unsere eigenen Siedler zu machen.« Die Krim als»deutsches Gibraltar zur Beherrschung des Schwarzen Meeres«, die Krim als»großer deutscher Kurort« und Zielpunkt einer vierspurigen Reichsautobahn, die die»Kraft durch Freude«-Touristen in zwei Tagen aus Berlin an die Küste»Tauriens« schaffen sollte. Auf der Krim, die Gotenland werden sollte, tummelten sich die SS-Ahnenforscher, für Simferopol und Sewastopol waren bereits neue Namen ausgedacht: Gotenburg und Theoderichshafen. Die Krim als»Land, in dem Milch und Honig fließen«, das sich bestens für die»Ansetzung« der aus ihrer Heimat ausgesiedelten Südtiroler eignete, wie der aus Österreich stammende Gauleiter Alfred Frauenfeld meinte, mußte aber erst»freigemacht« werden. In der Zeit deutscher Besatzung verlor die Krim etwa zehn Prozent ihrer Bevölkerung. Die Einsatzgruppe D unter Otto Ohlendorf tötete unter den Augen der 11. Armee von Mansteins die rund 65000 auf der Krim lebenden Juden. Ende 1941 war die Krim»judenfrei«. Aber die»Entmischung« der Krim ging nach der Befreiung von den Deutschen weiter. Die deutschen Kolonisten, die vor dem Krieg eine bedeutende Minderheit auf der Krim waren, zogen im Troß der Wehrmacht ab.

Die Krimtataren, die vor Kriegsausbruch rund 25 Prozent der Bevölkerung ausmachten, wurden von Stalin pauschal der Kollaboration mit den Deutschen beschuldigt. Die gesamte krimtatarische Bevölkerung wurde am 17./18. Mai 1944 in einer Nacht- und-Nebel-Aktion des NKWD nach Zentralasien, vor allem nach Usbekistan, deportiert. Zehntausende überlebten die Transporte nicht und gingen elend zugrunde. Ein ähnliches Schicksal bereitete Stalin auch den Schwarzmeergriechen, die auf der Krim seit Jahrhunderten eine wirtschaftlich und kulturell wichtige Volksgruppe gewesen waren. Die Krimtataren sind längst rehabilitiert, zu Zehntausenden sind sie aus Zentralasien in ihre Heimat zurückgekehrt, im Jahre 1991 allein waren es über 40 000. Heute leben wieder an die 250 000 Krimtataren, das sind etwa zehn Prozent der Bevölkerung, auf der Halbinsel, auch wenn die autonome krimtatarische Republik der Vorkriegszeit nicht wiederhergestellt worden ist. Man kann ihre Siedlungen leicht erkennen, wenn man durch das Gebirge und die Steppe im Norden fährt. Sie sind nie nach ihrer Meinung gefragt worden, weder von Chruschtschow, der 1954 die Krim der Ukraine »geschenkt« hat, noch von der Regierung der Ukraine, die gar kein Recht darauf hatte, dieses »Geschenk« anzunehmen.

Die Krim war Teil der antiken Welt. Das zeigen schon die Namen ihrer Städte, die Feodossija, Jewpatoria oder Jalta heißen. Die Krim ist ein Paradies für Archäologen aller Epochen. In Kertsch haben sie Pantikapaion und den Tempel des Mithridates ausgegraben, in Chersones bei Sewastopol liegen die Überreste der Stadt frei, in der Wladimir der Große aus Kiew die Taufe empfangen haben soll. Von der Hochkultur, die sich am Nordrand des Schwarzen Meeres gebildet hatte, blieben nach den Stürmen der Völkerwanderung Ruinen und Erinnerung. In die Beherrschung der Krim teilten sich Byzanz und die Chasaren, später die Goldene Horde und die Genuesen, deren Forts noch heute in Kaffa und Balaklawa zu besichtigen sind. Vom frühen 15. bis zum Ausgang des 18. Jahrhunderts war die Krim Sitz des Chanats der Krimtataren, die nicht nur die Halbinsel zum Blühen brachten, sondern auch großen Einfluß auf die Mächte im Norden – das Großfürstentum Litauen, die polnische Krone, das Großfürstentum Moskau, die Kosaken – hatten. Auf der Krim entrichtete man Tribut an die Hohe Pforte und ließ sich von der Kunst und Kultur des Osmanischen Reiches inspirieren. Bis heute zeugen davon die Namen von Ortschaften wie Gursuf, Aluschta, Alupka, Aj-Petri, Koktebel. Davon sprechen die Minarette in Simferopol und Bachtschissaraj, das zwischen 1422 und 1783

Residenz der Krim-Chane war. Bachtschissaraj ist mit seinem Palast, den Moscheen, der Medresse, dem Harem und der berühmten Tränenquelle – nicht zuletzt durch Puschkins Dichtung – zum Inbegriff des Orients in Rußland geworden.

Die Krim, wie wir sie heute sehen und wie sie sich im allgemeinen Bewußtsein festgesetzt hat, ist Teil einer Reichsgeschichte Rußlands und der Sowjetunion. Auch das ist mehr als nur Kolonialismus und Projektion eines russischen Orientalismus. Von Puschkins Aufenthalt auf dem Gut der Rajewskijs in Gursuf im Jahre 1820 stammt sein Gedicht an das Meer, das ein Gedicht auf die Freiheit ist. Die Krim war alles, was Rußland nicht war: Süden und Freiheit, Ausland auf dem Territorium des Reiches. Die Krim schlug alle in ihren Bann: die russische Intelligenzija, die zu Maximilian Woloschins Haus in Koktebel und zu Tschechows Refugium in Jalta pilgerte, die sowjetischen Werktätigen, denen die Gewerkschaft endlich einen Erholungsurlaub im Sanatorium Donbass verschafft hatte, die Hippies der späten Sowjetzeit, für die die Krim Ersatz für Kalifornien war. Es gibt in der Welt vermutlich nur wenig derart verschwenderisch gestaltete Kunstlandschaften – eine ganze Küste als Park- und Villenlandschaft.

Die Verwandlung der Krim in ein Paradies des Russischen Reiches, in einen luxuriösen *playground* der Hocharistokratie des Russischen Reiches, ist das Resultat einer mehr als hundertjährigen Arbeit, bei der Anmut der Landschaft, grenzenloser Reichtum und oft auch erlesener Geschmack zueinander fanden. Dies begann damit, daß Katharina die Große, die 1787 selber die Krim besucht hatte, ihre Umgebung aufs großzügigste mit prächtigen Ländereien beschenkte: Herzog Richelieu in Gursuf, Fürst Woronzow in Alupka und Massandra, Graf Potocki in Liwadija, Fürst Golizyn in Kories und Gaspra. Mit der Zeit bildete sich eine zusammenhängende Kunstlandschaft an der Südküste der Krim, die »russische Riviera«. In Oreanda kann man die Ruinen eines für Großfürst Konstantin gebauten Schlosses besichtigen. In Djulber hat sich Großfürst Peter Nikolajewitsch ein Schloß errichten lassen, in Mischor steht das Gut des Fürsten Dolgorukij, in Koreis das des Fürsten Jussupow, Graf Panin ließ sich in Gaspra ein Schloß im neogotischen Stil bauen. In Alupka steht Woronzows Schloß, von einem englischen Architekten errichtet im Stil der spätenglischen Gotik und mit orientalischen Motiven vermischt. In Liwadija läßt Zar Nikolaus II. 1911 seine Sommerresidenz im italienischen Renaissancestil errichten. Hoch über dem Meer, auf einem bizarren Felsvorsprung, ließ sich Baron Steingel sein Schloß Schwalbennest bauen. Gelehrte der Akademie der Wissenschaften, Landschaftsgärtner und aristokratische Liebhaber schaffen wunderbare Gärten – etwa der Park der Woronzows in Alupka oder der von Pallas angelegte Nikitski-Garten bei Jalta –, in denen es alles gibt: Zedern, Wellington-Bäume, Pinien, Oleander, Magnolien, Palmen, Zitronen, Zuckerrohr, Papyrus, Kirschlorbeer, Seidenakazien, Bambus und japanische Dattelpalme. Die höfische Umgebung zieht bedeutende Architekten wie Ippolit Monighetti, August Monferrand, Andrei Stakenschneider aus Sankt Petersburg auf die Krim. Die Creme russischer Balneologen und Ärzte findet sich ein. Sie schaffen eine Landschaft des Wohlbefindens, der Gesundheit und des Luxus. Später zieht es auch Industrielle, Kaufleute und Verleger an die Küste. Und ganz zum Schluß bekommt die Krim auch ihre intellektuelle Szene, wenigstens während der Saison. Kaum ein Schriftsteller, Komponist oder Maler des russischen Silbernen Zeitalters, der nicht in Koktebel, Gursuf oder Jalta gewesen wäre. So wurde die Krim zu einer palmenbestandenen Terrasse der russischen *belle époque*. 1914 war es damit zu Ende. Aus den Sanatorien wurden Lazarette. Nach dem russischen Zusammenbruch quartierten sich in den Sanatorien und Villen eine Weile Deutsche und Österreicher ein, später auch Briten und Franzosen, die auf der Seite der Weißen kämpften. Doch das Ende der russischen Riviera kam, nachdem im Herbst 1920 die Weißen Truppen und Zehntausende von Flüchtlingen an Bord gegangen und nach Konstantinopel geflohen waren.

Die»rote Riviera«

Am 21. Dezember 1920 unterzeichnete Lenin ein Dekret »Über die Nutzung der Krim für die Erholung der Werktätigen«. Das war im Grunde nur die offizielle Sanktionierung der Enteignungen und Hausbesetzungen, zu denen es im Bürgerkrieg gekommen war. Aus den Sommerresidenzen von einst werden Museen oder Sanatorien. Liwadija, 1911 erst fertiggestellt, wird mit seinen 58 Zimmern zum Museum, »das die Lebensweise des letzten Zaren in allen seinen kleinbürgerlichen Erscheinungen zeigt. Oben befinden sich die sieben Privatgemächer des Zaren, die höchst geschmacklos eingerichtet sind. Auf den mit seltenen Holzarten belegten Wänden hängen in ungeheurer Zahl billige Zeichnungen, religiöse Darstellungen und Ikonen«, so heißt es in einem Führer von 1928. Ausgerechnet im Sommerpalast des Zaren wird 1923 auch das erste Bauern-Sanatorium eingerichtet. Oreanda wird Erholungsheim des Moskauer Druckereiversandes. Im Erlangergarten in Jalta logiert nun das Zentrale Exekutivkomitee. Vom Volkskommissariat des Post- und Telegraphenwesens bis zum NKWD – alle haben eine Dependance an der Küste. Das »Schwalbennest« hat sich der Rat der Volkskommissare der Ukraine angeeignet. Das maurisch-sarazenische Djulber beherbergt jetzt das Sanatorium Rote Fahne für politische Arbeiter. Das Gut des Fürsten Dolgorukij heißt jetzt Sanatorium Roter Morgen. Die erholungsbedürftigen Mitglieder der Akademie der Wissenschaften bekommen den großen Palast in Gaspra. Der Jussupow-Palast in Koreis dient nun als Sommerresidenz der GPU und ihres nervenkranken Chefs Felix Dsershinskij. Miljutins Sommerresidenz in Moschor wird Lungenheilanstalt Bergsonne der GPU. Statt Adelsfamilien entscheiden nun Gewerkschaften und Fabrikdirektoren. Das Kloster Kosmo-Demjansk wird eine Arbeits- und Besserungskolonie. Sowjetangestellte sind im Schloß Mauritanien in Feodossija unterbracht.

Die Ausübung der Diktatur ist anstrengend, auch die Angestellten der Rätemacht brauchen von Zeit zu Zeit Erholung. Die Entscheidung über den Zugang zu diesen Paradiesen wird zu einem der wichtigsten Privilegien und Machtinstrumente der Sowjetzeit werden: Es geht immerhin um den Zugang zum Paradies auf Erden. Die Landschaften des Glücks werden enteignet, und was einmal exklusiv war, soll nun allen offenstehen. Aus dem *playground* der russischen Hocharistokratie wird der *playground* der Komintern-Prominenz. So sehr sich äußerlich die alten Residenzen und die neuen Sanatorien der Stalinzeit ähneln mögen, so sind sie doch fundamental verschieden. Der neue Mensch hat andere Bedürfnisse. Seine Erholung ist kein Luxus, sondern Rekreation, die der Steigerung der Produktion dient. Von nun an ist das Wohlbefinden eine Sache, die geplant werden kann, und das Glück etwas, was sich auch in Produktionsziffern niederschlägt. Aus dem Ort eines spielerischen und verspielten Luxus wird ein Kombinat für Gesundheit und Erholung, dessen Leitung einer Hauptkurortverwaltung unterliegt, abgekürzt: Kurupr. Das Sanatorium ist der eigentliche *genius loci* der Krim. Was vorher individueller Urlaub war, wird nun Sache der Organisationen, die die zur Verfügung stehenden Plätze vergeben und alles bis ins Detail planen und organisieren. Sie heißen der sowjetischen Kürzelsprache entsprechend: Glawdortrans, Ukrastrakass, Karkomsrdraw, Narkomsdraw usf. An den Namen der Sanatorien – Donbass, Metallurg, Energetik, Rybak – kann man schon ablesen, welchem Betrieb sie gehören. Die organisierte Erholung von Hunderttausenden von Werktätigen wird Sache einer eigenen wissenschaftlichen Disziplin, in der alle Aspekte der gesellschaftlichen Reproduktion zusammengefaßt werden: der *kurortologija*, also Kurortologie. Was vorher jedem selbst überlassen war, wird nun Gegenstand staatlicher oder betrieblicher Fürsorge. Individualreisende gibt es praktisch nicht mehr. Der Erholungssuchende wird in Obhut genommen, sein Tagesablauf wird nach Gesichtspunkten vernünftiger Zeitausnutzung gestaltet. Sanatorien treten in den sozialistischen Wettbewerb. Es entsteht eine neue Form des Urlaubs, der sowjetische Weg zu einem Platz an die Sonne. Der organisierte Urlaub und die kollektiv verbrachte Freizeit sind seine Merkmale. Sein Tag beginnt mit der Frühgymnastik für alle und endet mit dem niveauvollen Folkloreabend. Der amerikanische Journalist H. R. Knickerbocker, der in den 30er Jahren die Krim bereiste, blickte amüsiert auf diese angestrengten Versuche, das Glück zu organisieren, auf die Sonne- und-Licht-Ideologie des Nacktbadens, und er fand rasch heraus, daß auch auf der Krim der Fünfjahrplan für Glück und Sonne nicht funktionierte. Die Krim war einer der wenigen Orte des Glücks, ohne die auch die Sowjetunion Stalins nicht auskam. Dort legten die Rotarmisten ihre Rangabzeichen ab und die Frauen ihren Schmuck an. Als Ort glücklich verbrachter Tage ist er auch in die Familienalben von Generationen von Sowjetbürgern eingegangen: als der Strand im Hintergrund, als weiße Treppe mit Palmen, als Park, in dem Pfirsiche und Orangen wuchsen.

Von Jalta nach Mallorca

Die »rote Riviera« gibt es nicht mehr. Vielleicht ist es kein Zufall, daß das Ende der UdSSR mit der Küste der Krim verbunden ist: dort wurde am 19. August 1991 Michail Gorbatschow in der luxuriösen Regierungsdatscha von Foros von den Putschisten festgesetzt. Im Zeitraffer vollzieht sich die Entwicklung, die in der Urlaubswelt Europas schon längst vollzogen ist: die Mallorcisierung Europas. Die Krim verwandelt sich, was die Intelligenzija bekümmert, aus einem kulturellen Topos in einen zugkräftigen Reklameslogan. Die Sanatorien werden nicht länger von den »unmittelbaren Produzenten« bevölkert, sondern von Konsumenten, die ihre Ansprüche haben. Die Agitatoren sind von Animateuren abgelöst, statt Körperkultur am frühen Morgen gibt es *fitness*. Die patriotischen Lieder sind verstummt, jeder macht sich seine eigene, meist sehr laute Musik. Aus Staats- und Gewerkschaftstouristen sind Individualtouristen geworden.

Auf der Promenade von Jalta ist ein neuer Typus aufgetaucht. Wer jetzt hier ist, ist nicht delegiert, sondern hat selber bezahlt für sich und seine statistisch repräsentative Kleinfamilie. Auf der Promenade dominiert die alte Lingua franca Russisch, an den Wechselstuben gibt der US-Dollar den Kurs an. Der neue Typus auf der Promenade ist zwischen 20 und 45. Ältere Leute gibt es nicht. Er ist modisch *up to date*, trinkt eher Säfte als Wodka. Er weiß, daß er sich diesen Urlaub verdient hat. Die Kinder sind immer noch ein wenig herausgeputzt wie in sowjetischen Zeiten, die Jugendlichen sind schon eher *kids*. Während in Sotschi viel Körper und nackte Haut gezeigt wird, zeigt man in Jalta nur, daß man fit ist. Wer hier ist, kann es sich leisten, hier zu sein. Wer hier ist, weiß Bescheid, kann vergleichen, denn er war aus beruflichen Gründen im Ausland und kennt Antalya oder Larnaka. Er hat sich aus vielen Gründen für Jalta entschieden. Er hat Pläne für sich und seine Kinder. Das sind nicht die »neuen Russen«, nicht die »neuen Ukrainer«, nicht die *jeunesse dorée*, von denen die Zeitungen voll sind, sondern Exemplare einer Spezies, von der man fast nichts weiß und von der man bezweifelt, ob es sie überhaupt gibt. Die Soziologen, die über den Übergang von der Mobilisationsgesellschaft sowjetischen Typs zur Zivilgesellschaft westlichen Typs arbeiten, haben lange auf ihn gewartet. Er verkörpert für sie die Tendenzen einer unaufhaltsamen Moderne: Privatisierung, Individualisierung, Differenzierung. Auf der Promenade von Jalta, in Gursuf, in Foros, Jewpatoria und Sewastopol ist er endlich in Erscheinung getreten: als postsowjetische Mittelklasse. Diese *homines novi* haben genug vom »Paradies auf Erden«, das ihnen versprochen war, und genießen das kleine Paradies, das sie sich aus eigener Kraft leisten können. Dieser Übergang ist so bedeutend wie die Überwindung der Spaltung Europas, die in Jalta einst besiegelt worden war.

(Sommer 2000)

Königsberg – Hannah Arendts Stadt

Kaliningrad ist eine große Stadt mit fast einer halben Million Einwohnern. Sein Hafen ist einer der größten der früheren Sowjetunion. Es gibt eine Universität, mehr als ein Dutzend Hochschulen und Institute, es hat Theater, Stadien, Museen, mehrere Bahnhöfe und einen Flughafen, eindrucksvolle Parkanlagen. Der Tierpark ist einer der ältesten in Europa. Die Stadt ist stolz auf den »größten Sohn der Stadt«, Immanuel Kant, ihren Botanischen Garten und die Bernsteinindustrie, deren weltweites Zentrum sie ist. Die Straßenbahnen und Busse sind überfüllt, in den leeren Geschäften drängen sich wie überall in sowjetischen Städten die Menschen und vor den wenigen Diskos abends die Jugendlichen der Stadt. Man kann hier mehr ausländische Autos sehen als in Riga oder Sankt Petersburg. Die Seeleute haben sie aus Antwerpen und Hamburg mitgebracht. Die Hauptstadt des Kaliningrader Gebiets, das nach der Auflösung der Sowjetunion zur Exklave geworden und durch Litauen von Rußland getrennt ist, bekommt die Krise des ehemaligen Reiches besonders zu spüren, aus dem einstigen militärischen Sperrgebiet, der »sowjetischen Faust an der Ostsee«, soll eine Freihandelszone werden. Die Stadt, die mehr als vier Jahrzehnte für Fremde geschlossen war, ist jetzt für Fremde geöffnet. Die Einkaufsreisen per Bus über die polnische Grenze sind ausgebucht. Das Tragflächenboot braucht nach Elbing knapp zwei, nach Danzig vier Stunden. Ein deutsch-russisches Konsortium arbeitet in Sonderschichten an der Fertigstellung der *Berlinka*, wie die alte Autobahnverbindung nach Berlin heute genannt wird. Baltijsk, bisher streng geschlossen, wird demnächst von Linienschiffen angelaufen werden. Kaliningrad blickt nach Westen und rückt auf den Westen zu. Damit treten die Stadt, die Königsberg war, und das Land, das nördliches Ostpreußen hieß, wieder in den Horizont der Deutschen – ob sie wollen oder nicht.

Die unsichtbare Stadt

Die deutschen Besucher Kaliningrads, die mit dem Flugzeug über Riga, mit dem Zug über Wilna oder nach 13stündiger Fahrt im gecharterten Königsberg-Expreß aus Berlin gekommen sind, sind Reisende besonderer Art. Ihre Augen sehen, was gewöhnliche Reisende mit bloßem Auge nicht erkennen. Sie kennen die Stadt, obwohl sie ihnen gänzlich fremd ist. Ihr Blick zielt auf etwas, was niemand außer ihnen sieht. Sie kennen das Gelände besser als jeder Stadthistoriker. Die Fremden erzählen den Einheimischen, die nur Kaliningrad kennen, von der Stadt, die es gab, bevor es Kaliningrad gab. Die Sicherheit, mit der sich diese Reisenden in der fremden Stadt bewegen, verrät, daß sie sie so gut kennen wie die, die dort leben. Sie steuern Zielpunkte an, die es gibt, obwohl sie nicht mehr existieren. Wo die gewöhnlichen Reisenden nur einer gewöhnlichen Straße folgen, sind sie auf einer Spur. Sie folgen Fährten, auf denen ihnen niemand folgen kann. Ihre Augen kreisen in ständiger Suchbewegung, als ob es nicht doch einen Halt geben könnte inmitten der unendlichen Ansammlung von Plattenbau-Hochhäusern. Sie fixieren ein Gebäude, so als wollten sie vergleichen, ob es das ist, das sie im Kopf haben. Sie schlagen die Augen nieder und gehen resigniert weiter, wenn ihre Erinnerung keinen Anhaltspunkt gefunden hat. Ihre Hände, auf etwas am Horizont weisend, suchen einen Fixpunkt, von dem aus der Raum geordnet, gegliedert werden könnte. Die größten Aufregungen verursacht das Detail, das bei Besuchen in anderen Städten keine Rolle spielt: der gußeiserne Kanaldeckel, der Hydrant mit der Aufschrift »Steinfurt«. Vor dem verbeulten Briefkasten mit deutschen Lettern bleiben sie wie angewurzelt stehen. Sie halten an einer Straßenbiegung an, genau dort, »wo es immer quietschte, wenn die Straßenbahn in die Kurve ging«. Sie deuten mit dem Finger in die Luft, in der nichts zu sehen ist. Aber dort war die Praxis des Zahnarztes oder die Wohnung der Freundin. Ihr Tagesprogramm ist hart, denn sie messen zu Fuß die Straßenzüge ab, in die sich sonst kein Fremder verirrt. Sie legen im hohen Alter noch einmal die Schulwege zurück, die sie als Kinder gegangen sind. Wo andere nichts ausmachen können, deuten sie auf die Pelikanklause. Beim Kaffee, den sie im Hotel Kaliningrad nehmen, ist noch etwas anderes im Spiel: die Abwesenheit des Gesekusplatzes, auf dem heute das Hotel steht. Vom Schlittschuhlaufen auf dem Schloßteich sprechen sie mitten im Sommer. An den Hängen des alten Glacis kommt alten Leuten die Idee, daß man hier ganz gut rodeln könnte. Es ist die Rede von der Elefantendame Jenny und dem Elefantenbullen Hans im Tiergarten, als wären sie noch da. Sie nennen Namen, die keiner mehr kennt: von Alten, die erschlagen, von Kindern, die verschleppt und von Frauen, die vergewaltigt worden sind. Sie sprechen von Straßenbahnhaltestellen, die es nicht mehr gibt, und verabreden sich an Straßenecken, die längst andere Namen haben. Sie suchen die Friedhöfe auf, die zu Parks geworden sind und stehen vor der Kirche, die ein Puppentheater ist. Die Brücken werden nicht nach ihrer architektonischen Anmut betrachtet, sondern es war »die letzte Brücke«, über die man entkam, oder »der letzte Zug«, der über sie hinwegfuhr. Die Böschungen an der Samitter Allee sind wie überall auch, aber sie boten einmal lebensrettenden Schutz, oder sie waren zu steil, als daß Entkräftete noch darüber hätten hinwegkommen können. Die schönen Klinkerbauten auf der Klinitscheskaja-Straße stehen nicht für die gute alte Zeit, sondern für das große Sterben der Verwundeten, die in den Kellern übereinanderlagen und wo die einzigen Helden, die es noch gab, Chirurgen waren. Unter dem holprigen Asphalt machen sie Fundamente gesprengter Häuser, in den natürlichen Vertiefungen die Bombentrichter und auf den Spielplätzen die Massengräber aus, in die die Leichen geworfen wurden. Sie kennen die Konditorei mit dem besten Königsberger Marzipan und das Kino, in dem sie noch den »Tiger von Eschnapur« gesehen haben. Die Straße, über die sich der schwarze Menschenknäuel Richtung Pillau, zum rettenden Meer bewegte, wird jetzt vom Taxi aus noch einmal abgefahren. Man irrt sich mitunter, was die Entfernungen angeht; an den Märschen um die Stadt herum, veranstaltet, um die Plünderungen zu erleichtern, nahmen zu Tode Erschöpfte, nicht gewöhnliche Spaziergänger teil. Man ist sich nicht immer sicher, wann die große Synagoge auf der Lomse verschwand – es war 1938, nicht 1944. Die Besucher bewegen sich in einer von Gewalt markierten Topographie. Dort gibt es Orte der Vergeltung und Orte eines »gnädigen Schicksals«, Zonen, in denen die Abstammung, ein Querschläger, die Mordlust, der Alkohol oder der Besitz einer Uhr entschieden, ob man am Leben blieb. Der Himmel über Kaliningrad ist wolkenlos blau, aber in der Erinnerung liegt die Stadt, von der 1947 nur 25 000 Einwohner überlebt hatten, wie versengt und von Verwesungsgeruch erfüllt. Wo jetzt die Menschen spazierengehen, wurden Menschen gejagt. In Kaliningrad regiert das Rechteck der Wohnblocks, im Königsberg im Frühjahr 1945 ragen die Ruinen wie Fischgräten in den Himmel. Das einzig annähernde Bild von der Stadt, wie sie aussah im Untergang, ist ein superrealistisches Modell, das im Bunker unter dem Paradeplatz vor der

Universität zu besichtigen ist; es ist aus Pappmaché. Erholung für die Besucher, die müde sind von der Suche nach der Stadt, die es nicht mehr gibt, bietet die Stadt dort, wo sie unversehrt geblieben ist; in den gutbürgerlichen Wohnvierteln von Amalienau, Maraunenhof und Mittel- und Vorderhufen. Wenigstens dort heißen einige Straßen noch, wie sie damals schon hießen: Schiller- und Händelstraße zum Beispiel.

Am Rande des Canyons

Die Besucher Kaliningrads, die aus Königsberg kommen, tragen ein Geheimnis mit sich. Sie wissen etwas, was nur die zu Kriegsende in Ostpreußen Eingeschlossenen wissen können. Sie sitzen abends zusammen an den Tischen in der Bar des zum Hotel umfunktionierten Schiffes Georgi Dimitroff, das auf dem neuen Pregel schräg gegenüber der alten Börse festgemacht hat. Sie kommen vielleicht von einer Fahrt über Land zurück, aus Tilsit, das Sowjetsk, oder aus Insterburg, das Tschernjachowsk heißt. Sie empören sich, daß sie an der Demarkationslinie, die das alte Ostpreußen teilt, von polnischen Grenzbeamten zurückgewiesen wurden und über Litauen einreisen mußten, um von ihrem Heimatort in den Nachbarort zu kommen, der auf der russischen Seite liegt. Sie besprechen, wie sich die Zeiten geändert haben. Noch vor wenigen Jahren war das nördliche Ostpreußen wie ein streng gehüteter Schatz, unzugänglich. Photographieren war soviel wie Spionage, obwohl es doch nur darum ging, ein Bild, das verblichen war, aufzufrischen. Sie haben ihre Stadt verloren, aber wenn sie von ihrem Hotel, ihren Reisen, Autos und ihrem Haus in Deutschland und von den leeren Geschäften Kaliningrads sprechen, wird zweifelhaft, ob nicht aus den Verlierern die Gewinner und aus den Siegern die Unterlegenen geworden sind. Es herrscht unter ihnen eine Vertrautheit, die nicht allein durch die gemeinsame Herkunft aus Königsberg gestiftet sein kann. Was sie eint, ist eher eine einzige entscheidende Erfahrung, ein einziger Augenblick, für den es nur ein Bild in der Erinnerung, kein Wort gibt. Es ist die Vertrautheit der Davongekommenen. Man erinnert vielleicht Einzelheiten – vom Treck, vom Lager Rothenstein, vom Tag im Jahre 1947, an dem der Aufruf zur Abreise kam, vom glücklich erreichten Durchgangslager in Pasewalk und vom Unglück derer, die – nach Pillau entkommen – in der Ostsee versanken. Aber all das sind nur Informationen, die nicht an das heranreichen, was gesche-

hen war. Ein Interview wäre sinnlos. Wenn sie Jüngeren etwas ver-
deutlichen wollten, würden sie vielleicht hilflos sagen: Es war so wie
die Bilder aus Osijek und Goražde. Es kämen Ortsangaben und Bege-
benheiten zusammen, nicht der entscheidende Augenblick, da alles
Zivilisierte vom Menschen abfiel und er zur Kreatur wurde. Den Kreis
der Hölle überlebt man – oder nicht. Kein guter Wille von fremder
Seite schließt ihn noch einmal auf, er ist nicht einholbar. Dieses
schreckliche Privileg teilt die in der »Festung Königsberg« eingeschlos-
sene Zivilbevölkerung mit den Überlebenden von Warschau, teilen
die Opfer von Witebsk mit denen von Gumbinnen.

Vielleicht ergeht es den Königsbergern in Kaliningrad wie den Touristen am Rande des Grand Canyon. Alles, was sie am Rande des
Grand Canyon stehend sagen, kommt gegen die Leere nicht an. Es bewegt sich der Mund, aber kein Laut ist zu hören. Der ausgestreckte
Arm deutet auf etwas in der Ferne, aber es ist nur eine hilflose Bewegung im unendlichen Raum. Über dem Abgrund kreist ein Flugzeug,
aber es ist nicht einmal ein Summen zu hören. Wenn sie sich vom Abgrund abwenden und dorthin zurückkehren, wo die Menschen, die
Touristen, die Andenkenstände und die Kinder sind, sprechen sie darüber. Aber es ist schon nicht mehr das, was sie gesehen haben.

Der Grundriß

Den Nachgeborenen bleibt die Stadt, wie sie ist, und Texte: die Aufzeichnungen des Festungskommandanten Lasch und das »Ostpreußische Tagebuch« Hans Graf von Lehndorffs, die Erinnerungen der Gräfin Dönhoff und des Königsberger Juden Michael Wieck, der Bericht
des Chirurgen Wilhelm Starlinger vom Leben und Sterben in Königsberg, die Dokumentationen zu Flucht und Vertreibung. Kaliningrad-
Reisende sind in der Regel gut vorbereitet. Es gibt Stadtpläne in verschiedenen Ausgaben. Alt-Königsberger haben die Ergebnisse ihrer
ersten Wiederbegegnung nach vierzig Jahren aufgezeichnet und in
großformatigen Bildbänden dokumentiert. In Kaliningrad selbst wächst
das Interesse an Königsberg. Die Lasch-Aufzeichnungen sind in einer
billigen Rotaprint-Ausgabe auf russisch erschienen – mit gotisierenden
Schriftzügen –, im Handel ist ein Stadtplan, auf dem die Straßennamen
Russisch und Deutsch eingezeichnet sind; erschienen ist eine Geschichte Königsbergs, die wahrheitsgemäß 1945 endet. Alt-Königsberger und Neu-Kaliningrader fahnden gemeinsam nach verschollenen

Denkmälern und Bibliotheken; so wirkt das Interesse derer, die ihre Stadt verloren haben, und derer, die – meist selber vertrieben – eine neue Stadt gebaut haben, glücklich zusammen. Wer die unsichtbare Stadt nicht mehr kennt, hält sich an die sichtbare. Er wandert, ausgerüstet mit den Plänen, die die Stadt davor und danach zeigen, durch die Straßen. Die gegenwärtige Stadt zeigt ihm, was sie von der alten übernommen hat. Das ist verschwindend wenig, aber doch so Elementares, daß klar wird: Kaliningrad ist die Fortsetzung der Stadt mit anderen Mitteln. Die Stadt vor 1945 hatte 700 Jahre Zeit zu wachsen, die Stadt nach 1945 nur knapp 50. Die eine hat im wilden Pruzzenland begonnen, die andere in einem Land, das aus der mitteleuropäischen Hochzivilisation zurückgebombt worden war in die Barbarei. Die Stadt ist definiert durch ihre Lage. Die Altstadt, der Kneiphof, der Löbenicht liegen plan vor einem in reiner und nackter Form. Beseitigt ist fast alles, was in 700 Jahren sich da angelagert hatte. Es bedurfte dazu nur eines halben Jahres totalen Kriegs. Die Pregelarme und das Gefälle vom Oberteich zum Fluß hin definieren den Ort, der auch durch Überbauung nicht verändert werden kann. Selbst im verschwundenen Königsberg ist der *genius loci* nicht gestorben, er führte insgeheim Regie. Die Kneiphöfsche Langgasse, die durch die dichtbebaute Dominsel führte, ein Geschäft neben dem anderen, hat einer Hochstraße auf mächtigen Pylonen Platz gemacht. Aber selbst die monströse Hochstraße, die die Pregelarme und die Insel überwölbt, kann den Topos nicht verschwinden machen. Wir müssen immer noch merklich hinaufsteigen zu der Stelle, wo jetzt das Sowjethaus aus Beton und nicht mehr das Königsberger Ordensschloß steht. Die Hochstraße verändert den Maßstab und die Raumverhältnisse. Die Stadt, vor dem Krieg die östlichste deutsche Großstadt, wird durch die neue Maßstäblichkeit noch größer. Die Größe, die vor dem Krieg ausgeglichen war durch die parzellierte und kleinteilige Struktur, durch Abwechslung und Ablenkung, liegt jetzt offen vor einem. Die Straßenzüge sind nicht hineingebrochen in eine enge, verwinkelte Stadt, sondern neu angelegt in einem Gelände, in dem zuvor alle Ruinen niedergelegt worden waren – Geraden in einer Ebene. Und doch folgt das Straßennetz der neuen Stadt der alten mehr, als den Baumeistern der neuen Stadt lieb sein konnte. Die Fluchtpunkte sind geblieben: Wenn man vom Oberteich über den Schloßteich hinabblickt, stößt man auf das Sowjethaus, das, leicht versetzt, an die Stelle des mächtigen Schlosses getreten ist. Die Dominsel ist jetzt, da nichts als die

Domruine auf dem leergeräumten Feld zu sehen ist, erst recht zur Dominsel geworden. In einer Stadt, in der die Bastionen und das Glacis der Festungsbauten so prägend geworden sind, treten jetzt, nachdem die alte Stadt, die sie integriert hatte, nicht mehr ist, als ihr eigentlicher Knochenbau hervor. Die Innenstadt, bebaut mit gleichförmigen fünfstöckigen *Chruschtoschoby* mit gelblichem Anstrich oder Wohnhochhäusern in Plattenbauweise späteren Datums, bekommt paradoxerweise ihre Form und ihren Zusammenhalt durch die alten Stadttore und Bastionen in tiefrotem Klinkerton. Das Brandenburger-, das Friedländer-, das Königs- und andere Stadttore an den Haupt- und Ausfallstraßen Königsbergs sind auch die Eingangspforten in Kaliningrads Innenstadt. Die Hauptlinien der Straßen führen entlang der alten Wälle, und viele von ihnen – wie der Litauer Wall – heißen auch heute noch so. Rest-Königsberg ist nicht das, was nach den alliierten Luftangriffen in der Nacht vom 26. auf den 27. August 1944 und nach der Schlacht um Königsberg geblieben war. Die 40 Jahre Neuaufbau, die auch eine Zerstörung waren, zeigen, daß nicht allein Bombentreffer bestimmten, was bleiben sollte und was nicht. Vom feinen Gewebe der Stadt der Bürger und Kaufleute, von den Geschäfts- und Warenhäusern, Cafés und Buchhandlungen ist nichts geblieben. Übernommen hat man das Elementare, das Gerüst.

Die gußeisernen Kanaldeckel sind so wichtig nicht allein wegen ihrer Aufprägungen »Königsberg i. P.« oder »Steinfurt«, sondern weil sie zeigen, daß selbst die neugebaute Stadt ohne das lebenswichtige Röhrensystem der alten nicht auskam, während man glaubte, auf die Fassaden deutscher Bürgerhäuser verzichten zu müssen. Verwendung fand, was den Geist des »anderen Deutschland« repräsentierte – das Schiller-Denkmal, die Kant-Gedenkstätte –, auch was »neutral« war: die monumentalen Speicheranlagen am Hafen, die Gasanstalt, die Schichau-Werft, die Fabrikanlagen von Waggonbau Steinfurt. Man hat einige der kostbarsten Kirchen abgerissen – aber auch hier sind bewundernswerte geblieben: die Luisenkirche, die katholische Kirche, die Rosenauer Kirche –, aber nicht die Kathedralen des 19. und 20. Jahrhunderts. So ist der monumentale Königsberger Hauptbahnhof erhalten und durch den weiten Vorplatz mit der Kalininstatue noch monumentaler geworden. Die Klinkerbauten am Hinterroßgarten und die Psychiatrie in der Alten Pillauer Landstraße sind nicht der preußischen Architektur zuliebe erhalten, sondern weil es sich um leistungsfähige und seinerzeit modernste Krankenhausbauten handelte, die man übernehmen mußte. Der Unschuld des Vergnügens, die ein Zoo-Besuch eben ist, verdankt sich wohl, daß die Eingangspforte erhalten blieb. Das kompletteste Ensemble findet sich dort, wo die Herrschaft übernehmen konnte, was sich die Herrschaft gebaut hatte, noch dazu in einem Stil, der dem eigenen verwandt war. Die Titel der Gebäude ändern sich, die Herrschaft bleibt. Umstellt ist der Hansa-Platz, alias Platz des Sieges, von dem monumentalen grauen Gebäude des Nordbahnhofs (Haus der Seeleute), dem Amts- und Landgericht, dem Polizeipräsidium und dem Stadthaus. Die Vorortzüge nach Rauschen und Cranz an der Ostsee gehen nach wie vor von diesem Platz ab. Dort wo einmal der Eingang zur »Deutschen Ostmesse« war, steht jetzt eine Lenin-Statue mit dem Rücken zum Park, in dem hinter Bäumen versteckt das Tragheimer Pfarrheim liegt. Aber selbst der ruinierte Messeplatz erfüllt einen Teil der Funktionen, die ihm zugedacht waren. Am alten Wallring, in den Überresten der Deutschen Ostmesse und in dem von Ebert eingeweihten Haus der Technik macht sich der Markt breit. Gehandelt werden Melonen, DM, Gold, Trödel. Und die wenigen in der Stadt verstreuten Skulpturen – die kämpfenden Wisente vor dem Amtsgericht (für alte Königsberger: Staatsanwalt und Rechtsanwalt) oder der aus Tilsit stammende Elch im Tierpark – verdanken ihre Existenz wohl dem Umstand, daß sie ganz unideologisch »reine Natur« darstellen. Es blieben die Straßennamen, die unverdächtig waren: die Namen im Komponistenviertel, die Richard-Wagner-Straße, der Litauer Wall. Andere Namen aus der preußischen Geschichte waren sinn- und bedeutungslos geworden. An die Stelle Wrangels ist Tschernjachowski und an die Stelle Hindenburgs Bagration getreten. Amalienau, Hufen und Maraunenhof mit ihren ansehnlichen Villen und Wohnhäusern sind erhalten, nur der Farbton hat sich ins Grelle – Blau, Grün, Rot – russischer Städte geändert. Von der Synagoge an der Honigbrücke ist nichts erhalten, wohl aber das Gebäude des jüdischen Waisenhauses daneben. Das 1924 im Stil der neuen Sachlichkeit errichtete Kantgrab mit den hohen Pfeilern, ursprünglich sich anlehnend an die Südseite des Chors des Domes, hat das Bombardement nahezu unbeschädigt überstanden, während der Dom in Asche gefallen ist. Nun scheint sich die Domruine ans Kantgrab anzulehnen. So hat der tote Philosoph, der gegen den Wahn nichts ausrichten konnte, wenigstens die Ruine gerettet.

Stadt ohne Hannah Arendt

Mit dem *horror vacui* fertig zu werden, ist für alle Königsberg-Besucher, die die Stadt kannten, wie sie »davor« war, wie für die, die sie nur aus Texten und Bildern eine Vorstellung machen können, das größte Problem. Man kann die Leere auffüllen mit geschichtlichem Material und mit der Imagination von Bildsequenzen: Gründung durch den Deutschen Orden und den böhmischen König Ottokar II. im Jahre 1255, Königsberg als Zentrum des Humanismus und der Reformation unter Herzog Albrecht von Brandenburg-Ansbach, Gründung der Universität 1544, Königsberg im Goldenen Zeitalter Immanuel Kants, der hugenottischen und Salzburger Flüchtlinge. Wir stellen uns die verschwundenen Bibliotheken vor: die Wallendrodtsche im Südturm des Doms, die des Fürsten Radziwill, die Königliche Bibliothek. Wir bringen alle zusammen, die hier gelebt und gearbeitet haben: von Kristionas Donelaitis bis Käthe Kollwitz, von E.T.A. Hoffmann bis Thomas Mann, der in der Nähe sein Sommerhaus am Meer hatte. Wir stellen uns die Wucht der Kriegsmaschine vor. Doch es bleibt ein letzter, nicht auflösbarer Rest. Wer die Bilder von der Stadt, die nach dem alliierten Luftangriff im August 1944 in Trümmer gesunken war, sich angesehen hat, hat immer noch eine Stadt, eine Stadt in Ruinen, vor sich. Sie ist noch da, als zerstörte. Kaliningrad ist aber das, was kommt, wenn das andere verschwunden ist, eine Stadt, errichtet auf einem Plateau, das leergefegt ist. Wir möchten Zuflucht nehmen zur Dialektik, die uns über die *tabula rasa* hinweghilft. Aber sie ist hier nur ein Trick. Königsberg/Kaliningrad liegt im Planquadrat des totalen Krieges. Es ist das Ende und die Wiederbegründung menschlicher Wohnstätte auf verbrannter Stelle. Die monotone Stadt ist die Stadt nach dem Grauen. Es ist die Stadt der doppelt Vertriebenen: derer, die ihre Stadt verloren haben, und derer, die dort eine neue gebaut haben, nachdem Minsk, Gomel, Witebsk dem Erdboden gleichgemacht worden waren. Als Kant über seine Heimatstadt, die er niemals verließ, einmal bemerkte: »... eine solche Stadt, wie etwa Königsberg am Pregelflusse, kann schon für einen schicklichen Platz zur Erweiterung der Menschenkenntnis als auch der Weltkenntnis genommen werden; wo diese, auch ohne zu reisen, erworben werden kann«, da war dies zugleich eine Selbstbeschreibung des Ortes der Aufklärung: »die Lage zum Seehandel«, die Verbindung zu »entlegenen Ländern von verschiedenen Sprachen und Sitten«, die weltoffene europäische Stadt.

Das Geheimnis Königsbergs/Kaliningrads bringt nicht Kant, der

Philosoph des 18. Jahrhunderts, zur Sprache, sondern Hannah Arendt, eine Frau des 20. Sie kam gut 200 Jahre später – 1906 – zur Welt, noch hineingeboren ins »Zeitalter der Sicherheit« und bald hineingerissen in das heillose Jahrhundert. Sie sieht die Dämmerung des Lichts, das Kant erst heraufkommen sah. Für sie, die Enkelin von aus dem Russischen Reich nach Preußen eingewanderter Juden, gibt es weder in Königsberg noch in Kaliningrad ein Denkmal. Der Platz, an dem ihr Elternhaus gestanden hatte, Tiergartenstraße 6 – heute ebenfalls: Zoologitscheskaja –, unweit des guterhaltenen Gymnasiums an der Ecke zur Hufenallee, ist leer, möglicherweise der Erweiterung des Tiergartens zum Opfer gefallen. Vielleicht mußte man aus einem exzentrischen Landstrich des Deutschen Reiches kommen, aufgewachsen in einer reichen bürgerlichen Stadt, mit Wurzeln in den östlich gelegenen Raum hinein, um aus der Krise der bürgerlichen Welt auf die Zerstörungspotentiale schließen zu können, die freigesetzt werden, wenn die bürgerlichen Klassenverhältnisse und die europäische Staatenwelt erst einmal zusammengebrochen sind. »Die erste Explosion«, schreibt Hannah Arendt über den 1. August 1914, »war wie der Starter einer Kettenreaktion, die bis heute nicht zum Halten gebracht werden konnte ... Nichts, was seit dem Ersten Weltkrieg sich wirklich ereignete, konnte wieder repariert werden, und kein Unheil, nicht einmal der Ausbruch eines zweiten Weltkrieges, konnte verhindert werden. Jedes Ereignis hatte die Qualität einer Katastrophe, und jede Katastrophe war endgültig.« Königsberg lag irgendwo im Epizentrum dieser von Hannah Arendt beschriebenen Katastrophen des totalitären Zeitalters, in dem die Besitzverhältnisse zerbrachen, Bürgerkriege tobten, Millionen umgebracht und Millionen zu Staaten- und Heimatlosen wurden. Königsberg erlebte die Deportationen nach Theresienstadt und die nach Workuta; die Stadt erlag dem Mob Erich Kochs, des Gauleiters in Ostpreußen, und sie war dem Wüten einer Armee ausgeliefert, die Hitler schlug; sie hörte in der altehrwürdigen Albertina zuerst die rassebewußten Vorlesungen eines Konrad Lorenz, dann die vom Sieg des Klassenbewußtseins. Königsberg, noch Anfang 1945 fast eine Insel innerhalb der europäischen Völkerwanderungen und Tötungswellen, wird am Ende selber von ihnen erfaßt; die europäische Erfahrung des Heimatlosgewordenseins, die der Flüchtling Hannah Arendt so eindringlich formuliert hatte, war damit definitiv auch zu einer deutschen geworden.

Mit Königsberg ging weit mehr verloren als eine schöne Stadt in einem wunderbaren Land, die Grenze, die dort besichtigt werden kann, ist nicht bloß ein völkerrechtlicher Tatbestand, sondern verläuft entlang einer historischen und zivilisatorischen Bruchstelle. Die Begegnung mit Königsberg/Kaliningrad ist die Begegnung, die den endgültigen Abschied, und der Abschied, der den Anfang nach einem Ende möglich macht. Es ist der zugespitzte Punkt, an dem sich erweist, ob eine Nation mit ihrer Geschichte, mit sich selbst ins reine gekommen ist und die Kraft besitzt, aus der Anerkennung des Verlustes etwas zu machen. In Kaliningrad wartet man wie überall sonst im östlichen Europa auf europäisches, auf deutsches Engagement, auf eine Bewegung des *go east*, nicht bloß auf einen aus Trauer und Anhänglichkeit gespeisten Tourismus.

Aber in Deutschland ist man auf den Neuanfang nach dem Ende der Weltkriegsepoche nicht vorbereitet: noch im unverhofft glücklichen Augenblick der Wiedervereinigung spielt man mit der polnischen Grenze, und gegen den deutsch-tschechoslowakischen Nachbarschaftsvertrag, der den Weg in das Europa nach dem Krieg ebnen soll, werden Eigentumsansprüche aus der Zeit vor dem großen Krieg geltend gemacht. Armes Deutschland!

Nicht anders ist es mit Königsberg/Kaliningrad. Die fortschrittliche Öffentlichkeit beharrt auf ihrem Vorurteil, daß das Trauma von Vertreibung und unersetzlichem Verlust allein Sache der Vertriebenen sei – eine Grunderfahrung der Deutschen in diesem Jahrhundert der Flüchtlinge wird damit zu einem Exotikum, das man nicht weiter ernst nehmen muß. Die Vertriebenenfunktionäre sind an der Verwaltung des Traumas, nicht an dessen Auflösung interessiert – es ist ihr Beruf, sie beziehen daraus ihre Revenue. Beides ist obsolet. Für das Denken, das blockiert ist, und für die Mittel, die in alt gewordene Apparate fließen, gibt es längst neue Tätigkeitsfelder, auf denen es sich zu arbeiten lohnte: Königsberg/Kaliningrad zum Beispiel.

(1992)

Auf der Kurischen Nehrung

Zu den magischen Bildern von jenem Deutschland, das es nicht mehr gibt, gehörten einst auch die Dünen der Kurischen Nehrung. Die Photographie der zwanziger Jahre mit ihrer Liebe zur Geometrie und ihrem Hang zu Stilisierung und Vereinfachung kam von dem Sujet nicht los. Sie zeigte die Düne in allen Variationen: als grandiosen Hintergrund für Segelflugzeuge, die zum Start über den Abhang geschleppt wurden, als Fläche, in die der Wind seine Handschrift eingetragen hatte, oder als Linie, über der sich unerhörte Wolkenformationen auftürmten. Kein Photograph, der sich nicht am Dünengrat mit seiner Luv- und Leeseite und dem schroffen Kontrast von Schwarz und Weiß versucht hätte. Bilder von der Kurischen Nehrung haben etwas Archaisches und Einfaches. Thomas Mann, der in Nidden sein Sommerhaus hatte, überkam dort »der Eindruck des Elementarischen, wie ihn sonst nur das Hochgebirge oder die Wüste hervorruft«.

Eine ins Abseits gerückte Welt

Die Kurenhähne mit ihren schwarzen Segeln, breit und scheinbar reglos auf der glänzenden Wasserfläche des Haffs liegend, waren die Embleme dieses Landstrichs so sehr wie die zum Trocknen aufgespannten Fischernetze. Selbst die Kurenfischer waren in dieser Bildwelt keine gewöhnlichen Einwohner, sondern Menschen mit der Aura von Eingeborenen. Thomas Mann fand den Menschenschlag »unschön, aber sehr freundliche«. Am First ihrer Häuser am Haff kreuzten sich Pferdeköpfe. Ihre Sprache, das Kurische, war auf geheimnisvolle Weise dem Sanskrit verwandt. Lovis Corinth war fasziniert von den Kurenbrettern auf dem Friedhof von Nidden. Sogenannte Krajebieter, Krähenfänger, fingen mit Lockvögeln Krähen und töteten sie dann mit einem schnellen Biß in den Kopf. Etwas Heidnisches war in ihren Gebräuchen.

Die Dünenlandschaft mit ihren Kontrasten setzte sich fort in den

Nahaufnahmen von den Gesichtern und Händen der Kurenfischer. Das war Material für die Ästhetik der neuen Sachlichkeit und für ein Bild vom stillen Heldentum der Arbeit, die immerzu im Kampf mit den Gewalten der Natur liegt. Die Kurische Nehrung ist in diesen Bildern ein Land mit einem ungeheuren Himmel und so weit, wie es nur noch ostpreußische Landschaften waren. Dort gibt es nichts Liebliches, wie in den anmutigen und kleinräumigen Fluß- und Stadtlandschaften des deutschen Westens und Südens. Die Bilder von der »osteuropäischen Sahara« oder der »Sahara an der Ostsee«, wie die Nehrung vor dem Krieg genannt wurde, besagten, daß es noch etwas gab, was sich menschlicher Verfügung entzog und möglicherweise stärker war als der Mensch.

Ostpreußen, die Nehrung, das Haff – das war der überwältigende Eindruck, der von der schieren Grenzenlosigkeit des Raums ausgeht, ein Stück Amerika im deutschen Horizont, aber auch ein Stück Rußland, in das sich Thomas Mann regelmäßig versetzt fühlte, wenn er zu Besuch in Nidden war – lange bevor der ganze Landstrich sowjetrussisch wurde. Es war nicht Schuld dieser Landschaften, daß sie im 20. Jahrhundert zum Muster irrwitziger kolonialer Phantasien und Projektionen auf den »Ostraum« wurden. Wilhelm von Humboldt hatte die Kurische Nehrung einst für »so merkwürdig« befunden, »daß man sie eigentlich ebensogut als Spanien und Italien gesehen haben muß, wenn einem nicht ein wunderbares Bild in der Seele fehlen soll«.

Das gilt schon lange nicht mehr, denn die Küsten Italiens, Spaniens und Nordafrikas sind den Deutschen von heute – anders als die »Sahara an der Ostsee« – durchaus vertraut. Man muß, so die landläufige Meinung, dort nicht gewesen sein, wenn man von Europa etwas gesehen haben will. Der Bogen, der über das Frische und Kurische Haff hinweg von Stettin bis Memel gespannt war, ist aus Gründen, die jeder kennt, zerbrochen. Eine Welt, der die Deutschen einmal angehört hatten, ist ins Abseits gerückt. Vom Memelstrom weiß man kaum mehr, als daß er in der ersten Strophe des Deutschlandliedes, die nicht mehr gesungen wird, vorkommt. Bilder von jenem deutschen Osten, wo er am östlichsten war, haben sich allenfalls erhalten im Gedächtnis derer, die ihre Heimat, den Ort ihrer Kindheit oder Jugend verloren haben. Diese Kurische Nehrung findet man eher in der deutschen Seele als in einem Atlas.

Reiseführer handeln normalerweise von historischen Sehenswürdigkeiten wie Klöstern, Burgen, Städten und Schlössern. Die Hauptsehenswürdigkeit der Nehrung aber ist die Nehrung selbst, Natur im

Reinzustand. Wer etwas von der Kurischen Nehrung erfahren will, muß sich mit dem Wind, Sand und Wasser beschäftigen. Es macht kaum einen Unterschied, ob man den noch 1932 bei Gräfe und Unzer in Königsberg erschienenen Reiseführer zu Rate zieht oder den heute von der litauischen Touristinformation herausgegebenen. Es geht immer um dieselben, gleichsam überzeitlichen und ewigen Erscheinungen: die Eigentümlichkeit alluvialer Ablagerungen und die Bedeutung der Vordüne, das Verhalten von Triebsand und Wanderdünen, die Funktion des Strandhafers, die Veränderung der Rückzugsgebiete der Elche bei Schwarzort und den Kalender der alljährlichen Vogelzüge.

Über die Nehrung, die seit 1961 ein Nationalpark ist und Jahrzehnte unter dem Schutz des militärischen Sperrbezirks geschützt lag, wissen, dem Gegenstand entsprechend, am besten Naturforscher Bescheid, also Geologen, Klimatologen, Ozeanographen, Botaniker und Ornithologen. Aber auch der in Naturdingen unbewanderte und ahnungslose Tourist beginnt schon bald damit, sich Gedanken zu machen über die »Urtümlichkeit« der Umgebung. Die Kurische Nehrung ist eine 98 Kilometer lange Dünenkette, die sich von Cranz in der Nähe von Königsberg, dem heutigen Kaliningrad, im Süden bis Memel, heute Klajpeda, im Norden, hinzieht. An der schmalsten Stelle bei Sarkau ist sie nur etwa 380 Meter breit, an der breitesten am Bullwikschen Haken bei Nidden an die vier Kilometer. Sie trennt das Kurische Haff von der Ostsee. Über die Entstehung der Nehrung gibt es unterschiedlichste Theorien, aber wahrscheinlich ist, daß sie in der Nacheiszeit, also im Laufe der letzten siebentausend Jahre, entstand, als die von den Gletschern zurückgelassenen Endmoränenhügel nach und nach von der Meeresströmung miteinander verbunden wurden. Der größte Strom, der in das Haff mündet, ist die Memel. Das Haff selber ist durch eine schmale Öffnung, das sogenannte Memeler Tief, mit der Ostsee verbunden.

Nach der Bildung des litauischen Staates und den Pariser Friedensverträgen fiel der Nordteil der Nehrung an Litauen. Das Memelland, 1923 von litauischen Freischärlern besetzt, blieb bis zum »Anschluß« an das Deutsche Reich 1939 litauisch. Die heutige Grenze zwischen Litauen und dem zur Russischen Föderation gehörigen Kaliningrader Gebiet, also dem früheren nördlichen Ostpreußen, ist identisch mit der Vorkriegsgrenze. Sie verläuft nur zwei Kilometer außerhalb Nidas, des früheren Nidden, des Hauptortes auf der Nehrung. Solange die Sowjetunion existierte, war die Nehrung militärischer Sperrbezirk, und selbst für Litauer und Russen bedurfte es einer Spezialerlaubnis, um in das Gebiet zu reisen.

Jetzt können Ausländer ohne Schwierigkeit die Nehrung besuchen, Litauer und Russen erfreuen sich der Privilegien des kleinen Grenzverkehrs. Ausländische Touristen brauchen für die Überschreitung der neuen Staatsgrenze ein Visum, das vorab besorgt werden muß – keine geringe Beeinträchtigung der Bewegungsfreiheit, wenn man daran denkt, daß vor dem Krieg Visa auf den Bäderdampfern, die zwischen Cranzbeek und Memel/Klajpeda verkehrten, ausgestellt wurden. Das gesamte Territorium der Nehrung ist seit einigen Jahren Nationalpark. Der Verkehr, der gering gehalten werden soll, verläuft über die alte Poststraße, die Königsberg mit Memel verband und über die 1807 in den Tagen des preußischen Zusammenbruchs Königin Luise nach Memel geflohen war.

Die Nehrung war urspünglich von dichtem Wald bewachsen, und erst als im Siebenjährigen Krieg der Hochwald abgeholzt wurde, begann sich der Sand in Bewegung zu setzen. Angetrieben von dem immer von der Ostsee her wehenden kräftigen Wind, wanderten die Dünen und begruben Dörfer und Fischersiedlungen unter sich. Agnes Miegel erzählt in den »Frauen von Nidden« eindrucksvoll von dieser Gefahr – immerhin wurde mehr als ein Dutzend Dörfer, darunter das Dorf Karwaiten, unter dem Sand der Dünen begraben. Bis zu einer Höhe von siebzig Metern ragten die Wanderdünen auf der Haffseite empor.

Mit der Anpflanzung von Strandhafer und Kiefern und der Befestigung der Vordünen gelang es im 19. Jahrhundert, die Wanderung der Dünen zum Stillstand zu bringen. Auch wenn die Große Düne bei Nidden mit ihrem »Tal des Schweigens«, in dem nur Sand und Himmel zu sehen sind, inzwischen gebändigt ist und sogar allerlei Maßnahmen gegen ihre Verflachung und Schrumpfung ergriffen worden sind, so gibt sie noch einen Eindruck von dem, was die »Sahara der Ostsee« einmal gewesen sein muß.

Die Verwandlung der ursprünglichen Fischerdörfer Nidden, Preil, Schwarzort und Sandkrug zu Beginn dieses Jahrhunderts in Touristenorte – wenigstens während der Saison – hat der großartigen Schönheit dieses Landstreifens zwischen Meer und Haff nichts anhaben können. Es braucht nur einen Spaziergang von einer halben Stunde, um von der ruhigen Promenade auf der Seite des Haffs hinüberzugelangen auf die Seite, wo immer eine starke Brandung tost, sobald man aus der Vordüne hinaustritt.

Alle Gerüche, die eine sommerlich erhitzte Landschaft aus Sand und Kiefernwäldern zu bieten hat, entfalten sich zwischen Sonnenauf- und

Sonnenuntergang und lehren einen die Zusammensetzung der Welt. Alles, was an Licht denkbar ist, kommt zum Einsatz: ein leuchtender Morgen, wenn die Sonne über dem Haff aufgeht, ein hartes helles Licht zur Mittagszeit und lange weiche Schatten, wenn der Abend kommt. Die karge Landschaft fängt dann in allen Schattierungen an zu leuchten, und die Große Düne durchläuft das ganze Farbenspektrum – von Violett zu Goldgelb, von einem harten Weiß zu Blau. Im Mondlicht schiebt sie sich wie ein mattweißer Riegel ins Haff, das nunmehr silbrig glänzt.

Thomas Manns Aussichtspunkt

Man weiß dann, weshalb sich in Hermann Blodes Gasthof in Nidden die Maler aus Königsberg, Berlin und Dresden eingefunden haben, unter ihnen Lovis Corinth, Schmidt-Rottluff und Max Pechstein. Und man versteht, warum sich Thomas Mann, der 1929 im Anschluß an einen Urlaub im nahen Rauschen zum ersten Mal hierhergekommen war, spontan entschloß, sich hier ein Sommerhaus bauen zu lassen. »Der Eindruck war tief«, so noch einmal Thomas Mann. »Man findet einen erstaunlich südlichen Einschlag. Das Wasser des Haffs ist im Sommer bei blauem Himmel tiefblau. Es wirkt wie das Mittelmeer. Es gibt dort eine Kiefernart, Pinien ähnlich. Die weiße Küste ist schön geschwungen, man könnte glauben, in Nordafrika zu sein.«

Das Thomas-Mann-Haus auf dem Schwiegermutterberg ist neben dem alten Friedhof, dem Ethnologischen und dem Bernsteinmuseum die wichtigste Niddener Sehenswürdigkeit. Es ist mit seinen in »Niddener Blau« gehaltenen Fensterrahmen perfekt restauriert, und man sieht ihm seine wechselnde Geschichte kaum mehr an. Thomas Mann hatte mit seiner Familie nur drei Sommer in dem von dem Memeler Architekten Reismann entworfenen Hause verbracht. 1936 verlor er seine deutsche Staatsbürgerschaft, und die Reise in das kurz hinter der Reichsgrenze gelegene litauische Nidden, die gewöhnlich über Berlin und Königsberg ging, war unmöglich geworden.

Nach dem »Anschluß« des Memellandes an das Deutsche Reich im Jahre 1939 wurde das Haus beschlagnahmt und gelangte in Görings Besitz, wurde aber nie von ihm bewohnt. Nach Kriegsende sollte es abgerissen werden. Indes beherbergte es, umgerüstet zur Gemeinschaftswohnung, mehr als eine Generation von Nomenklatura-Kindern, die hier ihre Ferien verbrachten. Einer litauischen Initiativgruppe ist es zu verdanken, daß das Haus in den sechziger Jahren für Besucher geöffnet wurde. 1987 fand das erste Thomas-Mann-Seminar statt. Heute befindet sich dort eine ständige Ausstellung zu Thomas Mann und seinen litauischen Jahren.

Der Strom der Besucher, die die fürwahr steile, auf die Düne hinaufführende Treppe erklimmen, scheint nie abzureißen. In diesem Sommer wurde das Thomas-Mann-Festival sogar in Anwesenheit der Außenminister der baltischen Staaten, Polens und der Bundesrepublik eröffnet. Das Programm war reich: Kammermusik von Schubert und Beethoven, gespielt von Ensembles aus Kaunas und Vilnius, Vorträge zu Thomas Manns Verhältnis zur Musik. Im Kino von Nidden gab es die Verfilmung von Thomas Manns Novelle »Mario und der Zauberer«, die in Rauschen geschrieben wurde, und den »Tod in Venedig«. Die Zuhörer – Deutsche, Litauer, Russen, Polen, Dänen – saßen auf der Veranda des Thomas-Mann-Hauses. Die Sonne war schon untergegangen. Sie blickten zwischen den vom steten Wind schief gewachsenen Kiefern hindurch auf das Haff hinaus. Dort lag wie ein Zitat ein vor wenigen Jahren dem Original nachgebauter Kurenkahn. Auf dem gegenüberliegenden Ufer waren die Lichter der Dörfer und Ortschaften des Memellandes, das die Litauer Kleinlitauen nennen, angegangen.

Nidden, knapp hinter der Reichsgrenze gelegen, war Thomas Manns Aussichtspunkt auf Europa, das der Katastrophe entgegentrieb. Nidden heute ist ein Aussichtspunkt auf das Europa, das sich wie ein Wunder von der Katastrophe erholt hat. Etwas davon schlägt sich in den Programmen des Thomas-Mann-Kulturzentrums, das in litauisch-deutscher Kooperation geleitet wird, auch nieder. Da gibt es einen Kurs für Übersetzer und ein Seminar über Hiddensee und die Kurische Nehrung beziehungsweise über Gerhart Hauptmann und Thomas Mann, eine Sommerakademie über Juden in Mitteleuropa, ein litauisch-polnisches Lehrerseminar zum Bild des Nachbarlandes im Geschichtsunterricht. Die Mehrheit der Besucher von Nidden, so muß man aus dem auf der Promenade vernommenen Idiom schließen, kommt aus Deutschland. Das ältere und soignierte Publikum ist in der Mehrzahl. Die meisten kommen, um einen Blick in jenen Winkel Europas zu werfen, aus dem sie stammen und der fast ein Menschenalter für sie gesperrt war.

Für jene, die zum ersten Mal da sind, ist es ein Moment der Rührung, wenn sie im Hotel Jurate das Hotel Königin Luise erkennen oder an den Räucherkästen für Aale und Flundern vorübergehen, aus denen der Rauch der Kiefernzapfen aufsteigt. Viele von ihnen kennen die Nehrung aus der Zeit, als die Bäderdampfer noch kursierten, einige aus der Zeit, als sie zum letzten Fluchtweg für die viel zu spät im Oktober 1944 aus dem brennenden Memel Evakuierten wurde. Viele haben in Nidden nur Zwischenstation gemacht auf dem Weg von Kaliningrad nach Klajpeda, die für sie selbstverständlich Königsberg und Memel heißen. Die Reisebusse kommen, wie aus den Kennzeichen leicht zu ersehen ist, aus allen Teilen Deutschlands. Einige sind zusammen mit ihren Kindern oder Enkeln auf der Fähre aus Kiel, Rostock oder Mukran gekommen. Es sind aber auch jüngere Familien darunter, für die einzig ausschlaggebend war, daß man auf der Nehrung einen preiswerten Urlaub ohne Autos machen kann, per Fahrrad und mit dem Rucksack.

Nidden wird zum Ausgangspunkt für die Erkundung lange vertrauten und doch ganz fremden Geländes. Per Bus ist es nur eine Stunde nach Memel, dem Zentrum der ganzen Region, einer Halbmillionenstadt mit einem der größten Häfen der früheren Sowjetunion. Von Sandkrug aus, wo das Kurhaus gestanden hatte und wo man die Fähre über das Tief nimmt, blickt man auf die Stadt am gegenüberliegenden Ufer. Die Skyline der 1252 vom Schwertbrüderorden gegründeten Stadt ist mächtig, aber nicht wegen der Türme von Sankt Jakobi und Sankt Johanni, die es nicht mehr gibt, sondern wegen der Kräne und Docks im Hafen. Wie immer meint man zunächst, Memel sei wie andere Städte vom Erdboden verschwunden, aber dann zeigt sich schnell, daß es überlebt hat. Memel hat zweimal schrecklich gelitten: bei einem Brand im Jahre 1854, bei dem die Stadt der Fachwerk- und Barockhäuser fast vollständig verbrannte, und 1945. Aus dem Wiederaufbau nach dem ersten Brand ging eine preußische, aus dem Wiederaufbau nach 1945 eine sozialistische Reißbrettstadt hervor. Jeder Laie erkennt sofort die preußische Art der in hellen und dunklen Klinkern aufgeführten Kasernen und Schulen, und jeder alte Memeler erkennt sogleich, daß vieles von dem, was sein Memel ausgemacht hatte, noch da ist: das Rathaus, das Kreishaus in der Polangenstraße, das Hauptzollamt, die Hauptpost mit dem Turm in der Alexanderstraße, die Stadtsparkasse in der Friedrich-Wilhelm-Straße und das Gebäude des »Memeler Dampfbootes«, das Meyhofer-Haus, die Kammer-Lichtspiele, das Kaufhaus Laß & Co., das Luisen-Gymnasium. An einem Speicher an der Dange ist ganz verwaschen der Schriftzug »Raiffeisen« zu erkennen. Am Donelaitisplatz gibt sich der Jugendstil ein subversives Stelldichein. Am schlimmsten macht sich das Verschwinden der Kirchtürme bemerkbar.

Für alle deutschen Besucher Klajpedas gibt es ein Muß: das Memeler Stadttheater mit der neugegossenen Skulptur des Ännchens von Tharau auf dem Simon-Dach-Brunnen. Die eindrucksvollen öffentlichen Bauten im funktionalistischen oder Art-déco-Stil – das Vytautas-Gymnasium, das Zeitungshaus, das Städtische Krankenhaus – sagen etwas über den Ehrgeiz der Stadt in den zwanziger und dreißiger Jahren.

Von Nidden aus östlich, auf dem der Nehrung gegenüberliegenden Ufer des Haffs, liegt Heydekrug, heute Silute, wo die meisten der in Litauen verbliebenen Memelländer leben. Heydekrug ist der Geburtsort von Hermann Sudermann, dem Autor der berühmten »Reise nach Tilsit«. Von Nidden aus kann man auch täglich mit einem Tragflächenboot über das Haff den Memelstrom bis Kaunas hinauffahren, an Tilsit und Ragnit vorbei. Ein Stück weit ist es die Strecke, die Ansas Balczus und Indre Jaksztat in Hermann Sudermanns »Reise nach Tilsit« zurücklegen. Man passiert das wegen seiner Turbulenzen berüchtigte Windenburger Eck und taucht in das Mündungsdelta ein. Dann geht es über den breiten, erstaunlich rasch dahinfließenden Strom aufwärts. Das Schilf am Ufer ist hoch und der Himmel, den man zu sehen bekommt, weit. Ein Stück sibirische oder Amazonas-Flußlandschaft mitten in Europa. Die Memel ist Johannes Bobrowskis Land: »Aus der Finsternis / kommst du, mein Strom / aus den Wolken / Wege fallen dir zu / und die Flüsse, Jura und Mitwa / jung, aus Wäldern, und lehmschwer / Szeszupe. Mit Stangen die Flößer / treiben vorbei. Die Fähre / liegt auf dem Sand.«

Bei Tilsit, das Sowjetsk heißt, geht es, ohne aufzuhalten, unter der Königin-Luise-Brücke hindurch. Ostpreußen bleibt hinter dem Horizont, ab und zu sieht man einen Wachturm am Ufer oder einen Kirchturm in der Ferne aufragen. Man blickt hinüber, sie blicken von den Wachtürmen. Es ist schwieriger, hinüberzugehen ins Kaliningrader Gebiet mit der alt-neuen Metropole Königsberg/Kaliningrad. Man merkt, daß dort etwas anderes ist. Eine Exklave. Der Strom ist zur Grenze geworden. Doch dann ist man plötzlich in Kaunas, in einer ganz anderen Welt: lateinisch, barock, mit Bürgerhäusern, einer gotischen und einer orthodoxen Kathedrale, einer Hauptstraße mit dem Charme der Gouvernementshauptstadt von einst und imposanten Bauten der Moderne aus der Zeit, da Kaunas Hauptstadt des neuen Litauen war.

Der idyllische Winkel, in dessen Schnittpunkt Nidden einmal lag, erweist sich bei näherem Hinsehen als Trugbild. Von dem Vielvölkerland, das hier einmal war, ist kaum etwas geblieben. Der Sturm hat sie alle auseinandergejagt. Auf dem Friedhof von Nidden liegen noch Deutsche, Litauer, Kuren, russische Altgläubige Seite an Seite in der Erde: Fritz Frese und die Familie Radmacher, Vassa Sacharowna Januschewskaja und Maria Lingaitiene. In Memel, wo es einmal eine stolze jüdische Gemeinde gegeben hatte, nicht zu reden von Kaunas oder gar Wilna, sind vom jüdischen Friedhof nur Scherben übrig. Eine litauische Judenheit gab es nach dem Morden der deutschen Einsatzkommandos nicht mehr. Litauer wurden zu Zehntausenden von NKWD-Kommandos in die Lager jenseits des Ural deportiert. Deutsche flohen, als der Sturm auch sie erreichte, zu Tausenden vor der Roten Armee. Und doch blieben viele Deutsche im Lande, denn in Litauen machte man bei der Politik der kollektiven Ausweisung nicht mit.

Aber auch umgekehrt gilt: Neue Menschen wurden in das Land am Haff umgesiedelt: Fischer vom Ladogasee oder von der Wolga. Die konfessionellen Verhältnisse wurden durcheinandergewirbelt. Aus dem lutherischen Memel wurde das katholische Klajpeda, das man heute leicht an den aufwendigen Kirchenneubauten erkennen kann. Die Memeler Friedhofskapelle aus Backstein und im Stil der zwanziger Jahre trägt jetzt den gelbgestrichenen Zwiebelturm der russischen Orthodoxie. So wurde aus Litauen, das zum Schauplatz des Zusammenstoßes von Sowjetkommunismus und Nationalsozialismus geworden war, ein anderes Land.

Nun ist auch das sowjetische Imperium verschwunden. In den Kasernen von einst ist jetzt die Universität von Klajpeda untergebracht. Graffiti zieren die Wände. Das Land, in das man sich einst fast hineinstehlen mußte, liegt offen da. Memel/Klajpeda hat wöchentliche Fährverbindungen nach Kiel, Rostock, Mukran und Stockholm. Der Hafen ist zum Hauptumschlagspunkt für Autos geworden, von denen Zehntausende jeden Monat nach Rußland weiterverkauft werden. Von Berlin-Tempelhof fliegt man im Sommer direkt ins Seebad Polangen. Die Busse von Euroline verbinden diesen Winkel der Welt mit dem übrigen Europa. Auch in Nidden bekommt man einen Eindruck vom neuen Baltikum. Das fängt an mit den Telephonautomaten auf der Promenade von Nidden. Alles funktioniert: die Wechselstuben, die Supermärkte, die Restaurants. Die »International Herald Tribune« am Kiosk ist nicht älter als einen Tag.

In Nidden schaut man nicht auf die Nationalität, sondern darauf, daß das Geschäft läuft. Das macht die Atmosphäre freier und angenehmer als in Riga oder Tallinn, wo es immer eine Rolle spielt, wenn einer eine andere als die amtliche Sprache spricht. Litauer sind freundliche Menschen, und offenbar verstehen sie alle – wie früher schon – mindestens drei Sprachen. Die Russen, die eine Weile weggeblieben waren, sind wieder da, vor allem die Intelligenzija aus Moskau und Petersburg, die Heimweh hat nach dem Baltikum. Nidden ist überschaubar und klein, und alle Probleme sind so, daß sie sich lösen lassen. Man kann hier einem litauischen Ex-Premier beim Klavierspiel zuhören, einem ehemaligen Moskauer Bürgermeister im Bernsteinladen begegnen oder sich mit Ex-Königsbergern über ihre jüngsten Eindrücke unterhalten. An den Kiosken gibt es Ansichtskarten von der Großen Düne. Das Farbphoto hat die Schwarzweißaufnahme abgelöst. Es gibt nun eine Gegenwart, die auf die Vergangenheit gefolgt ist, und eine Anschauung, die sich über die Erinnerung legt. Aus der Kurischen Nehrung, diesem Ort der deutschen Seele, ist ein Feriengebiet geworden – fast so schön und fast so fremd wie die Sahara. Aber eine Reise wie jede andere wird daraus noch lange nicht.

(Sommer 1998)

239

Breslau oder: Vom Zauber der Bürgerlichkeit

Breslau war eine Stadt, wie sie im Buche steht. Eine Bilderbuchstadt. Es hat mit der Geschichte der Stadt selber zu tun, daß Bilder eine so große Rolle spielen. Städte, die untergegangen sind, sind wenigstens im Bild gerettet, und die Stadt, die wiederauferstanden ist, bleibt immer bezogen auf jene davor. Wer sich für Breslau interessiert, kommt in den Buchhandlungen am Ring auf seine Kosten. Auch Reisende, die die umfangreiche Breslau- und Schlesien-Literatur schon kennen, finden Neues. Ein Bildband zeigt Photos aus der Wende vom 19. zum 20. Jahrhundert, das kleine Album »Stary Wrocław« zeigt die bekanntesten Breslau-Motive aus Dr. Trenklers Ansichtskartenserie. Die Geschichte des gegenüberliegenden Rathauses wird in einer schönen Monographie knapp abgehandelt. Ein anderer Band, herausgegeben vom Stadtmuseum, ist der Schweidnitzer Straße, dem Inbegriff Breslauer Eleganz, gewidmet. Kein Breslau-Besucher kommt ohne den Photoband »Zerstörung einer Stadt. Breslau 1945« aus, mit den Aufnahmen, die Krystyna Gorazdowska und Henryk Makarewicz im Frühjahr 1945 gemacht haben. Aus dem Innern der »Festung Breslau« berichtet das Tagebuch des Pfarrers Paul Peikert. Maciej Lagiewskis Buch »Breslauer Juden 1850-1944« und eine Broschüre über den Jüdischen Friedhof in der Lohsestraße machen auf einen lange vergessenen Abschnitt der Breslauer Geschichte aufmerksam. Die Freunde des Ossolineums haben einen weiteren Band ihres Breslauer Jahrbuches vorgelegt mit interessanten Erinnerungen eines polnischen Konsulatsbeamten aus dem Breslau der 30er Jahre, aber auch Analysen zur gegenwärtigen Umweltsituation der Stadt. Vom neuen Interesse für den Breslauer Städtebau vor 1945 zeugt ein vom Polytechnikum herausgegebener Band. Zur Universität gibt es mehrere Publikationen – einen Bildband über die prachtvolle Aula Leopoldina und eine wissenschaftliche Monographie zum Prozeß der Stalinisierung in den Jahren zwischen 1950 und 1955. Janusz L. Dobesz geht in seinem Band »Zeit und Architektur« der in tausend Jahren geformten Gestalt Breslaus nach. Der Bürgermeister hat ein Vorwort dazu beigesteuert, in dem es heißt:

»Die Stadt befindet sich in einer Periode ständiger Selbsterkenntnis und dynamischer Planung der Zukunft. Früher einmal Gewesenes zu ergründen, ist als eine unverzichtbare Voraussetzung dafür anzusehen, neue Perspektiven erfolgreich zu entwickeln.« Und in jeder Buchhandlung gibt es Stadtpläne, polnische und zweisprachige, die unverzichtbaren Orientierungsmittel für die Wanderung durch die Zeiten.

Das ist kein Literaturbericht, sondern registriert nur, was jeder Rundgang durch Buchhandlungen lehrt: Buchhandlungen sind Seismographen. In diesem Falle sagen sie nicht nur etwas über das geschäftliche Interesse an den vielen Touristen, sondern über ein neues Interesse für die eigene Stadt und deren Vorgeschichte. In dem Büchlein »Bresław. Essays über Örter«, das ebenfalls in den Regalen steht, nennt Andrej Zawada Wrocław einen »Ort, dem das Gedächtnis amputiert« worden sei. Er will über den Bruch zwischen deutscher Vergangenheit und polnischer Gegenwart hinaus. Zu Wrocławs Vorgängern rechnet er Angelus Silesius ebenso wie Dietrich Bonhoeffer, Max Born ebenso wie den Schriftsteller Karl von Holtei oder Samuel Bandtke, den Direktor des Heilig-Geist-Gymnasiums. Er findet sogar einen Namen, der die Dichotomie Breslau/Wrocław auflösen soll: Bresław. Und er schließt mit dem Satz: »Sind wir doch alle von hier. Polen, Deutsche, Tschechen, Juden. Alle Schlesier. Alle Wrocławer. Cives Wratislavienses«. Er tut, was man tut, wenn das eigene Idiom zu eng wird. Er bedient sich der Sprache des vornationalen Europa, die in Europa, das den Nationalismus hinter sich gebracht haben will, die angemessenste ist. Aber der Cives Wratislaviensis ist nicht ein semantischer Trick, sondern eine andere Perspektive. Er interessiert sich für das, was gewöhnlich auf der Strecke bleibt, wenn man in den Kategorien des Entweder/Oder denkt. Er löst die Konfrontation auf, die allein schon in der Opposition von Breslau/Wrocław zu liegen scheint, und öffnet den Blick auf ein Drittes – die Stadt und die Schicksale der Zivilgesellschaft im Mitteleuropa des 20. Jahrhunderts.

Bilder vom Goldenen Zeitalter

Breslau-Reisende haben ihre Stadt schon im Kopf, noch bevor sie angekommen sind. Sie sind im Besitz einer Art von Geheimwissen, das nur haben kann, wer die Stadt von früher kannte. Wer nicht dazugehört, kann da kaum mitreden und bleibt für immer ausgeschlossen. In dieser Bilderflut spielen die in der ganzen Welt bekannten Sehens-

würdigkeiten eine zentrale Rolle: das gotische Rathaus, die Barockhäuser am Ring, die Dom-Insel, die Universität und die Jahrhunderthalle. Sie verkörpern die Geschichte Breslaus, die mit den schlesischen
Piasten, dem Königreich Böhmen, den Habsburgern, den Hohenzollern und dem Deutschen Reich verbunden war, und die ihr Gesicht
aus dem Zusammenspiel all dieser Einflüsse gewonnen hat. Aber noch
mehr haben diese Bilder mit Lebensgeschichten zu tun. Sie sind die
dokumentarisch beglaubigten Anhaltspunkte dafür, »daß es so war«.
Das Bild der Stadt wird zur Folie, in die jeder seine eigene Stadt ein-
trägt. Das sieht für jeden anders aus, und zusammengenommen ergibt
es die »Breslauer Welt davor«. Das ist die »unvergeßliche Winternacht,
in der mich mein katholischer Vater in den Dom führte«. Das ist der
Kostümball im großen Klostersaal der Ursulinerinnen, der »mehr-
stöckige Porzellanladen von Knittel, wo man noch bis Weihnachten
1944 hübsche Geschenkartikel bekam«; das Papiergeschäft Kallenbach,
»in dem Fräulein Demmich mit ihren schönen blonden Haarschnek-
ken« residierte, die Buchhandlung Trewendt & Granier, die Pferde der
Bier- und Kohlenwagenzieher, die auf den vereisten Straßen ausglitten, die »Todesbahn« in der Nähe der Hobrechteiche, die Eisfläche auf
dem Schillerteich, die Aufführung von Beethovens neunter Sympho-
nie in der Jahrhunderthalle. Das ist die Schwerinstraße 64, in der noch
kein Autoverkehr das Ballspiel störte; der Hauptbahnhof im Tudorstil,
den die Kinder »Ritterburg« nannten, der Teich am Südpark und die
HNO-Abteilung des Israelitischen Krankenhauses. Das ist das Breslau,
das markiert ist durch die Emailtafel »Nur für Herrschaften, Betteln
und Hausieren verboten«. Das Breslau der genauen, aber nicht mehr
seienden Adressen, die Günther Anders bei seinem Besuch 1966 auf-
sucht: Brandenburgische Straße 54, Hohenzollernstraße 20 und Höf-
chenstraße 101, 4. Stock. Im roten Klinkerbau des Johanneums in der
Paradiesstraße laufen die Erinnerungen derer zusammen, die dort einmal Gymnasiasten gewesen waren: Günther Anders, Norbert Elias,
Walter Laqueur. Auf den »Exkursionen nach Hause« und auf der Suche
nach der verlorenen Zeit wird der »Tausendundeinenacht-Glanz der
Breslauer Zeit« beschworen, der Straußenfederhut und der Sonnen-
schirm der Mutter, der Junge im Matrosenanzug, aber auch das Breslau
der schnellen Vorortzüge, die einen am Wochenende nach Krummhübel und auf den Zobten bringen. Dazu gehören die Promenaden
und die Holteihöhe, die »ohne Musik gar nicht möglich war« und
deren Sockel im Endkampf 1945 zum Befehlsstand auserkoren wird.
Plötzlich sind die Reklameschilder wieder präsent, die sich in der

Schweidnitzer Straße übereinanderschieben: Verlagshaus Korn, Konditorei C. Miksch, Schlesische Zeitung und all die Geschäfte und Kaufhäuser von Sachs, Schottländer, Bielschowsky und Wertheim.

Andere Bilder folgen: die eingeschlagenen Scheiben bei Wertheim, der Berufsverbrecher Edmund Heines, nun Herr der Breslauer Polizei, mit der Sammelbüchse für das Winterhilfswerk unterwegs, der Sozialdemokrat Paul Löbe bei seiner Einlieferung ins KZ Breslau-Dürrgoy, Adolf Hitler bei seiner Fahrt durch die Albrechtstraße anläßlich der Übergabe des 1000. Kilometers Reichsautobahn, die Rauchsäule über der Neuen Synagoge im November 1938. Auf einem unscharfen Bild sehen wir Breslauer Juden in einem Gartenlokal am Schießwerder, wie sie sich bereitmachen für den Transport nach Kowno. Und wieder andere Bilder zeigen die Stadt, als alles vorüber ist: eine Stadt in Ruinen und Menschen auf der Flucht.

Gemessen an dem, was geschah, war alles »davor« tatsächlich »heile Welt«. Die Erinnerungen kreisen wie selbstverständlich immer um dieselben Punkte. Es ist die Topographie einer bürgerlichen Welt, die sich selbst vielleicht zu sicher war. Sie scheint bevölkert vom Menschenschlag aus Gustav Freytags »Soll und Haben«. Die Routinen verlaufen zwischen großen Festtagen, wenn der Kaiser zu Besuch kommt zum 100. Jahrestag des in Breslau 1813 ergangenen »Aufrufs an mein Volk«; und der größte Skandal ist, wenn der Kaiser es ablehnt, der Aufführung eines zu diesem Anlaß verfaßten Dramas von Gerhart Hauptmann in der neueröffneten Jahrhunderthalle beizuwohnen. Seine tüchtigsten Bürger sind die, die glauben, ihnen könne nichts passieren, weil es ein Recht gibt, das über allen steht. Dort konnte sich ausbilden, was Norbert Elias das »Hintergrundgefühl von großer Sicherheit« nannte. Die Heimat eines bürgerliches Urvertrauens. Auch wenn Verklärung und Romantik im Spiele sind, die Erinnerungen an Breslau handeln über weite Strecken immer von demselben Gegenstand: von einem bürgerlichen Leben, das keine Utopie war, und von einem Trauma, das man davonträgt, wenn sich alle Sicherungen als hinfällig erwiesen haben.

Breslauer Moderne

Der Charme der Stadt muß in der Selbstverständlichkeit bestanden haben, mit der die Institutionen des zivilen Lebens funktionierten. Auch die Breslauer Geschichte hatte ihre Brüche: die Invasion der Mongolenheere, die Verheerungen des Dreißigjährigen Krieges und der Schlesischen Kriege, die Revolten gegen das Patriziat und die Kämpfe der Reformationszeit. Aber dominant schien immer das Weiterbauen, Ergänzen, Zusammenfügen, Erweitern. Breslaus Macht bestand nie in militärischer Macht, sondern in der zivilsten aller Tätigkeiten, die sich denken lassen: in Handel, Verkehr und Industrie. Sein Privileg lag in der Lage am Strom und im Schnittpunkt der großen Handelswege von West nach Ost und von Süden nach Norden. Man ahnt etwas vom Glück einer Stadt, die Metropole einer großen und reichen Provinz, aber nicht provinziell war. In der Stadt ging es bürgerlich zu, aber sie hatte auch noch etwas übrig für höhere Dinge. Sie hatte eine große Vergangenheit, aber sie blieb darin nicht stecken, sondern entwickelte sich weiter. Sie hatte große Pläne, war aber skeptisch gegen allzu Großes oder gar Größenwahnsinniges. Sie lag an der Peripherie des Reiches und immer im Sog von Berlin, aber dafür war es nicht weit nach Prag, Wien, Berlin, Krakau. Die Stadt hatte einen Grundriß, dessen Gitter von den Lokatoren im 13. Jahrhundert so großzügig kalkuliert war, daß es Verdichtung und Wachstum für weitere 800 Jahre ermöglichte. Es gab preußische Kasernen in der Stadt, aber es war keine Kasernenstadt. Sie stand nie im Schatten einer Burg oder eines Schlosses. Das Schloß, das Friedrich der Große bewohnte, wenn er in der Stadt weilte, ist ein altes Adelspalais, bescheiden erweitert. Breslau hatte in der Umgebung keine Residenzen oder königlichen Paradiese, wohl aber Kurorte und Sommerfrischen, die leicht mit dem Vorortzug erreichbar waren. Sein Zentrum ist der Ring: Handelsplatz, Versammlungsort und Festsaal der Stadt in einem. Die Verkörperung bürgerlicher Tradition ist ein Rathaus, dem jede Generation etwas Neues hinzufügt. Aus der Niederlegung der Bastionen nach 1807 gewinnt es die unvergleichlichen Promenaden. Neben die gotischen Kathedralen stellt es die Kathedralen des 19. Jahrhunderts, Bahnhöfe und Markthallen. Die Türme, die es errichtet, sind Wassertürme, und das monumentalste Bauwerk, das die Stadt im 19. Jahrhundert sich errichtet, dient der Verbesserung des Lebensstandards der Bevölkerung – das Wasserhebewerk am Lehmdamm.

Breslau bringt mühelos die Üppigkeit des Barock und die Anmut des Klassizismus zusammen. An manchen Stellen zweifelt man, ob man gerade in Wien oder in Berlin ist. Sie ruht sich nicht auf dem Erbe aus, sondern geht mit der Zeit. So bringt sie die Oder zwischen der Dominsel und der Universität in ein kunstvolles System von Wehren, Dämmen und Kanälen und errichtet ein Kraftwerk im Stil der neuen Sachlichkeit. Und selbst dort, wo Breslau am ältesten, ehrwürdigsten ist – am Ring –, selbst da hält es immer Schritt mit der Zeit und läßt zwischen den Barockhäusern Raum für die Jugendstilfassade des Kaufhauses Barrasch, Ernst Radings elegante Bauhausfassade der Mohrenapotheke und ein achtstöckiges Bürohaus von 1929. Jeder Bau hat einen profanen Zweck, aber man verzichtet nie darauf, ihm eine gediegene Form zu geben. Und das war in Breslau der Jahrhundertwende mehr als anderswo fast immer Neorenaissance, Neogotik oder Neoromanik.

Eine neue große Anstrengung unternahm Breslau nach dem Ersten Weltkrieg, als es durch Zuwanderung aus den verlorenen Ostgebieten zur bevölkerungsdichtesten Stadt des Reiches geworden war. Neben Berlin und Düsseldorf werden im Wettbewerb um Groß-Breslau alle Probleme des modernen Städtebaus neu durchdacht: Wie schafft man eine leistungsfähige City, ohne das historische Zentrum zu beschädigen? Wie löst man auf anspruchsvolle Weise das Wohnungsproblem? Wie bringt man Stadt- und Regionalentwicklung in Einklang? Breslau fand die Baumeister, die es dazu brauchte, und die Baumeister fanden eine Stadt, an der sie ihr Talent erproben konnten.

Die »Breslauer Moderne« (Beate Störtkuhl) hat die Stadt nicht weniger geprägt als Gotik und Barock, aber sie ist einem Schlesienbild, das mehr von Rübezahl geprägt ist, nicht präsent. In kaum einer anderen Stadt ist die Moderne so glänzend und kompakt vertreten wie in Breslau. Sie dokumentiert Breslaus Übergang zur modernen Großstadt. Die neuen Bautechniken und feuerfesten Materialien haben dafür gesorgt, daß sie weit besser durch die Bombennächte gekommen sind als Renaissance- und Barockhäuser. Man spürt das Großstädtische schon bei der Einfahrt des Zuges in Wrocław-Glowny. Eisenbahnbrücken, Tunnel, Gleisdreieck-Situation, Landschaft aus Eisen. Am Horizont die eindrucksvollen Bauten der Großstadt: Gasometer, Wassertürme, Brücken, Hafenanlagen. Überall wurde im großen Stil geplant und im großen Stil gebaut. Die Technische Hochschule und die Universitätskliniken bilden mit anderen Einrichtungen fast eine eigene Wissenschaftsstadt. Anderswo sind es imposante Schulgebäude oder die Eisenbahn-Verwaltung. Am Odertor-Bahnhof fühlt man sich an die dichte Bebauung der Mietskasernenstadt Berlin erinnert. Ein anderes Zentrum dieses »Museums der Moderne« liegt auf dem Messegelände mit der von Max Berg konzipierten Jahrhunderthalle und in den Gartenstadtsiedlungen am Scheitniger Park. Nur wenige Gebäude der Welt erzeugen einen solchen Raumeindruck wie dieser gewaltige, auf vier Pfeilern ruhende Kuppelbau mit seiner das Pantheon übertreffenden Spannweite. Die Pavillons und die Pergola auf dem anschließenden Messegelände stammen von Hans Poelzig. Ganz in der Nähe kann man ein Hotel besichtigen, das der junge Hans Scharoun in den 20er Jahren als Ledigenheim entworfen hatte, und das heute vorbildlich renoviert ist: ein weißer, elegant geschwungener Bau, der an die Formen eines Ozeandampfers erinnert. Darüber hinaus hat Breslau mehrere für die 20er Jahre charakteristische Wohnsiedlungen. Ein anderes Zentrum der Breslauer Moderne bilden die Büro- und Geschäftshäuser in der Innenstadt. Zusammen mit den Siedlungen haben sie Breslau zeitweilig zu einem Mekka moderner Architekten gemacht. Zu bewundern sind auch heute noch: Hans Poelzigs Geschäftshaus am Kommendweg von 1910 bis 1912, Erich Mendelsohns Kaufhaus Petersdorff und Herman Dernburgs Kaufhaus Wertheim am früheren Tauenzien-Platz. Die Pläne für »Groß-Breslau« sind zwar nicht realisiert worden, aber die Wettbewerbsentwürfe von 1921 sagen doch etwas über die kühnen Erwartungen, die man mit der Zukunft der Stadt verband. So verschieden die Vorschläge auch waren – Ernst Mays Plan der Trabantenstädte, ein Wolkenkratzer auf dem Schießwerder, ein Turmhochhaus sogar am Ring –, über allem schien der Geist Max Bergs, des langjährigen Stadtbaumeisters von Breslau, zu schweben: »daß die gut gebaute Stadt ihre Bewohner zu edleren Menschen werden läßt«. Der Planungszeitraum, der dem Wettbewerb für Groß-Breslau von 1921 zugrunde gelegen hatte, ging bis 1950.

Stadt als Festung: Selbstzerstörung

Städte sind das Resultat der Arbeit von Generationen, ihre Zerstörung ist die Sache einer historischen Sekunde. Und doch ging Breslau nicht erst in den Tagen der »Festung Breslau« zugrunde. Die Zerstörung der zivilen Lebensformen und ihre Regeneration ist nicht identisch mit der physischen Ruinierung der Stadt und dem bloßen Wiederaufbau von Gebäuden. Gesellschaftliche Formen haben ihre eigene Verfalls- und Bildungszeit. So verhält es sich auch mit Breslau.

Die Auflösung der Stadt beginnt, als die Scheiben in den Geschäften am Ring und auf der Schweidnitzer Straße klirren, ohne daß die Polizei einschreitet. Aus Breslaus jüdischen Bürgern werden Bürger zweiter Klasse, die Straße für Straße, Wohnung für Wohnung »ausgesiedelt« und am Ende deportiert werden. Die drittgrößte jüdische Gemeinde des Deutschen Reiches ist zerstört, bevor die Stadt selbst zerstört wird. Aus dem »Dreigestirn der wissenschaftlichen Zentren« (Norbert Conrads), die den Rang Breslaus als Wissenschaftsstadt begründet hatten, verschwindet das altehrwürdige Rabbinerseminar, das Heinrich Graetz gegründet hatte. Breslau kappte die zivilen Verbindungen und stellte sich auf militärische ein. Breslau, das Max Berg einmal als zentralen Messeplatz und Drehscheibe zwischen West- und Osteuropa gedacht hatte, bereitet sich auf seine neue Rolle als »geistiges Ausfalltor« und »Vorburg des deutschen Ostens« vor. Am Osteuropa-Institut beschäftigen sich Gelehrte wie Seraphim und Aubin mit der Neuvermessung des »Ostraums« entlang der »Volksbodengrenze« und liefern Studien zur »Lösung der Judenfrage in Osteuropa«. Irgendwie geht das Leben weiter, mit dem Sammeln von Zigarettenbildchen und dem Wochenende in Krummhübel. Aber in der Nähe gibt es auch Groß-Rosen. Die Machthaber haben große Pläne: den Abriß des Langhansschen Stadttheaters, die Schweidnitzer Straße als Paradestraße und den Schloßplatz als Gauforum. Bevor die Embleme der deutschen Stadt getilgt werden, tilgen die Vorkämpfer des »deutschen Geistes« die alten Embleme der Stadt in den Rosetten im Rathaus oder die Majolikakacheln im Pokoyhof, die Juden der friderizianischen Zeit zeigen. Die ersten Breslauer werden 1933 vertrieben, die letzten 1948. Doch dazwischen war die Stadt erst einmal Zufluchtsort für Flüchtlinge geworden. Nie war Breslau menschenreicher als im Sommer 1944, als Schlesien zum »Bombenkeller des Reiches« geworden war. Eine Million Menschen lebten in der Stadt, die vor dem Krieg an die 600 000 Einwohner hatte. Aber sie ist keine Stadt mehr, sondern eine »Festung«. Dort haben nicht Bürgermeister etwas zu sagen, sondern ein Gauleiter und subalterne Generäle. Am 28. Januar 1945 wird Dr. Spielhagen, der Bürgermeister der Stadt, vor dem Rathaus, das Nazi-Ideologen immer als das »deutscheste aller deutschen« gepriesen hatten, wegen »Defaitismus« hingerichtet. Verräter ist nun, wer der Stadt wenigstens im letzten Augenblick die Treue hält.

Die Schlacht um die »Festung Breslau« dauert 80 Tage. Breslau kapitulierte erst vier Tage nachdem Berlin gefallen war. Bis zuletzt hatte sich Gauleiter Hanke der Evakuierung der Hunderttausenden von der Einschließung Bedrohten, vor allem Frauen, Kinder und ältere Menschen, widersetzt. Als der Räumungsbefehl am 19. Januar doch noch kam, war es zu spät. Für Zehntausende brachte der Treck den Tod und für die rund 200 000 in der Festung Eingeschlossenen das Inferno. Die Verteidigung der seit dem 16. Februar eingeschlossenen Stadt war längst sinnlos geworden. Das Festungs-Tagebuch des Pfarrers der St.-Mauritius-Gemeinde und die aufgefundenen Kommandeursbefehle sind glaubhafter als die nach dem Krieg erschienenen Rechtfertigungen der militärischen Befehlshaber. Im Feuersturm der Ostertage sinken die Dominsel und die Altstadt in sich zusammen. Die Vororte im Süden sind längst Frontgebiet, der Kampf geht um Kreuzungen, Friedhöfe, Brükken. Die Bevölkerung wird nun innerhalb der Stadt zwangsevakuiert – vom Norden nach Süden und von dort in die Stadtmitte. Das Leben ist zusammengebrochen, aber die Militärmaschine läuft weiter: Suchmeldungen, detaillierte Anordnungen –»Pferde dürfen nicht mehr im Trab fahren, es ist unverantwortlich bei der derzeitigen Futterlage« –, Ordensverleihungen, Feiern zum Geburtstag des Führers, Appelle zur Aufrechterhaltung von Sitte und Anstand, standrechtliche Erschießungen von»Drückebergern«. Aber die Festungskommandanten gehen noch weiter: Sie zerstören die Stadt, soweit sie nicht schon zerstört ist, selber. Eine ganze Stadt als Geisel in der Hand von Selbstmördern. Der Befehlsstand wird in den Keller der Universitätsbibliothek auf der Sandinsel mit ihren unersetzlichen Schätzen verlegt. Ganze Straßenzüge werden zum Sperrgebiet erklärt, das Gründerzeitviertel an der Kaiserstraße wird zum Abriß freigegeben – zur Schaffung einer Landebahn.»Brandkommandos« aus Soldaten und Zivilisten werden gezwungen, Haus für Haus unbrauchbar zu machen, das Inventar auf die Straße zu stürzen und die Wohnungen in Brand zu stecken. Die Verteidiger brauchen freies Schußfeld, also sprengt man den Turm auf der Liebichhöhe, das Museum für Kunstgewerbe und Altertümer und das Hatzfeldsche Palais.»Abgebrannte Erde« nennt dieses Verfahren Pfarrer Peikert in seiner Festungschronik. Die Stadt hat keine anderen Fürsprecher mehr als die Geistlichen und die Frauen, die in Zimpel mit weißen Fahnen vor Parteilokalen und Militärunterkünften die Kapitulation fordern, obwohl sie wissen, daß sie den Siegern auf Gedeih und Verderb ausgeliefert sein werden. Gauleiter Hanke verläßt indessen per Flugzeug die Stadt. Seine Fieseler Storch ist das einzige Flugzeug, das von der Startbahn, zu deren Errichtung er ein ganzes Stadtviertel hatte niederlegen lassen, je aufgestiegen war.

Wiedererrichtung der Civitas Wratislaviensis

Aus Breslau wurde Wrocław. Am 1. Juli 1945 übernahm die polnische Verwaltung die Kontrolle über die Stadt. Polens Osten war sowjetisch geworden und Deutschland jenseits von Oder und Neiße polnisch bzw. sowjetisch. Niemand konnte sich damals so recht vorstellen, daß dies eine Entscheidung von Dauer sein würde. Selbst in einem Europa, das Hitlers »Flurbereinigung der ethnischen Landkarte« kennengelernt hatte, schien die Entscheidung des Artikels XIII. des Potsdamer Abkommens – die kollektive Umsiedlung der Deutschen – ganz unerhört und kaum vorstellbar. So erging es nicht nur den Deutschen, die noch in Breslau lebten oder nach Ende der Kriegshandlungen dorthin zurückgekehrt waren, sondern auch vielen Polen, die aus Lemberg und Wilna vertrieben und in Breslau angesiedelt worden waren. Breslau war für die Flüchtlinge aus dem Osten eine fremde Stadt und in ihren Augen kaum ein Ersatz für Lemberg und Wilna. Fremd waren die evangelischen Kirchen, die Straßennamen, die Stempel auf den Kanaldeckeln und das W und K an den Wasserkränen in den heil gebliebenen Wohnungen, wie Włodymierz Kalicki in seinem glänzenden Essay in der »Gazeta Wyborcza« gezeigt hat. Es war kaum ein Geschenk, sondern eher eine Kompensation für das gewaltsam westwärts verschobene Land.

Die Situation zwischen 1945 und 1948 war die einer geteilten, einer Doppelstadt, einer Kohabitation wider Willen inmitten der Ruinen: Obdachlose aus den dem Erdboden gleichgemachten Städten Großpolens, Zwangsarbeiter und D. P.s auf dem Weg zurück ins Leben, Repatrianten aus der polnischen Emigration, Heimatvertriebene aus dem sowjetisch gewordenen polnischen Osten trafen auf eine einheimische Bevölkerung, die vermutlich nur noch deshalb noch nicht vertrieben wurde, weil sie noch gebraucht wurde: für die Aufrechterhaltung der Infrastruktur, für die Ingangsetzung der Maschinerie der Großstadt, Bürger zweiter Klasse, mit Armbinden kenntlich gemacht und aus der Wohnung geworfen, die von anderen mit Beschlag belegt worden war. So räumten sie den Schutt weg, setzten die Straßenbahnen, die Wasser- und Stromversorgung wieder in Gang und retteten sich so gut es ging mit dem Verkauf ihrer letzten Habseligkeiten auf dem Schwarzmarkt. Bis der Tag der Ausweisung kam, an dem die Breslauer ihre Stadt verloren und Wrocław sich um seine Bürger deutscher Herkunft brachte.

Der Haß auf alles Deutsche, der so verständlich war, war blind und traf selten die, die ihn verdienten. Man erfand eine Geschichte, in der es Breslau als deutsche Stadt nicht gegeben hatte, und rechnete mit der als deutsch geltenden Neogotik ab, wo es doch um die Verbrechen des Nationalsozialismus ging. Man tilgte deutsche Namen und Hausinschriften oder verwehrte Juden, die nach Breslau zurückgekehrt waren, den Zutritt, weil sie Breslauer gewesen waren. Man ebnete Friedhöfe ein, die für die Entfesselung deutscher Gewalt keine Verantwortung trugen, oder verbot den Namen der Stadt selbst da, wo es um Quellenzitate ging. Die ganze Frühgeschichte Wrocławs ist beherrscht von einem Wiederaufbau, der zugleich semantische Umcodierung des gesamten Stadttextes ist. Vermutlich war ein Neubeginn ohne die Unterstützung eines ideologischen Mythos wie der von den »wiedergewonnenen Gebieten« auch nicht möglich.

Aber in Wahrheit war es nicht diese oder eine andere ideologische Konstruktion, die die Wiedererrichtung der Stadt in Gang setzte, sondern die einzigartige Fähigkeit der Menschen, von der Max Frisch sprach, der 1948 zum Internationalen Friedenskongreß der Intellektuellen nach Breslau gekommen war und auch die Ausstellung über die »wiedergewonnenen Gebiete« gesehen hatte. Er wußte als Architekt, der er auch war, wie es um das zerstörte Breslau stand. Aber er war überzeugt, daß die Stadt sich aus der Asche wieder erheben würde. »Hinter allem, was der menschliche Scharfsinn plant und erstellt oder zerstört, steht etwas Übermächtig-Blindes, das vor keiner Zerstörung erschrickt, ein fragloses Lebenwollen, das keine Rechtfertigung braucht, das aus sich selber blüht. Es gehört zum Erlebnis fremder Städte, daß die Vielzahl der Menschen, die man nicht kennt, plötzlich wie ein einziges Lebewesen erscheint, das einzelne Tode verwunden können, aber nicht töten, immer wieder wachsen ihm die Städte, es ersetzt sich die Kruste, wo immer sie zerstört ist, und das Lebenwollen findet sich ab, wie immer es aussieht ringsum, es richtet sich ein, es beginnt abermals mit Brücken, Schiffen, Kranen ...« Aus der Ansammlung von Menschen, die aus dem ausgepowerten Land hier zusammenströmten, wurde wieder eine Stadt, eine besonders dynamische sogar. Da es keine Vergangenheit gab, lebte man um so mehr in der Gegenwart und für die Zukunft. Es gab kein städtisches Establishment, das dem Aufstieg der vielen Immigranten vom Lande im Wege stand. Die hohen Standards im geistigen und kulturellen Leben wurden garantiert von einer Intelligenz, die die Lemberger Schule durchlaufen hatte. »Breslau brodelte«, schreibt Kalicki über das ganz Polen stimulierende Breslau in den späten 50er und 60er Jahren, für das der Regisseur Jerzy Grotowski steht. Der Sozialismus war der Entfaltung der Stadtgesellschaft gelinde gesagt nicht förderlich: er hatte es mehr mit dem zentralen Plan als mit selbständiger Initiative, mehr mit der Schwerindustrie als mit Handel und Verkehr, mehr mit dem Neubau von Trabantenstädten als mit dem Zentrum, das zum Museum wurde. Eine Wende konnte nur eine Gesellschaft herbeiführen, die sich nicht mehr als Objekt staatlicher Gängelung verstand, sondern als selbständiges Subjekt agierte. Es wuchs heran in Schüben und unter Rückschlägen. Seine Wachstumsdaten fallen zusammen mit den befreienden Tagen des polnischen Oktober 1956, mit den Unruhen an den Universitäten 1968 und dem endlich geglückten Brückenschlag von Intelligenz und Arbeiterschaft in den 70er Jahren. Was als Gegengesellschaft und Untergrund begonnen hatte, trat mit Solidarność an die Oberfläche und veränderte ein ganzes Land und das Gesicht der Stadt. Die Neubegründung Breslaus aus dem Geist der Bürgergesellschaft ist nicht weniger wichtig als der Wiederaufbau der zerstörten Stadt. Sie ist fast so etwas wie ein zweiter Gründungsakt.

Diese Stadt lebt aus eigener Kraft und bedarf keiner Mythen mehr. Sie fühlt sich nicht verunsichert durch die geschichtliche Tatsache, daß Wrocław einmal Breslau war, denn sie hat ihre eigene Geschichte, die keiner Legitimation bedarf. Sie hat nicht nur eine Vergangenheit, sondern mehrere. Sie denunziert nicht die Erinnerung, sondern erschließt sie für sich selbst. Sie stellt die zweisprachigen Stadtpläne zur Verfügung, die die Archäologen Breslaus in das Wrocław der Gegenwart führen. Wie selbstverständlich nimmt sie das Breslauer Stadtwappen wieder für sich in Anspruch, das zweimal in diesem Jahrhundert – 1938 und 1948 – aus dem Verkehr gezogen worden war. Es nutzt nach dem Fall des Eisernen Vorhangs erneut den Vorteil seiner Lage im Schnittpunkt Mitteleuropas. Zu seiner neuen Weltläufigkeit gehört jetzt auch ein internationaler Flughafen. In seinen postmodernen Bauten nimmt es Kontakt auf mit der Moderne, die des »davor« gab. Die Stadt organisiert Wettbewerbe um die schönsten »Plomben« – so werden in Wrocław die vom Krieg gerissenen Baulücken und Brachflächen genannt – und fügt so Stück um Stück die alte und die neue Stadt zusammen. Derzeit wird überall hektisch renoviert. Der Ring ist eine einzige Baustelle. Der Papstbesuch steht bevor. Doch in Wahrheit ist dies nur eine List der Geschichte für den großen Auftritt Breslaus *urbi et orbi*.

(1997)

Oder, Strom zwischen den Zeiten

Von der Oder als Grenzfluß, der Europa trennt, zur Oder als einem Strom, der nach Europa führt, ist es noch weit. Nicht einmal das »Jahrhunderthochwasser« von 1997 hat am Bild der Oder als des Flusses im fernsten Osten etwas ändern können. Über Nacht war damals die Oder ins Zentrum der Aufmerksamkeit gerückt. Deiche waren zur Kulisse für die allabendliche Berichterstattung geworden. So erfuhr die Nation gewissermaßen nebenher, daß es einen Fluß im Osten der Republik gab, der Oder hieß, daß dieser weit oben in der Mährischen Pforte entsprang und auf seinem Lauf polnische Städte unter Wasser gesetzt hatte, die die Älteren noch unter ihrem deutschen Namen kannten: Ratibor, Oppeln, Breslau. So viel durch Unglück erzeugte Prominenz konnte den Eindruck erwecken, als habe die Oder ihren Platz auf der inneren Landkarte der Deutschen endlich gefunden. Für einen Augenblick war die Oder zum mitteleuropäischen Dreiländerstrom geworden, und für einen Augenblick schien es so, als sei nun klar, daß Europa kurz hinter Berlin nicht zu Ende ist, sondern nur übergeht in ein anderes.

Wer heute bei Frankfurt auf die Oder blickt, hat Mühe, sich vorzustellen, was Fontane noch in seinen »Wanderungen« notiert hatte: »das Ganze mehr oder weniger an den Kölner Quai zwischen der Schiffbrücke und der Eisenbahnbrücke erinnernd«. Über die lebhafte Bewegung auf dem Strom hatte er geschrieben: »Zwischen Frankfurt und Stettin ist während der Sommermonate ein ziemlich reger Dampfschiffverkehr. Schleppschiffe und Passagierboote gehen auf und ab, und die Rauchsäulen der Schlote ziehen ihren Schattenstrich über die Segel der Oderkähne hin, die oft in ganzen Geschwadern diese Fahrt machen.« Heute ist der Strom als Verkehrsachse stillgelegt. Manchmal vergehen Tage, da kommt nicht ein Schleppkahn vorbei. Der Verkehr geht über den Fluß hinweg. Er folgt den Urstromtälern, die in Ost-West-Richtung verlaufen. Er staut sich auf der Autobahnbrücke, über die ohne Unterbrechung Lkw-Konvois ins östliche Europa rollen, und auf der Stadtbrücke, die den kleinen Grenzverkehr zu den Basaren und

Tankstellen auf der polnischen Seite aufnimmt. Die Eisenbahn, schon im 19. Jahrhundert der hoffnungslos überlegene Rivale des Schiffsverkehrs, verläuft überall parallel zum Strom, wenn auch in großem Abstand. Aber der Strom selbst ist Niemandsland des Verkehrs. Der Passagierverkehr kommt nur mühsam wieder in Gang, die Schlepper, die Sand aus Westpolen auf die Berliner Baustellen bringen, gehen über den Kanal bei Hohenfinow oder Fürstenberg.

An der Oder laufen immer noch viele Straßen ins Aus. Stümpfe gesprengter Brücken ragen noch immer aus dem Wasser und den Uferböschungen. Die Oder war 1945 zur Demarkationslinie geworden, die Städte und Landschaften teilte. Die Natur kehrte an den Strom zurück, von dem sie durch Arbeit und Industrie in Jahrhunderten verdrängt worden war. So gleitet heute der Dampfer, der selten genug gechartert wird, durch eine Landschaft, die es sonst nur noch im östlichen Europa gibt, an der Weichsel, an der Memel – oder am Amazonas. Reiher, Kraniche, Seeadler und anderes seltenes Getier tummeln sich in trauter Nähe. Aber wir haben vor uns nicht »reine Natur«. Das Paradies ist neueren Datums. Voraussetzung der neuen Wildnis war die Verödung durch geschichtliche Katastrophen. Der Vormarsch der Natur folgte dem Rückzug der Menschen. Die Auen expandierten in die von den Menschen geräumten Gebiete. Aus dem Wirtschaftsraum von einst wurde die Domäne von Ökologen und Ornithologen.

Einst schwerbewachte »Friedensgrenze«

Die Oder ist heute ein Gewässer am Kartenrand, auf deutschen Karten nicht anders als auf polnischen oder tschechischen. Rein kartographisch haben wir es fast immer mit Peripherie und Randzone zu tun. Sie ist kein Fluß wie jeder andere. Ihr Quellgebiet in den Oderhöhen nördlich von Olmütz war jahrzehntelang militärisches Sperrgebiet. Sie hieß seit 1950 Friedensgrenze und gehörte doch zugleich zu den bestbewachten Grenzen der Welt. Und doch kennt man die Oder, auch wenn man sie noch nie gesehen hat. Denn sie ist als »Oder-Neiße-Grenze«, als Terminus der politischen Hochsprache weltberühmt geworden. Sie wurde so etwas wie ein Kürzel für das Europa nach Jalta und Potsdam. Für mehr als ein Menschenleben wurde sie zur Trennungslinie, an der sich die Geister schieden, die Ewiggestrigen und die Realisten, die Prinzipientreuen und die Wankelmütigen – je nachdem. Die Oder meinte für jeden etwas anderes. Für die Deutschen, die ihre

Heimat an der Oder verloren hatten, war sie der Name für gewaltsamen Abschied und Verlust von Unersetzlichem, für die Polen, die ihre Welt jenseits des Bugs verloren hatten und in den Westen verpflanzt worden waren, war es der Name einer neuen Heimat im fremden Land. Oder ist der Name für eine Doppelgeschichte, die noch lange nicht erzählt ist.

Aber existiert der Oderraum überhaupt als ein durchgängiger und zusammenhängender Raum? Anders als bei Rhein und Donau, die das ganze Jahr über von den Gletschern der Alpen mit Wasser versorgt werden, ist die Wasserführung der Oder sehr ungleichmäßig. Die Schwankungen zwischen Frühjahr und Sommer und zwischen Niedrig- und Höchstwasser sind extrem groß. Die Oder ist im Unterschied zum Rhein ein typischer Tieflandstrom, aber im oberen Drittel stürzen bei starken Niederschlägen die Wassermassen aus dem Riesengebirge und dem Altvatergebirge und den Beskiden in der Art von Gebirgsflüssen nieder. Wenn sich der Hochwasserscheitel der Nebenflüsse mit dem des Hauptstromes trifft, kommt es zu Hochwasserkatastrophen. Das größte Gefälle wird auf dem kürzesten Stück, im Lauf der Quelloder, überwunden, während die längste Strecke als »Tieflandstrom« mit geringem Gefälle zurückgelegt wird. Unregelmäßigkeit der Wasserführung und geringes Gefälle im weiteren Verlauf schränken die Schiffbarkeit des Stromes erheblich ein. Erst im unteren Teil wird die Oder durch die Wasserzufuhr der Warthe und durch den Rückstau aus dem Haff zu einem unproblematischen Strom, der ab Stettin sogar Hochseeschiffahrt ermöglicht. Am Stettiner Haff empfindet man, wie Friedrich Ratzel einmal bemerkt hat, daß Flüsse »Verlängerungen des Meeres ins Land hinein« sind – mit weitreichenden politischen und kulturellen Folgen. Aus all diesen Gründen ist die Oder keine das ganze Jahr über benutzbare »natürliche Wasserstraße«. Dies bedeutet, daß die Oderkähne bisweilen in den Hafenbecken wochenlang festsaßen, bis sie durch höheren Wasserstand wieder flottgemacht wurden.

Hinzu kommt, daß die Oder keine natürlichen festen Ufer besitzt. Sie ist ein mäandrierender Strom, der sich je nach Widerstand und Wasserführung seinen Weg bahnt. Dies hat zur Folge, daß der Strom nicht nur ständig seinen Lauf ändert, sondern an vielen Stellen in die Breite geht und damit unschiffbar wird, während er sich an anderen Stellen beschleunigt und so ein Hindernis für die Schiffahrt wird. Versandung und Verschlammung legen den Verkehr auf der Oder periodisch still. Andererseits bedeutet das aber, daß die Oder nie ein

Hindernis für querenden Verkehr war. So kommt es, daß Oderfurten Punkte erster Ansiedlung, Knotenpunkte für Handelsrouten – vor allem die Bernstein- und die Salzroute – und schließlich für Stadtbildung geworden sind.

Die Oder verdankt, wie es Kurt Hermann, einer ihrer Historiker, etwas pathetisch genannt hat, ihre Existenz dem »Siegeszug des menschlichen Geistes, der den Naturstrom zu einem Kulturstrom umgestaltet« hat. Einerseits mußte alles getan werden, um das Wasser abzuführen – durch eine Vorflutrinne, die von Deichanlagen geschützt wurde –, andererseits mußte alles unternommen werden, um künstlich das Wasser aufzuhalten und eine günstige »Laufentwicklung« für die Schiffahrt zu ermöglichen. Es handelt sich von Anfang an um ein großangelegtes ökologisches Projekt, auch wenn es erst heute so genannt wird. Die Geschichte der Oder ist daher nicht nur etwas für Hydrologen und Geologen. Sie ist zugleich eine Geschichte des Wasser- und Ingenieurbaus und damit der Sozial- und Herrschaftsverhältnisse im mittleren Europa, die diese Kultivierung vorangebracht oder gehemmt haben.

Wasserbau im großen Stil einschließlich Deich- und Kanalbauten begann wohl erst in dem Augenblick, da der gesamte Oderlauf mit der Eroberung Stettins 1720 und Schlesiens durch Preußen 1742 in einer Hand vereinigt und damit ein »preußischer Strom« geworden war. Das Hochwasser des Jahres 1736 gab den entscheidenden Anstoß – wie überhaupt Hochwasser die dramatischen Lebensäußerungen und entscheidenden Lebensdaten eines Stromes sind. Unter Friedrich dem Großen, der sich die Oder »recht navigabel« und zur »Facilitirung« der Schiffahrt sowie zur »Beförderung des Commercii« gewünscht hatte, begann eine einheitliche Strombaupolitik. Zu diesen Maßnahmen gehörten die Kultivierung des Oderbruchs und die »Begradigung« der Oder. Wie gravierend diese war, zeigt sich daran, daß vom Altlauf der Oder mit etwa 1020 Kilometern heute etwa 860 Kilometer geblieben sind. Die Folgen – wie Steigerung des Gefälles, Erhöhung der Flußgeschwindigkeit, früherer Eintritt des Hochwassers – mußten konterkariert werden durch großangelegten Deichbau. Gleichzeitig gab es immer wieder Pläne, parallel zur Oder einen Kanal zu schaffen – von Kosel bis Breslau, von Breslau bis Schwedt. Zur Oderregulierung gehörten ferner die Räumung der Oder von Wehren und Schleusen und die Beseitigung der partikularen und partikularisierenden Zoll- und anderer Privilegien durch den Landesherrn sowie der Deichbau, der 1736 in Angriff genommen wurde. Im 20. Jahrhundert kommt dann die Errichtung von Staustufen und Talsperren, allen voran das technisch eindrucksvolle Ottmachauer Staubecken, hinzu, die den Wasserstand im gesamten Stromgebiet verstetigen und die Hochwassergefahr mindern sollen. Der Wasserbau schließt die Entwicklung einer spezifischen Technologie, vor allem durch Buhnenbau, ein. Im Zuge dieser Arbeiten wird der Oderraum auch kartographisch erfaßt. Anfang des 19. Jahrhunderts finden eine Generalvermessung der gesamten Inundationsfläche sowie die Kilometrierung des Stromes statt. Im sogenannten Protokoll von Oderberg aus dem Jahre 1819 war erstmals ein umfassender und systematischer Stromregulierungsplan angenommen worden; darin war vorgesehen, eine größere Normalbreite zu schaffen, teilweise die schädlichen Durchstiche zu revidieren und zu einer »geschlängelten Bahn« zurückzukehren, da dies dem Wesen des Flusses besser entspreche. Die Oder beginnt sich auch ihren institutionellen Raum zu schaffen. Schrittweise etabliert sich ein Regelwerk mit Ordres, Dekreten, der Festlegung allgemeiner Normen über Tiefe und Breite der Fahrrinne, die schließlich in die Gründung der Oderbau-Verwaltung mit Sitz in Breslau einmünden.

Vielfalt der Zuordnungen

Die Bildung des Verkehrsraumes Oder ist auch gebunden an die Entwicklung eines speziellen Oderschiffgefäßes. Sogar ein staatlicher Wettbewerb zur Ermittlung zweckmäßiger Oderfahrzeuge wurde ausgeschrieben. Und schließlich – im Zeitalter des wirtschaftlichen Großraumdenkens kein Wunder – gehören dazu die Ansätze zu einer Integration der Oder-Wasserstraße ins europäische Wasserstraßennetz. Die Idee, die Oder mit anderen Flußsystemen zu verbinden, ist ebenfalls sehr alt. Es handelt sich dabei: um den Friedrich-Wilhelm-Kanal – später Oder-Spree-Kanal –, den Hohenzollern-Kanal oder Berlin-Stettiner Großschiffahrtsweg, den Klodnitzkanal zwischen dem Oberlauf der Oder und dem oberschlesischen Industrierevier, den Bromberger Kanal, der über die Netze die Oder mit der Weichsel verband. Vor dem Zweiten Weltkrieg war Kosel in Oberschlesien immerhin der zweitgrößte deutsche Binnenhafen nach Duisburg-Ruhrort. Auch das in den Planungen schon weit fortgeschrittene, letztlich aber unverwirklicht gebliebene Projekt des Oder-Donau-Kanals, der über die kurze Wasserscheide in der Mährischen Pforte hinweg die Verbindung zwischen Ostsee und Schwarzem Meer herstellen sollte, gehört dazu. Überwältigendes Zeugnis dieses »Gesamtkunstwerkes Oder« ist bis heute die erste systematische und umfassende wissenschaftliche Untersuchung mit dem Titel »Der Oderstrom, sein Stromgebiet und seine wichtigsten Nebenflüsse. Eine hydrographische, wasserwirtschaftliche und wasserrechtliche Darstellung. Auf Grund des Allerhöchsten Erlasses vom 28. Februar 1892 herausgegeben vom Bureau des Ausschusses zur Untersuchung der Wasserverhältnisse in den der Überschwemmungsgefahr ausgesetzten Flußgebieten«, erschienen in drei Bänden in Berlin im Jahre 1896.

Die Entwicklung der Oder vom Natur- zum Kulturstrom bedurfte einer mehr als fünfhundertjährigen Arbeit. Sie ist das Gemeinschaftswerk von Lokatoren, Siedlern, Treidlern, Ingenieuren, Oderschiffern, Melioratoren, Monarchen, Deichbauern und Wasserbau-Ingenieuren. Die Oder hat ihren Anwohnern nichts geschenkt. Was sie verkehrsmäßig, ökonomisch, kulturell wurde, war ihr abgerungen. Aber das bedeutete auch, daß die Ergebnisse dieser Anstrengung jederzeit zurückgenommen werden konnten. Und so war es auch: nach dem Dreißigjährigen Krieg, nach den Schlesischen und nach den Napoleonischen Kriegen und ganz besonders nach 1945.

Die Geschichte von Strömen ist nicht nur die Geschichte eines Gewässers, sondern, wie Lucien Febvre für den Rhein gezeigt hat, eine »Geschichte des Geistes«, eine »Geschichte der großen, historisch oder legendär begründeten Mythen«. Für die Oder gibt es einen dem Rhein vergleichbaren Mythos nicht. Gewiß: Auf die Oder fällt der Zauber Schlesiens, dessen innere Achse die Oder ist. Aber eine Auseinandersetzung über die Oder als »deutschen« oder »polnischen Strom« oder gar als die »natürliche Grenze« spielte kaum eine Rolle, und wenn, dann erst im 20. Jahrhundert. Für die Oder läßt sich eine Achse, die jener von Basel nach Rotterdam entspräche, nicht ausmachen. Wir können uns nicht auf die wunderbar soliden Pfeiler und Schichten des Rheins zurückziehen, die aus dem Geist der vielen Rheine – der Romania, der Barbaren, der Kirche und der Perlenschnur der rheinischen Städte – den einen Geist des Rheins haben entstehen lassen. Es scheint sich immer um ganz verschiedene Ströme zu handeln, abhängig davon, ob wir in Stettin, Frankfurt, Breslau oder Oppeln sind oder ob wir von Polen oder Deutschland aus blicken. Mähren, Schlesien, Brandenburg, Pommern – alle scheinen ihre eigene Oder zu haben. Sie fällt gleichsam in verschiedene Zuständigkeitsbereiche, und für die Oder als Ganzes scheint niemand zuständig zu sein.

Die Oder war nie wirklich Grenze, schon gar nicht eine »natürliche«. In ihr Einzugsgebiet teilten sich immer viele Stämme, Dynastien, Reiche, Nationen. Auch heute ist sie zumindest ein dreifacher, ein polnisch-deutsch-tschechischer Strom. Schon der Name Oder – in seinen älteren Formen: Odora, Odera, Oddera – kommt aus einer slawischen Wurzel und bezeichnet, wie die historische Namenskunde herausgefunden hat, soviel wie Durchdrängen und Vordrängen des Stromes zum Meer. Gewässernamen und Ortsnamen auf beiden Seiten der Oder machen klar, daß auf beiden Seiten slawische Stämme lebten. Dort, wo im 12. und 13. Jahrhundert Städte nach deutschem Recht oder Bischofssitze angelegt wurden, bestanden in der Regel zuvor burgstädtische Siedlungen der slawischen Stämme der Slesanen, Lausitzer, Polanen, Pomoranen und anderer. Bis ins Hochmittelalter hinein reichte die Macht des piastischen Polen bis an die Oder, im Lebuser Land sogar weit darüber hinaus.

Ein Umschwung von großer Folgewirkung setzte ein mit der deutschen Ostsiedlung, die selber Teil einer allgemeinen europäischen Siedlungsbewegung war. Vom 12. bis 14. Jahrhundert kam es zu einer Welle von Stadtgründungen nach »deutschem Recht« – »Stadtluft macht frei« –, die letztlich in die Entstehung von deutschen Neustämmen an der Ortsgrenze des Reiches einmünden: der Schlesier, der Pommern, der Brandenburger erst in der Alt-, dann in der Neumark. Die slawische Bevölkerung geht in diesen Neustämmen – bald mehr, bald weniger – auf, es kommt zur Verselbständigung von Teilgebieten. All das hat viel mit Christentum und herrschaftlichem Landesausbau, aber wenig mit »Nation« im modernen Sinne zu tun. Im 13. Jahrhundert war das Mündungsgebiet Territorium der pommerschen Fürsten aus dem Greifenhaus und fiel nach dessen Ende 1637 an Brandenburg. Die mittlere Oder unterstand den Askaniern und dann den Hohenzollern, der Oberlauf der Oder zerfiel unter einer Nebenlinie der Piasten in zahlreiche Grafschaften mit starker Sonderentwicklung. Im 14. Jahrhundert wurde Schlesien bis zur Lausitz Gebiet der böhmischen Krone und nach 1526 Teil des Habsburgerreiches, zu dem es bis zu den Schlesischen Kriegen 1740 gehörte.

Mit dem Erwerb Stettins aus schwedischer Hand und des Hauptteils Schlesiens wird die Oder – bis auf das verbliebene Österreichisch-Schlesien – zu einem preußischen Strom und bleibt es bis zum Ausgang des Ersten Weltkrieges. Bis 1914 berührten sich am Oberlauf der Oder die Reiche der drei Großen Schwarzen Adler, der Hohenzollern, Habsburger und Romanows. Nach dem Zusammenbruch dieser Imperien, der Wiederherstellung des polnischen Staates und der Gründung der Tschechoslowakischen Republik wird der Oderraum zu einem tschechoslowakisch-polnisch-deutschen Stromgebiet und Schauplatz heftiger Grenz- und Volkstumskämpfe; die Oder selbst wird internationalisiert. Nach der Zerschlagung der Tschechoslowakei und dem Überfall auf Polen wird die Oder zum »Strom des deutschen Ostens« schlechthin, und nach dem Ende des Großdeutschen Reiches 1945 wird das Westufer der Oder und der Lausitzer Neiße, wie auf der Potsdamer Konferenz beschlossen, zur neuen polnischen Westgrenze. Die Grenze verlief, wie Klaus Zernack gezeigt hat, ungefähr wieder da, wo tausend Jahre zuvor die Grenzen des piastischen Herrschaftsgebietes verlaufen waren.

Der Oderraum war immer ein Raum wechselseitiger Durchdringung mit im Laufe der letzten tausend Jahre historisch sich verändernden Grenzen. Mit der Proklamation unhistorischer Erstansprüche ist da nichts zu machen. In ihrem Bassin trafen sich die Peripherien übernationaler dynastischer Zusammenhänge: der Piasten, der Luxemburger, der Hohenzollern, der Habsburger. Die Oderregion orientierte sich geistig, kulturell, politisch an Zentren außerhalb der Region: an Krakau, Prag, Wien, Stockholm, Berlin, Warschau. Erst das 19. und vor allem das 20. Jahrhundert haben den Strom »nationalisiert«. Den Hauptstoff dafür lieferte der deutsche Nationalismus, aber auch der polnische. Hier wurde zum ersten Mal die Oder zum »deutschen Strom« und besonders zum »Strom des deutschen Ostens« gemacht. Städte waren nun »Ausfalltore und »Vorburgen« einer deutschen Mission und der Oderstrom »Träger eines deutschen Geistes«. Die Oder als »Rückgrat des deutschen Ostens« geisterte durch die Odertage von Stettin und Frankfurt am Main im Jahre 1938. Alles, was vorher harmlose Zivilisationsarbeit war – das Verkehrssystem, der Städtebau, die Erziehung –, bekommt nun einen zusätzlichen Auftrag: den einer militanten Mission, den deutschen Geist nach Osten zu tragen. Wir wissen, was dabei herauskam und daß die Grenze, die bis an die Wolga vorgeschoben wurde, in einer beispiellosen Pendelbewegung an Oder und Neiße zurückschlug. Aber auch die Stereotype des polnischen Nationalismus – etwa die These vom angeblich ewigen »deutschen Drang nach Osten« oder die Legende von der »Rückkehr der verlorenen Gebiete« – wurden der komplexen und wenigstens doppelten Geschichte des Oderraumes nicht gerecht.

Nun ist auch die deutsch-polnische Grenze, die an der Oder verläuft, über Nacht auch noch zur Grenze zwischen EU und Non-EU geworden, wie es im Jargon der Euro-Bürokratie heißt. Die schon heute starke Bewegung über die Oder hinweg bekräftigt indes, daß es nur eine Frage der Zeit sein wird, bis auch Polen der Europäischen Union angehören und eine vergessene Region wieder in den Horizont der Europäer zurückgekehrt sein wird. Aus der Demarkationslinie von einst ist schon eine halbwegs normale Grenze geworden, und aus der normalen Grenze wird ein Grenzsaum werden, wie es ihn auch sonst in Europa gibt. In den Zügen zwischen Posen und Berlin oder Breslau und Leipzig kann man die Pendelbewegungen studieren. Vordergründig geht es nur um Fahrten zur Arbeit, um Einkäufe auf den grenznahen Märkten, um billiges Benzin, preiswerte Reisen oder einen Ausflug ins Casino, doch in Wahrheit ist es Nachbarschaft, Grenzüberschreitung als Routinehandlung. Der wechselseitige Vorteil macht Europäer, und Nähe schafft Abhängigkeit.

Damit beginnt auch für die Oder ein neues Kapitel. Der Kampf gegen die katastrophalen Folgen des Hochwassers hat insbesondere in den polnischen Städten eine Welle eindrucksvoller Selbsthilfe-Aktivitäten und einen regelrechten Modernisierungsschub ausgelöst. Alte Pläne der Hegung und Regulierung des Oderstromes werden aus den Schubladen geholt und auf den neuesten Stand gebracht. Man arbeitet an der Modernisierung und Wiederinbetriebnahme der Oder als Wasserstraße. Kein Zweifel, daß den aktiven Part dabei wie in vielem anderen auch die polnische Seite spielt. Die Rede ist von einer besseren Auslastung der Häfen, vor allem aber vom nachhaltigen Ausbau der Oder mittels Vertiefung, Schleusen- und Staustufenbau. Neue Staustufen wie bei Malczyce/Maltsche sollen die Mitteloder wieder besser schiffbar machen und so Polens Wasserweg Nummer eins auf die Höhe der Zeit bringen. Mit ihr kehrt aber nicht nur ein Wasserweg zurück, sondern ein Raum von großer Dichte und unerhörtem Reichtum. Die Oder ist wie eine Enzyklopädie. Zwischen Mährischer Pforte und Oderhaff bekommt man fast alles zu sehen, was die Welt Mitteleuropas zu bieten hat – noch dazu in mindestens zweifacher Interpretation: strenge Backsteindome, prunkvolle Jesuitenkollegien, barocke Pestsäulen und Brunnen, Bürgerhäuser und ausgedehnte Parkanlagen, ein Stück Skandinavien diesseits der Ostsee und ein Stück Österreich weit im Norden. Das Europa der Klöster findet man ebenso wie das Europa der Städte. Die Spuren der Moderne – Camillo Sittes Planungen in Mährisch-Ostrau oder Erich Mendelsohns Kaufhaus in Breslau – ebenso wie die Bahnlinien, auf denen die Deportationszüge rollten, oder die Schauplätze von Krieg, Umsiedlung und Vertreibung. Die Amazonas-Landschaft am Unterlauf der Oder gehört ebenso dazu wie die Witkowitzer Stahlwerke an der oberen Oder. Im tschechischen

Bohumín – früher bekannter unter dem Namen Oderberg – kann man lernen, was Stillegung von Zeit und Bewegung im 20. Jahrhundert in dieser Region bedeutet. Dieser Eisenbahnknotenpunkt mit dem Jugendstil-Empfangsgebäude von 1904, an dem die Linien nach Warschau, Krakau, Prag, Bratislava, Budapest, Wien und Berlin – und darüber hinaus nach Lemberg, Galatz, Odessa und Konstantinopel – zusammenliefen, war einmal so etwas wie ein Mittelpunkt Europas. Überhaupt finden wir uns irgendwie immer wieder in den alten Netzen und Linien wieder: so, wenn wir im Bahnhof Frankfurt an der Oder Frachtzüge mit der Aufschrift »Zakład chemiczny – Oświęcim-Monowice« sehen. In dieser Enzyklopädie werden wir auch erfahren, wie und wann es weitergeht. Das könnte sein, wenn Bohumín/Oderberg wieder zu einem Punkt der Beschleunigung wird oder wenn das erste Linienschiff die Strecke Stettin–Frankfurt–Breslau befährt und so aus dem stillgelegten Grenzfluß wieder eine Achse menschlichen Verkehrs macht.

(Herbst 1999)

Namen, die man wieder nennt

Namen, die keiner mehr nennt«, Marion Gräfin Dönhofs Buch aus den frühen 6oer Jahren, das mittlerweile in seiner 29. Ausgabe erschienen ist, ist ein Buch des Abschieds. Des Abschieds von der ostpreußischen Heimat, des Abschieds von Vertrauten und Freunden, die bis dahin das Hitlerreich überlebt hatten, des Abschieds von einem Himmel, von den Alleen, von einer Natur, die es nur dort gibt. Das ist nicht hingesagt, sondern beglaubigt durch monumentale Bilder. Durch Bilder vom überstürzten Aufbruch, weil die Nazigrößen bis zuletzt eine Evakuierung untersagt hatten, durch Bilder von spiegelglatten Chausseen, auf denen die Pferde ausglitten. Alles ist ein letztes Mal. Der Tisch, der noch einmal gedeckt wird; die Schwelle, die ein letztes Mal überschritten wird. Im Zeitlupentempo gleitet die Landschaft vorbei. Die Straßen sind überfüllt, Hunderttausende sind auf der Flucht, jeden Augenblick gewärtig, daß Flugzeuge herabstoßen werden, eine Flucht im Feuerschein, sich auf Flüsse und Ströme zubewegend, die vielleicht vereist sind und so den Übergang ermöglichen. Es sind die Bilder vom Treck, von zerschossenen Gleisen, die Luft erfüllt von Schreckensnachrichten.»Sieben Jahrhunderte ausgelöscht«, heißt es in ihrem Bericht. An diesem Ton der Endgültigkeit ist nicht zu rütteln. Hinter der Irreversibilität steht nicht nur ein familiärer, sondern ein weltgeschichtlicher Vorgang, der Zusammenbruch dessen, was bis dahin der deutsche Osten war. Diese Szenerie verschlägt einem noch heute die Sprache. Für die Nachgeborenen, die all diese Vorgänge nur aus zweiter Hand kennen können, ist es eine Art Flaschenpost aus der Weltkriegsepoche, die uns, die Kinder der geteilten, aber immerhin zum Frieden verurteilten Welt, erreicht hat. Darin ist etwas Grandioses, etwas Episches, etwas von den biblischen Schrecken, die unsereins, der nach dem Krieg aufgewachsen ist, nie mehr mitbekommen hat.

Wozu sich mit»Namen, die man wieder nennt« beschäftigen? Wozu ein Thema noch einmal aufnehmen, nachdem es bisher so gut gegangen ist? Ist es nicht ein heilloser Anachronismus, heute, nach mehr als 50 Jahren? Haben wir auf einem Kontinent, von dem noch gar nicht sicher ist, ob er seinen Weg heraus aus dem 20. Jahrhundert finden wird, nichts Wichtigeres zu bereden als dies? Ist das nicht im harmlosesten Fall eine sentimentale Verirrung, im schlimmsten Fall aber ein Spiel mit dem Feuer? Nichts von alledem! Es gibt eine Geschichte des deutschen Ostens, die älter und reicher ist als die Nazi-Erfahrung, die alles verschlungen hat. Es gibt eine Geschichte, die nicht identisch ist mit der Geschichte der Verfeindung, sondern eine große und faszinierende Geschichte des Gelingens, die uns beim Bau des neuen Europa eine Quelle der Inspiration sein könnte.

Neues Europa, alte Namen

Die große europäische Umwälzung hat die Namen, die wir fast schon dabei waren zu vergessen, wieder auf die Tagesordnung gesetzt. Auf die Landkarte des neuen Europa sind Namen zurückgekehrt, die versunken, vergessen, außer Verkehr gezogen waren. Das Jahr 1989 hat das ganze Koordinatensystem der geteilten Welt zum Einsturz gebracht und die Landkarte neu gezeichnet. Das mittlere und östliche Europa ist in unseren Horizont zurückgekehrt und damit auch eine Region, mit der die Deutschen über Jahrhundert hin aufs engste verknüpft gewesen sind. Die Zentren des untergegangenen mittleren und östlichen Europa waren plötzlich wieder aus der Versenkung aufgetaucht, Städte, die in der Zeit der Teilung unerreichbar fern und in exotische Weite gerückt waren, waren plötzlich wieder Nachbarstädte geworden. Jeder kennt Beispiele aus seiner eigenen Erfahrung: Wer war zuvor in Prag, Warschau, in Krakau, Bratislava, Budapest, in den alten europäischen Zentren, die hinter der Grenze des »Ostblocks« verschwunden waren? Nun waren sie in wenigen Stunden erreichbar, einfach so, ohne Visum, ohne bürokatische Prozeduren. Im Interregio fährt man von Berlin aus nach Masuren, nach Mikołajky und Łyk. Auf alten Handelsrouten kommt es zu Staus. Studenten und Professoren sind in eine neue Zirkulation eingetreten – zwischen Krakau und Wien, zwischen Petersburg und Berlin. Mit dieser neuen Nähe sind wir wieder in Nachbarschaften eingerückt, an die wir schon nicht mehr gedacht hatten, auf uns ist ein Horizont zugerückt, aus dem wir für ein halbes Jahrhundert herausgefallen waren oder aus dem wir uns davongestohlen hatten.

Die Geschichte einer Entfremdung ist zu Ende gekommen. In diesem neuen Europa stoßen wir allenthalben auf die Spuren deutscher Geschichte und Kultur – ob es uns gefällt oder nicht. Es sind das Grabdenkmal Kants am Königsberger Dom und die Reste von Treblinka; es ist der Breslauer Ring, für den man an einem schönen Sommerabend alle Plätze der Welt hergeben möchte, aber auch die Sandgrube von Babij Jar bei Kiew; es sind die deutschsprachigen Reste in den Antiquariaten von Lemberg, die Backsteingotik der Annakirche in Wilna und dann wieder die Lichtung in den Wäldern von Ponary. Namen tauchen wieder auf, nicht aus sentimentalen Gründen, sondern weil Verkehr und Handel in Europa wieder in Gang gekommen sind. Auf dem Weg ins neue Europa stoßen wir zwangsläufig auf ältere Schichten – Reste deutscher Geschichte im östlichen Europa.

Glückliche Fügung, Lösung der Verspanntheiten

1989 ist der denkbar glücklichste Fall eingetreten. Der Kairos hat uns weit mehr gebracht als nur die Einheit. Er hat eine Konstellation aufgelöst, die gekennzeichnet war von Spannungen und Verspanntheiten, die István Bibo so treffend »deutsche Hysterie« genannt hatte. In der glücklichen Fügung der Ereignisse von 1989/1990 blieb kein Rest, aus dem oft genug sich schon das geschichtlich folgenreiche Ressentiment entwickelt hat. Diese Einfügung in Europa ohne Wenn und Aber, die Schönheit des beglückenden Moments bleibt, was immer kommen mag, bestehen. Es gibt geschichtliche Sekunden, in denen sich alles entscheidet: ein folgenreiches Gelingen oder eine folgenreiche Kränkung. Das Gelingen schafft eine Art Urvertrauen zwischen den Betroffenen. Weil alles entschieden, erledigt ist, weil es nichts mehr zu revidieren gibt, weil alles klar ist, erledigt sich eine ganze Kultur des Verdachts und der Verdächtigung, die für die politischen Lager des Kalten Krieges so charakteristisch und wohl auch unvermeidlich gewesen sind. Nun sind die Schlachten geschlagen, es gibt nichts mehr zu rechten oder recht zu haben. Es gibt – endgültiger als es in jedem Verzicht oder jeder Abmachung ausgesprochen werden konnte – kein Zurück mehr. Es gibt in Mitteleuropa keine strittigen Grenz- oder Territorialfragen mehr. Das 20. Jahrhundert in Mitteleuropa ist zu Ende. Der deutsche Osten ist erst jetzt, paradoxerweise, definitiv Geschichte. Wir können die Gräber unserer Toten besuchen, ohne Verdacht auf uns zu ziehen. Unsere Trauer erregt keine Befürchtungen mehr. Der Blick ist frei geworden, weil die alten Ansprüche erloschen sind. Es will niemand zurück. Es gibt keinen »deutschen Drang nach Osten«, sondern höchstens eine tastende Bewegung. Vorherrschend ist Attentismus und eine gewisse

Ratlosigkeit. Nach einem kurzen Sommer der Euphorie macht sich eher die alte Gleichgültigkeit am östlichen Europa wieder breit – jetzt, wo viele und große Initiativen gefragt wären. Es gibt kein *go east*, das dem großen *go west* der Nachkriegszeit vergleichbar wäre.

Endlich: Eine Erzählung jenseits von Aufrechnung und Rechthaberei

Nachkriegs-Deutschland hatte ein verspanntes Verhältnis zu den verlorenen Gebieten – die Bundesrepublik anders als die DDR. Kein Wunder. Es konnte auch nicht anders sein in einem Land, dessen Bevölkerung zu einem Fünftel von dort gekommen war und ein neues Gleichgewicht erst finden mußte. Die Flucht nach Westen war komplett. Die Auflösung der Nachkriegskonstellation der geteilten Welt hat endlich unglückliche Konjunktionen aufgelöst. Jene, die ihre Heimat verloren haben, dürfen trauern, ohne sich dem Verdacht auszusetzen. Es ist nicht revisionistisch, an die verlorene Heimat zu denken. Es hat mit Revanchismus nichts zu tun, wenn man die große zivilisatorische Leistung sieht, die der alte deutsche Osten auch war.

Der Nationalsozialismus hat die gesamte Geschichte davor mit sich in den Abgrund gerissen und unter Verdacht gestellt. Diese Geschichte freizulegen, unter den Trümmern zu bergen, sie zu erzählen und sie als ganze Geschichte jenseits von Aufrechnung und Rechthaberei zu erzählen – das wäre die Aufgabe. Einer Wiederentdeckung der Geschichte und Kultur des ehemaligen deutschen Ostens, die jede irridentische oder revisionistische Potenz verloren hat, steht nichts mehr im Wege. Aber das bedeutet nicht, daß sie einfach zu haben ist. Es bedarf großen Wissens und noch größeren Taktes. Dabei könnte es um folgende Hauptpunkte gehen:

Es ist sinnlos, die Geschichte des deutschen Ostens retrospektiv in den Kategorien des Nationalstaates oder des Nationalismus erzählen zu wollen. Seine große Zeit, seine Gründungszeit, liegt weit vor der Epoche des Nationalismus und Ethnozentrismus. Daher läßt sich diese Geschichte für die längste Zeit nicht primär in ethnopolitischen Termini der Germanisierung, Polonisierung etc. erzählen.

Die Formel vom »deutschen Drang nach Osten« ist seit geraumer Zeit unter allen Beteiligten als ideologischer und politischer Kampfbegriff analysiert. Auch hier handelt es sich um eine retrospektive Projektion aus dem ideologischen Getümmel der nationalistischen Volkstumskämpfe des 19. und 20. Jahrhunderts, um retrospektive Recht-fertigungslegenden. Mindestens ebenso stark waren die Bestrebungen der Landesherren, ihre Landesherrschaften auszubauen, ihre jeweiligen Wirtschaften zu entwickeln – kurz: zu modernisieren. Die Siedlungs-oder Kolonisationsbewegung könnte man als säkulare Modernisie-rungsbewegung bezeichnen, die Neu-Europa dem von der römischen Welt geprägten Alteuropa angeschlossen hat – und zwar nicht nur im Land östlich der Elbe.

Die Hauptausdrucksform dieser Modernisierung war das Jus Teu-tonicum, das zwar von deutschen Siedlern und Lokatoren ins Land gebracht wurde, aber nicht auf sie beschränkt war. Es handelte sich um eine großartige Epoche der Städtegründung, der Urbanisierung und der Geburt des Stadtbürgers in Mittel- und Ostmitteleuropa, oder noch moderner und aktueller gesprochen: eine Sternstunde in der Her-ausbildung zivilgesellschaftlicher Elemente (»Stadtluft macht frei«). Mittel- und Ostmitteleuropa verdankt dieser Form bis heute seine Stadtgestalt, all das, was wir an großartiger urbaner Kultur, von den Marktplätzen bis zu den Patrizierhäusern und städtischen Einrichtun-gen, vorfinden. Das Jus Teutonicum hat den Geschichtsraum der Zi-vilkultur in Zentraleuropa mit konstituiert.

Es handelt sich um eine zivilisatorische Schicht vor der Geburt des Nationalstaates. Die Stadtgemeinden waren Schulen religiöser und kultureller Toleranz. Es gab dort etwas, was wir heute nennen: den modernen Menschentyp mit einer komplexen und pluralen Identität – Menschen, die wie die Beispiele Nikolaus Kopernikus oder Veit Stoß bezeugen, selbstverständlich beides sein konnten: Deutsche und Polen.

Der deutsche Osten und die deutsche Diaspora im östlichen Europa waren in der Regel Mischzone, Gemengelage, in der die unterschied-lichen Volksgruppen zusammenlebten – eine zivilisatorische Leistung, hinter die die eindimensionalen Bildungen des Ethnonationalismus immer mehr zurückgefallen sind.

Zusammenfassend: Ganz im Gegensatz zu einer immer noch ein-flußreichen Auffassung vom provinziellen, völkisch engen kulturellen Raum handelte sich beim deutschen Osten um eine stark transnational geprägte, kulturell und konfessionell gemischte Welt mit einem ein-drucksvollen zivilgesellschaftlichen Kern in den Städten. Das ist der Grund, warum er kulturell Schule machen konnte und Gestaltungen von überwältigendem Zauber hervorgebracht hat.

Die erste Erfahrung einer neuen Beschäftigung wird sein, daß der deutsche Osten mehr ist als nur das Vorspiel für den Nationalsozialismus und seinen »Drang nach Osten«: Es gibt einen deutschen Osten vor dem Nationalsozialismus. Die Stadtgründungen des 13. Jahrhunderts sind nicht der Vorläufer des »Generalplans Ost« und die Ordensburgen sind nicht das Vorspiel für Auschwitz oder das »Unternehmen Barbarossa«. Es gibt eine ganz andere, weithin immer noch ignorierte Seite: Weltläufigkeit und aufgeklärte Staatlichkeit. Das macht die dunklen Seiten nicht vergessen: die Herrschaftsattitüde aus Teilungszeiten, das Verhältnis von Herr und Knecht auf den Gütern, den Kulturkampf, die Schikanen der Ansiedlungskommission und vieles andere.

Aber wir stellen uns nach der Planierung durch Nationalismus und Kommunismus nur noch schwer vor, daß es noch etwas anderes gegeben hat. Die ethnischen und sozialen Homogenisierungs- und Nivellierungsbewegungen des 20. Jahrhunderts haben die unvergleichliche Vielgestaltigkeit dieser Welt zerstört. Es ist an der Zeit, das Bild des deutschen Ostens und der Deutschen im östlichen Europa zu entstauben, es aus der Teleologie, die zwangsläufig in die Nazi-Katastrophe einmündet, zu befreien und sich seinen unbestreitbar modernen Züge zuzuwenden.

Von der Erinnerung zum kollektiven Gedächtnis

Bis heute hängt Präsenz und Repräsentation dieser untergegangenen Welt weitgehend an der unmittelbaren Erinnerung der von dort Stammenden und von dort Vertriebenen. Was geschieht, wenn an die Stelle unmittelbarer Erinnerung ein auf Vermittlung angewiesenes Gedächtnis tritt? Schon sind Generationen herangewachsen, für die das alles nur eine Sache von Hörensagen, von Lektüre, Wissen aus zweiter Hand ist. Schon gibt es Generationen, die sich dafür existentiell nicht interessieren müssen. Das heißt, es spielt in ihrem Lebenshorizont keine Rolle, ob sie sich dafür interessierten oder nicht. Bald gibt es nur noch wenige, die uns aus eigener Anschauung sagen können, wie es gewesen ist in jenem dreißigjährigen Krieg des 20. Jahrhunderts. Die Grunderfahrungen der Weltkriegsepoche – also die Erfahrung von Krieg, Völkermord, Vertreibung – werden in den Hintergrund treten. Diese Erfahrung wird abgelöst oder überlagert durch eine Erfahrung, die ihr Zentrum in einer ganz anderen Welt hat: in der Friedenswelt des Nachkriegs, in der Geteilte-Welt-Erfahrung des Kalten Krieges, in der Erfahrung einer gespaltenen Kultur. Und schließlich wird all dies wiederum überlagert von der allerneuesten Erfahrung eines Europa nach 1989. Das ist die Erfahrung des ungeteilten, des offenen, des in ganz neue Konflikte hineinsteuernden und hineingeratenen Europa, das Europa, in dem der Krieg wieder eine Tatsache geworden ist. Wer wird die Kontinuität der Erinnerung garantieren? Woher sollen sich die Übersetzer geschichtlicher Erfahrung rekrutieren? Wie bildet sich das Know-how, das man braucht, um sich in diesen kulturellen Zusammenhängen zu orientieren, neu?

Europäisierung einer europäischen Erfahrung

Der deutsche Osten ist eine europäische Erscheinung – in der Zeit seiner Entstehung wie in der Zeit seines Untergangs. Es gab ja nicht nur die deutsche Ostsiedlung und den deutschen Osten, sondern es gab die polnische Ostsiedlung und den polnischen Osten; es gab eine magyarische Kolonisation und die Kolonisierung des ganzen eurasischen Raumes bis zum Pazifik durch die russischen Zaren. Deren Beweggründe und kulturellen Folgen sind in vielem durchaus vergleichbar. Die polnische Siedlungsbewegung hat weit über das ethnisch und sprachlich polnische Gebiet hinausgegriffen. Weite Teile des Großfürstentums Litauen und der künftigen Rzeczpospolita sind auf diese Weise kulturell geprägt worden. Polnischer Grundbesitz und die Lebensform der polnischen Schlachta griffen weit ins Litauische, Weißrussische, Ruthenische, Moldauische hinein. Die polnische Kultur als eine Kultur des polnisch-litauischen Commonwealth ist ohne diesen Anteil gar nicht denkbar – wie jeder aus dem Anfang des »Pan Tadeusz« weiß. Die Topoi, die oben für den deutschen Osten beschrieben worden sind, gelten mehr oder weniger auch für den polnischen Osten: es geht immer um eine bestimmte Landschaft, es geht um den Zauber Sarmatiens, um die Vielvölkerlandschaft Polen-Litauens, um einen Begriff der Freiheit, wie er nur Kolonialverhältnissen eigen ist, um eine Lebensauffassung, wie sie nur jenseits der Grenze oder im Grenzland möglich sind. Und auch diese Welt steht von anderer Seite unter Verdacht: als Kultur von Herrschaft. Auch das Ende des polnischen Ostens weist viele Parallellen zum Ende des deutschen Ostens auf. Sie gehören, wie Norman Davies in seiner Geschichte Polens – übrigens unter dem Stichwort »Dönhoff« – zeigt, in den säkularen Zusammenbruch der alten Vielvölkerreiche im Zeitalter sozialer und völkischer Revolution. Nicht nur die Dönhofs mußten gehen, sondern auch die Sapiehas, Radziwiłłs und Potockis und Millionen Namenloser. Wenn man die deutschen Bildbände zu Ostpreußen und die polnischen zu den Kresy miteinander vergleicht, dann ist man erstaunt, daß es sich fast um die identischen Blickweisen handelt. Es ist der Blick der Trauer um eine verlorene Welt. Wir könnten dies weiterführen zu der These, daß fast alle Europäer eine Art Osten und ihren verlorenen Osten haben. Die jüngsten, die sich hier angeschlossen haben, sind die Erben des letzten Imperiums, das seiner Auflösung entgegengeht: des russischen. Europäisch ist die Genese, europäisch ist der Zusammenbruch – nur die Trauer und die Historiographie verharrt immer noch in den viel zu engen Bahnen einer nationalen Historiographie, die von Hause aus nicht fassen kann, worum es in Wahrheit ging.

Europäische Oder-Universität

Wir müssen anfangen, diese europäischen Erfahrungen als Europäer zu studieren. Europäischer Osten, ostmitteleuropäische Gemengelagen und Übergangszonen, Auflösung in Umsiedlung und Vertreibung, die Geburt des homogenisierten, ethnisch purifizierten Nationalstaates, in der eine jahrhundertelange Praxis kassiert und ruiniert wird, die Erfahrung der Grenze in einer Geschichtsregion, in der Staat, Kultur und Volk nur selten zur Deckung gelangt waren – das sind die Themen.

An dieser Universität studieren junge Polen, deren Eltern aus Lemberg nach Breslau oder aus den Kresy nach Słubice gekommen waren. Es sind Ukrainer darunter, deren Großeltern nach dem Ende des Krieges nach Galizien gekommen sind. Es sind Deutsche darunter, die immer noch besser Russisch sprechen, weil sie ihre Heimat in Kasachstan oder am Altai erst vor kurzem verlassen haben. Es sind Deutsche darunter, deren Großeltern einmal in Breslau gelebt hatten. Die Erfahrung gewaltsamer Ortsveränderung ist von vierzig, vielleicht von sechzig Millionen Menschen in diesem Jahrhundert in Europa gemacht worden, diese Erfahrung steckt in den Poren der Europäer. Es wäre seltsam, wenn davon nichts zu spüren wäre. Wir rühren also nichts auf, sondern sprechen nur etwas aus. Wir alle laufen mit unseren Grenzerfahrungen herum. Wir haben mittlerweile gelernt, daß es sinnlos, vielleicht sogar gefährlich ist, irgend jemanden missionieren zu wollen. Es gibt niemanden mehr zu missionieren. Wir sind alle Bewohner dieses von Massakern entstellten und von unvergleichlich schönen Städten gezierten Kontinents. Wir sind kein Vorposten des Westens und wir sind nicht der Osten, der es nötig hätte, nach Europa zurückzukehren – denn wir waren immer schon da.

Die neue Viadrina nimmt die Tradition wieder auf, die zwischen 1506 und 1811 schon einmal geherrscht hatte. Damals kamen von den insgesamt rund 55000 Immatrikulierten immerhin etwa 2500, also an die fünf Prozent, aus Polen-Litauen, Ungarn-Siebenbürgen, Böhmen und Mähren, Baltikum und Rußland. An der Viadrina haben nicht nur die Gebrüder Humboldt und anderen Berühmtheiten studiert, sondern auch Andrzej Volanus, ein führender Calvinist Litauens, der gegen den berühmten Pietro Skarga disputierte, oder ein Graf Edward Raczynski, ein Graf Peter Bethlen aus Ungarn und ein Bohuslav Joachim Lobkowitz von Hassenstein – Namen, die in ihren Ländern bis heute einen guten Klang haben. Es ist der Aussichtspunkt für die Erkundung in einem weithin unbekannten und uns noch wenig vertrauten Gelände. Wir müssen uns vor allem erst einmal umsehen – für Leute, die gewohnt sind, anderen etwas beibringen zu wollen, eine ziemlich schwierige Sache. Wir sollten nicht von vornherein glauben, daß das automatisch gelingt. Gerade die Geschichte der deutschen Ost-Universitäten im 20. Jahrhundert zeigt, was passiert, wenn sich Institutionen der Aufklärung in die Volkstumskämpfe hineinziehen lassen – siehe Königsberg, Breslau, auch Posen, in den 20er und 30er Jahren

Aber was wir machen könnten, ließe sich vielleicht so beschreiben: Wir treiben das, was Walther Schubart in den 30er Jahren einmal »europäische Selbsterkenntnis aus dem Kontrast« genannt hat. Wir bilden Exploratoren aus, die sich im neuen Europa zurechtfinden, Pfadfinder, die die Wege ins neue Europa auskundschaften. Wir segeln auf einen Kontinent hinaus, den wir neu vermessen wollen. Wir wollen die Sprachen lernen, die man braucht, um Doppel- und Dreifachgeschichten verstehen und erzählen zu können. Wir entdecken dabei Landschaften und Zonen, die für einen Augenblick in den toten Winkel gerutscht sind: Ostelbien und seine Herrenhäuser, die geteilten Städte an der Oder, vielleicht auch Lodz, das einstige Manchester des Ostens, das dabei ist, eine neue Rolle zu finden. Die Nähe bringt es mit sich, daß unsere Studenten ihre Studien vor Ort treiben können – etwa in der Leopoldina in Breslau, die den 1811 überführten Bücherbestand der Viadrina aufbewahrt. Viele unserer Studenten kennen sich in Lemberg/Lwów/Lwiw aus, aber auch in Witebsk und Kaunas. Wir haben Kontakt aufgenommen mit den europäischen Universitäten, die überall wachsen: in Lublin, Minsk, St. Petersburg und Budapest. Wir fühlen uns gemeinsam zuständig und verantwortlich für Kulturräume, in denen mehrere Kulturen übereinandergelagert sind. Wir entdecken ein Atlantis in nächster Nachbarschaft. Wir klinken uns wieder ein in ein Netz, das einmal vor der großen Katastrophe existiert hat. Von Frankfurt an der Oder nach Kaliningrad, von der Viadrina zur Albertina ist es nicht mehr weit. Wir müssen um sieben Uhr früh losfahren, wenn wir pünktlich nachmittags um vier Uhr im Historischen Seminar in der Alexander-Newski-Straße sein wollen. Der Weg führt geradewegs dahin, wenn man erst einmal bei Küstrin die Europastraße 7, die alte Reichsstraße 1, erreicht hat. Die Fahrt geht durch eine Gegend der Doppelnamen und der zweifachen Geschichte. Gorzów/Landsberg, Tczew/Dirschau, Malbork/Marienburg, Elblag/Elbing, Braniewo/Braunsberg, Kaliningrad/Königsberg. Kurz hinter Elbing gerät man auf eine Autobahn, über die die Natur hinweggewachsen ist, ein Stück stillgelegter Verkehrsgeschichte. Eine Sackgasse mitten in Europa. *Last exit.* Aus. Wenn sie wieder in Betrieb genommen ist, wird Europa ein großes Stück weiter sein.

(Dezember 1999)

Unmixing Europe oder: Kosovo war überall

Die Nachkriegszeit ist zu Ende, aber auf andere Weise als im Jahre 1989. Bilder tauchen auf, die man in Europa seit 1945 nicht mehr gesehen hat. Spuren von Massakern, Flüchtlingstrecks, Zeltstädte, herumirrende Kinder, deren Eltern verschollen sind, gesprengte Donaubrücken, brennende Raffinerien, die Wiedergeburt des ethnisch gesäuberten Staates. Am Ende des Jahrhunderts finden wir uns wieder inmitten dessen, was man früher »Volkstumskämpfe« nannte. Dabei sind wir erst am Anfang. Doch was wirklich vor sich geht, werden wir erst zu sehen bekommen, wenn sich der Rauch verzogen hat.

Was geschieht, hat einen Namen: »ethnische Säuberung«. Die Karriere dieses Begriffs beginnt in den jugoslawischen Nachfolgekriegen in Kroatien und Bosnien-Herzegowina. Er ist in unseren Sprachhaushalt so rasch eingegangen, als hätte es »ethnische Säuberung« immer schon gegeben. Aber sie ist nicht ein jahrtausendealtes Phänomen, sondern hat eine eigene Entstehungsgeschichte; sie gehört ganz und gar der Neuzeit oder noch genauer: dem 19. und vor allem dem 20. Jahrhundert an. »Ethnische Säuberung« ist nicht einfach Gewalttätigkeit. Es gibt sie nicht ohne die zentrale Idee des ethnisch homogenen Nationalstaates. Es gibt sie nicht ohne Erfahrungen im Umgang mit der Verschiebung und Beherrschung großer Menschengruppen, wie sie erst im Zeitalter des modernen Imperialismus mit seinen bürokratischen Apparaten entstehen.

Für Massenaustreibungen und Völkerverschiebungen bedarf es komplexer Logistik, modernen Organisationswissens und Know-hows. Es bedarf der großmaßstäblichen Planung, vorbereitender Propaganda, die die betreffende Gruppe stigmatisiert, ausgrenzt und für die Verfolgung präpariert. Es geht nicht ohne die wissenschaftlichen Apparate, die die soziologische und historische Expertise und die nationalen Mythen entwerfen, und es bedarf der Spezialisten der Gewaltausübung, die in der Lage sind, sowohl mit chirurgischen Methoden als auch mit Äxten und Messern umzugehen. Wenn es soweit ist.

Es ist kein leichtes Spiel, »ethnische Gemengelagen«, die in Dutzenden von Generationen und in Jahrhunderten gewachsen sind und oft den schwersten Belastungen und Konflikten standgehalten haben, aus dem Gleichgewicht und zum Einsturz zu bringen. Es bedarf der größten Phantasie und kriminellen Energie, um das Gefüge komplexer Lebenswelten auszuhebeln und Menschen, die ihr Leben lang halbwegs miteinander ausgekommen sind, dazu zu bringen, übereinander herzufallen und sich abzuschlachten. Es bedarf der Schläger und der Schreibtischtäter, die vorangehen.

In all diesen Dingen hat es das 20. Jahrhundert zu einer Perfektion gebracht wie keines zuvor. Weniger als andere Epochen ließ es sich auf halbe Lösungen ein. Es ging immer aufs Ganze, auf endgültige Lösungen. Nirgendwo sind die dafür erforderlichen Kompetenzen in einem solchen Übermaß akkumuliert und mobilisiert worden wie in Europa. Was jetzt auf dem Balkan stirbt, ist das, was vom alten Europa im 20. Jahrhundert noch geblieben ist.

Das 20. Jahrhundert wurde manchmal das Jahrhundert der Flüchtlinge genannt. Das ist nicht ganz genau. Flüchtlinge hat es immer gegeben, wenn auch nie so viele wie in der Weltkriegsepoche mit ihren Massenevakuierungen vor heranrückenden Fronten, mit ihren Emigrationen und Deportationen. Aber wer evakuiert wird, kehrt nach dem Ende des Ausnahmezustandes und dem Ende von Kriegshandlungen vielleicht zurück. Wer flüchtet, kann sich, wie groß das Risiko auch immer sein mag, entschließen zur Heimkehr. Wer aber vertrieben wird, weil er einer bestimmten Gruppe angehört, hat keine Wahl. Am allerwenigsten derjenige, der einer ethnischen Gruppe angehört; denn Konfessionen, Sprachen oder politische Anschauungen kann man wechseln, eine Herkunft nicht. Vertreibungen sind so gut wie endgültig. Diese Unterscheidungen sind wichtig nicht der Begriffsklärung wegen, sondern weil sie im Zeitalter des Ordnungs- und Säuberungswahns über Leben und Tod entscheiden können.

Die Idee von der Entmischung

Es führt nicht allzuweit, die Erfahrung der ethnischen Säuberung einfach in die nicht abreißende Kette von Gewalt, die die Geschichte der menschlichen Zivilisationen durchzieht, einzuordnen. Ganze Stämme und Völker wurden in die Verbannung geschickt oder verschleppt. Nebukadnezar führte die Juden im 6. Jahrhundert vor Christus aus Jerusalem fort. Assyrische und chinesische Herrscher befestigten mit Massenwegführungen gefährdete Grenzen. Das christliche Abendland kannte die Verfolgung und Vertreibung nichtchristlicher Gemeinschaften oder christlicher Sektierer. Aber die Geschichte der aus Spanien vertriebenen Mauren und Juden oder der Waldenser und Hugenotten belegt nur, daß es sich um Massenverfolgungen aus religiösen, nicht aus ethnischen Gründen handelte. Die vormodernen Reiche waren in der Regel multiethnische Gebilde. Sie wurden bewohnt von Untertanen eines Königs, Kaisers, Zaren oder Sultans, nicht von Angehörigen einer Nation. Die herrschenden Eliten waren ihrer Herkunft und Orientierung nach transnational und kümmerten sich nicht um die Volkszugehörigkeit ihrer Untertanen. Entscheidend war, ob man Bauer oder Bürger, Freier oder Unfreier war. Ihre Legitimität bezogen sie von Gott und der Autorität einer Dynastie. Dies änderte sich erst mit der Entstehung des modernen Staates und der bürgerlichen Nation. Im Westen Europas deckten sich in der Nation sprachliche und kulturelle Gemeinschaft und politisches Territorium. Anders in weiten Teilen Mittel- und Ostmitteleuropas, wo sprachliche und kulturelle Grenzen nur selten mit den Grenzen des staatlichen Territoriums übereinstimmten. In den Imperien der Habsburger, der Osmanen, der Romanows und Hohenzollern, wenngleich als »Völkergefängnisse« gescholten und bekämpft, lebten bis ins 20. Jahrhundert hinein Dutzende von Völkern, die verschiedenen Sprachen, Kulturen und religiösen Bekenntnissen angehörten.

Als Anwärter, den Gedanken zur Schaffung des ethnisch »reinen« Staates erstmalig formuliert zu haben, kommen offenbar mehrere Theoretiker in Frage. Sicher ist, daß dieser Gedanke weit ins 19. Jahrhundert zurückreicht. Wie der Historiker Theodor Schieder in seinen begriffsgeschichtlichen Studien herausfand, wurde die Idee vom ethnisch »reinen« Staat offensichtlich von Heinrich Luden (1780-1847) schon im Jahre 1814 in seiner Schrift »Das Vaterland oder Volk und Staat« formuliert. Der von Fichte und Schelling beeinflußte, in Jena lehrende Historiker, der in der Zeitschrift »Nemesis« einen »volkhaft bestimmten Liberalismus« vertrat, schrieb: »Einmal könnte man die Bürger eines fremden Volkstums über die Naturmarken unseres Staates entfernen und auf diese Weise unseren Staat reinigen; zweitens könnte man versuchen ... die Eigentümlichkeit der fremden Bürger in unserer Eigentümlichkeit aufzulösen. Das erste aber würde schrecklich sein und unmenschlich! Wohin sollte man dann die Unglücklichen vertreiben, wenn man auch Gewalt genug hätte, und von ihren Volksgenossen keine Rache befürchten dürfte? ... Die schönsten Gefühle der menschlichen Brust empören sich gegen eine solche Grausamkeit ...«

Ein halbes Jahrhundert später heißt es bei einem nationalistischen Vordenker wie Paul de Lagarde 1855: »Es ist zweifellos nicht statthaft, daß in irgendeiner Nation eine andere Nation bestehe; es ist zweifellos geboten, diejenigen welche ... jene Dekomposition befördert haben, zu beseitigen. Es ist das Recht jedes Volkes, selbst Herr auf seinem Gebiet zu sein, für sich zu leben, nicht für fremde.« Im 20. Jahrhundert faßt der Führer der Alldeutschen Heinrich Claß die »Abtretung menschenleeren Landes« und eine großzügige Politik der Evakuierung als »Hilfsmittel äußerster Not« ins Auge. Und noch etwas später formulierte Paul Schiemann (1876-1944), ein deutschbaltischer Politiker und Vizepräsident des Europäischen Minderheitenkongresses: »Die Konsequenz des so aufgefaßten Selbstbestimmungsgedankens ist entweder die gewaltsame und brutale Transplantation von ganzen Bevölkerungsteilen aus einem Staat in den anderen mit allen ihren verderblichen Folgen« oder eben die Assimilation, das Aufgehen der Minderheiten im Mehrheitsvolk. Es ist von einem ethnonationalistischen Standpunkt scheinbar nur noch ein kleiner Schritt bis zur »ethnographischen Flurbereinigung«, die in die Zusammenführung und Konzentration der »Splitter deutschen Volkstums« und die »Ausscheidung nichtdeutschen Volkstums« münden sollte.

Der Erste Weltkrieg brachte die Sprengung der »Völkergefängnisse« und eine gänzlich neue Staatenwelt mit sich. Die Sehnsucht nach einem eigenen Staat war endlich Wirklichkeit und zur materiellen Gewalt geworden. Die ganze Wucht der nationalen Romantik entlud sich in dem Augenblick, als die alten Ordnungsmächte nicht mehr waren. Aus den Staatsvölkern von einst waren nun oftmals diskriminierte Minderheiten in den neuen, aus der Auflösung der Imperien hervorgegangenen Nationalstaaten geworden. Aus der »Nationalitätenfrage« der alten Imperien wurde vielfach die Minderheitenfrage der neuen Staatenwelt. Europa nach dem Untergang der imperialen Welt ist geprägt von Volkstumskämpfen und »Minderheitsfragen«. Das nationale Selbstbestimmungsrecht, das der staatlichen Neuordnung nach dem Ersten Weltkrieg zugrunde gelegt wurde, war allzusehr vom Kampf zwischen Siegern und Verlierern geprägt, als daß diese hätte gerecht ausfallen können. Aus den Vielvölkerimperien gingen nach den Grenzziehungen in den Pariser Vorortverträgen in der Regel nicht homogene Nationalstaaten hervor, sondern Vielvölkerstaaten mit starken Minderheiten, die als Bedrohung für die Integrität und Souveränität der neuen Staatswesen empfunden wurden. Sie erschienen als fünfte Kolonnen, als illoyale und zersetzende Kräfte.

Jeder Staat hat seine Minderheit jenseits der eigenen Grenzen. Durch die Regelungen von Trianon etwa hatte Ungarn 1920 zwei Drittel seines Territoriums und drei Fünftel der Vorkriegsbevölkerung verloren, und an die drei Millionen Ungarn waren zur Minderheit in den Nachbarstaaten Rumänien, Tschechoslowakei und Jugoslawien geworden. Sie stellten keineswegs nur innere Probleme dar. Überall wimmelte es von irredentistischen und revisionistischen Bewegungen, da die neuen Staatsgrenzen meist nicht mit den ethnischen Grenzen übereinstimmten. Der amerikanische Präsident Woodrow Wilson befand daher in Paris 1919, daß »nichts geeigneter ist, den Weltfrieden zu stören, als die Behandlung, der unter Umständen die Minderheiten ausgesetzt werden können«. Kein Staat, der nicht vom Volkstumskampf erfaßt war. Das hieß dann Germanisierung, Polonisierung, Romanisierung, Türkisierung, Serbisierung. Immer ging es um den Kampf um etwas Größeres als das Bestehende: Großdeutschland, Großrumänien, Großbulgarien, Großgriechenland, Großserbien. Vor Minderheiten hatte man Angst. In ihnen verbinden sich häufig soziale mit ethnischen Aspekten und interne mit äußeren Konflikten. Der schwache Nationalstaat der Zwischenkriegszeit war daher die Bühne unendlich komplizierter und nicht abreißender Verwicklungen. Nur ein ethnisch homogener Staat ist, so könnte man diesen Standpunkt formulieren, ein starker Staat, und die Herstellung dieser Homogenität ist, so die Konsequenz, ein Unterpfand seiner Stabilität. Fast überall gingen die Staatsgründungen, die aus dem Untergang der europäischen Vielvölkerimperien hervorgingen, mit völkischem und ethnischem Furor einher – am deutlichsten vielleicht zu erkennen an der jungtürkischen Revolution, deren Aufstieg verbunden war mit einem Vorboten des neuen postimperialen Europa, dem Genozid an den Armeniern.

Experimente auf dem Balkan

Nirgendwo war die Landkarte der Völker so komplex und kompliziert wie auf dem Balkan, der in seiner ethnischen und kulturellen Gemengelage fast so etwas wie ein Europa im kleinen ist. Einen modernen homogenen Nationalstaat zu schaffen in dieser kleinräumigen und sich sprachlich, kulturell, religiös überlappenden Gegend mußte die allergrößten Schwierigkeiten bereiten. Vielleicht ist es kein Zufall, daß hier seinen Anfang nahm, was britische Diplomaten als erste »unmixing populations« genannt hatten. Als das Osmanische Reich aus dem Balkan zurückgedrängt wurde und die neuen Staaten im 19. Jahrhundert entstanden, wanderten viele Balkantürken aus dem werdenden serbischen Staat ab. Vielleicht der »erste neuzeitliche Fall vertraglich sanktionierter Vertreibung«, »lange bevor das Instrument des Bevölkerungsaustausches im frühen 20. Jahrhundert Anwendung fand« (Wolfgang Höpken). In mehreren Wellen wurden die Balkantürken aus den sich bildenden neuen Staaten verdrängt. Hier kam es im Gefolge der Balkankriege zu den ersten systematischen »ethnischen Flurbereinigungen« mit Zwangstaufen, Namensänderungen, Vertreibungen und Greueltaten.

Hauptleidtragende der beiden Balkankriege war vor allem die Zivilbevölkerung in der umkämpften Grenzregion. Sie reagierte auf die Diskriminierung, Zwangsbekehrungen und Kriegshandlungen mit Massenflucht, die vorerst nur gedacht war als vorübergehendes Ausweichen vor dem Krieg, in Wahrheit meist aber auf ein endgültiges Verlassen der Wohngebiete hinauslief. Hier entstanden die ersten Modelle für den Austausch von Volksgruppen. Der Friedensvertrag von Adrianopel im Jahre 1913 »war der erste zwischenstaatliche Vertrag in der modernen Geschichte, der einen Bevölkerungstransfer zwischen zwei Staaten (allerdings auf formal freiwilliger Basis und beschränkt auf die Bewohner von Grenzgebieten) vorsah« (Holm Sundhaussen).

Angesichts der komplizierten ethnischen Gemengelage mußten Ab- und Ausgrenzung besonders radikale Formen annehmen. Der einzelne ist nur in seltenen Fällen, was er »eigentlich« per Abstammung sein soll. »Fremddefinition steht gegen Eigendefinition«. Ein Mazedonier beispielsweise ist – je nach Position des Betrachters – »eigentlich« Bulgare respektive Grieche respektive Serbe. Und ein bosnischer Muslim ist »eigentlich« ein islamisierter Serbe oder Kroate. Ein Kosovo-Albaner ist »eigentlich« ein albanisierter, zum Islam konvertierter Serbe; ein Serbe in Kroatien ein zur Orthodoxie übergetretener oder zur Konversion gezwungener Kroate, ein Türke in Bulgarien ein islamisierter und türkisierter Bulgare und so weiter, und so weiter. Der »Eigentlichkeit« sind eigentlich keine Grenzen gesetzt. Daher liege, so Sundhaussen, die Ursache dessen, was seit Ende des Ersten Weltkriegs als »Balkanisierung« in die politische Publizistik eingegangen sei, »in der Diskrepanz zwischen historisch gewachsenen Siedlungsstrukturen auf der einen und modernem nationalstaatlichem Ordnungsprinzip auf der anderen Seite«. Dieser Konflikt hat sich immer wieder Ausdruck verschafft: erst in der Verdrängung der Balkantürken, dann in den Aktionen des kollektiven Bevölkerungsaustausches zwischen 1913 und 1923, dann in den Säuberungsexzessen der kroatischen Ustascha gegen Serben, Juden und Roma, in den Abrechnungen der Tito-Partisanen mit den Donauschwaben oder in den Säuberungsaktionen in der Krajina, Bosnien oder heute im Kosovo. Eine politische Nation nach französischem Vorbild und ein Föderalismus nach deutschem Muster, die der Einheit und Vielfalt des jugoslawischen Raums vielleicht angemessen gewesen wären, standen nicht zur Verfügung.

Schon früh setzte daher die Suche nach Auswegen aus diesem Dilemma ein, nämlich die Beseitigung des »Unruhe- und Konfliktherdes« durch Umsiedlung. Zum historisch ersten Fall einer »massiven Verpflanzung« großen Stils kam es 1922/23. Griechenland hatte, den Zusammenbruch des Osmanischen Reiches nutzend und von der Entente gedeckt, die kleinasiatischen Küstengebiete besetzt, in denen seit alters her an die zwei Millionen Griechen lebten. Aber das militärische Abenteuer zur Schaffung eines großhellenischen Staates ging schief, die griechischen Armeen wurden von Kemal Paschas Truppen zurückgeschlagen. Am 9. September 1922 wurde Smyrna von den Türken erobert, die alte und reiche Handelsstadt aber ging in Flammen auf. Tausende kamen um. Hunderttausende flohen in Panik oder mußten evakuiert werden. Die Geschichte des kleinasiatischen Griechentums war damit, so schien es, an ein Ende gekommen. Im Abkommen von Lausanne zwischen Griechenland und der Türkei vom 30. Januar 1923 wurde dieser Tatsache Rechnung getragen und der Ablauf der Evakuierung und Umsiedlung geregelt: Etwa 1,35 Millionen Griechen Kleinasiens sollten gegen ungefähr 430 000 Türken, die in Thessalien und Thrakien lebten, ausgetauscht werden. Anders als beim Abkommen von Adrianopel handelte es sich um einen Zwangsumtausch, ohne Option.

In einem Exposé zu dem Vertrag, geschrieben vom Flüchtlingskommissar des Völkerbundes, Fridtjof Nansen, standen die schicksalsschweren Worte, »daß die Entmischung der Bevölkerungen des Nahen Ostens (›that to unmix the populations of the Near East‹) die wahre Befriedung des Nahen Ostens garantieren wird ... und daß der Bevölkerungsaustausch der rascheste und wirksamste Weg ist, um mit den schweren ökonomischen Folgen fertig zu werden, die sich aus der großen Bevölkerungsbewegung, die bereits eingesetzt hat, ergeben«. Damit war es geschehen: Zwangsumsiedlung, auch wenn sie weitgehend nur die nachträgliche Bestätigung dessen war, was bereits geschehen war, wurde als Schlüssel zur Befriedung einer Region angesehen. Dabei war allen Beteiligten klar, daß es sich, wie der am Vertragsabschluß beteiligte britische Außenminister Lord Curzon sagte, um eine »durch und durch schlechte und verwerfliche Lösung handelt, für die die Welt in den kommenden hundert Jahren büßen wird«. Ein neues Paradigma war geschaffen für Konfliktlösungen in der Welt. Immer wieder – bis in die Zeit nach dem Zweiten Weltkrieg – fungierte das Lausanner Abkommen als Anhaltspunkt für die Praktikabilität »kollektiver Bevölkerungstransfers«, also als Beweis nicht nur für die Machbarkeit, sondern die moralische Legitimität von Zwangsumsiedlungen als »kleinerem Übel«. Im Frühjahr 1943, als die Alliierten über Europa nach dem Ende des Krieges nachdachten, sagte der amerikanische Präsident Franklin D. Roosevelt über das künftige Ostpreußen: »Wir sollten Vorkehrungen treffen, um die Preußen aus Ostpreußen auf die gleiche Weise zu entfernen, wie die Griechen nach dem letzten Krieg aus der Türkei entfernt wurden«; das sei zwar grob, aber die einzig denkbare Alternative. Auch Winston Churchill bezog sich, als er ausführte, daß die Westverschiebung Polens die Vertreibung der Deutschen impliziere, positiv auf den griechisch-türkischen Bevölkerungsaustausch, da man sich auf diese Weise »endlose Unannehmlichkeiten« ersparen werde. Gemäßigtere Stimmen fanden wenig Gehör.

Der Verschiebebahnhof

Was Umsiedlung und Vertreibung im großen Maßstab wirklich bedeuteten, erfuhr Europa durch die Nazis. Sie hielten sich nicht lange bei der Revision von Versailles auf, denn sie hatten ihre eigene Vorstellung vom neuen Europa. Es sollte von der arischen Herrenklasse beherrscht sein. Für die Modellierung des neuen Europa stand ihnen alles zu Gebote, was man für ein solches Projekt brauchte: wissenschaftliche Expertise, organisatorische und logistische Kapazität, ein Terror- und Militärapparat, der die besetzten Länder in Schach hielt, und eine Gesellschaft, die mitmachte. Götz Aly hat minutiös diesen gigantischen »bevölkerungspolitischen Verschiebebahnhof« rekonstruiert. Keine Völkerschaft, die nicht einsortiert, taxiert und auf den Weg geschickt worden wäre. Experten der Bevölkerungspolitik, Demographen, Anthropologen, Planungsfachleute und Verkehrsexperten arbeiteten an einem Gesamtwerk »Generalplan Ost«, in dem Aussiedlung und Einsiedlung, Landschaftsentwürfe, Durchgangs- und Auffanglager konzipiert und das Ineinandergreifen von Nah- und Fernlösungen analysiert wurden. In den Zentralstellen dieser Apparatur wurden Volksgruppen nach Belieben hin und her geschoben, repatriiert und abgeschoben. Für jeden eingesiedelten und ins Reich heimgeholten Volksdeutschen wurden andere ausgesiedelt, das heißt binnen Minutenfrist von Haus und Hof vertrieben, irgendwohin »im Osten« deportiert. »Volkstumsinseln« wurden ausgemacht, »Volkstumssplitter« gesammelt und zu »Volkstumsbrücken« formiert.

Innerhalb weniger Wochen wurden die Deutschbalten nach dem Beginn des Krieges gegen Polen »heim ins Reich« geholt, in dem sie nie gelebt hatten, und eine über 700 Jahre dauernde Siedlung abgeräumt. In »großen Trecks« wurden Deutsche aus Wolhynien, vom Narew, aus Bessarabien, der Dobrudscha oder aus Litauen in die dem Großdeutschen Reich einverleibten polnischen Gebiete geholt, um die »Germanisierung« auf den Weg zu bringen. Man mußte Platz für sie schaffen, also vertrieb man die Einheimischen aus Posen oder Danzig, die man ins Generalgouvernement abschob oder »aussiedelte«, um neue Unterkünfte für die mittelständischen Volksdeutschen aus Reval und Riga zur Verfügung zu haben. Hunderttausende wurden so »neu angesetzt«, nachdem man Hunderttausende erst einmal vertrieben hatte, gleich im Herbst 1939, »wild« und nicht auf »ordnungsgemäße und humane Art und Weise«.

Umsiedlungsexperten, Anthropologen, Soziologen, künftige Sozialhistoriker lieferten die Karten und Richtlinien. Es ist etwas ganz anderes, daß der große Plan im Chaos endete, daß das Scheitern der vielen versuchten Nahlösungen in den kurzen Prozeß und in die radikale »Endlösung« einmündete und daß aus der Um- und Rücksiedlung im Sog des militärischen Zusammenbruchs erst eine »Notsiedlung« und dann panische Flucht wurde. Nun passierte es, daß die 1939 ins Reich »Repatriierten«, die zwischenzeitlich ins Baltikum zurückgekehrt waren, noch einmal in Bewegung gesetzt wurden: zur Flucht nach Westen, aus dem es keine Rückkehr in die alte Heimat mehr gab. So wurden aus Planern der Völkerverschiebung und Organisatoren des »Großen Trecks nach Osten« Verwalter von Flüchtlingsauffang- und -durchgangslagern. Irgendwann verwischten im Sog des Zusammenbruchs alle Grenzen zwischen Rückzug, Evakuierung, Flucht, wilder Vertreibung und geordneter Aussiedlung, Pogrom und »organisiertem Abschub«. Irgendwann wurden die alten Ostprovinzen des Reiches leergefegt und waren vorbereitet auf die territoriale und staatliche »Neuordnung« der Sieger. Fast alles, was es an Deutschen im Osten Europas noch gegeben hatte, war aus der alten Heimat fortgespült.

Am Ende der »neuen Ordnung der ethnographischen Verhältnisse«, die Hitler am 6. Oktober 1939 angekündigt hatte, gab es das alte Europa nicht mehr. Die Juden Europas waren umgebracht, Millionen von Menschen – ob Zwangsarbeiter oder Kriegsgefangene – in eine Völkerwanderung ohnegleichen verwickelt, ganze Stämme und Völkerschaften von einem zum anderen Ende des Kontinents geworfen. Die ethnische, sprachliche und konfessionelle Karte des mittleren und östlichen Europa war bis zur Unkenntlichkeit verändert.

Von 1939 bis 1943, in der Zeit des Triumphs des nationalsozialistischen Deutschland, wurden an die 15 Millionen Menschen in Völkerverschiebungen hineingezogen. Von 1944 bis 1948, in der Zeit des Zusammenbruchs und des Sieges über Hitler, mußten noch einmal 31 Millionen Menschen auf Wanderschaft gehen. Rund 50 Millionen Menschen wurden aus ihrer angestammten Heimat vorübergehend oder für immer losgerissen und entwurzelt. Der ganze Kontinent war, so schien es, bevölkert von einem neuen Menschentyp, von Flüchtlingen, Heimatvertriebenen und Deportierten.

Am Beginn der »Neuordnung der ethnographischen Verhältnisse« im Herbst 1939 hatte nicht zufällig das Abkommen zwischen Stalins Sowjetunion und Hitler-Deutschland gestanden. Die Aufteilung der Einflußsphären war die Bedingung für die »Repatriierung« der Volksdeutschen, aber auch für Massendeportationen, die sich gegen die Führungsschichten der besetzten Länder richteten. Auf sowjetischer Seite ging es vor allem um die Neutralisierung und Liquidierung potentieller unabhängiger oder gar oppositioneller Kräfte: Angehöriger der alten Eliten, Geistlicher, Intellektueller, Vertreter des Bürgertums und der politischen Parteien. Sofern es sich aber um Führungsgruppen des besetzten Polen, Litauen, Lettland und Estland handelte, hatten die nun anrollenden und perfekt organisierten Massendeportationen durchaus den Charakter gezielter »chirurgischer Operationen« gegen die nationalen Eliten.

Der Kommunismus teilte mit dem Nationalsozialismus die Leidenschaft für große, heroische und endgültige Lösungen, aber seine Utopie von der klassenlosen Gesellschaft ging doch in eine ganz andere Richtung als die völkische Utopie des Nationalsozialismus. Die neue Gesellschaft, der neue Mensch, war nicht durch Volkszugehörigkeit definiert. Der Säuberungswahn der stalinistischen Sowjetunion richtete sich gegen das »sozial Fremde«, den »Klassenfeind«, doch in Wahrheit war auch dies nur die Chiffre für alles, was sich nicht fügte, nicht ganz angepaßt war oder gar nach Selbständigkeit aussah. Die »ethnische Säuberung« in Stalins Sowjetunion spiegelte daher die Durchsetzung totaler Macht. Sie stand ganz in der Herrschaftstradition des Russischen Reiches, freilich in einer erst für die Moderne charakteristischen Härte und Rücksichtslosigkeit. Die Deportationen ganzer Völkerschaften binnen kürzester Frist und unter härtesten Bedingungen hatten daher weniger mit der für den Nationalstaat charakteristischen ethnischen Säuberung zu tun als vielmehr mit der Aufrechterhaltung des Imperiums und der Festigung des »totalen Staates«.

Die »kleinen Völker« wurden als Agenten der feindlichen Mächte, als Sündenböcke für ausgebliebene Erfolge angegriffen und später kollektiv der Kollaboration mit der Wehrmacht bezichtigt. Gegen sie entlud sich der ganze Säuberungswahn des Systems. In großangelegten Aktionen wurden Zehntausende Menschen binnen weniger Stunden über Tausende Kilometer in unwirtliche Gegenden deportiert. Das betraf Dutzende von Völkerschaften, allen voran die große Gruppe der Wolgadeutschen, die kaukasischen Völker der Tschetschenen, Inguschen, Kabardiner, Karatschaier, aber auch der Kalmücken, der Krimtataren, der Schwarzmeergriechen, der Koreaner, Kurden und vieler anderer. Zehntausende von Menschen kamen bei diesen »Aktionen« ums Leben: Sie erfroren, verhungerten, wurden von Krankheiten dahingerafft.

Die Vertreibung der Deutschen erscheint fast als die logische Folge der von Deutschen begangenen Verbrechen. Mehr als die Hälfte der etwa zehn Millionen in den östlichen Gebieten des Reiches lebenden Deutschen waren seit Oktober 1944 auf der Flucht vor der Roten Armee. Die Frage, ob es sich dabei und bei den folgenden wilden Vertreibungen um »ethnische Säuberungen« handelte, wird daher meist nicht gestellt. Dabei zeigte sich rasch, daß das wichtigste Kriterium, warum sie aus ihrer Heimat vertrieben wurden, eben ihre Volkszugehörigkeit war. Alle Versuche, Ausweisungen politisch selektiv und individuell zu handhaben und etwa Hitler-Gegner von den Ausweisungen auszunehmen, schlugen meines Wissens fehl. Es blieb also bei der Kollektivzuschreibung. Die Geißel der ethnischen Säuberung hatte die Deutschen, die sie am brutalsten geschwungen hatten, selbst eingeholt, wenngleich selten die wirklich Verantwortlichen, und wie fast immer die am meisten Schutzlosen: Zivilisten, Frauen, Kinder, Alte.

Einer, der es wissen mußte – der russische Jude Eugene M. Kulischer, der erst vor Lenin, dann vor Hitler flüchtete –, urteilte 1946: »Die größte organisierte Völkerverschiebung der Weltgeschichte, die sechseinhalb Millionen Deutsche umfaßt, ist in vollem Schwung. Weitere Massendeportationen sind in Vorbereitung... Es steckt der Glaube dahinter, daß politische und ethnische Grenzen zusammenfallen sollten. Wo man dies aufgrund des gemischten Zusammenlebens der Bevölkerung verschiedenster ethnischer Zugehörigkeit nicht erreichen kann, setzt man auf Pläne, Hunderttausende von Menschen von einem zum anderen Land zu verschieben.«

Aber es ging nicht nur um die Austreibung der Deutschen aus den Gebieten östlich von Oder und Neiße oder der Sudetendeutschen aus der Nachkriegs-Tschechoslowakei. Von kaum weniger schmerzlichen Vertreibungs- und Umsiedlungsaktionen waren betroffen: Polen, die den Osten, der der Sowjetunion zugeschlagen worden war, verlassen mußten und die in den neuen Westgebieten angesiedelt wurden; Ukrainer, die ihre Siedlungen in Polen aufgeben mußten oder aus dem Südosten in den Nordwesten des Landes deportiert wurden; Donauschwaben und Rumäniendeutsche, die in die Sowjetunion verschleppt wurden.

Das gesäuberte Europa

Kaum ein Landstrich im mittleren oder östlichen Europa blieb von dieser Erfahrung verschont. Überall treffen wir auf Menschen, die nicht von dort stammen, wo sie heute leben. Sie tragen ihre Heimaten mit sich herum. Fast jede Gruppe hat ihr verlorenes Land: die Bulgaren ihr Mazedonien; die Serben ihr Kosovo; die Italiener Fiume, die Deutschen ihr Ostpreußen und Schlesien; die Polen die Kresy, Wilna und Lemberg; die Ungarn Temesvár und Transsylvanien; die Türken Thrakien, die Griechen Smyrna und Konstantinopel. Sie haben alle ihre Gedächtnisorte, die für Jahrzehnte unerreichbar waren. Man gewinnt einen Eindruck davon, daß die Heimaten im Kopf noch immer existieren, wenn man polnische Touristen auf dem Rossa-Friedhof in Wilna sieht, wo das Herz Piłsudskis bestattet ist; oder wenn man die Deutschen sieht, die Blumen an Kants Grabmal am Königsberger Dom niederlegen. In den Köpfen gibt es bis heute eine Erinnerung an die Spur der Gewalt: an den zusammengeschossenen Treck, die Tiefflieger, den Fluß, über den keine Brücke mehr führt, die Gewalt gegen die Frauen, die niemand zu schützen in der Lage war.

Auf den Kartenwerken, die die demographischen Verwerfungen der Weltkriegsepoche zu veranschaulichen suchen, überkreuzen sich Pfeile und Vektoren, die die gewaltsame Ortsveränderung der Millionen von Menschen symbolisieren. Kein Winkel Europas, der verschont wurde: nicht die Finnen und nicht die Rumänen, nicht die Russen und nicht die Rußlanddeutschen, nicht die Krimtataren und nicht die Tiroler, nicht die Kleinasiengriechen und nicht die Türken von Saloniki oder die Bulgaren aus der Dobrudscha. Die Häuser der einen Vertriebenen wurden zur neuen Heimstätte der anderswo Vertriebenen. Und inmitten oder besser jenseits dieser ungeheuerlichen Menschenströme gibt es etwas, das zwar mit Umsiedlung, Abschiebung und Deportation begann und doch etwas ganz anderes war als ethnische Säuberung: der Völkermord an den europäischen Juden.

Unmixing Europe ist keine Metapher, sondern ein veränderter Kontinent. Die europäische Judenheit existierte nicht mehr. An der Stelle, wo einmal Polen gewesen war, entstand aus der Asche ein neues Polen. Der deutsche Osten hat aufgehört zu existieren, und ein Deutschtum in Mittel- und Osteuropa gibt es nicht mehr. Die »Volkstumssplitter« sind beseitigt, die »Streulage« ist aufgehoben, aus der »Repatriierung« wurde die gewaltigste Fluchtbewegung, die alle konfessionellen, kulturellen, landsmannschaftlichen Barrieren über den Haufen geworfen, eine neue Landkarte und neue Gesellschaften hatte entstehen lassen. Staaten mit neuen Grenzen waren entstanden. Aus den Vielvölkerstaaten der Vorkriegszeit waren ethnisch mehr oder weniger homogene Gebilde geworden. Staatliches Territorium, Volk und Sprache waren so sehr zur Deckung gelangt wie nie zuvor.

Von den Vielvölkermetropolen der östlichen Welt waren oft nur die Fassaden geblieben, hinter denen das Leben der Vielvölkergesellschaft gestorben war. Homogenität war auch Uniformität, Provinzialität in vielerlei Hinsicht. An die Stelle der unterschiedlichen Konfessionen war die eine »nationale« getreten. Ganze Berufszweige, die vor dem Krieg mit bestimmten Bevölkerungsgruppen identifiziert worden waren – Anwälte, Bankiers, Ärzte –, waren verschwunden. Mit der Vertreibung von bestimmten Volksgruppen war auch eine »soziale Revolution« einhergegangen: Die Angehörigen der »Herrenvölker« von einst waren außer Landes getrieben worden. Dadurch öffneten sich nicht nur Karrierewege nach oben, sondern es folgte auch eine Nivellierung und Primitivisierung der sozialen Struktur. Kurzum: Das entmischte Europa ist nicht nur weniger spannungsreich, sondern auch weniger komplex, weniger reich an Differenz und Struktur, ärmer in fast jeder Hinsicht.

Was für Europa charakteristisch war und worin nicht nur seine Verletzlichkeit, sondern auch seine erstaunliche Produktivität und Elastizität begründet lag – die Existenz von Übergangszonen, die Gemengelagen und die Mischkultur der europäischen Städte –, all das gibt es nicht mehr. *Unmixing Europe*, dieses häßliche Wort ist fast bis in den letzten Winkel vorgedrungen. Aber manchmal, wenn wir genau hinsehen und dorthin gehen, wo die Provinz am tiefsten ist, haben wir vielleicht die Chance, noch Spurenelemente von dem zu sehen, was das gemischte Europa einmal war – vielleicht in Daugavpils/Dünaburg, vielleicht in Czernowitz, gewiß in Novi Sad und bis vor kurzem in Sarajevo oder Prishtina.

Der Krieg war im Prozeß dieser Purifizierung immer der größte Vereinfacher und radikalste Zuspitzer. Er bereinigte das Gelände und trieb die Flüchtlinge wie eine Bugwelle vor sich her. Kriegsgeschichte ist die Geschichte von Evakuierung, Flucht und Vertreibung – ob im Russisch-Türkischen Krieg, in den ersten Balkankriegen, im Finnisch-Sowjetischen Krieg oder in den großen Weltkriegen. Was vom gemischten Europa nach der Weltkriegsepoche noch geblieben ist, wird heute aufgelöst, von Bomben, die auf Novi Sad fallen; es geht zugrunde auf den verminten Wegen, in den Flüchtlingslagern Mazedoniens und Albaniens.

Ethnische Säuberung kommt nicht aus ohne einen ganz spezifischen Haß und eine ganz spezifische Grausamkeit. Sind es doch nicht Fremde, die übereinander herfallen, sondern Leute aus ein und derselben Stadt, die dieselbe Sprache sprechen, oft Nachbarn. Vertreibung geht nicht ohne eine Überdosis Haß. Wer Menschen entfernen will, noch dazu ganze Volksgruppen, die über Generationen dort lebten, der muß zum Äußersten greifen. Terror, blankes Entsetzen, Überschreitung einer unausgesprochenen Grenze des Denkbaren, rascher Zugriff auf verdutzte Opfer, die Aktion im Morgengrauen sind die wichtigsten Bedingungen für das Kalkül, das in jeder »Ausschreitung« steckt.

Überall in Europa gibt es Menschen, die wissen, was passiert, wenn niemand mehr da ist, der einschreitet, wenn der Mob regiert. Überall gibt es Leute, die uns erzählen könnten, was das ist: ethnische Säuberung. Sie alle wissen, was Balkan ist, auch wenn sie noch nicht dagewesen sind. Europa am Ende des Jahrhunderts, das länger dauert, als die Geschichtsphilosophen vorgesehen haben, ist ein großes *déjà vu*. Man darf sich nicht täuschen lassen durch die Handys und die Schuhe von Reebok an den Füßen der Desperados oder die lasergesteuerten Raketen aus dem Arsenal von »Star Wars«. Man sieht dem heutigen Europa kaum an, daß es aus Massakern hervorgegangen ist. Es besteht, wenn wir genau hinsehen und auf den Tonfall seiner Bewohner hören, aus geronnenen Flüchtlingsströmen. Europa war überall Balkan. Er ist uns nicht so fremd, wie es im Augenblick des Entsetzens scheint.

(Frühjahr 1999)

285

Sprachefinden für zweierlei Untergang

Warum über Vertreibung im Gedächtnis der Europäer reden, wo doch jeden Abend frische und grauenhafte Bilder life ins Wohnzimmer kommen! Warum von *lieux de mémoire* sprechen, wo die Gegenwart uns packt! Daß wir dieses Europa im Lichte des Kosovo heute anders ansehen als zu spätbundesrepublikanischen Friedenszeiten, ist klar. Die Rückkehr von Krieg und Gewalt lehrt uns, die harmlosen Kinder des Goldenen Zeitalters, neu sehen, auch die Vergangenheit. Das Jahr 1989 eröffnete in fast jeder Hinsicht neue Perspektiven. Unter anderem beendete es einen Zustand des Kalten Krieges, der die Verhältnisse eingefroren und das Denken blockiert hatte. Wir begannen wieder ganz Europa zu denken, nicht nur das westliche oder östliche; wir begannen die europäische Geschichte als Ganzes zu denken, nicht nur als die des westlichen oder östlichen Blocks. Eine inspirierende und zugleich riskante Angelegenheit. Es gab keine Zugangssperren mehr, keine Zensur, keine geschlossenen Archive, keine obsolet gewordene Sprachregelung. Das galt auch für eines der dramatischsten und umstrittensten Themen Nachkriegs-Europas, insbesondere Deutschlands: die Frage der Umsiedlung und Vertreibung der Deutschen aus Ostmitteleuropa im Anschluß an Hitlers Krieg. Es schien eine Zeit anzubrechen, in der das politische und ideologische Gezerre um die Vergangenheit beendet sein würde und alle in der Überzeugung lebten, daß es Wichtigeres zu tun gebe, nämlich die Gestaltung des glücklich wiedervereinigten Europa. Die Vertreibungs- und Vertriebenenfrage konnte, so die Erwartung, endlich eine historische werden, Sache der Historiker, die sie zu erforschen und zu erzählen haben würden. Jenseits von Aufrechnen, Rechthaberei und parteipolitischer Instrumentalisierung.

Durch die Pionierarbeit von Historikern war die Frage so weit formuliert und zugespitzt worden, daß sie einen neuen Zugang erlaubte, ja verlangte. Götz Aly hatte meines Wissens als erster in seinen Forschungen zur Genese der »Endlösung« wieder einen Faden aufgenommen, der in den Untersuchungen Joseph Schechtmans zu den

Bevölkerungstransfers im Zweiten Weltkrieg sichtbar geworden, dann aber gerissen war: den Faden, der offensichtlich bestand zwischen den gewaltigen Bevölkerungstransfers im Rahmen des »Generalplans Ost« einerseits und der Genese der sogenannten »Endlösung der Judenfrage«, die ja ebenfalls als Bevölkerungsverschiebung oder »ethnische Säuberung«, wie wir heute sagen würden, begonnen hatte. Aly hatte damit eine Wende von paradigmatischer Wucht möglich gemacht und neue Forschungen angestoßen. Sie alle warfen die Frage auf, ob es nicht einen großen Zusammenhang zwischen »ethnischer Flurbereinigung« und »Endlösung« gab, und alles, was er und in seinem Gefolge mittlerweile auch andere dazu vorgelegt haben, deutet in diese Richtung. Forschungspragmatisch bedeutete dies, daß zwei gänzlich unabhängig von einander existierende Forschungslinien, ja *science communities*, endlich zusammengeführt wurden zum »europäischen Vertreibungsgeschehen«. Die Konsequenzen dieser Entdeckung und Innovation sind immer noch nicht genau abzuschätzen.

Die Ausgangslagen in der Erfahrung der Vertreibung in den betroffenen europäischen Ländern sind sehr verschieden: es gab Länder, in denen ungestört debattiert und geforscht werden konnte, und solche, in denen das Thema tabu war; es war immer noch ein eminent brisantes, tagespolitisches, also noch kein historisches Thema. Aber die eigentliche Schwierigkeit besteht nicht im Quellenmäßigen, nicht im methodologischen, sondern in etwas anderem.

Auch Deutschland hat seine Schwierigkeiten. Um die These vorwegzunehmen: Das Vertreibungsgeschehen in Deutschland steht im Schatten eines anderen Geschehens; die Verbrechen, die sich bei Flucht und Vertreibung ereignet haben, haben sich ereignet vor dem Hintergrund einer Verbrechensgeschichte, aus deren Kontext oder Sog man fast nicht herauskam. Wer die eigene Betroffenheit zum Thema machte, schien die Dimension des anderen Verbrechens, die anderen zugefügt worden war, zu verharmlosen und herunterzuspielen. Das Problem die ganze Nachkriegszeit über war: Wie spricht man auf angemessene Weise von zweierlei Untergängen, von zweierlei Formen der Gewalttätigkeit gegenüber Menschen, ohne ihnen Unrecht zu tun? Wie werden Historiker mit einer heillosen geschichtlichen Situation fertig?

Ich bin seit jeher der Meinung, daß der Verlust des deutschen Ostens zu den großen kulturellen Katastrophen gehört, der die Stellung Deutschlands in Europa, aber auch das Antlitz Europas fundamental verändert hat; und ich bin der Meinung, daß das Ende der Teilung Europas diesen unermeßlichen Verlust uns erst so recht vor Augen geführt hat. Von daher war ich immer überzeugt, daß die von den Flüchtlingen repräsentierte und von ihnen gespeicherte Erfahrung zentral und konstitutiv für die deutsche Nachkriegsgesellschaft war. Und umgekehrt war die geglückte Integration der Flüchtlinge eine der präzedenzlosen Leistungen Nachkriegsdeutschlands. Von daher war klar: Die Herablassung gegenüber den Flüchtlingen, ihre Identifizierung mit der Reaktion war ganz unangebracht. Im Verhältnis zwischen Flüchtlingen und deutscher Normal-Gesellschaft liegt eine Spannung, die gar nicht erstaunlich ist. Wie sollte es anders sein! Es bestehen unaufgeklärte Ressentiments, eine Kultur des Verdachts auf beiden Seiten und nach beiden Seiten. Der Kern dieses Ressentiments ist das Unvermögen, dem Vertreibungsvorgang gerecht zu werden, oder anders: Wie spricht man über ein Großverbrechen im Schatten eines anderen, noch größeren Großverbrechens? Andreas Hillgruber hat dies vor Jahren versucht, als er von »zweierlei Untergang« sprach. Der so früh verstorbene Hillgruber schrieb vor mehr als zehn Jahren kühn und mutig: »Das ungeheure Geschehen zwischen dem Herbst 1944 und dem Frühjahr 1945 verlangt noch nach Darstellung, einer Behandlung, die den weltgeschichtlichen Vorgang im Auge hat und doch das Einzelschicksal sieht, wo es im Leiden und Tun, im Handeln und Versagen repräsentativ ist. Dies ist eine Aufgabe, die zum Schwierigsten gehört, was das Geschäft des Historikers für die Zukunft bereithält, und vielleicht ist der Versuch eines Gesamtbildes des Zusammenbruchs der Fronten, der Eroberung Ostmitteleuropas, der Zerschlagung des Deutschen Reiches und des Untergangs des deutschen Ostens mit all dem, was in ihn eingebunden ist, die letzte große Herausforderung einer Geschichtsschreibung, die den Zerfall der demokratischen Republik, das Aufkommen der nationalsozialistischen Bewegung und ihres ›Führers‹ und die Etablierung des Dritten Reiches und seiner Strukturen mit so viel Anstrengung erforscht hat.«

Aber anstatt das Anliegen Hillgrubers aufzunehmen, mußte er sich infame Verdächtigungen gefallen lassen, für die sich deutsche Historiker durchaus noch werden entschuldigen müssen. Wie denkt man zweierlei Untergang zusammen: den Untergang des europäischen Judentums und den Untergang des deutschen Ostens. Das ist meines Erachtens das Problem, und man kommt dem keinen Flohsprung näher durch die Warn- und Verbotsschilder der *political correctness*. Es ist Sache der großen Erzählung, der Historiker und der Betroffenen selbst und ihrer Nachkommen, eine Sprache für dieses ungeheure und heillose Geschehen zu finden. Das kann hier nicht unternommen werden, aber auf eines kann doch hingewiesen werden: Es gibt Leute, die an der großen Erzählung kein Interesse haben, die sie unmöglich machen – aus Gründen, die ich nicht kenne und auch nicht erklären kann. Es ist das Interesse an der Aufrechterhaltung einer obsolet gewordenen Opposition gleichermaßen falscher Positionen. Wie läßt sich diese beschreiben? Die Vertreibung der Deutschen erscheint darin als das logische Ergebnis der deutschen Verbrechen, als Vergeltung, als Rache, fast als gerechte Strafe, und wer sich für die Belange der Vertriebenen einsetzt, macht sich, so die Argumentation, zum Sprecher von Revisionismus und Revanchismus. Aber so unbestreitbar es einen Zusammenhang zwischen den Vernichtungslagern und dem Ende des deutschen Ostens gibt, so gibt es doch keine Logik und erst recht nicht einen Zusammenhang zwischen den betroffenen Gruppen. Sich für die Geschichte der Vertreibung einzusetzen, verlangt nicht weniger Empathie, Leidenschaft, Interesse als die Geschichte des Untergangs des europäischen Judentums. Es muß möglich sein, über beides sprechen zu können, ohne daß der Revisionismus-Vorwurf ertönt. Es ist bedauerlich, ja verwerflich, daß führende Leute innerhalb der Vertriebenen-Organisationen immer wieder das Spiel der Instrumentalisierung spielen und den Weg in die Historisierung blockieren. Sie erweisen der Sache der Vertriebenen einen Bärendienst, sie diskreditieren deren Anliegen, ihre gerechte Sache. Nicht nur wir sind verpflichtet, den Vertriebenen zuzuhören, sondern auch umgekehrt: Sie müssen auch uns zuhören. Sie haben den Nichtbetroffenen gegenüber ein Erfahrungsprius – obwohl auch dieses dahinschmilzt –, aber sie haben die historische Erkenntnis nicht monopolisiert und sie haben kein moralisches Privileg. Es ist unsere gemeinsame Geschichte und Zukunft, die auf dem Spiel steht, und wir sollten uns nicht zur Geisel von Funktionärsinteressen und deren Beschränktheiten machen lassen. Der tiefe, ressentimentgeladene, taktizistische Provinzialismus kann einem zunehmend auf die Nerven gehen ebenso sehr wie die von keiner Ahnung getrübte moralisierende Besserwisserei vieler Linker, sobald die Rede auf die Vertreibung oder die Gebiete östlich von Oder und Neiße kommt. Es ist das Zusammenspiel und die Opposition von Moralisieren und Politisieren, die den Ausweg in die Historisierung versperren, es ist das Zusammenspiel von progressistischer Öffentlichkeit und Funktionärskörper der Vertriebenen-Verbände, das die Öffnung des Terrains behindert – sei es aus Absicht oder reinem Unvermögen. Es ist eines der großen Versagen der deutschen wissenschaftlichen Öffentlichkeit, daß sie sich dieser falschen Opposition nicht entzogen hat und daß sie sich zur Geisel von Schau- und Matadorenkämpfen hat machen lassen, an denen fast alles schief und falsch ist. In vieler Hinsicht haben wir Jahre verloren. Und selbst heute noch scheint die Abwicklung der intellektuellen Besitzstände der späten Bundesrepublik unsere Kräfte zu übersteigen – wenn uns die Krise nicht zu Hilfe käme.

Die Europäisierung einer europäischen Erfahrung

Aber diese deutschen Erfahrungen sind vielleicht nicht so singulär, wie es auf den ersten Blick aussieht. Überhaupt ist es seltsam, daß die Flüchtlings- und Vertreibungserfahrung fast ausschließlich im nationalen Idiom erzählt wird. Es gibt seit den Arbeiten von Schechtmann und Kulischer aus den 40er Jahren im Grund keine Arbeiten neueren Datums über den »europäischen Vertreibungskomplex«.

Es ist keineswegs geläufig, nicht einmal bei historisch aufgeklärten Menschen, daß Europa im 20. Jahrhundert ein Kontinent der Flüchtlinge, der Deportierten, der Vertriebenen, der D.P.s gewesen ist. Es ist nicht allgemein geläufig, daß ein »Kontingent« in der Größenordnung von 40 bis 70 Millionen Europäern im Laufe der drei Jahrzehnte zwischen 1912 und 1948 ihre Heimat verloren haben. Die Vorstellung, daß dieser beruhigte, pazifizierte und stillgestellte Kontinent in Wahrheit aus einem ungeheuren Tumult von Flucht- und Umsiedlungsbewegungen hervorgegangen ist, ist Europa abhanden gekommen. »Europe on the Move«, wie die bedeutendste Untersuchung zu diesem Thema heißt und kurz nach Ende des Zweiten Weltkrieg vorgelegt wurde, ist so etwas wie graue Vorzeit des heutigen Europa, den heute Lebenden kaum bewußt und im kollektiven Gedächtnis der mittleren und jüngeren Generation kaum gegenwärtig.

Es gibt kaum eine europäische Nation, die nicht davon betroffen gewesen wäre. Fast alle Nationen sind auf der Liste von Flucht, Umsiedlung, Vertreibung und *forced displacement*: die Finnen, die Esten, Letten und Litauer, die Ukrainer, die kaukasischen Völker, die Russen, die Türken und Griechen, die Bulgaren und Serben, die Italiener und Österreicher, die Slowenen und die Kroaten und viele sogenannte kleine Völker, von denen das heutige Europa kaum eine Ahnung hat.

Trotz der eindeutigen Europäizität dieser Gewalterfahrung gibt es keinen europäische Öffentlichkeit und keinen europäischen Diskurs zum Vertreibungs- und Umsiedlungskomplex. Was in Gang gekommen ist, ist zweifellos der bilaterale Diskurs, also der zwischen Deutschen und Polen, Polen und Litauern, Russen und Polen, Polen und Ukrainern, Deutschen und Tschechen, Bulgaren und Türken und anderen. Man hat es hier offensichtlich nicht allein mit der Folge einer fast natürlich zu nennenden Beschränktheit zu tun: mit der Beschränktheit von individuellen und kollektiven Erfahrungen, die eben gruppenspezifisch, landsmannschaftlich oder regionalspezifisch sind. Ich glaube, es liegt hier ein großes konzeptives Problem vor, das dafür sorgt, daß eine genuin europäische Erfahrung eben nichteuropäisch gedacht wird. Es ist, mit einem Wort gesagt, der enge Rahmen der nationalstaatlichen Historiographie, der es systematisch verhindert, transnationale Erfahrungen empirisch zu erfassen und transnational-europäisch zu diskutieren. Dies bedeutet, daß die wissenschaftliche Reflexion weit zurückbleibt hinter einer millionenfach gemachten kollektiven Erfahrung – und je länger und hartnäckiger sie es tut, um so verhängnisvoller sind die Folgen dieser Weigerung. Es gibt auch einen Provinzialismus im Epistemologischen und Methodischen.

Der zweite Aspekt hat ebenfalls mit dem Zustand der Wissenschaften zu tun. Das Vertreibungsgeschehen ist uns immer noch nah: Es reicht in vielfältiger Weise in die Lebenserfahrung der heute Lebenden hinein. Wir haben es, wenn wir von den Vertreibungen der Polen aus dem Warthegau 1939 oder dem *odzun* der Sudetendeutschen aus ihrer Heimat sprechen, nicht mit einer weit entfernten, wirklich vergangenen Vergangenheit zu tun. Es ist nicht Babylon, nicht Ninive, nicht Rom.

Die Erfahrung der Umsiedlung und Vertreibung ist Teil der tagespolitischen und parteipolitischen Auseinandersetzung gewesen und zum Teil immer noch. Historisch war und ist sie verquickt mit den komplizierten und spannungsreichen zwischenstaatlichen Beziehungen während des Kalten Krieges. Sie war Teil der weltpolitischen Auseinandersetzung zwischen Demokratie und Diktatur, Kapitalismus und Kommunismus und deren jeweiligen Wahrheiten. Die Instrumentalisierung für den Parteienkampf, die Benutzung der Vergangenheit für die Auseinandersetzungen in der Gegenwart, die Desavouierung von politischen Gegnern mit Hinweisen auf die Vergangenheit und umgekehrt – all das ist bis zu einem gewissen Grad unvermeidlich. Historiker legen sich darüber nun Rechenschaft ab – in der Regel jedenfalls.

In Deutschland kann man dies sehr klar zeigen. Noch bevor die Erforschung der deutschen Verbrechen im Osten in Gang kam, gab es bereits das erste Großforschungsprojekt zur Vertreibung der Deutschen aus Ostmitteleuropa – es brauchte zwei Jahrzehnte, bis die Ermordung der europäischen Juden überhaupt zu einem ernsthaften Thema wurde. Und umgekehrt: In den 70er und 80er Jahren verschwanden die mit der Vertreibung der Deutschen verbundenen Themen fast vollständig aus der Geschichtswissenschaft und öffentlichen Aufmerksamkeit. Der Zusammenhang zwischen Kaltem Krieg und Flüchtlingsforschung einerseits, zwischen Neuer Ostpolitik und Verstummen der Flüchtlingsthematik andererseits ist offensichtlich. Der Kalte Krieg war der Historisierung dieses Themas nicht günstig, um es milde auszudrücken, und die Detente erst recht nicht. Auf östlicher Seite wurde umgekehrt die Revanchismus-Drohung zur Disziplinierung der Satelliten Moskaus eingesetzt.

Das Ende der Ost-West-Teilung berechtigte zu der Hoffnung, daß mit dieser vordergründigen Instrumentalisierung, die auch mit einer eigentümlichen Moralisierung und Ideologisierung einherging, endlich Schluß sei.

Ganz anders ist die Lage dort, wo bis dahin darüber nicht gesprochen und geforscht werden konnte, nun aber endlich offen gesprochen werden kann. Das war in den meisten Ländern des Ostblocks der Fall. Auch dorrt steht einer Historisierung nun nichts mehr im Wege.

Von dieser Perspektive aus gesehen, sehen wir das Europa, in dem wir heute leben, als einen aus dem Tumult dieses Jahrhunderts hervorgegangenen Kontinent. Wenn wir verstehen wollen, wer wir heute sind, dann müssen wir uns umsehen, wie wir das geworden sind. Das betrifft so ziemlich alles: die Grenzen, die einmal anders verliefen; die Städte, in denen einmal andere Bevölkerungen und Bevölkerungsgruppen gelebt haben; Regionen, in denen andere Sprachen gesprochen wurden, und so weiter. Wer über Europa heute sprechen will, muß von den Gemengelagen, aus denen es sich einmal zusammengesetzt hatte, und von den Entmischungen, denen es unterworfen wurde, sprechen. Wer von der Entmischung des alten Europa nicht sprechen will, soll vom heutigen schweigen.

Aber das alles ist nicht die Sache von schönen Willens- und Absichtserklärungen, sondern in erster Linie von Kompetenz. Die Frage lautet: Wie setzt man sich in die Lage, eine europäische Erfahrung zu formulieren und eine Sprache zu finden?

Die Dimensionen des Problems

Was heißt aber, sich den europäischen Vertreibungszusammenhang erarbeiten? Es ist leichter gesagt als getan. Man muß sich in der gesamteuropäischen Geschichte auskennen, nicht nur in der westlichen. Man muß begreifen, daß es sich nur interdisziplinär machen läßt. Ein einfacher Blick zeigt, daß es sich um ganz verschiedene Wissensgebiete handelt, die zusammenfinden müßten. Welche wären das? Man versteht von den epochalen Völkerverschiebungen nichts, wenn man nicht die mobilisierende, polarisierende, radikalisierende und vereinfachende Rolle von Krieg und Kriegführung in Rechnung stellt. Man versteht nichts, solange man nicht die Ideen der Meisterdenker der Moderne mitdenkt: also die säkulare Tendenz, die offensichtlich dem Umsiedlungs- und Vertreibungsvorgang innewohnt, die ethnische Homogenisierung des modernen Nationalstaates als Programm und die ethnische Säuberung als Methode von *ethnic* und *social engineering* im großen Stil. Man wird ohne die Rolle, die Bürokratie und totalitäre Bewegung in unserem Jahrhundert spielten, nicht weiterkommen, und man wird ohne die Erfahrungen rassistischer Herrschaft und Verwaltung an der Peripherie der kolonialen und imperialen Welt wenig verstehen. Zwangsmigration hat etwas mit pathologischen Veränderungen demographischer Abläufe, mit der Störung der Kontinuität und Diskontinuität der generationellen Abfolgen, zu tun – also braucht man Demographen. Umsiedlung und Vertreibung zerstören uralte Siedlungsgebiete, Kulturlandschaften, Städte, Dörfer und schaffen neue Gemengelagen – also braucht man Kulturgeographen und Kulturgeschichtler. Daß dies auf der Höhe einer modernen Kulturgeschichte getan werden sollte, eine, die die *oral history* hinter sich, den *linguistic turn* in sich und den *spatial turn* vielleicht vor sich hat, daß sie souverän über alle Quellengattungen gebietet und sich in den Archiven des ungeteilten Europa auskennt – das wären Minimalvoraussetzungen, um in dieses Europa der Flüchtlinge hineinzufinden, aus dem das Europa, in dem wir leben, hervorgegangen ist.

Diese Arbeit beginnt mit dem Spurenlesen, mit dem Sondieren des Komplexes, mit der Vergegenwärtigung des europäischen Zusammenhangs und mit einer Reflexion über das, was wir tun. Eröffnung neuer Zugänge und Aufbau reflexiver Hemmungen – das wäre das Programm. Selbstverständlich gehen wir von unseren eigenen, nationalen Erfahrungen aus – da kennen wir uns am besten aus.

Im einzelnen:
Spurenlesen. Die Gegenwart des Vergangenen – man muß sie dechiffrieren. Die Formen, in denen die Erfahrung des Verlustes und der Entwurzelung sich niederschlagen, sind vielfältig und keineswegs nur an Texte fixiert, also nicht nur: Dokumente, Interviews, Tagebücher etc., sondern auch: Küchenrezepte, Feiertage, Gedenktage, Pilgerfahrten, Treffen, Folklore, die Weitergabe innerhalb der Familie, der Heimattourismus, das Buchwesen, Filme, Dokumentationen, Belletristik, Namensgebung, die Benennung von Straßen und Plätzen in den neuen Heimaten. Gerade nichtschriftliche Formen belegen die außerordentliche Vitalität dieser abgesunkenen Erfahrung. Das ist bisher nur selten Gegenstand der Flüchtlingsforschung geworden. Man findet diese Spuren und diese Formen der Spurensuche grenzüberschreitend: in Polen, Deutschland, im Baltikum, in der Ukraine, bei den Krimtaren, bei den Balkantürken. Es handelt sich um eine europäische, eine transnationale Praxis der Vergegenwärtigung.

Heimaten im Kopf. Topographien des Verlusts. Die Vergegenwärtigung der verlorenen Heimat ist eines der stärksten Motive und Identifikationspunkte der Flüchtlingsgemeinden. Auch hier handelt es sich um eine transnationale europäische Praxis. Sie hat ihre spezifischen Genres hervorgebracht, die sich nur wenig unterscheiden, und sie sind nur aus einer bestimmten Optik »revisionistisch«, weil sie evozieren, was einmal war: die verlorene Heimat, eine untergegangene Kultur. Die Bildbände in Deutschland, in denen der verlorene Osten »jenseits von Oder und Neiße« dargestellt wird, unterscheiden sich typologisch in keiner Weise oder nur wenig von den Bildbänden in Polen, die die verlorene Welt der Kresy zum Gegenstand haben. Es ist die Typologie der »heilen Welt«, der intakten Welt vor der Zerstörung, die Geschichte der Zerstörung und Verwüstung und der Blick auf die entleerte Landschaft – manchmal auch die Versöhnung mit der durch andere neu angeeigneten Welt. Gerade jene Bildbestände sind es, die zu den beständigsten Ressourcen des Wissens um das einige Europa zählen. An diese nicht verlorenen Bilder knüpft auch das neue Europa unweigerlich an.

Gedächtnisorte. Lieux de mémoire. Die Erfahrung der Entwurzelung und des Heimatverlustes spitzt sich in besonders dramatischen Bildern zu: Bilder der Gewaltsamkeit, der verbrannten Erde, des Untergangs, des Überlebens, der Flucht. Es handelt sich um Orte, genauer *lieux de mémoire*, um die herum sich Erinnerung kristallisiert hat. Es gibt so etwas wie einen gesamteuropäischen Bildervorrat und europäische *lieux de mémoire*: Viehwaggons für die Deportation, die Beschlagnahmungs-

und Ausweisungskommandos, erreichte Grenzen und Übergangsstellen, die Evakuierungsschiffe, die Marschkolonnen, die Fluchtbrücken, die Brutalität des Deportationsvorgangs, die Selektion und die Ausgrenzungsmechanismen, die Zeichnung durch Armbinden, die Flüchtlingstrecks vor allem, die Barackenlager und Zeltstädte; auch Orte der Greuel und des Schocks. Solche Bilder sind Bestandteile des traumatisierten nationalen Gedächtnisses: die Trecks auf dem Eis des Frischen Haffs, die Deportationszüge nach Kasachstan, die Friedhöfe der katholischen Litauer bei Igarka. Eine Zusammenstellung dieser *lieux de mémoire* würde vermutlich ebenfalls eine Typologie ergeben.

Erinnerung und Politik. »Vergangenheitspolitik«. Bewirtschaftung des historischen Bewußtseins und Kampf um kulturelle Hegemonie. Erinnerung, die in die Gegenwart hineinreicht, ist lebendige Erinnerung und läuft damit auch Gefahr, Teil des politischen Kampfes zu werden. Dagegen gibt es kein anderes Rezept, als sich dessen reflexiv inne zu werden. In Deutschland (West) ist die Erinnerung an das Vertreibungsgeschehen Teil des politischen Alltagsgeschäfts gewesen und ist es heute noch – mit durchaus ambivalenten Folgen. Einerseits blieb die Erinnerung wach, wurde nicht verdrängt, konnte also »verarbeitet« werden; andererseits wurde sie immer wieder instrumentalisiert und zum Teil militant funktionalisiert. Die Folge war oft eine aufdringliche Moralisierung und Ideologisierung. Die Vertreibungserfahrung wurde, bevor sie historisch wurde, eine parteipolitisch gefärbte – meist mit dem Geruch des Reaktionären, Revisionistischen, Ewiggestrigen, Uneinsichtigen. Das hatte – mehr indirekt als direkt – fatale Folgen für das politische Klima in der Bundesrepublik, ebenfalls bis auf den heutigen Tag. Selbst Leuten, die es gut meinen, die die Größe der Tragödie zu kennen meinen, wird es schwergemacht. Vielen, vor allem Leuten vom Funktionärskörper, scheint an einer Aufklärung, einer Entspannung und Historisierung nichts zu liegen. Liegt es daran, daß ihnen damit die Existenzberechtigung entzogen würde?

Der Gewinn dieses Herangehens liegt auf der Hand. Es ist ein Verfahren, das systematisch eine »plädierende Geschichtsschreibung« (Helmut Fleischer) unterläuft – die immerzu pro oder contra sein muß, die immer für oder gegen etwas argumentieren muß. Der Haupttypus der Geschichtsschreibung, von dem ich hier gesprochen habe, ist ein anderer: er sammelt und trägt zusammen, er ist Synopse, Enzyklopädie; er erzählt und hört zu; er »versetzt sich in die Zeit«, anstatt sie von oben herab abzufertigen; er scheut den Vorwurf des Historismus nicht; er will nicht unbedingt recht haben, sondern zuerst wahrhaben und wahrnehmen. Ihn interessieren nicht die nationalen Züge, sondern heute würde man sagen: die zivilisationsgeschichtlichen und die anthropologischen Grundlagen menschlichen Verhaltens in einer bestimmten historischen Situation. Diese Geschichtsschreibung verfährt selbstverständlich auch komparativ, macht aber auch daraus keine Ideologie und keinen Fetisch.

Das wäre schon sehr viel. Ich würde sogar sagen: sehr, sehr viel. Denn es handelte sich um einen äußerst komplexen, voraussetzungsreichen Vorgang: Zuhörenkönnen impliziert, daß man die Sprachen versteht, in denen diese Erfahrung artikuliert worden ist; das sind in Europa fast zwei Dutzend Sprachen – eine Kompetenz, die heutzutage kaum noch jemand aufbringt, vielleicht Otto von Habsburg. Es ginge um einen Akkumulationsprozeß, der schon aus forschungspraktischen Gründen außerordentlich anstrengend wäre. Es bedürfte der Kompetenz eines Historikers, der in den Nationalgeschichten ebenso bewandert ist wie in der allgemeinen europäischen Geschichte des 20. Jahrhunderts. Man müßte sich auskennen in der europäischen Archivlandschaft, in einer Landschaft, die von mehr als nur zwei Diktaturen geprägt und imprägniert worden ist. Dieser ideelle Historiker müßte mit dem Geschichtsraum vertraut sein, in dem diese Geschichte spielt. Wir erkunden gewissermaßen gemeinsam einen Abgrund menschlichen Verhaltens und menschlicher Erfahrung, von dem wir hoffen, er werde für immer Vergangenheit sein und bleiben.

(1999)

Landschaft nach der Schlacht

Das Jahrhundert geht zu Ende, und mit ihm lösen sich die Landschaften auf, die es in seiner Sturm-und-Drang-Zeit hervorgebracht hat. Wir stehen gebannt vor seinen Weltwundern und blicken auf die Mondlandschaften, die es hinterläßt. Wir wissen nicht, was davon sich halten wird, was zurückgebaut oder umgeformt eine neue Funktion übernehmen kann. Im Falle der Sowjetunion haben wir erst jetzt eine Ahnung bekommen vom Ausmaß und der Radikalität menschengemachter Zerstörung. Das System hat seinen Geist aufgegeben, die Megamaschine, die das Land in drei Generationen um- und umgepflügt hat, ist außer Takt geraten. Die Aggregate sind abgestellt, doch für eine Entwarnung ist es noch zu früh. Die Zerfallszeiten der bei diesem Prozeß freiwerdenden Elemente halten sich nicht an die Erinnerungsgrenzen von Generationen. Die Rücknahme der von Menschen verheerten und verbrannten Erde durch die Natur wäre ein Glück. Der Dschungel überwucherte die Ruinen von Angkor Wat und die Maya-Städte, aber Tschernobyl vom Erdboden zu tilgen, reichen die Dschungel, Tundren und Eiswüsten der ganzen Welt nicht aus. So müssen wir mit der Hinterlassenschaft des Jahrhunderts leben. Sie ist unsere Umgebung.

Wir können über den Wahn vorangegangener Generationen klagen, aber sie haben nur getan, was sie konnten, mit den Mitteln, die ihnen zur Verfügung standen, mit den Erwartungen und Hoffnungen, die auch ihr Leben erfüllten. Ob wir über sie wirklich hinaus sind, steht dahin. Bekanntlich stellt sich die Menschheit nur Aufgaben, zu deren Bewältigung sie auch das Zeug hat. Alles geschieht wie immer nur in bester Absicht. Über die Kehrseite des Fortschritts lamentiert man meist *ex post*. Die das zuwege brachten, taten es nicht leichtfertig, sondern unter großen Opfern. Sie riskierten einen hohen Einsatz, während wir darüber nur eine Ansicht zu haben brauchen. Worauf sie noch mit bestem Gewissen zusteuerten, bereitet uns, den Nachgeborenen, Kopfzerbrechen und Gewissensbisse. Wir gehen über das Gelände nach der Schlacht, in der nicht wir, sondern andere umgekommen sind, ermattet, distanziert und mit dem abgeklärten Blick derer, die mehr wissen als die, die dabeigewesen sind. Aber wenn wir so fair sind, ihnen nicht weniger Intelligenz und nicht weniger Anstand zuzubilligen, als wir uns selbst in der Regel zubilligen, dann hilft nur, der Spur des Sturm und Drangs nachzugehen. Sie wird gewiß in die Zone extremster Verwerfungen und Tumulte führen – in das Rußland der Revolutions- und Weltkriegsepoche. Aber nicht nur dorthin. Rußland ist in vielem nur die radikalisierte Variante von auch anderswo »kommenden Dingen«, nur reiner und klarer hervortretend, weil die Hemmungen, Vermittlungen, Widerstände, die überall da vorhanden sind, wo es zu zivilgesellschaftlichen Bildungen gekommen ist, fortgefallen sind. Es sind Aufbruchs- und Katastrophenerfahrungen pur.

Als ich zum ersten Mal Magnitogorsk sah, war ich sprachlos. Ich kannte die Statistiken von den täglich, wöchentlich und Jahr für Jahr über den Einwohnern der Bergbaustadt im südlichen Ural niedergehenden Ruß- und Giftgasmengen. Ich wußte, daß Abertausende von Giftpartikeln in den Himmel über der Stadt aufstiegen, wenn die Schlote über dem Metallurgischen Kombinat Rauch abließen in allen nur denkbaren Farben. Ich wußte, daß Magnitogorsk in jeder Veröffentlichung über Luft- und Wasserverschmutzung auf den ersten Plätzen lag, daß die Krebserkrankungen höher lagen als anderswo und daß es für Babys kein guter Ort war, auf die Welt zu kommen. Und ich wußte natürlich, unter welchen Bedingungen und unter welchen Opfern diese Stadt gegründet worden war. Mit Tausenden von hierherdeportierten Kulaken, »kriminellem« Stadtvolk, Popen, die hier bei 40 Grad minus und unter Bewachung von NKWD-Truppen Seite an Seite mit Freiwilligen der Kommunistischen Jugend das Erdreich aufwühlten, Erzloren schoben, von den Baugerüsten stürzten und namenlos umkamen. Alles das wußte ich, doch all das änderte nichts an der Mischung aus Erschrecken und Faszination, als ich aus dem Fenster des Flugzeugs blickte, hinab auf die Megamaschine des Metallurgischen Kombinates, das hier im Jahre 1929 in die Steppe hineingebaut worden war. Eine Ansammlung von Schornsteinen, kilometerlangen Hallen, die auf Walzstraßen hindeuteten, kompakten Türmen der Hochöfen, die, selbst noch aus dem Flugzeug betrachtet, imposant aufragten, und über allem die aus den Schloten aufsteigenden Rauchwolken. Um diese gewaltige Skulptur herum breitete sich entlang der beiden Ufer des Ural-Flusses die Stadt Magnitogorsk aus.

Ich versuchte nachzuvollziehen, was den jungen Amerikaner John Scott mit Tausenden seiner Generation hierhergezogen haben mochte

– freiwillig; niemand hatte ihn gezwungen. Und er war geblieben, trotz ungewöhnlicher und entbehrungsreicher Jahre. Ich versuchte die Ingenieure von McKee Company zu verstehen, die hierhergekommen waren und die etwas interessierte, was über das bloße Gehalt und die Sonderzulagen für den Einsatz in Sowjetrußland hinausging. Ich kannte etwas von den Gedankengängen des großen Nikolaj Miljutin zu »Sozgorod« und von den Projekten von Ernst May, die er für Magnitogorsk ausgearbeitet und teilweise auch hatte realisieren können. Aus der Zeltsiedlung der Komsomolzen des Jahres 1929 war binnen eines Jahrzehnts eine Großstadt geworden und darüber hinaus die Hauptstadt des sowjetischen Stahlimperiums. Der junge Amerikaner John Scott, die Architekten Ernst May und Nikolaj Miljutin, der Ingenieur Arthur McKee aus Cleveland und die Tausenden von Arbeitern, die aus freien Stücken gekommen waren – das war die andere, weitaus rätselhaftere Seite von Magnitogorsk.

Etwas Vergleichbares hatte ich zuvor nur in Amerika gesehen, in der Gegend von Accron und Cleveland in Ohio, und in Detroit. In den 70er Jahren war ich durch eiserne Landschaften gefahren – vorbei an kilometerlangen Produktionsanlagen, durch Gelände mit stillgelegten Hochöfen, die seit Jahren vor sich hin rosteten und immer noch eine Ahnung davon gaben, was menschliche Arbeit zuwege bringt.

In Magnitogorsk hatte ich dann erfahren, daß Pittsburgh in Pennsylvania Partnerstadt von Magnitogorsk war und daß es ein Magnitogorsk vor Magnitogorsk gab: Gary in Indiana, 1906 an den Ufern des Lake Michigan gegründet und – in einem Personenkult, der älter war als der bekannte sowjetische – nach dem Vorsitzenden von U.S. Steel, Judge Elbert H. Gary, benannt. Auch Gary war aus dem Boden gestampft worden an einem Ort, wo es vorher »nichts gab«. Gary war seinerzeit das größte Stahlwerk der Welt. In Gary formte sich aus dem Strom von Arbeiterimmigranten aus aller Welt die amerikanische Arbeiterklasse. Gary war keine Stadt im üblichen Sinn, denn alles drehte sich um die *company*, um U.S. Steel, und wo es sonst ein Stadtzentrum oder auch nur eine *main street* gibt, war es in Gary die Fabrik, der Fabrikenkomplex.

Ich besuchte Gary und Pittsburgh, nachdem ich in Magnitogorsk gewesen war. Gary/Indiana ist von Chicago aus in weniger als einer Dreiviertelstunde zu erreichen. Man fährt am Südufer des Lake Michigan entlang, den man aber kaum zu sehen bekommt, weil der Highway durch eine Landschaft führt, die weder Stadt noch Fabrik, sondern eine Zwischenzone aus Suburbia und Fabrik ist. Der Highway schwingt sich bald hinauf, bald führt er hinab und gibt aus dem Auto den Blick frei wie von einem Gebirgspaß auf die grandiose Landschaft von U.S.Steel. Gleisanlagen, verlassene Wohngebiete, Speicheranlagen, Wassertürme und vor allem Industrieanlagen und Werkshallen von einer Ausdehnung, daß in jeder von ihnen eine mittlere Stadt unterzubringen wäre. Alles in rostfarbenem Ton. Dazwischen die Industrien einer anderen Epoche, die illuminierten Anlagen von Raffinierien und Kraftwerken. Gary galt damals, Anfang der 90er Jahre, als Stadt mit der höchsten Zahl an Morden in den USA. Niemand fährt hin, wenn er nicht einen speziellen Grund hat.

Aber es gibt einen speziellen und guten Grund: eine Landschaft aus Eisen, wie man sie wahrscheinlich nirgends in der Welt sehen kann. Gary selbst, eine Stadt, die um 1970 noch 175 000 und heute etwa nur noch 140 000 Einwohner hat, hat wenig zu bieten von dem, was man Sehenswürdigkeiten nennen könnte. Ein paar Fabrikantenvillen, die auch heute noch zeigen, daß hier einmal sehr viel Geld verdient worden war. Heute steht es um die Stadt schlecht, weil kein Bedarf an Stahl mehr besteht. Amerikas Anteil an der Weltstahlproduktion, der um 1950 einmal bei 50 Prozent gelegen hatte, liegt nun bei 11 Prozent, die Zahl der in der Stahlindustrie Beschäftigten sank von einmal 560 000 Menschen auf etwa die Hälfte. Gary, das Zentrum des amerikanischen Stahlimperiums, wurde von der Deindustrialisierung nicht verschont.

Nicht minder großartig ist die Kulisse der Stahl- und Kohlestadt Pittsburgh am Westabhang der Appalachen, wo Allegheny und Monongahela zusammenfließen. Pittsburgh hat eine Geschichte, lange bevor es im 19. Jahrhundert »the forge of the universe« wurde. Alle Perioden amerikanischer Geschichte haben sich in Pittsburgh abgelagert. Aber die eindrucksvollste ist auch hier die der industriellen Moderne, die nun dabei ist, Geschichte zu werden. Sie hat die grandiose Silhouette der Stadt mit den Kokereien von Hazelwood und der dahinter aufragenden Cathedral of Learning geformt und die Stadt zu einem Museum der Moderne gemacht, mit eindrucksvollen Werken von Nebry Hornbostel, Albert Kahn, Frank Lloyd Wright, Walter Gropius und Ludwig Mies van der Rohe. Pittsburgh war – das ist viel klarer als in Gary – nicht nur eine der Schmieden Amerikas, sondern eine der Zentren amerikanischen Reichtums. Andrew Carnegie, Henry Clay Frick und die Mellons, Inbegriff amerikanischen Reichtums und mäzenatischer Großzügigkeit, haben Pittsburgh geprägt. Mit dem gotischen Wolkenkratzer der Cathedral of Learning im Zentrum ist – die Stahlwerke in Sichtweite – eine einzigartige Stadt der Wissenschaften und

Künste mit Laboratorien, Kliniken, Museen, Gemäldegalerien entstanden. Pittsburghs Cathedral of Learning, die die Hochöfen-Silhouette überragt, zwischen 1925 und 1929 errichtet, ist zu einer Ikone dieser Epoche geworden, ebenso wie der Hoover-Staudamm am Colorado-River oder das Kraftwerk von Dnjeproges in der Sowjetunion. Auch das stählerne Zeitalter hatte seinen *genius loci*. Gary, Pittsburgh, Magnitogorsk gehören dazu. Sie erzählen etwas vom Genie und der Kraft menschlicher Arbeit, was immer aus ihren Resultaten geworden sein mag und zu welchen Zwecken auch immer sie mißbraucht worden sein mögen. Man versteht vom 20. Jahrhundert gar nichts, solange man sich nicht der eigentümlichen Schönheit der Industrie- und der Planlandschaft ausgesetzt hat. Das ist der Grund, warum es uns an diese Orte zieht. Wir sind nach Magnitogorsk, Gary und Pittsburgh nicht gefahren, um Walzwerke und Schlote zu sehen, die jetzt erloschen sind, sondern weil wir mit eigenen Augen den Ort sehen wollten, wo etwas von der Kraft der Epoche zu sehen ist. Es sind die Orte, an denen Amerika und die UdSSR wurden, was sie im 20. Jahrhundert waren: Supermächte. Alles, was Amerika ist, hat mit Gary oder Pittsburgh zu tun. Alles, was die Sowjetunion war, ist mit der mythisch-realen Stadt am Magnetberg verbunden. Man könnte sagen: Die Vereinigten Staaten sind amerikanische Verfassung plus Carnegie. Kein Weltwunder von New York, keine Brooklyn Bridge John Roeblings, keine Golden Gate Bridge, keine Eisenbahnen über den Kontinent, keine amerikanischen Panzer und Fliegenden Festungen auf dem europäischen Kriegsschauplatz, kein Sieg über Hitler – ohne die Maschinen und Schlote von Gary und Pittsburgh. Nichts anderes gilt für Magnitogorsk: Keine Industrialisierung und kein Sieg über Hitler – ohne Magnitogorsk.

Das hört sich fast nach einer Apologie an, wo es doch nur darum geht, zu benennen, daß an jenen Orten die Arbeit getan wurde, auf der die Welt seither beruht. In diesem Sinne hatte Ernst Jünger mit seinem »Arbeiter« von 1932 wohl die zentrale »Gestalt« der Epoche getroffen. Seine Physiognomie, sein Pathos, sein Stil begegnen uns in beiden Hemisphären. Er trägt verschiedene Namen und er hat unterschiedliche Propheten: Henry Ford und Alekxej Gastew. Der Ton seiner Rede ist bestimmt von der Zuversicht, daß es bei richtigem Einsatz und heroischer Anstrengung nichts gebe, was nicht bewältigt werden könnte. Die heroische Epoche hatte ihre Sprache und ihren Ton. Übersetzungsprobleme gab es keine. Jakow Iljins »Erzählung vom Großen Plan« war im Amerika des New Deal ein Bestseller. Die Bronzeskulpturen, die man den Ingenieuren und Arbeitern zu Ehren auf den

Dammkronen von Boulder und Dnjeproges errichtet hat, sind von derselben Machart, die eine mehr in Art déco, die andere mehr in klassischem Naturalismus, ohne daß die Bildhauer voneinander wußten. Daß man auf neue Weise arbeiten und leben müsse, war angesichts der großen Krise fast so etwas wie ein Gemeinplatz. Und die neue Weise war die des Plans. Alle Welt machte Pläne: Zwei-, Vier-, Fünf-, ja auch Zehnjahrpläne. Darin sprach sich nicht nur das Selbstvertrauen der Epoche aus, sondern auch ein Stück Verzweiflung, Haß auf die alte Welt und Ratlosigkeit. Die Karriere des Plangedankens und der »Planlandschaften« war die Antwort auf das soziale Chaos von Nachkrieg und Weltwirtschaftskrise. Er bot einen Anhaltspunkt, wo alles Feste unsicher geworden war.

Die großen Projekte sind, wir wissen es ja, nicht voraussetzungslos, nicht die Ideen von Verrückten, sondern die halbwegs vernünftigen Antworten auf Probleme der Zeit. Es waren die verzweifelten Aktionen von erschütterten Gemeinwesens. Roosevelt- und Hoover-Staudamm, das ganze Riesenprojekt der Tennessee Valley Authority, vermutlich das größte technische Gesamtkunstwerk der Geschichte, sind nicht die ortlosen Träume von Phantasten, sondern die inspirierten Aktionen intelligenter Politiker und leistungsfähiger Bürokratien. »New Deal« und 1. Fünfjahrplan waren die amerikanisch-russische Variation des Traums vom Ausweg aus der Krise, die 1929 kulminiert hatte. Vielleicht war nirgends der Traum stärker als in Rußland, dem verzweifelten, geplagten Land. Kein Opfer schien zu groß. Träume werden aus Verzweiflung geboren. Und so ist es auch mit den Träumen, aus denen dann der Moloch von Magnitogorsk hervorwächst.

Der Übergang von der »Werkstättenlandschaft« zur »Planlandschaft«, von dem Jünger im »Arbeiter« so emphatisch gesprochen hatte, findet fast zeitgleich statt, so als gäbe es ein weltweites Einverständnis darüber, daß man auf neue Weise arbeiten müsse. Der Plan wird zur Chiffre einer ganzen Epoche – nicht nur im Heimatland der Fünfjahrpläne. Plan meint: großen Maßstab, der die Finanz- und Organisationskraft einzelner Unternehmen übersteigt, und seien sie noch so imposant. Plan heißt Zusammenspiel der verschiedensten Branchen und Sektoren – von der Landwirtschaft bis zur Entwicklung von Turbinen, von den Forschungsabteilungen bis zum Absatz der Waren. Der Plan ist interdisziplinär. Plan setzt Instanzen voraus, die nicht nur planen, sondern auch umsetzen können. Mit Planlandschaften wachsen Bürokratien heran. Planhandeln war in der Phantasie der Anfänger noch so etwas wie der Versuch, gesellschaftliche Vernunft in Aktion zu versetzen – und noch nicht das, als was es dann herauskam: als Wille zur Behauptung der Macht der Bürokraten – koste es, was es wolle: auch die Lebenszeit, die Gesundheit, den Reichtum der Nation.

Was der Plan in der Vorstellungswelt der Zeitgenossen war, kann man auf Photos ablesen. Als auf dem 8. Allunions-Sowjetkongreß am 22. Dezember 1920 der Plan der »Staatlichen Kommission für die Elektrifizierung Rußlands« vorgestellt und beschlossen wurde, geschieht dies mit der notwendigen Anschaulichkeit: über die Bühne des Bolschoi-Theaters, wo der Kongreß tagte, ist die Karte Sowjetrußlands aufgespannt. Eingezeichnet darauf sind mit dicken Strängen die neuen Energietrassen und Verkehrsmagistralen, die Kraftwerke und Staudämme und Kanäle. Die Devise »Rußland soll elektrisch werden« war nicht utopisch, sondern nur zeitgemäß, längst überfällig und in den Köpfen aller aufgeklärten Geister lebhaft präsent. Der »GOELRO-Plan«, wie das Elektrifizierungswerk genannt wurde, brachte dies nur zur Anschauung. Die Zukunft der UdSSR war damit keine Sache abstrakter Berechnungen und vager Zukunftsprojektionen irgendwelcher Utopisten, sondern etwas, was in absehbarer Zeit Realität werden würde. Die Karte des elektrischen Rußland mit dem ganzen Netzwerk von Trassen, Kanälen, Pipelines wurde zu einem Emblem des neuen, des sowjetischen Rußland. An Festtagen wurde es auf öffentlichen Plätzen aufgespannt, mit Hunderten von farbigen Lämpchen illuminiert und illustriert. »Ein Sechstel der Erde«, wie die Sowjetunion genannt wurde, per Knopfdruck illuminiert, der »Finsternis der Rückständigkeit entrissen«, dem »Licht der Aufklärung zugeführt«! Diese Metaphorik überdeckte bald die reellen Effekte der in Gang gesetzten Modernisierung. Propagandistisch wirksam war sie in jedem Falle. Die große Karte mit den Diagrammen und Lämpchen, mit den steigenden Produktionskurven, Leistungsbilanzen, sich jagenden Rekorden von Kilowatt, Tonnenzahlen und Fördermengen dokumentierte die Ankunft der Neuen Welt. Man mußte sich nicht mehr auf ein Jenseits vertrösten lassen.

Am Ende stand in den späten 40er Jahren der Plan der Pläne, das Gesamtkunstwerk schlechthin, erarbeitet von Akademie der Wissenschaften, Kommunistischem Jugendverband, Naturschützern, Gulag-Administration und Geheimpolizei: der große Stalinsche Plan zur Umgestaltung der Natur. Die Welt – jedenfalls soweit sie zum sowjetisch gewordenen »Sechstel der Erde« gehörte – war darin zum Garten umgeschaffen. Die Planbehörde repräsentierte die gesellschaftliche Vernunft, wenn nicht gar den Weltgeist. Der Diktator spielte Gott. Das

Buch Genesis wurde in Ukasform gebracht. Alles sollte möglich sein. Wo Steppenland war, wogte nun ein Ozean von Getreide, statt der Karawanen gab es Autobahnen, und an der Stelle der Jurten von Nomadenvölkern wuchsen moderne Städte empor. Die Ströme des Nordens wurden umgeleitet und flossen nun nach Süden. Man zeichnete Wasserstraßen vom Schwarzen Meer bis zum Pazifik in die Karten ein und dachte an die Sprengung ganzer Gebirgszüge, die im Wege standen, mit Hilfe von Atombomben. Das waren keine esoterischen Spinnereien, sondern Projekte, an denen Hunderte und Tausende von Wissenschaftlern, Organisatoren über Jahrzehnte hin arbeiteten. Es waren Projekte mit Folgen, denn eine ganze Generation von jungen Leuten zog in den 50er Jahren in die Steppenlandschaften von Kasachstan, um dort Neuland unter den Pflug zu nehmen. Aber aus der Umsetzung des Plans im ganzen wurde nichts. Mehr noch. Der in den 60er Jahren sich formierende Kampf gegen die Umleitung der nördlichen Flüsse und sibirischen Ströme, die in den Projekten der 40er Jahre vorgesehen war, leitete bereits das Ende der Sowjetunion ein.

Was all diesen Diesseitsprojekten eigen war, war eine militante Entschiedenheit, ein Heroismus des Entweder-Oder, des Jetzt oder Nie. Die Natur war nicht einfach Stoff, Materie, mit dem man zurechtkommen mußte, dem man seine »Bewegungsgesetze« ablauschen mußte, die Natur war Gegner, Feind, der geschlagen, besiegt, erledigt werden mußte. Die Baustellen von Magnitogorsk, Nowokusnezk und Dnjeproges waren die Schlachtfelder, auf denen das bäuerliche Rußland vernichtet und umgeschmiedet wurde. In dieser Schlacht gab es Kommandeure und Marschälle an der »Front der Arbeit«, einen Generalstab der »Schlacht um Stahl«, Stoßbrigaden und den Kampf gegen »Spione und Schädlinge«. Sogar die Steppe mußte niedergerungen werden. Das ganze Land wurde zum Hinterland dieser Front, an der »Helden geboren« und »Feinde zerschmettert« wurden. Die Meldungen von der »Wirtschaftsfront« waren Meldungen des »Frontberichterstatters«. Es ging immer um mehr als nur eine Baustelle oder einen Hochofen. Die Schaffung der Neuen Welt stand auf dem Spiel, auch wenn die Arbeitswerkzeuge nur Eimer, Schubkarren oder oft auch nur die bloßen Hände der Häftlinge waren. Auf den Baustellen der Neuen Welt herrschte die Sprache des Krieges und des militärischen Kommandos. Die Leitungsformen hatten ihr Vorbild in den Hierarchien der militärischen Formation. Ingenieure wurden so zu Strategen und Baukolonnen zu Bataillonen. Mangelnde Arbeitsdisziplin war Verrat an der großen Sache und wurde entsprechend geahndet – als Desertion. Alles wird in den Strudel großer Auseinandersetzungen mit einem allgegenwärtigen Feind hineingezogen. Arbeitsunfälle sind Sabotage, Schädlingsarbeit, Diversion. Es wimmelt auf den Baustellen von bösen Geistern, unerkannten Feinden und Diversanten. Die neue Welt erwächst aus einem Pandämonium des Verrats, der Verdächtigung und der Säuberung. Natur ist nicht mehr einfach Natur, Stoff, Materie, sondern etwas, dessen Widerstand gebrochen werden muß. Die Romane der Epoche drehen sich alle um den Kampf mit der Natur, um die Bezwingung des Widerstands der Materie und um die Beherrschung der Technik. Sie heißen: »Zement«, »Triebachse«, »Wasserkraftwerk«, »Im Sturmschritt vorwärts«, »Das große Fließband«, »Werk im Urwald« oder »Die Wolga fällt ins Kaspische Meer«. Sein Held oder seine Heldin stammt aus »Wie der Stahl gehärtet wurde«. Er ist hart gegen sich und gegen andere, es rührt ihn nicht, wenn die Schlachtordnung auch über ihn selbst hinweg nach vorne stürmt, wenn der Sieg nur gewiß ist. Der einzelne ist nur etwas, sofern er das Ganze stärkt. Bleibt er zurück, hat das Kollektiv das selbstverständliche Recht, sich von ihm loszusagen, sich von ihm zu befreien. Das heroische Selbstopfer ist für die neue Gesellschaft so wichtig wie Eisenerz und Zement. Disziplin ersetzt Maschinen, Unterordnung den Mangel an Organisation, Pathos kompensiert mangelndes Know-how. Je beschränkter das technische Vermögen, desto größer der Glaube an die Allmacht von Technik. Der sowjetische Amerikanismus und Technikfetischismus der 20er und 30er Jahre ist, wie Hans Rogger gezeigt hat, die Ideologie, mit der der Rückstand kompensiert werden soll.

Militarisierung der Arbeit und Arbeit als Militärdienst – die Differenzen waren auf dem Höhepunkt der Mobilisationsgesellschaft der Stalinzeit fließend. Solche Baustellen, die Schlachtfelder waren, gab es zu Dutzenden in der Sowjetunion des sozialistischen Aufbaus der 30er Jahre. Auf diesen Schlachtfeldern wuchs die Sowjetunion und der Menschentyp, der sie mehr als eine Generation zusammenhielt. Außer Magnitogorsk waren dies das Stalingrader Traktorenwerk, die Autowerke von Nishnij Nowgorod, die Moskauer Metro, der Wolga-Moskwa-Kanal, die Traktorenfabrik von Celjabinsk, das Kombinat von Nowokusnezk. Diese Schlachtfelder sind nur vergessen, weil sie von anderen überdeckt worden sind: den Namen der Schlachtfelder des Zweiten Weltkrieges: Stalingrad, Kursk, vor Moskau. Mit einem Wort: Aus diesen Schlachten ging die moderne Sowjetunion hervor.

Das System, das aus der Bewegung der Millionen, aus Ernst Jüngers »totaler Mobilmachung« hervorgegangen war, konnte sich nur am Leben erhalten, wenn es in Bewegung blieb und immer weiterging. Sein Ende mußte kommen, wenn die Antriebsaggregate stillgelegt wurden und der heroische Mensch verschwand. Irgendwann wurde aus dem heroischen Menschen der Mobilisationsgesellschaft der Konsument der Friedenszeit, der seßhaft geworden war, dem der Kühlschrank in der eigenen Wohnung mehr bedeutete als die Stahlproduktion des metallurgisches Kombinats, und der eher einen Pkw als einen Lkw brauchte. In einer Gesellschaft von seßhaft Gewordenen nehmen sich die Bürgerkriegsnaturen von einst seltsam aus, sie sind obsolet geworden. Die Hektik des Krieges, der längst zu Ende ist, geht den Bewohnern der neu bezogenen Zweizimmerwohnung nur noch auf die Nerven. So wuchs im Schoß der kommunistischen Gesellschaft der Mensch des Konsums heran, der – so bescheiden seine Ansprüche zunächst auch gewesen sein mögen – bereits der ganz anderen Gattung des nichtheroischen, zivilistischen Menschen angehörte. Jenseits von Krieg und Bürgerkrieg und jenseits der Schlachten um Stahl wuchs in den Plattenbauten der Chruschtschow- und Breschnew-Ära ein neuer Menschenschlag heran. Die ganze nachstalinsche Sowjetunion ist nichts anderes als die Beruhigung und Konsolidierung einer von Hypermobilisation und Krieg erschöpften Gesellschaft, nichts anderes als die Verwandlung von Abermillionen entwurzelten Migranten und Immigranten in Seßhafte, in Stadtbewohner, nichts anderes als die Demobilisierung einer Gesellschaft nach Jahrzehnten ekstatischer Turbulenzen und Mobilität.

Der Stoff der neuen Epoche, wenn es denn einen gibt, ist nicht Stahl, der der Grundstoff der Produktion von Produktionsmitteln ist, sondern Plastik, der neue Grundstoff der Güter des Massenkonsums. Die Chruschtschowsche Entstalinisierung, die der Geburt des Konsumismus im Schoß des Kommunismus Raum gibt, wird im Wahrnehmungshaushalt der Generation wohl immer mit Plastik verbunden sein: dem Geruch von Plastik, der Oberfläche und Farbe der Plastikgegenstände, der Erleichterungen, die mit der Verfügbarkeit der neuen Konsumgegenstände ins schwierige Alltagsleben gekommen war. Was in der Stalinzeit die Metallurgischen Kombinate waren, sind in der Chruschtschowzeit die Chemiekombinate. Die Chruschtschowsche Zeit ist im Urteil der Zeitgenossen glanzlos und durch einen Verlust an Form und Stil gekennzeichnet, über den auch ein kraftloses Remake der vorstalinistischen Moderne nicht hinweghalf. Eisen und Stahl tauchen nun nur noch selten auf – etwa im Edelstahl des supereleganten Sputnik-Denkmals in Moskau. Aber die wahre Errungenschaft der

Chruschtschowzeit liegt nicht in ihrem Stil, sondern einfach darin, daß sie »die Gesellschaft« in Ruhe ließ. Das war für ein Land, das nach den grausamen Aderlässen, dem Sturm und Drang, dem Großen Terror und dem Großen Krieg vollständig erschöpft war, das Entscheidende.

Die Megamaschine, die aus Massenmobilisation, Terror, Enthusiasmus, Fortschrittsbedürftigkeit hervorgewachsen war, bricht auseinander, ist auseinandergebrochen. Sie hat Gebiete von der Größe des europäischen Subkontinents verwüstet zurückgelassen. Tschernobyl im Jahre 1986 ist der Name für das Ende der Sowjetzivilisation noch vor der formellen Auflösung der UdSSR, die nur bestätigte, was längst der Fall war. Die Megamaschine war außer Kontrolle geraten. Die Welt hatte sich berauscht an den Bildern von 1989 und war glücklich, darin die weltgeschichtliche Zäsur gefunden zu haben, an der man sich festhalten kann. Aber Radionuklide haben eine andere Verfallszeit als die Bilder, mit denen sich bisher die Generationen ihr Bild von der Welt gemacht haben. 1986, genauer: der 26. April 1986 um 1.23.58 Uhr – ist das Datum, das bleibt, wenn das Epochenjahr 1989 schon längst vergessen sein wird. Gesellschaftsformen gehen nicht zugrunde aufgrund von Meinungsverschiedenheiten, falschen oder richtigen Generallinien oder der Entscheidung von Parteibossen. Sie gehen zugrunde, wenn sie sich restlos erschöpft haben und die Menschen nur weiterleben können, wenn sie die Verhältnisse, die sie kaputtmachen, abwerfen oder zerbrechen.

Schon vor Tschernobyl gab es genügend Indizien dafür, was passiert, wenn die Megamaschine sich von allen Rücksichtnahmen freigemacht hat und außer Kontrolle geraten ist. Die Menschen bezahlten mit rapide sinkender Lebensdauer, extrem hoher Säuglingssterblichkeit, der Gefährdung durch lebensbedrohende Gifte aller Art für die Fortexistenz der Megamaschine. Sie bezahlten mit ihrem Leben für ein zum Tode verurteiltes System, das sich nur noch aus Gründen der Trägheit hielt. Sie waren die Geisel der Megamaschine geworden. Diese Abhängigkeit gibt es nicht nur im sowjetischen Fall, aber vielleicht war sie nirgends so klar und rücksichtslos zutage getreten. Es hat seine Logik, wenn der Supergau sich zuerst im Lande der schrankenlosen und durch nichts behinderten technischen Megalomanie ereignet hat. In der Sowjetunion gab es nicht jene institutionellen Hemmungen, die den Großeinsatz eines allmächtigen Staates mildern. Es gab nicht die Eigentumstitel, deren schiere Existenz bereits eine Art Veto darstellen. Der Staatsegoismus – ideell, apparativ, personell – konnte eine tödliche Wucht entwickeln, weil ihm keine Egoismen anderer oder gar die Egoismen von möglichst vielen Paroli boten. Die eigentümliche Subjektlosigkeit der sowjetischen Planökonomie zog Anonymität und Verantwortungslosigkeit nach sich. Sie war, wie Rudolf Bahro damals treffend formuliert hatte, eine »Ökonomie der Verantwortungslosigkeit«. Da alles allen gehörte, gehörte es niemanden, und da niemand verantwortlich war, war niemand zur Verantwortung zu ziehen. Niemals in der Geschichte ist verantwortungsloser und verschwenderischer mit den Reichtümern der Natur und der Gesellschaft umgegangen worden als in der Sowjetunion. Nirgends sind die Unkosten aus Gründen der Anonymität, der Verantwortungslosigkeit und Herrenlosigkeit so groß gewesen wie in der Gesellschaftsordnung, die auf staatlichem und kollektivem Eigentum beruhte. Die »sinnlose kapitalistische Verschwendung« – Schulbeispiel: die Reklame – nimmt sich im Vergleich dazu geradezu wie harmlos anmutendes Ornament aus alten Tagen aus. Es gab keine ökonomische oder institutionelle Vetomacht gegen den schrankenlosen und rücksichtslosen Einsatz von Kapital oder Menschenmaterial. Es gab keine Instanz, die etwas gegen die strukturelle Verschwendung hätte ausrichten können: gegen den Raubbau an Wäldern, die ewig fließenden Wasserkräne, die leckgeschlagenen Öl- und Gaspipelines, die Gratisentsorgung der Nuklearindustrie in die Barentssee und so fort. Die Fortschrittsgeschichte Rußlands im 20. Jahrhundert ist von Mondlandschaften markiert. Der alte russische Glaube von der Unerschöpflichkeit der Natur verband sich mit der neuen Gleichgültigkeit der sowjetischen Herren, die doch nicht wirklich Eigentümer waren. Die Sowjetzivilisation hat Ingenieure und Manager hervorgebracht, aber keine Rockefellers, Carnegies oder Duponts.

Es gab nicht jene Rivalität und Konkurrenz, die den lachenden Dritten erst möglich machen und ohne die eine ganz in den Anfängen steckende Zivilgesellschaft nicht auf die Beine kommen kann. Das einzige, was die Megamaschine außer Takt bringen oder ihre Bewegungen verlangsamen konnte, waren interne Reibereien und Konkurrenzen in den bürokratischen Apparaten, die Lähmung, die aus der Dysfunktion erwächst, das süße Gift der Korruption und der Schlendrian des bürokratischen Prozedere. Kurz: Je schlechter das System funktionierte, desto größer waren die Freiräume, die sich nutzen ließen, und die Widersprüche, mit denen jene rechnen oder spielen konnten, die nicht dazugehörten.

Der Unterschied zwischen der amerikanischen und der sowjetischen Variante auch in der Epoche größter Übereinstimmung, in der Epoche des heroischen Industrialismus und der Planlandschaft, ist daher grundlegend. Und grundlegend sind auch die Unterschiede im Weg heraus aus der Welt des Industrialismus. Pittsburgh ist nicht Magnitogorsk.

Was im nachsowjetischen Rußland werden wird aus den Landschaften aus Eisen – wer weiß es? Es gibt Gebiete, die – anders als die Maya-Tempel in Yucatán – kein Mensch je mehr wird betreten können. Auch Neues zeigt sich. In der von Metallurgie geprägten sowjetischen Landschaft zeigen sich hier und dort schon die Zeichen der postindustriellen Welt, der Dienstleistungsgesellschaft. Vor allem in den Metropolen Moskau und Sankt Petersburg. Hier ist der Wechsel vom metallurgischen Weltbild der Sowjetunion zur Leichtbauweise, zur postmodernen Spielerei, zur Handykommunikation längst vollzogen.

Ein Trost angesichts der Verwüstungen könnte auch sein, daß Rußland groß ist und daß es ausweichen kann, auch wenn es Territorien von der Größe der BRD verseucht zurückläßt. Noch immer gibt es bis heute wenig erschlossene und fast unzugängliche Naturräume, in denen mehrere mitteleuropäische Staaten Platz finden würden. Die Tundra ist von Ölseen bedeckt und die Schuttberge in den Wäldern könnten einen denken lassen, eine ganze kaputte Zivilisation habe sich dort entleert. Aber dann gibt es – oft nicht weit davon – Schneelandschaften, Lichtungen, Ströme wie am ersten Schöpfungstag.

Seit die Megamaschine ins Stocken geraten ist, ist vielerorts zum ersten Mal seit Jahrzehnten der Himmel wieder zu sehen. Keine ökologische Reform, sondern schlicht die Stillegung, der Bankrott haben dazu geführt. Es kann sein, daß die Bergbaustädte, die die Zwangsarbeiter vor Jahrzehnten jenseits des Polarkreises errichtet haben, sterben. Es kann sein, daß ganz neue Städte außerhalb der verpesteten Zonen errichtet werden. Niemand weiß es, aber in vielen Fällen wird die Verbesserung der Lage durch nichts anderes zu bewirken sein als durch bloßes Stillegen, Anhalten, Aufhalten, Seinlassen. Die vorgeschobenen Posten der industriellen Zivilisation, deren Aufrechterhaltung zu kostspielig und kräfteraubend ist, werden zurückgenommen. Und es wird ganz und gar jedem einzelnen überlassen bleiben, etwas Neues zu unternehmen, wenn sie es sich zutrauen. Die Überspannung der Kräfte ist zu Ende, die Überdehnung der Linien wird berichtigt. Was sich Rußland leisten kann, wird es sich leisten. So lernt es, nach Jahrzehnten des Raubbaus, auf neue Weise mit seinen Kräften wirtschaften. Überall sieht man bereits die Kraft, die aus dem Seinlassen und aus der Konzentration auf das, was im Wirkungskreis der eigenen Kräfte liegt, herrührt. Es zeigt sich im neuen Bauboom am Rande der Städte – der auch seine häßlichen Züge hat –, es zeigt sich in den goldenen Kuppeln der Kirchen, die in den Dörfern wieder zu leuchten beginnen. Es ist eine Bewegung der Sammlung, der Konzentration, der Wiedergewinnung des Wichtigsten einer jeden Kultur: der Form und des Maßes.

Überall im Lande liegen die Trümmer der Megamaschine herum. Von ihren herabstürzenden Trümmern geht, wie Alexander Solschenizyn schon vor Jahren gezeigt hatte, große Gefahr aus. Politische Konflikte und Friktionen kann man durch politisches Genie austarieren – und dies ist in Rußland bisher, obwohl niemand es erwarten konnte, auf fast wunderbare Weise gelungen. Aber gegen den physischen und moralischen Verfall der Megamaschine hilft die Kunst des politischen Kompromisses nicht. Stahl rostet, Rohre brechen, Behälter zersetzen sich. Der Rückbau und die Entschärfung der Waffen der längst beendeten Schlacht ist immer noch aktuell und sogar vordringlich. Noch immer scheint die Gefahr, die von jenen sich verselbständigenden Trümmern ausgeht, größer als die Gefahr, die von einer neuen Dynamik ausgeht. Disneyland, Einkaufszentren, postindustrielle Zersiedlung sind vorerst nur Gefahren, die die transatlantische und mitteleuropäische Kultur bedrohen – oder die dort ansässige Kulturkritik.

Aber nicht nur die metallurgische Welt und das metallurgische Weltbild haben sich in der nachsowjetischen Welt aufgelöst, sondern auch der Mensch, der diese Welt bevölkert und mit diesem Bild gelebt hatte. Der heroische Arbeiter und der Ingenieur als Leitbild einer ganzen Epoche ist längst von der Bühne abgetreten. Seinen letzten Großeinsatz hatte er am 26. April 1986 und in den Tagen danach. Die »Liquidatoren«, also jene 430 000 Männer, die den Tunnel unter dem Reaktor von Tschernobyl gruben, die mit bloßen Händen die Graphitblöcke einsammelten und den brennenden Reaktor löschten, haben Europa gerettet. Sie haben dafür ihr Leben, ihre Gesundheit, ihr Glück geopfert. Das nächste Mal muß Europa ohne sie auskommen.

(1997)

Drucknachweise

Kiosk Eurasia, Berlin, in: Kursbuch (Berlin). Metropol, Heft 137, September 1999

Die Karawanserei am Frankfurter Tor, in: Frankfurter Allgemeine Zeitung, Bilder und Zeiten, vom 25. Mai 1996

Wiederkehr des Raumes, Vortrag anläßlich der Verleihung des Anna-Krüger-Preises des Wissenschafts-Kollegs zu Berlin am 6. Mai 1999, in: Frankfurter Allgemeine Zeitung, Bilder und Zeiten, vom 19. Juni 1999

Wilna – Horror einer schönen Stadt, in: Das Wunder von Nishnij oder die Wiederkehr der Städte, Die Andere Bibliothek, Frankfurt am Main 1991

Lemberg – Hauptstadt der europäischen Provinz, in: Das Wunder von von Nishnij oder die Wiederkehr der Städte, Die Andere Bibliothek, Frankfurt am Main 1991

Czernowitz – City upon the hill, in: Das Wunder von Nishnij oder die Wiederkehr der Städte, Die Andere Bibliothek, Frankfurt am Main 1991

Das Wunder von Nishnij oder die Wiederkehr der Städte, Die Andere Bibliothek, Frankfurt am Main 1991

Newski-Prospekt – Die Leningrader Zirkulation, in: Das Wunder von Nishnij oder die Wiederkehr der Städte, Die Andere Bibliothek, Frankfurt am Main 1991

Das Wunder von Nishnij, in: Das Wunder von Nishnij oder die Wiederkehr der Städte, Die Andere Bibliothek, Frankfurt am Main 1991

Lodz – Suche nach dem »Gelobten Land«, in: Die Zeit vom 13. September 1996

Die Paradiese von Sankt Petersburg, in: Berliner Zeitung, Magazin, vom 24./25. Juli 1999

Riha/Riga, in: DU, Schweizerische Zeitschrift für Kultur, 1996, S. 53-54

Moskau baut, in: Frankfurter Allgemeine Zeitung, Bilder und Zeiten, vom 13. Januar 1996

Potsdamer Platz: Lob der Ingenieure, in: Berliner Zeitung, Sonderbeilage, vom 2. Oktober 1998

Wladiwostok – Far Eastern Connection, in: Die Welt vom 23. September 1998

Königsberg – Hannah Arendts Stadt, in: Go East oder die zweite Entdeckung des Ostens, Berlin 1996, Siedler Verlag

Auf der Kurischen Nehrung, in: Frankfurter Allgemeine Zeitung, Bilder und Zeiten, vom 7. November 1998

Breslau oder: Vom Zauber der Bürgerlichkeit, in: Frankfurter Allgemeine Zeitung, Bilder und Zeiten, vom 24. Mai 1997

Oder, Strom zwischen den Zeiten, in: Frankfurter Allgemeine Zeitung, Bilder und Zeiten, vom 13. November 1999

Namen, die man wieder nennt. Rede zum 90. Geburtstag von Marion Gräfin Dönhoff, gehalten am 1. Dezember 1999 in der Europa Universität Viadrina in Frankfurt/Oder

Unmixing Europe oder: Kosovo war überall, in: Die Zeit, Dossier, vom 29. April 1999, S.15-19

Sprachefinden für zweierlei Untergang, gekürzte Fassung des Vortrags, gehalten zur internationalen Konferenz »Ethnic Cleansing in Twentieth Century Central Europe in the Memory of Nations« im Mai 1999 an der Europa Universität Viadrina, gedruckt in: Frankfurter Rundschau vom 3. Juli 1999

Landschaft nach der Schlacht, in: Frankfurter Allgemeine Zeitung, Bilder und Zeiten, vom 21. Februar 1998